U0124426

王伟光　夏宝龙／总主编

中国梦与浙江实践

—— 经济卷 ——

裴长洪／主　编

徐剑锋／副主编

社会科学文献出版社
SOCIAL SCIENCES ACADEMIC PRESS (CHINA)

"中国梦与浙江实践"课题组名单

领导小组组长

  王伟光　中国社会科学院院长、党组书记

  夏宝龙　中共浙江省委书记、省人大常委会主任

丛书编撰委员会主任

  李培林　中国社会科学院副院长

  葛慧君　中共浙江省委常委、宣传部长

中国社会科学院总协调组

组　　长：晋保平　中国社会科学院副秘书长

成　　员：马　援　中国社会科学院科研局局长

　　　　　张国春　中国社会科学院科研局副局长

秘　　书：孙　晶　中国社会科学院科研合作处正处级调研员

浙江总协调组

组　　长：葛慧君　中共浙江省委常委、宣传部长

副组长：胡　坚　中共浙江省委宣传部常务副部长

　　　　舒国增　中共浙江省委副秘书长、政研室主任（时任）

　　　　张伟斌　浙江省社会科学院党委书记

　　　　迟全华　浙江省社会科学院院长

　　　　金延锋　中共浙江省委党史研究室主任

经济组

序言（一）

党的十八大以来，习近平总书记发表了一系列重要讲话，深刻回答了新形势下党和国家事业发展的一系列重大理论和现实问题，勾画了党和国家走向未来的宏伟图景，为我们在新的起点实现新的奋斗目标提供了科学指南和基本遵循。习近平同志在浙江工作期间的深邃思考和丰富实践，是科学运用马克思主义世界观和方法论解决当代中国问题的典范，是坚持实事求是思想路线、坚持辩证唯物主义和历史唯物主义的高度体现。2014年3月，为从历史大视野和发展大趋势方面加深对习近平系列重要讲话内在联系的理解，真正在深层次上提高思想理论水平，中国社会科学院与中共浙江省委合作启动了"中国梦与浙江实践"重大课题研究工作。

经过近一年的潜心研究，"中国梦与浙江实践"系列丛书正式出版。这套丛书由7卷专著组成，约200万字，全景式、立体式地揭示了浙江通过实施"八八战略"取得的发展经验。"八八战略"是习近平同志深入调查研究，科学分析省情，一切从浙江实际出发而形成的科学思路，是战略思维，它明确了中国梦在浙江实践的目标和原则，也指明了浙江实践的路径和方法。"八八战略"的实践成就，是形成了以"经济民本多元、社会包容有序、文化自强创新、政府服务有为、党建坚强有力"为主要特点和基本内容的浙江经验。党的十七大以来，特别是党的十八大以来，中共浙江省委继续坚定不移地实施"八八战略"，推进浙江新实践、新探索。新阶段中国梦在浙江实践的突出特点和基本经验，可以概括为"经济倒逼转型、主动引导，政治基层民主、有效政府，文化务实守信、崇学向善，社会城乡一体、平安和谐，生态绿水青山、金山银山，党建巩固基础、发挥优势"。"八八战略"的经验不仅属于浙江，也属于全国。当前，中国全面建成小康社会进入决定性阶段，全面深化改革进入攻坚期，我们必须破解改革发展稳定难题和应对全球性问题。不断总结浙江人民深入科学探索、成功实践中国梦的基本经验，对于我们正确认识所处时代环境和国内外形势，从容应对各种各样的风险挑战，具有特别重要的理论价值和实践意义。

丛书提出了中国梦在浙江实践的五点重要启示，值得我们深入思考：必须始终坚持和加强党的科学领导；必须把充分发挥市场配置资源决定性作用与更好发挥政府作用紧密结合起来；必须高度重视发掘和弘扬传统文化，用文化软实力支撑和助推经济硬实力；必须坚持科学规划、创新与继承相结合，一张蓝图绘到底；必须弘扬尊重规律、尊重实践、尊重人才、尊重群众的首创精神。

"中国梦与浙江实践"系列丛书的研究编著，是中国社会科学院建设中国特色新型智库、发挥智库作用的一个范例。中国社会科学院正在努力建设成具有国际影响力的世界知名智库，正在努力实践全体哲学社会科学理论工作者的中国梦。我们同样要坚持党的领导，把握正确的政治方向和学术导向；要坚持围绕中心、服务大局；要坚持科学精神，鼓励大胆探索；要坚持深化改革，持续推进体制机制和组织形式创新。只有这样，我们才能充分发挥中国社会科学院资政建言、理论创新、舆论引导、社会服务和公共外交等重要功能。

这套丛书是中国社会科学院与中共浙江省委、省政府第二次合作研究的结晶。2005 年，双方携手开展"浙江经验与中国发展"重大课题研究。2007 年，《浙江经验与中国发展——科学发展观与和谐社会建设在浙江》（6 卷本）出版，在社会上产生了广泛的影响，构建了学术研究机构与地方政府紧密合作、理论源于实践又有力地反作用于实践的范式与机制。这次合作研究是上次研究的继续和深化，中国社会科学院党组和中共浙江省委高度重视这项工作，中国社会科学院抽调了 7 个研究所（院）的所长及 20 余位研究骨干，浙江省也精心选调了 30 多位科研精英、党政领导干部，共同开展调研。书稿曾数易其稿，成稿后，双方专家又反复进行了认真修改，中共浙江省委宣传部、省委政策研究室等部门的领导提出了许多宝贵意见和建议。尤其是夏宝龙同志多次精心指导，并为丛书作序。在此，我们要向付出辛勤劳动的他们表示衷心感谢！

让我们不断奋力谱写中国梦浙江实践、中国梦全国实践的新篇章。

中国社会科学院院长　王伟光

中国社会科学院党组书记

2015 年 2 月 9 日

序言（二）

党的十八大以来，习近平总书记站在坚持和发展中国特色社会主义、实现中华民族伟大复兴中国梦的战略高度，发表了一系列重要讲话，深刻阐释了党和国家发展的重大理论和实践问题，提出了许多富有创见的新思想、新观点、新论断、新要求。习近平总书记系列重要讲话精神是中国特色社会主义理论体系的最新成果，是指导具有许多新的历史特点的伟大斗争的最鲜活的马克思主义。特别是，中国梦以一个朴实无华的概念，把远景的期盼和具体的现实、党的执政理念和人民群众对美好生活的向往，紧密地融合在一起，进一步指明了全党全国各族人民共同的奋斗目标，深刻揭示了中华民族的历史使命和当代中国的发展走向，鲜明宣示了我们党执政为民的理念，已成为中国人民团结奋进的精神旗帜，也得到了世界各国人民的广泛赞誉和高度认同。

习近平总书记在浙江工作期间，坚持干在实处、走在前列，深入实施"八八战略"，推进中国特色社会主义在浙江的生动实践，为浙江留下了宝贵的精神财富。我们学习贯彻习近平总书记系列重要讲话精神，需要与学习贯彻习近平总书记在浙江工作时的重要论述结合起来，切实做到温故知新、学新用新，学而信、学而用、学而行。为此，中共浙江省委和中国社会科学院于2014年3月联合开展"中国梦与浙江实践"重大课题研究，全面梳理2003年以来历届中共浙江省委坚持一张蓝图绘到底、深入实施"八八战略"的历史进程，科学总结中国特色社会主义在浙江生动实践的宝贵经验，深入研究解读习近平总书记在浙江工作期间形成的一系列关于经济、政治、文化、社会、生态文明建设和党的建设的主要思想观点和重大决策部署，深入挖掘阐释其中所蕴含的马克思主义的立场、观点和方法。历经10个月，这一课题研究形成了最终成果——"中国梦与浙江实践"系列丛书。该丛书共有7卷，即总报告卷、经济卷、政治卷、社会卷、文化卷、生态卷和党建卷。

"中国梦与浙江实践"系列丛书，以中国梦为切入口，聚焦浙江经验，解析浙江现象，全面研究了中国特色社会主义在浙江的创新实践。我相信，这套丛书的出版，一定有助于我们更好地把握习近平总书记系列重要讲话精神形成的思想渊源和实践基础；有助于我们更加全面系统地总结浙江的实践经验，更深刻地认识到"八八战略"是引领浙江发展的总纲，是推进浙江各项工作的总方略，是认识新常态、适应新常态、引领新常态的金钥匙；有助于我们进一步坚定一以贯之地续写好"八八战略"这篇大文章的信心和决心，通过干好"一三五"、实现"四翻番"，加快建设物质富裕、精神富有的现代化浙江和建设美丽浙江、创造美好生活，全面推进中国特色社会主义在浙江的伟大实践，谱写好中国梦的浙江篇章。

特别值得一提的是，"中国梦与浙江实践"重大课题研究得到了中国社会科学院的高度重视和大力支持。王伟光院长专程率领专家团队来浙商谈，并就课题研究的主要内容、组织架构、成果规划和具体实施提出了明确要求。由中国社会科学院和以浙江省社会科学院为主的双方专家组成的课题组成员多次深入基层考察调研，精心研究撰写。浙江省各地各部门认真准备，积极配合，为课题研究和丛书出版做了大量工作。在此，我谨代表中共浙江省委，一并表示衷心的感谢！

中共浙江省委书记
浙江省人大常委会主任

2015 年 2 月 5 日

目 录

导论
浙江经济发展与中国梦

改革开放以来，浙江经济持续高速发展，尤其是进入 21 世纪以来，浙江省委、省政府全面系统地总结了浙江省发展的八个优势，提出并深入实施了面向未来发展的八项举措——"八八战略"。[①] 其后，浙江各届政府"一张蓝图绘到底""一以贯之求发展"，实施"创业富民、创新强省"战略，以"物质富裕、精神富有""美丽浙江、美好生活"为建设目标，以转变经济发展方式为主线，坚持"干在实处"，系统推进"四换三名""三改一拆"与"五水共治"[②] 工程，使浙江经济在原有较高的基础上，突破资源要素的环境制约，较快摆脱了全球金融危机等外部环境的不利影响，保证了浙江经济发展继续走在全国前列。

富民强国是"中国梦"的核心，而经济的可持续发展是富民强国的基础。浙江从经济小省到经济大省，再到经济强省的建设，正是中国梦在浙江

---

① 即立足浙江实际，进一步发挥"八个方面的优势"，推进"八个方面的举措"。一是进一步发挥浙江的体制机制优势，大力推动以公有制为主体的多种所有制经济共同发展、不断完善社会主义市场经济体制；二是进一步发挥浙江的区位优势，主动接轨上海、积极参与长三角合作与交流，不断提高对内对外开放水平；三是进一步发挥浙江的块状特色产业优势，加快先进制造业基地建设，走新型工业化道路；四是进一步发挥浙江的城乡协调发展优势，加快推进城乡一体化；五是进一步发挥浙江的生态优势，创建生态省，打造"绿色浙江"；六是进一步发挥山海资源优势，大力发展海洋经济，推动欠发达地区跨越式发展，努力使海洋经济和欠发达地区的发展成为浙江省经济的新增长点；七是进一步发挥浙江的环境优势，积极推进以"五大百亿"工程为主要内容的重点建设，切实加强法治建设、信用建设和机关效能建设；八是进一步发挥浙江的人文优势，积极推进科教兴省、人才兴省，加快建设文化大省。

② "四换三名"即腾笼换鸟、机器换人、空间换地、电商换市，培育名企、名品、名家；"三改一拆"指在城区中开展的旧住宅区、旧厂区、城中村改造和拆除违法建筑；"五水共治"即治污水、防洪水、排涝水、保供水、抓节水。

的最好践行。浙江经济发展为我国实现"经济强国梦"提供了很好的经验与启示。

第一节 浙江经济强省之梦的实践

进入 21 世纪，随着国内外经济环境的变化，浙江经济遭遇到成长中的烦恼，土地、劳动力、能源、原材料等要素的环境资源约束增大，制约了浙江经济的进一步发展。2003 年 7 月，浙江省委、省政府提出并实施"八八战略"，克服了发展中的新问题，实现了经济的高速增长。2008 年浙江人均 GDP 超过 6000 美元，浙江经济进入工业化发达期。[①] 按照经济发展规律，这一阶段是经济要素资源与环境压力徒升时期，也是经济结构剧烈转换期，经济增长面临着巨大的下滑压力。浙江省委、省政府根据发展环境的变化，深化改革开放，巩固浙江经济发展的原有优势，拓展新优势，加快经济转型升级，浙江经济保持稳步高效发展，人民生活水平显著提升，经济开放水平全面提高，可持续发展能力显著增强。

1. 人民生活水平持续提高

2003～2014 年，浙江经济总量从 9705.02 亿元增至 40153.5 亿元[②]，按可比价格计算增长 2.72 倍。尽管其间浙江经济遭遇非典影响、金融危机冲击，并受到经济发展阶段产生的要素资源与环保压力不断增大、人民币汇率大幅升值、国际经济低迷等困难的制约，浙江年均经济增长仍超过了 12%，实现了持续高速增长，即便是受金融危机强冲击的 2009 年，仍保持了 8.9% 的增速；11 年间，浙江人均生产总值从 2003 年的 19730 元增至 2014 年的 72967 元，按当年平均汇率折算达到 11878 美元，是 2003 年 2380 美元的 5 倍。浙江人均 GDP 在全国仅次于上海、北京与天津三个直辖市，居全国省区市第 4 位，接近发达经济体水平。

---

① 参见徐剑锋《进入工业发达阶段的浙江经济发展》，《浙江学刊》2009 年第 1 期。
② 根据《浙江统计年鉴 2015》整理，均为当年价。

2003～2014 年，浙江城镇常住居民人均可支配收入、农村常住居民人均纯收入分别从 13180 元、5431 元增长到 40393 元、19373 元，城乡人民生活水平有了大幅度提升，同时城乡居民收入差距缩小到 2.09∶1，保持了城乡和谐发展。基本医疗、公共卫生、公共文化和便民服务体系基本实现城乡全覆盖，社会救助水平稳步提高，住房保障体系建设不断加强，城乡人民生活得到了很大改善。

2. 创新能力显著增强

2003 年以来，浙江科技创新各项事业取得了新进展，企业创新主体地位进一步确立，科技创新资源要素进一步集聚，创业创新环境明显改善，自主创新能力显著提高。据《中国区域创新能力报告 2014》，浙江省区域创新能力居全国第 5 位，与 2003 年持平；据《全国科技进步统计监测报告2014》，浙江省综合科技进步水平指数居全国第 6 位，较 2003 年上升 1 位。环杭州湾地区正在形成高新技术产业的地区竞争优势，许多企业正在由粗放经营向集约经营、由低成本劳动支撑向科技创新支撑转变。

2003 年浙江全社会科技活动经费支出 185.2 亿元，相当于当年 GDP 的1.91%。研究和发展（R&D）经费支出 77.76 亿元，占当年 GDP 的0.80%。专利申请受理数、授权数分别为 2.14 万件和 1.44 万件；发明专利申请受理数、授权数分别为 2750 项和 398 项；技术市场成交合同金额 53 亿元。到 2014 年浙江社会科技活动经费支出增加到 1470 亿元，占当年 GDP的 3.66%，研究和发展（R&D）经费支出超过 939 亿元，占 GDP 的比重升至 2.34%。财政科技投入 208 亿元，比上年增长 8.4%；财政科技拨款占财政支出的比重为 4.03%。全年专利申请量、授权量分别为 26.1 万件和 18.9万件。全省有国家认定的企业技术中心 77 家，认定高新技术企业累计达到6232 家。省级创新型试点企业与示范企业，累计分别达到 492 家和 296 家。当年浙江省规模以上工业企业新产品产值达 1.94 万亿元；新产品产值率达29.2%，较 2003 年提高了 18.6 个百分点。①

---

① 数据来自《浙江统计年鉴 2015》和浙江省科技厅。

3. 产业结构不断升级

三次产业结构有了较大转变。2003～2014 年，全省服务业增速快于 GDP 增速，服务业占 GDP 比重上升至 47.9%，超过了第二产业比重（47.7%）。2003 年三次产业结构为 7.4∶52.5∶40.1，到 2014 年转变为 4.4∶47.7∶47.9。[①] 第一产业比值下降了 3 个百分点，第二产业下降了 4.8 个百分点，第三产业上升了 7.8 个百分点。

基础材料工业、装备机械工业得到较快增长，2003 年国有及规模以上轻工业与重工业增加值之比为 51.7∶48.3，2014 年轻工业与重工业增加值之比为 43.1∶56.9，重工业在工业产值中的比重有了较大提升。

2014 年浙江高新技术产业增加值达到 4283 亿元，占规模以上工业增加值的比重上升至 34.1%，[②] 比 2003 年不到 10% 有了大幅度提升。

在第三产业中，银行金融业、审计会计咨询教育科技等中介服务业、运输业等服务业的比重有较大提升。信息经济高速发展，成为浙江经济新亮点，传统商贸与专业市场的业态迅速转变，电子商务迅速发展，线上线下交易加速融合，促进了产业结构提升。

4. 产业组织不断优化

由大量中小企业集聚在同一产业或产业链而生成的块状经济，是浙江经济的一大特点。但随着市场竞争加剧，竞争过度、模仿有余而创新不足制约了块状经济的发展和提升。2003 年以来，浙江企业经过不断的竞争与整合，原有的产业集群不断蜕变。产业集群数量有所减少，但竞争能力大幅度提升，由传统的以横向竞争为主的马歇尔集群，向以大中型企业为中心、中心企业与外围中小企业专业化分工紧密协作的轴辐式产业集群演变，中心—卫星体系初步形成。中心企业实力增强，成为集群中研发设计与品牌营销的核心企业，而大量中端业务加工外包给中小企业，企业间的分工协作关系显著加强。依托于电子商务与物流的创新，专业市场服务于产业集群的产品展示

---

① 数据来自《浙江统计年鉴 2015》。
② 数据来自《浙江统计年鉴 2015》。

与技术、市场信息交流功能加强，专业协会商会在促进会员间的信息交流、技术合作、市场协调等方面，起到了越来越大的作用。

5. 对内、对外开放水平全面提升

对外贸易跃上新台阶，进出口贸易相对平衡发展，服务贸易保持快速增长，利用外资质量提高。2014 年浙江进出口贸易额从 2003 年的 614 亿美元增至 3550.5 亿美元，① 增长 4.78 倍。其中出口额从 416 亿美元增至 2733.3 亿美元，增长 5.57 倍；服务贸易年均增长率超过 20%，高于全国同期增长速度与浙江同期货物贸易增速，2013 年服务贸易总额达 325.64 亿美元，占浙江省贸易总额（服务贸易与货物贸易之和）的比重上升至 8.9%，占全国服务贸易出口的比重为 6.2%，分别比上年上升 1 个与 0.5 个百分点。其中服务贸易出口 200.40 亿美元，进口 125.24 亿美元，服务贸易顺差超过 75 亿美元。旅游、建筑、运输、信息为浙江省服务出口四大支柱行业。

"跳出浙江发展浙江"稳步推进。"走出去"步伐加快，形成"走出去"和"引进来"双向互动、良性发展的新格局。2014 年，经核准的浙商对境外的投资总额为 58.2 亿美元，是 2003 年（9658 万美元）的 60 倍；2014 年，外商来浙直接投资合同金额为 244 亿美元，实际到位外资 158 亿美元，分别是 2003 年（120.5 亿美元与 54.5 亿美元）的 2.02 倍与 2.9 倍。

浙商已成为全国最活跃的企业家群体，有超过 600 万的浙商在全国各地投资创业，150 万浙江人在海外创业。同时浙商回归创新创业掀起热潮，助力浙江经济转型升级。

6. 生态经济建设迈开大步

生态文化意识显著增强。"既要金山银山，又要绿水青山""绿水青山就是金山银山"的观念深入人心；生态环境保护力度加大。通过资源节约型社会建设浙江实现了单位土地资源、能源资源、水资源产出水平的显著提高，处于全国领先水平。生态经济发展粗具规模，初步实现了从黑色发

---

① 数据来自《浙江统计年鉴 2015》，下同。

展向绿色发展、线性发展向循环发展、高碳发展向低碳发展的转变，节能减排多年稳居全国第一方阵。发展方式的转变、产业结构的转型取得了阶段性成果。

以丽水、衢州为代表的浙江山区，通过大力推进绿色农业、生态农业、观光农业、特色农业、绿色工业、循环产业、旅游服务业的发展，实现经济转型升级，居民生活水平得到了明显提高。

"美丽乡村""美丽浙江"的蓝图美景初步呈现。

7. 城乡区域经济和谐发展

通过推进城乡一体化、社会主义新农村建设与"城市反哺农村""工业反哺农业"等专项行动，浙江农村经济得到了持续发展，尤其是工薪、财产性收入与转移性收入快速增长，农村居民生活水平得到显著改善，浙江农村居民收入水平长期高居全国各省区市的首位。在经济高速发展的同时，浙江城乡居民差距保持稳定。而颇具浙江特色的县域经济，成为推进统筹城乡发展、缩小城乡差距的主要载体。

从区域和谐发展看，通过推进"山海协作"与"支持欠发达地区发展"行动，浙江区域经济保持着和谐发展的格局。虽然浙东北与浙西南的地区经济产值差距有所扩大，但以温州、台州为代表的浙西南地区，民营经济具有很强的活力与特色，成为浙江"走出去"的先行者。率先"跳出浙江"的温州民营企业，利用外部资源与外部市场，使温州人经济、台州人经济不断壮大，浙西南地区与浙东北地区的人均收入差距保持稳定，人民生活水平相当。另外通过大力发展山区经济与绿色经济、生态经济，浙江山区的经济有了很大发展，居民收入水平持续提高，与平原地区的差距不断缩小。

8. 新型城市化快速推进

伴随着乡镇企业的发展与都市经济的兴起，浙江在 20 世纪 90 年代末开始由城镇化向城市化推动。2006 年时任省委书记习近平明确提出要坚定不移地走新型城市化道路，从资源节约、环境友好、经济高效、社会和谐、大中小城市和小城镇协调发展、城乡互促共进等六个方面，推进新型城市化。

经过多年的努力，浙江新型城市化建设以人为中心，以民生为重，以集约、和谐、统筹、创新发展为目标，城市化水平有了显著提升。2014 年，浙江城市化率达到64.87%，相较2001 年提高了13.97 个百分点，比同年全国平均的城市化水平高出10.1 个百分点，浙江城市化形成了水平较高、布局较为合理、结构较为科学的大中小城市（城镇）体系，都市经济、县域经济、农村经济相得益彰，促进了资源节约与经济高效发展。

第二节　浙江经济强省建设理念的探索与深化

21 世纪初，国内外要素资源环境出现了巨大变化，以劳动密集型产业、民营中小企业、传统产业集群为特点的浙江经济发展面临着严峻的挑战。为此，浙江省委、省政府全面总结改革开放以来浙江经济发展的经验，根据未来经济发展的要求，提出进一步发挥浙江在体制机制、区位、块状经济、生态、山海资源、环境与人文等八方面的优势，实施推进体制改革、内外开放、走新型工业化道路、推进城乡一体化、打造"绿色浙江"、建设海洋经济强省、科教兴省等"八大举措"。其后，历届省委、省政府根据经济发展环境的变化，深入实施"八八战略"，不断深化体制改革，提高开放水平，巩固原有优势，创造新优势，加快推进浙江经济转型升级，实现经济的可持续发展。

习近平同志首先深化"两只手"理念，提出要在发挥浙江体制机制优势基础上，加快体制改革，使政府与市场这两只手更好地配合，发挥最大的作用；其次，提出"两只鸟"理念，即通过"腾笼换鸟""凤凰涅槃"，加快浙江产业的"脱胎换骨"与"推陈出新"，推进浙江经济转型升级；再次，习近平同志根据生态环境的变化，提出了"两座山"理念，要求摒弃"宁要金山银山，不要绿水青山"的观念，树立起"既要金山银山，又要绿水青山""绿水青山就是金山银山"的新观念，促进经济与生态的和谐发展；又次，提出与深化和谐发展理念，针对工业化过程中出现的城乡差距、区域差距的扩大，率先提出新型城市化战略、海洋经济强省战略，通过推进新型城市化、新农村建设、陆海联动、扶持欠发达地区发展等举措来实现浙江区域经济与城乡社会经济的和谐发展；最后，根据国内外环境的新变化，不断深化开放理念，从"引进来、走出去"到"跳出浙江发展浙江"，使浙江更好地利用内外两种资源与两个市场，从只重视对外开放，走向对内对外全面开放，全面提高浙江经济的开放水平。

一 "两只手"改革理念的发展与实践

改革开放以来，浙江经济发展在很大程度得益于民营经济的崛起，在民营经济迅速发展过程中，浙江各地政府不评论、不干涉，当好"服务员"，在最大程度上促进了民营经济的发展。进入 21 世纪以来，随着市场竞争的加剧与资源要素环境的巨大变化，民营企业的家族经营缺陷不断显露，民营经济的"低小散"问题成为浙江经济升级的障碍。如何深化体制改革、处理好政府与市场的关系，在新环境下进一步发挥民营经济的优势，成为浙江经济稳定持续发展的重要课题。

时任浙江省委书记习近平同志在深化改革探索中，引用了亚当·斯密《国富论》的"两只手"理论，根据浙江经济特点，创新发展了"两只手"的理念。在计划经济的体制下起作用的只有政府这一只手，所以在改革初期重点是突出市场这只手，发挥市场配置资源的基础性作用。随着改革的不断深入，要切实转换政府这只手的职能，把政府职能切实转换到"经济调节、市场监管、社会管理、公共服务"上来，努力建设服务型政府、法治政府、有限政府，发挥好、规范好、协调好这"两只手"的关系。经济发展到较高的阶段，市场这只手要更多地调节经济，政府这只手则强化社会管理和公共服务的职能：在经济运行上，市场这只手调节微观领域的经济活动，政府这只手用来制定游戏规则、进行宏观调控；在公平与效率上，市场这只手激活效率，政府这只手则更多地关注公平；在城乡发展上，城市的发展更多地依靠市场这只手的作用，农村的发展则由政府这只手承担更多的职能。这是需要一个过程的，但必须沿着这个方向，不断深化改革。政府腾出更多的精力抓好服务工作，把该管的事情管好，把不该管的事情交给市场管。

改革开放以来，浙江率先初步建立并不断完善调动千百万人积极性的市场经济体制，在繁荣民营经济、壮大国有经济、促进社会结构转型方面都取得了很大成就。浙江经济是老百姓经济，但是老百姓经济并不是说政府是无所作为的，恰恰是党委与政府尊重群众的首创精神，从实践到理论到政策，稳步推进了市场取向的改革，使浙江的市场化走在了全国前列。

1. 推进体制机制改革创新

（1）政府机构及行政审批制度改革。浙江审时度势，不断推进政府机构改革与行政审批制度改革。在政府机构改革方面，主要是转变政府职能，规范机构设置，优化组织结构，完善运行机制，改进管理方式，积极推进行政权力下放，为区域经济特别是县域经济的发展创造良好的环境。强县扩权、强镇扩权改革，扩大义乌经济管理权限改革试点，赋予舟山群岛新区省级经济社会管理权限等稳步推进。在行政审批制度改革方面，按照建设法治政府和服务型政府的要求分类推进，即企业投资项目"宽进、简批"，政府投资项目审批"联审、联办"，为民服务事项办理"便捷、高效"，努力建设全国审批事项最少、办理效率最高、投资环境最优的省份。

（2）积极推进资源要素配置市场化改革。一是建立城乡统一的建设用地市场。完善工业用地招拍挂制度，积极推行工业用地出让区别年限改革试点；积极稳妥地开展多种形式的宅基地改变性质模式。二是建立农村集体经营性建设用地依法公开转让的有效机制，推进海涂围垦和低丘缓坡综合利用机制改革，并继续深化节约集约利用土地。三是加强金融要素创新、水电等资源要素差别化配置的力度，不断提高资源要素利用效率。

（3）系统性推进改革试点。浙江在多项国家试点方面，先行先试、率先突破，取得了显著成效。一是全面、系统、稳步推进义乌国际贸易综合改革试点、温州市金融综合改革试验区、丽水农村金融改革试点与海宁市要素市场化配置综合配套改革试点。二是浙江在海洋经济发展试点省、循环经济试点省、国家技术创新工程试点省、交通物流试点省、文化体制改革试点省等改革方面，取得了显著成效。

2. 搞活国有经济，壮大国有企业优势

习近平同志在浙江担任省委书记期间，对搞活国有经济提出了下述思想理念：一是要全面完成以产权制度改革和职工劳动关系转换为主要内容的国有、城镇集体企业改革，完善企业内部的分配激励机制，加强企业管理，进一步完善法人治理结构，建立现代企业制度。二是建立健全省市两级权利、义务和责任相统一，管理资产和管人、管事相结合的国有资产管理体制。三是加快国有经济布局的战略性调整，进一步"做优做强"国有经济。把推动国企改革和促进企业整合、增强企业活力结合起来，对现有国有企业进行分类指导，发展壮大一批、优化重组一批、关闭退出一批。在重点领域和优势行业，加快培育一批具有国际竞争力的大企业大集团。四是大胆探索国有经济的多种实现形式。加大外资、民资进入力度，大力发展混合所有制经济。[①]

浙江省委、省政府围绕这一理念，以产权多元化为重点，以结构调整为主线，系统推进国企改革，促进国有资本向重要行业、重点企业和主营业务三方面聚集。

（1）推进产权制度改革与企业重组。一是推动省属企业与央企、民企和境外企业的战略合作，大力推进股份制改造和上市工作；二是推动省属企业本级重组整合；三是逐步压缩企业管理层级。

（2）调整优化产业结构。一是坚持突出主业发展，重点培育"能源、交通、商贸、钢铁、化工、建筑"等六大优势产业板块。二是实施"双千工程"，物产、交通、能源3家集团的经营规模或资产超1000亿元。三是不断拓展新兴产业领域，培育海洋经济、金融等新增长点。

（3）着力创新发展方式。一是积极创新管控体系。加强集团管控体系，推动企业实行全面预算管理、资金集中管理和全员成本管理，降低企业财务、生产和管理成本。二是着力创新发展平台。引导企业加强与央企、地方

---

① 习近平：《坚持"两个毫不动摇"再创浙江多种所有制经济发展新优势》，《经济时报》2003年3月15日。

政府及省属企业的内部战略合作。三是推动创新商业模式。积极推动物产、国贸、商业等商贸服务型企业创新经营业态。四是扎实推进技术创新。

（4）改进监管服务方式。一是监管服务方式进一步改进，创新了促进企业改革发展的监管制度、政策和方式，提升了监管和服务企业的效能；二是监管制度体系进一步完善；三是监管体系进一步健全。

经过改革与结构调整，浙江省国有企业实力得到增强，企业运行的质量效率不断提高，国企结构不断优化，在能源、交通、商贸物流等基础行业的地位得到巩固，在增加政府财政税收、保障市场供应与生产秩序、支持重大工程与民生建设等方面发挥着积极的作用。国有企业在全省国民经济中保持了强劲的控制力，起到了新兴产业的先驱者、尖端技术的创新者、关键领域的护卫者、基础部门的建设者、中小企业发展的支持者的作用。

二　发挥机制优势，推进民营经济再飞跃

民营经济是社会主义市场经济的重要组成部分，它具有天然亲近市场经济、反应敏捷、经营灵活的体制机制优势。发达的民营经济是浙江经济的特点与优势。习近平同志认为，改革开放以来，浙江从一个资源小省发展成为经济大省，重要原因之一就是民营经济的快速发展。2003 年浙江省委、省政府提出的"八八战略"中，第一条就是要"进一步发挥浙江的体制机制优势，大力推动以公有制为主体的多种所有制经济共同发展"。而浙江体制机制的最大优势，就是民营经济。

1. 推进民营经济新飞跃

改革开放以来，浙江民营经济从小到大，迅速成长。但 21 世纪初以来，随着资源环境的变化，民营经济发展也遭遇了新的困难与挑战。生产成本不断抬升，市场竞争加剧，小微企业生存更为艰难。

习近平在 2004 年全省民营经济工作会议上强调，要进一步解放思想，大胆实践，加快推进制度创新、科技创新和管理创新，全面提高民营经济的科技化、规模化、集约化和国际化水平，不断增强民营经济的综合实力和国际竞争力，保持浙江民营经济发展在全国的领先地位。他指出，推动民营经

济新飞跃必须着力推进"五个转变",实现"五个提高":①从主要依靠先发性的机制优势,向主要依靠制度创新、科技创新和管理创新转变,提高民营经济的综合实力和国际竞争力;②从主要集中在传统制造业和商贸业,向全面进入高技术高附加值先进制造业、基础产业和新兴服务业转变,提高民营经济的产业层次和发展水平;③从主要依靠国内资源和国内市场,向充分利用国际国内两种资源、两个市场转变,提高民营经济的外向发展水平;④从现有的块状经济、小规模经营逐步向更高层次的集群化、规模经营转变,提高民营经济的集约化和规模化水平;⑤从比较粗放的经营方式向更加注重信用、质量、生态和遵纪守法的经营方式转变,提高民营经济的整体素质和可持续发展水平。要进一步加强对民营经济发展工作的领导,把推动民营经济新飞跃摆上全局工作的重要位置,优化环境,完善管理,加强党建,努力开创浙江民营经济发展的新局面。

在这一战略与相应政策措施的引导下,浙江人民的创业热情进一步高涨,民营经济保持了快速增长,民营经济在浙江经济中的地位与作用进一步提升。

2. 推动民营企业创业、创新

随着经济发展阶段与发展环境的变化,浙江民营经济发展中出现了"融资难""转型升级难"等新问题。2007 年,浙江省第十二次党代会提出了"创业富民、创新强省"总战略,明确提出"民营经济是我省经济发展的主力军。民营经济的发展质量和水平,在很大程度上决定了我省经济的整体素质",要"加快提升民营经济发展水平"。为此,浙江大力扶持和鼓励民营经济的发展,完善和落实促进民营经济发展的政策举措,鼓励民营企业创新,充分激活各类民间资源,包括民间人才、民间资本、民间技术、民间经验等。积极培育富有创业精神的各类市场主体,最大限度地调动人民群众的创业积极性和主动性,支持和推动全民创业,走出一条符合省情的全民创业、全面创新之路。

针对 2008 年金融危机的冲击,浙江加大了对民营经济的扶持与引导力度。2011 年初,浙江省委、省政府召开了全省民营经济万人大会。在深化

"创业创新闯天下、合心全力强浙江"主旋律的基础上，以"毫不动摇支持民营经济发展，坚定不移推进民企转型升级"为中心议题，科学谋划了新一轮民营经济发展蓝图。浙江省委、省政府提出，要切实加大政策支持力度，通过消除民营经济发展的体制性障碍，发挥财税政策的引导扶持作用，建立全方位地方金融支持体系等一系列举措，促进浙江民营经济实现新的发展。

经过企业与政府的共同努力，浙江民营企业自主创新的基本能力有了显著提高，以提升自主创新能力为突破口的一些条件和比较优势开始形成：以企业为主体、高校科研院所为依托的技术创新体系逐步形成，规模企业已经成为浙江技术创新的主导力量；形成了一批知识密集型和人才密集型的民营科技企业；浙江民营企业利用国内、国际两种资源两个市场，大胆实施"跳出浙江发展浙江"发展战略，形成了"走出去"和"引进来"双向互动、良性发展的新格局。2003 年，浙江私营企业的户均注册资本是 115 万元；到 2013 年，私营企业的户均注册资本达到 308.5 万元，增长了近 2 倍。单位人口的市场主体与企业的拥有量全国第一；总计 750 万在外浙商，其中 600 万在省外创业，150 万在海外打拼，在浙江之外又创造了一个浙江。2013 年 8 月全国工商联公布的浙江入围"全国民营企业 500 强"的企业数量达 139 家，连续第 15 年位列全国榜首；2013 年，民营经济贡献了全省 60% 以上的税收，70% 以上的生产总值，80% 以上的外贸出口和 90% 以上的新增就业岗位。民营经济成为浙江市场取向改革的先行者和推动者，更是浙江经济转型升级的主要力量。

三　"两只鸟"转型升级理念的创新与实践

浙江经济经过 20 多年的持续高速发展，到 21 世纪初，遭遇的挑战与累积的问题加重，一些传统产业与小微企业面临着生死存亡的考验，浙江产业区域转移加快，而新兴产业受制于科技人才要素的制约，难以为继。浙江经济发展站在一个新的十字路口。

1. 转型升级理念的创新

浙江省委、省政府认识到，在新的环境下，浙江传统产业需要走出去，利用外部的资源与市场，提高竞争力，实现"凤凰涅槃"式的转变，如果只担心产业"空心化"而限制企业与产业"外流"，只能加速这些企业与产业的死亡。为此，习近平同志提出"两只鸟"理论。在2004年底的浙江省经济工作会议上，时任浙江省委书记习近平指出，要破解浙江发展瓶颈，必须从科学发展观的要求出发，切实转变经济发展方式。他把这方面的工作形象地比喻成养好"两只鸟"：一个是"凤凰涅槃"，另一个是"腾笼换鸟"。"天育物有时，地生财有限，而人之欲无极。"浙江只有凤凰涅槃，才能浴火重生。

"凤凰涅槃"，就是"浴火重生""脱胎换骨"。这需要拿出壮士断腕的勇气、置之死地而后生的胆略，加快淘汰落后产能。要利用市场倒逼推进创新，要大力提高自主创新能力，建设科技强省和品牌大省，以信息化带动工业化，变制造为创造，打造先进制造业基地，发展现代服务业，实现产业的转型升级。

"腾笼换鸟"，就是要"推陈出新"，实现新老更替。一方面要把"弱鸟""老鸟"推出去，利用外部资源与市场，实现生命的升华，并强壮自己。这就要发扬浙江人勇于冒险、敢于创新的精神，跳出浙江发展浙江，并为浙江的产业高度化腾出发展空间。另一方面要把"走出去"和"引进来"结合起来，主动引进"好鸟""新鸟"。这就要积极引进优质的外资和内资，促进产业结构的调整，实现产业的新老更替。

"凤凰涅槃""腾笼换鸟"开启了浙江调结构、促转型的大幕。转变经济发展方式、推进经济转型升级，成为历届浙江省委、省政府的不懈追求。十二届浙江省党代会后，浙江省委、省政府深入实施"八八战略"和"创业富民、创新强省"总战略，形成了加快转变发展方式、推进经济转型升级的新局面。2009年12月，浙江省经济工作会议提出进一步发挥民营经济、县域经济、块状经济等特色优势，扎实推进大平台、大产业、大项目、大企业建设（简称"四大建设"），并把"四大建设"作为推进经济转型升级的重大战略举措写入《浙江省"十二五"规划纲要》之中。由此，环杭州湾、温台沿海和金衢丽高速公路沿线三大产业带规划加速实施，浙江经济转型升级开始大提速、大突破、大跨越。

2. 转型升级理念的发展

浙江省第十三次党代会提出了"物质富裕、精神富有"的目标,在十三届五次全会上,浙江省委、省政府提出"建设美丽浙江、创造美好生活"的愿景。"两富浙江""两美浙江"是与浙江省的"八八战略""两创总战略"一脉相承的,是浙江经济转型升级的目标,也是浙江经济社会发展走在前列的必然选择。在这一理念指导下,浙江经济持续加快了转型升级步伐。历届浙江省委、省政府"一张蓝图绘到底,一以贯之谋发展",持之以恒地推动了浙江经济的转型升级。

2012 年 6 月以来,浙江进一步加强"腾笼换鸟"工作推进机制,通过提高落后产能的要素使用成本,进一步倒逼落后产能退出。2013 年 1 月,在浙江省第十二届人民代表大会第一次会议的开幕会上,代省长李强指出,浙江要积极改造提升传统产业,制定实施"腾笼换鸟"促转型一揽子计划,引导支持企业加快技术改造,推动信息技术应用,坚决淘汰一批落后产能。

在此基础上,新一届的浙江省委、省政府提出了"四换三名"(腾笼换鸟、机器换人、空间换地、电商换市,培育名企、名品、名家)、"三改一拆"(在城区中开展旧住宅区、旧厂区、城中村改造和拆除违法建筑)、"五水共治"(治污水、防洪水、排涝水、保供水、抓节水)等一系列工程。以"三名"工程为引领,以"四换"战略为路径,以"五水共治"为突破口,是当前浙江经济转型升级的新特征。

四 "两座山"生态经济理念的形成与实践

生态环境是承载经济社会发展的基础。在相当长时间内,浙江工业化的推进,以牺牲生态环境为代价。到 21 世纪初,一些经济发达地区的空气污染加重,森林资源受到破坏,甚至个别地方居民饮水安全都得不到保障。浙江省委、省政府深刻认识到在浙江工业化进入后期阶段后,必须重视生态环境建设,为经济可持续发展提供支撑,并提高人民生活的幸福指数,真正实现经济发展以民生为念、以人为本。

时任浙江省委书记习近平用"绿水青山"和"金山银山"之间的辩证关系为浙江的生态省建设做了形象概括。他说,浙江在实践中对这两座山之间辩证统一关系的认识经过了三个阶段:第一个阶段是用"绿水青山"去换"金山银山",不考虑或者很少考虑环境的承载能力,一味索取资源;第二个阶段是既要"金山银山",但是也要保住"绿水青山",这时候经济发展和资源匮乏、环境恶化之间的矛盾开始凸显出来,人们意识到环境是人类生存发展的根本,只有留得青山在,才能"不怕没柴烧";第三个阶段是认识到"绿水青山"可以源源不断地带来"金山银山","绿水青山"本身就是"金山银山",生态优势变成经济优势,形成了一种浑然一体、和谐统一的关系。

习近平关于"两座山"关系的理念,形象生动地阐述了生态与经济发展的关系,也总结出浙江在处理经济发展与保护生态关系上的不断深化成熟的过程。

改革开放 20 多年,浙江经济取得了快速增长,但资源环境压力不断增大,浙江经济的可持续发展面临着严重制约。立足于这样的基本省情,浙江省委、省政府把握规律,审时度势,做出了进一步发挥浙江的生态优势,建设生态省,打造"绿色浙江"的重大战略决策。

2002 年 6 月,浙江省第十一次党代会把建设"绿色浙江"确定为全省在新的历史阶段的战略目标,明确提出要"积极实施可持续发展战略,以建设绿色浙江为目标,以建设生态省为主要载体,努力保持人口、资源、环境与经济社会的协调发展"。2003 年 1 月,经国家环保总局批准,浙江省成为继海南、吉林、黑龙江、福建之后的全国第五个生态省建设试点省份。建设生态省的序幕由此拉开。"八八战略"其中之一就提出要进一步发挥浙江的生态优势,创建生态省,打造"绿色浙江",努力把浙江建设成具有比较发达的生态经济、优美的生态环境、和谐的生态家园、繁荣的生态文化、人与自然和谐相处的可持续发展省份。

1. 把生态建设与经济转型升级相结合

即把生态文明建设纳入经济、政治、文化、社会建设的各个领域,纳入

"八八战略"、"两创"总战略与"两富浙江""两美浙江"建设之中，纳入推进经济转型升级发展的具体工作之中。正确处理生态建设与其他方面建设的关系，大力倡导有利于资源节约和环境保护的生产方式和消费模式，加快建设资源节约型和环境友好型社会。大力发展生态经济，不断优化生态环境，注重建设生态文化，着力完善体制机制，加快形成节约能源资源和保护生态环境的产业结构、增长方式和消费模式，打造"富饶秀美、和谐安康"的生态浙江，努力实现经济社会可持续发展。

2. 加大环境资源保护力度

浙江坚持"三并重、三并举"[①] 的环境保护工作方针，整治环境污染；开展"811"[②] 环境污染整治行动；各地还大力加强了水土流失治理、清水河道整治、矿山生态修复、生态公益林建设等工作。沿海地区更是将海洋生态环境保护和建设作为重要工作。

3. 积极探索和实践建立生态补偿机制

一是加大财政对生态补偿的支持力度，发挥财政资金在生态补偿中的激励和引导作用；二是多渠道整合资源，推进生态补偿；三是引入市场机制，推行资源有偿使用；四是建章立制，促使生态补偿制度化。在各项措施的有力推进下，浙江生态省建设呈现出良好的发展态势。2004 年，浙江省的生态环境质量指数居全国第 2 位，2006 年又以 87.1 分的成绩跃居全国首位。

4. 坚持把节能减排作为调整经济发展方式的重要抓手

大力推广循环工业，支持发展资源节约型、环境友好型产业，推进生态经济建设，启动循环经济试点省建设。部署和实施"991"工程，即在 9 个

---

① 指严格防止新增污染与大力治理老污染并重、城市污染治理与农村污染治理并重、推行清洁生产与建设环境保护工程并重，污染防治与生态保护并举、工业污染防治与生活污染及农业面源污染防治并举、水污染防治与大气污染防治并举。

② "8"指全省八大水系及运河、平原河网，"11"既指 11 个设区市，也指 11 个省级环境保护重点监管区，包括椒江外沙、岩头化工医药基地，黄岩化工医药基地，临海水洋化工医药基地，上虞精细化工园区，东阳南江流域化工企业，新昌江流域新昌嵊州段，衢州沈家工业园区化工企业，萧山东片印染、染化工业，平阳水头制革基地，温州市电镀工业，长兴蓄电池工业。

重点领域，采取"九个一批"的工作抓手，加快实施 100 个循环经济项目。出台化学原料药、造纸、印染 3 个产业的环境准入指导意见，加快培育发展循环经济、低碳经济和生态经济。不遗余力地推进从黑色发展向绿色发展的转变、线性发展向循环发展的转变、高碳发展向低碳发展的转变。经过多年努力，发展方式的转变、产业结构的转型取得了阶段性成果。

五　和谐发展的理念与探索

经过改革开放以来经济的长足发展，到 21 世纪初，浙江的城乡差距、区域差距也在不断拉大，对未来浙江经济的可持续发展与社会稳定提出了新的挑战。面对新形势，浙江省委、省政府通过推进新型城市化、发展海洋经济、山海协作、扶持欠发达地区发展来实现浙江区域经济与城乡社会经济的和谐发展。

1. 走新型城市化道路

根据经济社会环境的发展与变化，浙江率先提出"走新型城市化道路"，强调城市化进程中的集约发展、和谐发展和统筹发展，把城市化纳入科学发展的轨道。

浙江在推进新型城市化建设中，坚持把城市发展与提高资源利用效率结合起来，走资源节约的城市化道路；坚持把城市发展与环境保护和生态建设结合起来，走环境友好的城市化道路；坚持把城市发展与增长方式转变结合起来，走经济高效的城市化道路；坚持把城市发展与区域统筹、城乡统筹结合起来，走以城带乡、城乡一体化道路。

一是突出集约发展，科学化城市发展规划，严格城市用地规划，提高土地资源使用效率，增强城市经济的集聚效应；完善布局，推进城市群与组团发展，减少"堵城、空城、睡城、水城"现象。

二是突出和谐发展，建立合理的城市体系，促进大中小城市与城镇和谐发展。加大城市环境保护力度，大力发展绿色城市、低碳城市与智能城市。

三是突出统筹发展。把城市发展与新农村建设、优化人口生产力布局结合起来，走统筹发展的城市化道路，促进城市基础设施向农村延伸、城市公共服务向农村覆盖、城市文明向农村辐射，建立健全以城带乡、以工促农的长效机制。鼓励更多的县城发展成为功能健全的中等城市，充分发挥县域经济在统筹城乡发展中的重要作用。

2. 建设海洋经济强省，推进陆海联动

面对浙江陆域面积小、资源紧张的省情，浙江省委、省政府提出陆海联动，把发展海洋经济、建设海洋经济强省作为推进"八八战略"的一项重要内容，使之成为全省经济发展新的增长点，为全省经济社会发展拓展新的空间。

2003年8月，浙江省委、省政府明确提出建设海洋经济强省的目标。组织编制了《浙江海洋经济强省建设规划纲要》。通过抓重大项目（重点是加快宁波、舟山两港整合），推进宁波—舟山港口一体化发展；抓产业提升，按照合理布局、优化结构、依靠科技、可持续发展的要求，重点发展港口海运业、临港工业、海洋渔业、滨海旅游业和海洋新兴产业等五大海洋产业，努力形成功能分工明确、特色优势显著的海洋产业区域发展格局。同时，推进海洋生态建设和渔民社会保障建设。

2007年，浙江省第十二次党代会明确提出了"大力发展海洋经济，加快建设港航强省"的战略要求和任务。把加快发展海洋经济作为实施"八八战略"的组成部分和"两创"总战略的重要内容，积极规划海洋经济发展带，大力发展海洋生物、海洋能源、海洋旅游等产业，加快建设"港航强省"各项工作，初步构筑起以宁波、舟山为中心，温台杭嘉为两翼的海洋经济发展格局。2011年3月，省委工作会议围绕贯彻落实国务院批复的规划，全面部署浙江海洋经济示范区建设工作，加快发展海洋经济，进一步完善统筹陆海协调发展的工作思路和具体举措。同时，以舟山新区改革试点为抓手，推进浙江保税区、国际航运与贸易的大发展。

海洋经济建设的推进，促进了浙江经济的转型升级，海洋运输、国际贸易通过自身发展及陆海联动，带动了浙江其他地区的经济社会发展，提高了海岛地区的经济发展水平，促进了浙江的区域和谐发展。

3. 推进三大工程，促进区域经济协调发展

经过20多年的持续快速发展，21世纪初，浙江进入了全面建设小康社

会，向现代化迈进的新阶段。但是，由于历史、自然、社会等方面的原因，浙江西南山区的经济基础还比较薄弱，自我积累和自我发展的能力还不够强。欠发达地区的发展是浙江全面建设小康社会的重点和难点，也是浙江发展的潜力所在。为此，浙江省委、省政府在全省大力实施"山海协作"工程、"欠发达乡镇奔小康"工程和"百亿帮扶致富"工程，以促进全省区域经济的协调发展。

（1）"山海协作"工程。"山海协作"是指以浙西南山区、海岛为主的欠发达地区，与沿海发达地区、经济发达的市县开展经济合作。"山海协作"工程以项目合作为中心，以产业梯度转移和要素合理配置为主线，以政府引导、企业为主、市场运作、互利双赢为主要方式，实行多渠道、多形式、多层次、全方位的区域经济合作与交流，把发达地区的劳动密集型产业转移到欠发达地区，把欠发达地区的剩余劳动力转移到发达地区，促进省内沿海发达地区与浙西南山区、海岛等欠发达地区的协调发展与共同繁荣。

（2）"欠发达乡镇奔小康"工程。2003 年，浙江省委、省政府做出了实施"欠发达乡镇奔小康"工程的重大决策，中心任务是加快欠发达乡镇奔小康，解决相对贫困问题，实现区域协调发展。一是通过大范围、多形式推进高山深山农民下山移民，促进农民转产转业，加快下山脱贫的步伐；二是以提高劳动力供需的组织化程度和劳动力的素质为重点，把发达地区对劳动力的需求与欠发达乡镇劳动力的供给有效地对接起来，扩大欠发达乡镇的劳务输出，以增加农民的收入；三是对欠发达乡镇实施科技特派员制度，支持欠发达乡镇发展特色农业；四是围绕改善欠发达乡镇农民生产生活条件，落实新一轮结对帮扶制度。在各级政府和全社会的支持下，农民收入增幅加快，贫困人口进一步减少。

（3）"百亿帮扶致富"工程。它是浙江"五大百亿"工程的重要组成部分，该工程围绕培育新的经济增长点，帮扶弱势群体，重点改善交通条件，加强山海协作，引导下山脱贫致富，促进区域协调发展。

在"八八战略"的科学指导下，以实施三大工程为重点，浙江经济与社会的发展初步形成了沿海发达地区与内陆相对欠发达地区间互动、互促的格局，呈现出发达地区加快发展、欠发达地区跨越发展的良好局面。

浙江省第十二次党代会以后，省委、省政府高度重视欠发达地区跨越式发展工作，多次召开专题工作会议，做出一系列重大决策，深入实施"山海协作""欠发达乡镇奔小康""百亿帮扶致富""低收入农户奔小康"等重大工程，切实加大对欠发达地区财政转移支付、结对帮扶、职能扶贫、区域协作、社会扶贫等工作的力度。第十三次党代会后，更加重视欠发达地区的经济发展，提出"山上浙江"发展战略，以发展生态经济、绿色经济为重点，加大对浙江山区经济的发展力度，使浙江山区经济出现了跨越式发展势头。

六 "跳出浙江发展浙江"开放理念的形成与发展

20 世纪 70 年代末以来，浙江经济的迅速发展，得益于对外对内开放的不断深入。进入 21 世纪后，浙江经济面临着国内外市场竞争与资源要素供给瓶颈制约加剧的新问题。在全球经济一体化加速的时代，如果畏缩、封闭，政府的"保护"只能使企业竞争力衰退，浙江经济将会毫无活力。只有加大对内对外开放，使浙江企业经得起风浪，茁壮成长，浙江经济也才能健康、持续发展。

进入 21 世纪以来，浙江以中国"入世"为契机，加大对外、对内开放，实施"走出去"战略，鼓励浙商"跳出浙江发展浙江"，在继续吸引外来直接投资的同时，积极鼓励和支持省内优势产业和专业市场向境外拓展，以促进浙商更充分地利用国内国际两个市场、两种资源。

1. 从"引进来、走出去"到"跳出浙江发展浙江"

2003 年以后，资源环境约束已成为浙江经济发展的瓶颈。同时，浙江经济发展中的结构性、组织性和要素性矛盾逐渐凸显。浙江需要在更大范围、更广领域、更高层次参与国内外经济技术合作和竞争，拓展新的发展空间，保持经济持续健康快速发展。"跳出浙江发展浙江"成为新的历史条件下浙江经济发展的战略选择。时任省委书记习近平强调，"跳出浙江发展浙江"不仅是浙江经济社会发展的必然要求，也是一种全局意识和政治责任。"跳出浙江发展浙江"延伸了浙江的产业链，推动着浙江产业的梯度转移，促进了资源要素的合理流动和优化配置。2011 年浙江省第十二次党代会指出："要以'跳出浙江发展浙江'的思路拓展发展空间，努力保持发展的良好势头。"浙江省委十二届二次全会强调："全面推进创业创新，必须充分利用国际国内两个市场、两种资源。"由此，"跳出浙江发展浙江"，成为"两创"总战略的重要内容，成为拓展全省创业创新空间的战略之举。

2. 全面提升开放水平

近年来，随着国际国内经济环境的巨大变化，在"跳出浙江发展浙江"思路的基础上，浙江省委、省政府注重开放水平的全面提升，使浙江能全面参与到全球经济分工合作体系中，着实提高浙江经济的国际竞争力。

在推进"跳出浙江发展浙江"战略的过程中，浙江提出了"三个坚持"。即坚持在参与区际竞争与国际竞争中提升本土经济；坚持在与省外、海外资企业互动融合中提升本土经济；坚持在走出去过程中提升本土经济。

浙江重点在六个方面推进浙江经济的对内对外开放。一是以义乌国际贸易综合改革试点为抓手，构建开放型经济新体制，全面提高浙江经济的开放水平；二是建设统筹开拓国际国内两个市场的开放纽带；三是推动进出口贸易稳定、均衡发展；四是推进"引进来"与"走出去"更好结合；五是不断创新对外开放载体；六是引导浙商省外投资与浙商回归。

经过多年的推进，浙江开放型经济水平得到全面提升。浙江进出口贸易保持稳定增长，贸易结构不断改善；引进外资保持稳步发展，外商来浙投资结构与质量有明显提升；浙商对省外、海外投资持续高速增长，利用省外、海外两个市场、两种资源，浙江人经济有了大发展；浙商回归创业创新加快，成为推动浙江经济转型升级的新助力。

第三节　中国梦与浙江经济发展实践

2012年，习近平总书记提出"中国梦"，即"实现中华民族伟大复兴"，它是"国家富强"之梦。具体而言，它包含着千百年来，中华民族对"人民富裕、精神富有、国家强盛、创新强国、海洋强国、和谐中国、美丽中国"的梦想与企盼。

浙江作为"走到前列"的中国沿海发达地区，经济发展水平领先于全国整体水平 10 年左右，浙江的经济发展，为实践中国梦提供了很好的样本。

一　人民富裕之梦与浙江实践

人民富裕是国家强盛的基础，是精神富有的前提。生活富裕是每个中国老百姓的梦想。在近 14 亿人口的中国，要实现"人民富裕"的梦想，既是巨大的挑战，也是现实的期待。改革开放以来，尤其是近 10 年来浙江人民从贫困到小康的实践，证明了中国的富裕之梦一定可以实现。从 2003 年到 2014 年，浙江人均 GDP 从 2380 美元增至 11878 美元，11 年增加了 4 倍；浙江城镇居民人均可支配收入与农村居民人均纯收入，分别从 2003 年的 13180 元与 5431 元，增至 2013 年的 37851 元与 16106 元，分别增长了 187% 与 197%，城乡居民生活水平均居全国各省区市前列；城乡居民家庭恩格尔系数分别从 2003 年的 36.6% 和 38.2% 降至 2013 年的 34.4% 和 35.6%，① 均达到富裕水平；医疗救助、九年义务教育、低保救助等社会保障，基本实现了城乡全覆盖。

浙江实现"生活富裕"梦想，首先在于鼓励百姓自主创业。浙江省委、省政府更将"创业富民、创新强省"作为发展总战略。百姓乐于创业、勇于创业，个个争当"小老板"，造就了浙江上千万浙商，使浙江人均企业主数量高居全国首位，为浙江民营经济打下了坚实的基础，为浙江经济发展提供了源源不断的"活水"。

其次是鼓励民营经济发展。从改革初期的"放水养鱼"到后来的注重为浙江民营经济提供平等的市场竞争机制，充分发挥民营企业的机制体制优势，推进民营经济飞跃再飞跃，使浙江民营经济从小到大、从弱到强，成为浙江经济发展的主体力量，民营企业就业人数占到全部就业人数的 75% 以上，成为居民就业收入的最大来源。

再次是引导产业集聚发展。促进广大民营中小企业通过在某一区域、某

---

① 数据来自《浙江统计年鉴 2014》。

一产业或产品链集聚，开展专业化分工协作，形成专业市场与产业集群，产生集聚效应，弥补了中小企业的规模不经济，提高了浙江产品的竞争力，使浙江产品迅速涌向省外、海外。目前，浙江有 10% 以上的工业品产量居全国第一，60% 以上的工业品产量居全国前十位。

最后，不断完善分配机制。鼓励城乡居民自主创业，增加经营性收入；保护各种要素参与分配，提高居民的财产性收入；保障居民的劳动就业收入；在此基础上，加大再分配调节力度，增加低收入居民的转移性收入。

此外，不断改善发展环境。政府要搞好交通、能源、信息网络等基础设施建设；为企业做好服务，推进政府机关效能革命，打造信用浙江、平安浙江、法制浙江、廉政浙江，为经济发展提供良好的环境。

中国的富裕梦，也必然是以人为本，以民生为念。要鼓励居民自主创业，发挥民营经济优势，促进老百姓经济生根、开花、结果。政府则要下大力气完善分配机制、改善经济发展环境，促进经济的持续稳定发展。

二　创新强国之梦与浙江实践

祖国强盛是全中国人民的共同之梦想。强国梦需要有强大的经济为基础，而强大的经济又是建立在创新的基础之上的。只有强大创新能力，才会有强大的产业竞争力与经济竞争力，也才会有强大的国家竞争力。改革开放以来浙江经济的持续发展，在于不断推进创新，浙江的创新实践为中国的创新强国做出了有益的探索。

浙江推进经济强省的实践主要包括体制创新、组织创新与技术创新。

一是体制创新。进入 21 世纪以来，根据经济发展环境的巨大变化，浙江探索社会主义市场经济的发展路径，依据"两只手"创新理念，不断推进经济体制创新。以义乌国际贸易综合改革、温州市金融综合改革、丽水农村金融改革、海宁市要素市场化配置改革、文化体制改革试点省等改革试点为抓手，系统推进体制机制改革；以"强县扩权""强镇扩权"为重点，推动政府机构改革；全面开展行政审批制度改革，推进政府效能革命；稳步推进国有企业产权制度改革与企业重组，引导民营企业向现代企业转变。初步建立起与现代市场经济发展相适应的体制机制。

二是组织创新。针对经济社会环境的变化，根据市场经济发展的要求，不断推进产业组织创新与优化，建立起与浙江经济发展相适应的产业组织体系。理顺政府与企业的关系，政府做好基础设施建设、为企业提供良好的服务、做好宏观经济规划与管理；企业以市场为导向，建立现代产业集群，开展专业化分工协作，同时使企业个体保持竞争活力；以行业商会协会为代表的中介组织，起着协调、服务的积极作用。

三是技术创新。科学技术的进步对现代经济的发展起着关键的作用，浙江省委、省政府提出"创新强省"，并将其纳入发展总战略。技术创新强调科技革命的重要性，引导企业与全社会关注技术创新发展；政府在创新中加大对基础研究、应用基础研究，尤其是行业公共技术研究的投入，引导全社会的技术创新，企业在创新中发挥主体作用，尤其是大企业充分发挥优势，在应用（技术）研究与试验发展方面起到关键作用；建立政府、企业、高等院校、科研机构、投资机构、中介机构六位一体的协同创新机制。同时，积极培育科技创新型人才，引入高端科技人才与技术，通过技术贸易等方式加大先进技术与合适技术的引入。2014 年，浙江全社会科技活动经费支出占 GDP 的 3.66%，研究和发展（R&D）经费支出占 GDP 的比例为 2.34%，在全国居于领先水平。高新技术产业产值占比超过 20%，技术创新在推进经济强省建设中起着关键作用。

作为发展中的大国与体制转型国家，我国更要注重推进体制创新、组织创新与技术创新。尤其在技术创新上，要发挥大国优势，集中资源，协调各方，加强在基础研究与应用基础研究方面的投入，提高创新效率，加强技术引进的引导与管理。

三　开放大国之梦与浙江实践

在全球经济一体化时代，一个封闭的国家或地区，不可能建立起具有国际竞争力的经济体系。只有开放的经济，才能在全球范围内配置资源，提高效率、促进发展；才能经风雨、见世面，提高经济竞争力，才能实现真正的

"人民富裕""国家强盛"之梦。浙江经济的持续发展，离不开对内开放与对外开放，只有"引进来、走出去""跳出浙江发展浙江"，浙江经济才会突破资源小省的制约，才能实现生活富裕之梦。

一是根据经济发展的需要，不断深化对外经贸体制改革。进一步放开外贸出口经营权，鼓励生产企业开展进出口贸易；深化国有外经贸企业产权制度改革；以义乌国际贸易综合试点改革为抓手，推进外贸便利化改革与贸易管理体制改革；推进浙江保税区建设与自由贸易区试点建设；稳步推进外资管理体制与对外投资体制改革。

二是转变外贸增长方式。实施进出口市场多元化战略，分散国际市场风险；将产业结构升级与贸易结构升级相结合，优化进出口贸易结构；促进贸易业态创新与贸易方式转型升级；做大进口贸易，促进出口进口的相对平衡发展；国际市场拓展方式创新，提高进出口竞争力；大力推进服务贸易发展；建立外贸风险预警、应对机制。

三是提高利用外资质量。大力改善投资硬环境与软环境，整合开发区、工业园区，打造利用外资大平台；将引进外资与产业结构升级相结合，不断创新招商引资方式，有针对性、有选择性地引进外资。

四是提高"走出去"水平。推进对外投资管理体制改革，创新浙商对外投资方式，发挥民营经济优势，引导浙商走出去，对外开展并购、上市，设立研发中心与营销机构，开店办厂建市场，承包租赁农场、矿山，充分利用海外资源与市场，突破浙江资源环境制约，提高投资收益。

五是全面推进区域经济合作。重点推进"北接上海"战略，与上海、江苏开展密切的经济合作，实现长三角区域经济一体化；引导浙商西进北上，加快产业转移与区域产业经济合作；开展多形式的区域经济合作，鼓励浙商更多地利用省外资源，开拓市场；积极参与以海峡西岸经济区、两条"丝绸之路"经济带、长江经济带等为代表的"经济合作区域"建设。

六是吸引省外企业来浙投资，支持浙商创业创新、引导浙商回归发展，促进浙江经济转型升级。

开放发展，使浙江开放经济水平有了全面提升。2014年，浙江出口贸易额达到近 2733.3 亿美元，占 GDP 的比重超过 40%，创造的外贸顺差额一直稳居全国前二位；引进外资实际金额达 158 亿美元，全年浙商实际对外直接投资达 34.8 亿美元，高居全国首位；省外浙商 600 万，海外浙商 150 万，750 万在外浙商一年创造的产值超过浙江本地的经济产值；浙商掀起回归浙江创业创新浪潮，2013 年浙商回归浙江实际投资额高达 1750 亿元。

开放大国梦，也是中国梦的重要组成部分。中国要借助经济的发展与体制改革的深入，强化区域经济合作，推进国内经济一体化；在新的发展阶段，要有针对性、选择性地引进外资，将引进外资与产业结构升级相结合，提高利用外资的质量；要大胆地鼓励民营企业"引进来、走出去"，充分利用国外资源与市场，突破国内资源环境的瓶颈制约，全面提高开放型经济水平。

四 海洋强国之梦与浙江实践

中共十八大报告把建设海洋强国作为国家发展战略，这是全体中国人的时代诉求，是中国历史的必然进程。中国海洋面积为 300 多万平方千米，占整个国土面积的 1/3，但海洋经济只占到 GDP 的 10%。与美国海洋经济占到 GDP 的 50% 强相比，"海洋强国"任重道远。浙江海洋面积达 26 万平方千米，是陆地面积的 2.6 倍；深水岸线 506 千米，占全国的 1/3；岛屿占全国的 40%，是一个海洋大省。十多年来，浙江致力于海洋强省建设，为中国海洋强国梦，做出了丰富的实践。

首先，政府高度重视海洋资源的开发与利用。2003 年 8 月，浙江省委、省政府明确提出建设海洋经济强省的目标，组织编制了《浙江海洋经济强省建设规划纲要》。2007 年，浙江省委、省政府提出"大力发展海洋经济，加快建设港航强省"的战略要求和任务。把加快发展海洋经济作为实施"八八战略"的组成部分和"两创"总战略的重要内容，积极规划海洋经济发展带。2011 年，浙江海洋经济发展示范区与舟山群岛新区建设上升为国家战略，以《浙江海洋经济发展示范区规划》和《舟山群岛新区发展规划》为引导，浙江省凝聚社会共识，稳步扎实推进浙江海洋强省建设。

其次，以发展海洋经济为中心，将发展海洋经济作为经济发展的新增长点，为浙江经济转型升级提供新空间。按照合理布局、优化结构、依靠科技、可持续发展的要求，突出重点，落实规划。以重大项目为抓手，大力发展港口海运业、临港工业、船舶制造业、海洋渔业、滨海旅游业与海洋能源、海洋生物化工产业等新兴海洋产业，构筑以宁波、舟山为中心，温台杭嘉为两翼的海洋经济发展格局。

再次，加快推进"港航强省"建设。发挥浙江的天然港优势，加强宁波、舟山港的整合，推进宁波—舟山港口一体化发展，加强宁波—舟山港口航运与温州、台州、乍浦等港口的分工合作；开展浙江港口与上海、宁波等周边港口的合作；加强宁波港与义乌市场的联系，开拓宁波、温州港口与安徽、江西、福建等周边地区的经贸与交通。

最后，大力推进海陆联动。一是加强沿海与陆地的经济互动，以沿海地区带动内陆地区、以海洋经济带动其他产业发展，同时以内陆经济、非海洋产业的发展来促进沿海经济与海洋经济的发展，形成海陆互动互促发展格局。二是实施"山海协作"，推进沿海发达地区与欠发达的山区、海岛的经济合作，以沿海带动山区经济发展，促进区域和谐发展。

经过十多年"海洋强省"战略的推进，浙江海洋经济得到了快速发展，到 2013 年底，浙江海洋经济产值达 5508 亿元，[①] 在经济总量中的比重由原来不到 10% 上升到 16%。

中国的海洋经济发展有着巨大的潜力与空间，将成为中国经济发展的新突破口。中国海洋强国建设，应制订科学发展规划，合理布局，建立发展示范区，落实重点项目，以发展海洋经济为中心，使海洋油气产业、临港工业、现代物流业、滨海旅游业成为海洋经济发展的主体，提升海洋科技和海洋开发能力。同时推进海洋、海岸和内陆一体化，实现海洋经济的可持续发展。

五 和谐中国之梦与浙江实践

区域、城乡、阶层的和谐，是社会稳定的保障，是人民生活幸福的一个

---

① 数据来自《中国海洋统计年鉴 2014》。

重要衡量指标，也是中国梦的重要组成部分。中国地域广大、民族众多，各地区自然条件、交通条件、经济基础、人文基础差异巨大，区域差距、城乡差距与社会阶层收入差距明显。随着工业化的推进，在市场经济规律作用下，区域差距、城乡差距与社会阶层收入差距仍可能拉大，和谐发展尤显重要。改革开放以来，浙江经济长足进步，尤其是21世纪初以来，随着浙江经济进入工业化后期阶段，区域差距、城乡差距与社会阶层差距并未明显扩大，区域之间、城乡之间、社会各阶层之间始终保持较为和谐的发展格局。浙江的和谐发展实践可为我国和谐发展提供重要参考。

第一，浙江的和谐发展在于调动人民群众创业的积极性，营造尊重财富、不仇富的人文氛围，鼓励百姓创业致富、投资致富、劳动致富；在于通过放权让利，调动地方发展经济的积极性，促使各地充分发挥优势，因地制宜，促进发展。

第二，率先提出"走新型城市化道路"，强调城市化进程中的集约发展、和谐发展和统筹发展，以新型城市化土地资源的节约，促进大中小城市与城镇和谐发展，把城市发展与新农村建设、优化人口生产力布局结合起来，促进农村居民向城市转移，全面推进城乡一体化，减小城乡差距。

第三，实施"山海协作"工程、"欠发达乡镇奔小康"工程、"百亿帮扶致富"工程与"低收入农户奔小康"工程，推动"美丽乡村"建设。以沿海平原发达经济地区带动山区、海岛欠发达地区发展，大力发展山区经济与生态经济，以工扶农，以强扶弱，政府帮扶，促进欠发达地区乡镇经济发展，加大财政转移支付力度，为欠发达地区与低收入群体输血造血，实现全省和谐发展。

践行"和谐中国"梦，更需要加大统筹区域发展、城乡发展的力度。我国要通过新型城镇化建设，加快农村居民向城市居民转变，推进城乡一体化；实施区域合作，加快产业区域转移；保障居民合法致富，加快分配机制改革，加大财政转移支付力度。逐步缩小区域差距、城乡差距与社会阶层收入差距。

第一章
坚持科学发展　不断推进转型升级

改革开放以来，浙江走出了一条以民营经济、块状经济和专业市场联动发展为特色的发展路子，实现了经济发展的历史性跨越。但是浙江产业结构层次比较低、经营方式比较粗放的先天不足，却必然导致成长中的烦恼。近10年来，随着经济总量的不断扩大，面临着资源要素的制约、生态环境的压力、内外市场的约束，尤其是进入 21 世纪以来，浙江经济"快、灵、活"的优势逐渐弱化，"低、小、散"的弊端逐渐凸显。国际金融危机对浙江经济的冲击，很大程度上是对经济发展方式的冲击。历届浙江省委、省政府深刻地认识到问题的严重性，多年来，一直坚持从科学发展观的要求出发，努力推进经济结构的战略性调整和增长方式的根本性转变，不断探索浙江经济的转型升级之路。21 世纪以来浙江经济的科学发展与转型升级的持续探索，是中国梦在浙江的践行，它为实现富民强国的中国梦，提供了丰富而生动的样本。

第一节　"两只鸟"理念的提出与发展

浙江的转型升级之路始于习近平同志在浙江任省委书记时提出的"两只鸟"理念，在这之后的各届省委、省政府在该理念的指导下，"一张蓝图绘到底，一以贯之谋发展"，不断追寻增长方式的转变途径。

一　理念的提出

"两只鸟"理念的提出不是凭空而论的，它的提出有着深刻的时代背景，也有其广泛的实践基础。

1. 背景：经济大省遭遇"成长中的烦恼"，发展瓶颈亟待破解

浙江改革开放以来的经济发展令人瞩目。从 1978 年到 2003 年，浙江省国内生产总值年均增长率达 13.1%。2004 年，浙江全年生产总值达到 1.13 万亿元，一个陆域面积仅有 10.18 万平方千米的资源小省，一跃成为我国第四个 GDP 超万亿的"富省"。

在快速领跑 30 年之后，浙江率先遇到了"制约之痛"和"成长的烦恼"。一方面是要素供给和环境承载力的瓶颈制约日益突出，另一方面是粗放型增长方式对可持续发展的约束日益明显。

2004 年 11 月，浙江省统计局发表《浙江 GDP 增长过程中的代价分析》报告，首次全方位指出了浙江 GDP 高增长所带来的耕地不足、能源短缺和环境恶化等三大负效应。率先对 GDP 增长所付出的代价进行研究分析并发布相关的分析报告，这在全国是首次。[①]

一是耕地锐减，土地使用效率不高。浙江耕地面积仅占全国 1% 多一点。2001~2003 年，浙江省平均每年减少耕地 58.45 万亩。

二是能源极度紧张，而高消耗局面未变。浙江是一个能源矿产极度匮乏的省份，全省一次能源 95% 以上靠外省调入。全省电力消费量增长速度大大高于 GDP 的增长速度，电力供应已呈全面性、持续性的紧张态势。许多企业面临无地建厂、无电开工的窘境。2004 年，浙江省用电统调负荷实际最大缺口超过 700 万千瓦，累计拉电损失量占国网公司的一半，占华东电网的 92%。高消耗低效率的现实决定了发展越快的地区，资源消耗强度也越大，经济增长难以为继的压力也更突出。

三是经济发展带来的环境污染加剧。2003 年，浙江每创造 1 亿元 GDP 需排放 28.8 万吨废水，创造 1 亿元工业增加值需排放 2.38 亿标准立方米工业废气，产生 0.45 万吨工业固体废物。这几个指标分别比 1990 年增长 84.8%、3 倍和 1.3 倍。

---

① 中共浙江省委党史研究室编著《干在实处　走在前列——中共浙江省第十一次代表大会以来》，浙江人民出版社，2007，第 50 页。

另外，以民营小企业起家的浙江，多年形成的低成本、低价格优势正在弱化。与中西部地区相比，浙江劳动力、土地、能源等要素价格明显偏高。以劳动力价格为例，2003 年浙江职工年平均工资 21000 元，而四川、山西、湖北分别为 12300 元、10290 元、10570 元，浙江高出了一倍左右。

与此同时，在国际市场上浙江产品也承受着重压，可谓"内忧外患"。2002 年以来，浙江遭遇美国、印度等 12 个国家提起的"两反一保"调查 54 起，从打火机、轴承、眼镜、纺织品、茶叶、家具到鞋类，几乎涉及了浙江全部大宗出口商品。这些矛盾实际是浙江经济发展增长方式粗放、产业层次低下等积弊的反映。

靠高投入、高消耗、高排放换取工业增长，靠低成本、低价格、低效益拓展市场空间的浙江经济发展之路已经越走越窄。按经济学的观点，浙江省总规模上万亿元和人均 GDP 达到 3000 美元，正是产业升级、经济发展方式转变的"关口"。面对提前到来的"关口"，浙江的决策者清醒地意识到，"烦恼"源于经济发展方式粗放，产业层次不高，为此做出决定，必须充分利用宏观调控的倒逼机制，主动推进经济结构调整和发展方式转变。

2. 理念的提出：凤凰涅槃，腾笼换鸟

21 世纪初，浙江省委、省政府领导洞察到浙江经济转型升级的重要性与迫切性。要破解浙江发展瓶颈，必须从科学发展观的要求出发，切实转变经济发展方式。时任浙江省委书记习近平把这方面的工作通俗地比喻成养好"两只鸟"：一个是"凤凰涅槃"，另一个是"腾笼换鸟"。

"凤凰涅槃"，就是要拿出壮士断腕的勇气，摆脱对粗放型增长的依赖，大力提高自主创新能力，建设科技强省和品牌大省，以信息化带动工业化，打造先进制造业基地，发展现代服务业，变制造为创造，变贴牌为创牌，实现产业和企业的浴火重生、脱胎换骨。

"腾笼换鸟"，就是要主动推进产业结构的优化升级，积极引导发展高效生态农业、先进制造业和现代服务业。同时，要发扬浙江人勇闯天下的精神，跳出浙江发展浙江，按照统筹区域发展的要求，积极参与全国的区域合作和交流，为浙江的产业高度化腾出发展空间；并把"走出去"和"引进来"结合起来，引进优质的外资和内资，促进产业结构的调整，弥补产业链的短项，对接国际市场，培育和引进吃得少、产蛋多、飞得高的"新鸟""好鸟"。①

二　理念的发展：一张蓝图绘到底，一以贯之谋发展

第十届浙江省委确立了推动经济发展从量的扩张向质的提高转变的工作主线，为浙江转变经济发展方式开启了探索之路。而时任第十一届浙江省委书记习近平同志提出的"八八战略"，以"凤凰涅槃"的勇气、"腾笼换鸟"的举措、"浴火重生"的气魄，推进发展方式转变，则开启了浙江调结构、促转型的大幕，把浙江转变经济发展方式推上了新台阶。

（一）浙江省委、省政府对经济转型升级理念的贯彻与推进

"腾笼换鸟"、推进经济发展方式转变，在实践中逐渐成为历届浙江省委、省政府的不懈追求。十二届省委深入实施"八八战略"和"创业富民、创新强省"总战略，形成了加快转变发展方式、推进经济转型升级的新局面。省第十三次党代会提出"物质富裕、精神富有"的新目标，决心一张蓝图绘到底，一以贯之谋发展。

2012年6月以来，浙江进一步加强"腾笼换鸟"工作推进机制，通过提高落后产能要素使用成本，进一步倒逼落后产能退出。2013年1月，在浙江省第十二届人民代表大会第一次会议的开幕会上，代省长李强在代表浙江省人民政府做政府工作报告时说，浙江要积极改造提升传统产业，制定实施"腾笼换鸟"促转型一揽子计划，引导支持企业加快技术改造，推动信息技术应用，坚决淘汰一批落后产能。在新一年的开端，浙江省政府又再次大声地提出了"腾笼换鸟"，要继续坚持推进"腾笼换鸟"。

---

① 习近平：《之江新语》，浙江人民出版社，2007，第185页。

（二）当前浙江经济转型升级的几大系统工程

在此前的基础上，新一届省委、省政府提出了"四换三名""三改一拆""五水共治"等一系列工程。打造浙江经济升级版，再续浙江经济新辉煌的征程已然开启。以"三名"工程为引领，以"四换"战略为路径，以"五水共治"为突破口是当前浙江经济转型升级的全新特征。

1. "四换"战略为路径

"四换三名"工程，就是加快腾笼换鸟、机器换人、空间换地、电商换市的步伐，大力培育名企、名品、名家，从而破解目前浙江经济的一系列结构性问题。

腾笼换鸟，是为了破解过多依赖低端产业的问题，就是要大力发展战略性新兴产业、高新技术产业、高端装备制造业和现代服务业等高附加值、低能耗、低排放产业，积极淘汰低附加值、高能耗、高污染产业，实现经济结构的战略性调整。也就是用创新驱动的先进生产力替代资源要素投入驱动的落后生产力，实现从浙江制造向浙江创造的跨越，其本质是产业创新。

机器换人，是为了破解过多依赖低成本劳动力的问题，就是要鼓励和支持企业加快技术改造，用技术更加先进、自动化程度更高的工艺设备来替换现有的相对落后的工艺设备，用先进装备替代低端劳动力，进而提高企业的劳动生产率、产品质量和市场竞争力，向设备要红利，向技术要效益。其本质是以设备更新为载体的技术创新、工艺创新和管理创新。

空间换地，是为了破解过多依赖资源要素消耗的问题。它的核心是推进土地节约集约利用，不断提高单位土地、能源、环境容量等要素的产出率。必须强化"亩产论英雄"理念，合理配置土地资源，以有限的土地资源来支撑经济的不断增长和可持续发展，实现土地的永续利用和高效利用。空间换地的本质是要素利用方式创新。当前，"三改一拆"既成为推进新型城镇化的重要途径，也成为"新用地革命"的重要抓手。同时，全省开始探索要素市场化改革试点，在海宁、平湖等地以提高土地使用效率、节能降耗等为主要目标，把产业政策与市场配置资源机制有机统一起来，引导企业从

"三高一低"向"两型产业"转变。

电商换市，是为了破解过多依赖传统市场和传统商业模式的问题，就是大力发展电子商务，积极利用互联网来拓展新市场、拓展新空间、拓展新领域，运用物联网、云计算、大数据，助推跨界经营、跨界竞争、跨界发展，其本质是商业模式的变革与创新。

从实施的效果看，一是"腾笼换鸟"换出新产业：2013 年全年，浙江省淘汰关停低端落后企业（作坊、加工点）1.8 万家以上，盘活存量建设用地 9.6 万。2013 年，浙江省高新技术产业、装备制造业增加值分别增长 10.3% 和 9.4%。二是"机器换人"换出新效率：2013 年，"机器换人"技改投资增长 25.8%，实现万元工业增加值用人同比减少 9.2%。浙江省工业经济领域换下的劳动力超过 60 万人，从人口红利为主导转向机器红利为主导正在逐步变成现实。三是"空间换地"换出新格局：截至 2013 年 12 月底，浙江省已实施低效利用建设用地再开发 3998 宗，面积 9.95 万亩；开发利用地下空间 3909.9 万平方米。四是"电商换市"换出新活力：2013 年，浙江省共实现网络零售额 3821.25 亿元，同比增长 88.48%，销售电商化率达到 16.9%。省内居民实现网上消费 2261.98 亿元，同比增长 73.26%。全省在第三方网络零售平台开设各类网店约 139 万个，同比增长 54.44%；网络零售过亿的企业达 100 多家。如果说，过去 30 多年浙江是有形市场大省，那么大力推进电商换市则使浙江成为无形市场的大省。

2. 以"三名"工程为引领

培育名企、名品、名家，是为了破解过多依赖低小散企业的问题，就是要加快培育一批知名企业、知名品牌和知名企业家，打造行业龙头，形成以大企业为主体、大中小企业协作配套的产业组织架构，其本质是产业组织创新。不论是纵向垂直整合，还是横向链式整合，都是要着力培育和打造全球 500 强企业，使之成为浙江经济发展的"地理标志性"企业和转型升级的"火车头"。

3. 以"五水共治"为突破口

"五水共治"是指治污水、防洪水、排涝水、保供水、抓节水这五项。

这是浙江省政府近期推出的大政方针，是推进浙江新一轮转型升级的关键之策。浙江是名副其实的水乡，但粗放型的产业发展模式对浙江省水域的可持续发展构成了严重的挑战。城镇生活污水无节制地乱排，正成为越来越多的黑河、臭河、垃圾河的幕后黑手。为了保障浙江水资源体系对社会发展的支撑作用，并率先在全国实现水资源的可持续发展，建设治水的典范，浙江省委、省政府提出以"五水共治"为突破口，倒逼浙江的产业转型与升级。

党中央、国务院对浙江治水历来极为关注，历届省委、省政府也高度重视。习近平同志在浙江工作期间，多次对治水工作做出重要指示和部署，一再强调要用科学发展的理念和方法来研究用水、治水、节水工作，认真抓好安全饮水、科学调水、有效节水、治理污水等"四水工程"建设。这些年来，通过3轮"811"行动、千万农民饮用水工程、水资源保障百亿工程、千里海塘、"强塘固房"工程等治水改革措施，浙江治水工作取得了阶段性成效。

从经济的角度看，治水就是抓有效投资促转型。治水的投资，就是有效的投资；治水的过程，就是转型的过程。一方面，"五水共治"可以倒逼经济发展方式转型。水污染严重的问题、水资源效率低下的问题、水环境质量低劣的问题，归根结底是经济发展方式落后的问题。另一方面，"五水共治"可以带动经济发展。"五水共治"需要启动治污工程、防洪工程、排涝工程、供水工程、节水工程等一系列公共工程。政府适时推出这些公共工程，既可以起到"五水共治"的效果，又可以起到拉动投资需求、促进经济发展的效果。在最近几年民间投资意愿下降、优质外资难引、政府投资受限的情况下，好的投资项目对保持有效投资增长至关重要。治水能够为人民提供一大批优质项目，特别是水利工程项目，这对于保持经济平稳增长具有现实意义。

为了实现"治水"的目标，浙江在全国率先实施"河长制"，创造了河流治污的新模式。通过治水，将有力带动有效投资，2014年浙江省涉水产业投资超过5000亿元，成为推动浙江省经济增长的重要突破口。

正是由于历届浙江省委、省政府始终全面贯彻"八八战略"，大力推进

"腾笼换鸟"，不仅创造和积累了许多转型升级的经验，而且大大提升了浙江经济的综合实力和竞争力，让全省人民的生活环境得到了明显改善。

第二节　从传统农业到高效生态的现代农业

现代化建设已成为今日世界农业发展的潮流与趋势，也是新时期中国社会主义新农村建设的首要任务与重要基础。进入 21 世纪以来，浙江已全面进入以工促农、以城带乡的发展新阶段，农业发展的宏观形势发生了重大变化，加快对传统农业的改造、发展现代农业显得越来越迫切。

一方面，工业化、城镇化、市场化的快速推进，使年轻力壮的农村劳动力大量转移到二、三产业就业，农业经营出现了副业化、兼业化、老龄化趋向；另一方面，随着人们生活水平的提高和农产品国际国内市场竞争的加剧，农产品质量安全水平不高、农业组织化程度较低、市场主体竞争力不强的问题愈加突出。同时，农业土地资源逐年减少、水资源紧缺、基础设施薄弱、资金投入不足、生产能耗和成本不断上升等问题，也在不断困扰着浙江农业的发展。解决这些问题，要求加快转变农业增长方式，创新农业发展模式，探索一条既能发挥浙江比较优势又能克服传统农业发展难题、实现农业又好又快发展的道路。

浙江在人多地少等资源条件制约中，始终紧紧围绕"市场"和"创新"，用市场引导农业，用创新引领农业，推动传统农业向现代农业大步转型升级。在建设高效生态农业的产业体系和建立以工促农、以城带乡的现代农业发展机制方面进行了积极探索，既保粮食安全又实现了农业的高效生态，走出了一条独特而富有成就的现代农业发展道路，积累了很多成功的经验。

一　高效生态农业发展理念的提出

在全面分析浙江资源禀赋、经济社会发展水平和农业发展新形势的基础上，时任浙江省委书记习近平高瞻远瞩，提出发展"高效生态农业"的战略决策，把高效生态农业作为浙江现代农业的目标模式，把发展高效生态农业作为浙江发展现代农业的具体实践形式。

高效生态农业是以绿色消费需求为导向，以提高市场竞争力和可持续发展能力为核心，具有高投入、高产出、高效益与可持续发展的特性，集约化经营与生态化生产有机耦合的现代农业。高效生态农业既具有现代农业的一般特性，又反映了人多地少的经济较发达地区农业发展的特殊性。概括起来，就是坚持以科学发展观为统领，走经济高效、产品安全、资源节约、环境友好、技术密集、凸显人力资源优势的新型农业现代化道路。

发展高效生态农业，必须处理好高效与生态、高效与粮食、高效与农业多功能性等的关系。在这一理念指导下，浙江将农业产业进行分类，提出粮油是战略产业，始终动摇不得，而蔬菜、茶叶、果品、畜牧、蚕桑等十大产业可作为主导产业，发挥农业的可持续比较优势。同时，浙江还发展新兴产业，走生态化道路，开发了休闲观光农业、观赏渔业、森林旅游等农业的多功能价值。

在细分产业的基础上，2006 年，浙江颁布高效生态农业发展规划，首次明确了以市场为导向、以资源集聚为特色的四大产业带和重点产业发展领域的划分和建设，并从生态角度，对十大产业提出了方向性的指导原则。紧接着，又马上出台了加快发展农业主导产业、推进现代农业建设的若干意见，提出加快形成农业"块状经济"发展格局。块状经济这一工业化的理念被首次引入农业领域。

"高效生态"概念的提出，是因为浙江深刻把握了现代农业发展的规律，看到了市场主体自发的规模化倾向，看到了工业化、城镇化为农业发展提供的动力和机会，看到了标准化、科技化的前景和潜力。它体现了浙江人超前的市场理念和创新意识，也让浙江农业主动避开了一个又一个质量和安全问题的陷阱，创造了农业的工业化路径。

二 创新发展和培育农业主体

现代农业呼唤强大的农业组织，现代农业亟须人才引领。在现代农业的发展内涵中，蕴含了用现代发展理念引领农业，通过培养新型农民发展农业的要求，这凸显了现代农业发展主体的重要作用。

然而工业化、城镇化进程明显高于其他省份的浙江面临这样的尴尬：随着农业劳动力的大量转移，农业陷入"后继无人"的困境。因此，浙江农业在十年三大跨越中，一直在加大农业主体培育的力度。伴随着每一次跨越，浙江农业的组织化程度不断提高，新的农业主体不断涌现，农业主体的创新能力和综合素质都得到了显著增强和相应提高。

1. 农业龙头培育工程

2004 年，浙江省开始评定省级农业龙头企业，紧接着，实施了"百龙工程"，重点扶持了一批带动农户能力强和市场竞争力强的农业龙头企业。由此，引来了工商资本投资农业的浪潮："万向"鲁冠球、"万事利"沈爱琴、"西子"王水福、"现代"章鹏飞等一大批民营企业家纷纷回归农业，不仅为浙江现代农业发展注入了资金，也将先进的管理经验、超前的市场意识带进了农业领域。

2. 农民合作社培育工程

与农业龙头培育工程同步进行的还有浙江的合作社培育工程。与其他省份相比，浙江千家万户分散经营的特征更为明显，要解决农业生产组织化问题，仅有龙头企业显然不够，必须通过协会、农民专业合作社等组织，把广大农户组织起来，以"龙头企业＋合作社＋农户"的方式进行专业化分工、合作化经营。

2004 年，浙江在全国率先出台了《农民专业合作社条例》，同年，第一个农民专业合作社联合会——温岭市农民专业合作社联合会——宣告成立。箬横西瓜专业合作社是温岭合作社中的佼佼者。该合作社为社员统一种苗、统一标准、统一品牌、统一销售。在播种季节，所有社员和雇工的工资、待遇一样，社员按能力大小获得西瓜种植面积，并按照面积投入相应的资金，社员的收益则按投入比例分红，合作社几乎不提留，提留部分还作为风险基金。社员利益最大化是合作社不断发展壮大的最主要原因。

正是因为利益分配机制的市场化，浙江农民专业合作社得到快速发展。

到 2011 年 6 月底，合作社共有 2.2 万多家，成员数近 90 万户，牵涉到耕地面积 130 多万亩。在主体联结方式上，浙江也形成了比较稳定的模式：粮食、蔬菜、瓜果等直接进入市场的产业，大多由合作社为龙头，直接联结农户；而一些投资较大、科技含量较高、市场状况较为复杂的行业，如农产品加工，则由企业做龙头，通过合作社联结农户。龙头企业逐步形成共识：农民能干的，企业绝不进去争利；农民干不了的，企业带着合作社、带着农民一起干。

目前，浙江农民专业合作社的发展已经进入一个新的阶段，从追求数量到追求质量，相关政府部门还对合作社进行了规范提升，即协助它们做大做强。从 2010 年起，浙江每个县（市、区）每年培育 10 个以上县级农民专业合作社示范社，各市从县级示范社中每年择优培育 30 个以上市级示范社，省从市、县级示范社中每年择优培育 200 个左右省级示范社，以此推动浙江省农民专业合作社的规范化建设。

3. 合作社培育工程相关配套工作

围绕合作社做大做强，浙江在建立土地流转服务组织、发展壮大村级集体经济、解决农业人才不足等三方面着重开展工作。

一是在县、乡镇、村三级，建立起了比较完善的土地流转服务体系。农民要流出土地，足不出户就可以委托村集体合作社进行；要流进土地，也不必和农民一家一户去打交道，只要与村集体签约，就可以"一句话搞定"。到 2010 年底，浙江土地流转率已达到 38.7%，位于全国各省区市前列。

二是充分发挥好村集体的作用。2009 年 8 月，浙江在《关于发展壮大村级集体经济的若干意见》中指出，要充分发挥村级组织在发展村级集体经济中的主体作用，合理开发利用集体土地等自然资源，加快发展集体物业经济、现代农业和农村二三产业。随着村集体经济的发展，农民养老等各项待遇逐年得到保障和提升，农村集体土地和农民承包地的集聚明显加快。

三是解决农业高素质人才不足的问题。2009 年底，一项鼓励和支持大学毕业生从事现代农业的意见正式出台，《意见》规定，具有全日制普通高校专科以上学历、年龄在 35 周岁以下，自愿从事种植养殖业生产经营工作的大学生，只要和省市级示范性农民专业合作社签订一年以上的劳动合同，办理相应社会保险，年基本报酬就不少于 2 万元。同时，对经济欠发达和其他县市区的大学生每人每年分别补助 1 万元和 5000 元，连续补助 3 年，对从事基层农技服务工作 3 年以上、群众满意的大学毕业生，可以采取定向公开招聘的方式充实到县乡级农业公共服务机构。

三　农业"两区"建设——创建农业生产要素集约平台

浙江的工业化、城镇化一直走在全国前列。数据表明，2010 年，浙江城市化率已经达到61.6%。但是，与工业化、城镇化高歌猛进的态势相比，浙江农业现代化明显滞后。如何实现"三化"同步，成为浙江直面的一个新的重大课题。

浙江农业滞后的关键在于要素制约难以破解。为此，浙江近年来想方设法在空间上进行拓展，先后提出了"山上浙江""海上浙江"等概念。这些举措尽管有所收效，但未能扭转农业日趋边缘化的走势。农业生产能力、农业产业效益的提升受到严峻挑战。

2010 年，浙江出台《关于加强粮食生产功能区建设与保护工作的意见》《关于开展现代农业园区建设工作的意见》。波澜壮阔的"两区"建设在浙江拉开帷幕。"两区"建设就是在浙江省范围内创造性地构建一个统一的平台，在这个平台上，引入工业的理念，用工业园区建设的模式，进行体制机制的创新。通过提供政策和服务，将人、财、物等农业生产要素进行整合，最后集聚到这一平台。既能保证粮食生产能力，又能推动农民增收，最终破解浙江农业的困境，走出一条有浙江特色的农业现代化道路。

1. 粮食生产功能区建设

粮食生产功能区建设是浙江的首创。围绕"在哪建、谁来建、怎么建"，浙江明确提出：粮食生产功能区要选择适宜种植水稻、地势平坦、田面平整、相对集中连片面积 100 亩（山区 50 亩）以上的标准农田进行建设。而且，该地块十年内不得用于其他项目的建设。粮食生产功能区建设要以政府为主导,引导各类主体积极参与。粮食生产功能区的重点是确保基础设施建设的质量,要求各个乡镇统一项目设计、统一工程预算、统一招标建设、统一监督管护。

为了保证质量,省里还制定颁布了建设标准和验收办法,对通过认定的功能区,省里进行统一编号,并建立电子地图和数据库档案,谁是管护责任人,谁是责任农技员,路、渠、泵站、防护林由谁管护一目了然。同时,在确保质量的基础上,跟进"三位一体"等服务,确保粮食生产功能区内真正种粮产粮。

以政府为主导建设粮食生产功能区,体现了高度市场化的浙江对保障粮食生产安全的决心。自 2008 年开始,浙江已建成了 1199 个粮食生产功能区,面积 142.4 万亩。

2. 现代农业园区建设

相对于传统意义上的农业示范园区、示范基地,现代农业园区要求将更高。按照规划,浙江省新型现代农业园区必须体现产业发展优势。省级现代农业综合区可选择 3 个左右主导产业,原则上要求集中连片面积 2 万亩以上,示范带动周边 5 万亩以上。主导产业示范区要求突出某一产业,集中连片面积 3000 亩以上,示范带动周边 1 万亩以上;特色农业精品园要求以某一特色农产品为主体,集中连片面积 1000 亩以上,并对周边起好示范带动作用。同时还要保障产品的优质安全,省级现代农业园区的良种覆盖率要达到 100%,农产品通过无公害农产品认证率也要达到 100%。

在现代化的现代科技应用方面,则要求现代农业园区注重集成转化、示范应用先进农业技术,省级现代农业园区要求科技贡献率在 70% 以上。

浙江将工业的理念引入农业,用办工业园区的方法建设农业"两区",将政策、服务、资金、人才、管理等资源加以集聚,为我国农业的转型升级提供了一种崭新的思路。"两区"建设开展以来,浙江农业开始发生质的变化,规模化程度不断提高,专业分工、合作化经营进一步完善,以市场为导向的现代农业体系基本形成。

四 创立公共服务体系匹配农业市场化

市场化是浙江农业发展的原动力。但是，占据市场先导优势的浙江，却无法回避双层经营体制所造成的困境：如何将千家万户组织在一起对抗千变万化的大市场，成为浙江必须破解的一个命题。

因为客观条件制约，浙江的农业企业大多规模较小、实力较弱，浙江的合作社目前所发挥的带动作用尚不理想。家庭联产承包后，原有的只管生产不管销售的服务体系逐渐分化、瓦解，但农户对服务的需求却有增无减。

可见，浙江在积极培育新型生产主体的同时，必须直面浙江农业集中度较低的现实。2008 年，浙江在全省范围做出部署，在广大农村地区建立农技推广、动植物疫病防控、农产品质量监管"三位一体"的公共服务体系，采取由政府提供公共服务的办法，逐步引导小农踏上现代农业之路。这一举措的特点在于政府承担了一部分责任，但并不是政府包办，将政府的引导作用和市场的基础作用相结合。比如，区域公用品牌的打造，基本由行业协会运作，政府支持全额预算管理的"农产品营销管理中心"，它的主要任务是提供政策性信息服务及保证市场信息的及时交流，而对于营销各环节，比如冷链、物流、连锁专卖等，政府除了给予一定的扶持外，全部由市场主体做主。

仙居的农业公共服务体系建设，是这方面的一个典型案例。仙居是浙江东南部的一个山区县，90% 是农民，交通不便、信息不畅，但生态环境很好。为此，仙居扬长避短，高度重视高效生态农业发展，迅速形成了粮食、蔬菜、畜禽、杨梅等特色主导产业。

随着产业规模的不断扩张，生产如何管理，标准如何掌握，品质如何把控，检测如何实施等一系列问题随之出现。基于此，仙居出台了"县、乡、村、户"四级联动构架、"首席专家、农技指导员、责任农技员、乡土人才"制度、人员培训规划及县乡财政专项资金配套等政策，把原本各自为政、结构松散的基层农技队伍按"三位一体"的要求重新整合。"三位一体"公共服务体系的确立，促进了仙居农业的转型升级，品牌农业、特色产业功能区建设及科技贡献率等综合实力得以全面提升，使仙居成为浙江现代农业发展的一个典型。

五　统筹国际国内两个市场

现代农业发展到一定程度后，生产要素的外溢将"势在必行"，农业的外拓发展成了提高农业国际竞争力的关键。浙江省通过"两区"建设，在省内确保农业生产能力和农业产业效益的同时，进一步发挥浙江资金、管理、人才的优势，充分利用外地土地资源丰富、劳动力成本相对低廉的特点，将"浙江农业"快速培育成"浙江人农业"，即统筹国际国内两个市场，坚持"引进来"与"走出去"相结合，在全国、全球范围内配置农业资源。

2011年3月，在省经济技术合作办公室、省农业厅支持下，"浙江省农业投资与区域合作促进会"挂牌成立。促进会很快就与昆明市人民政府签订了战略合作协议。促进会宣布，"十二五"期间，将组织百亿资金，西进昆明，打造昆明农业总部经济园区、浙商现代农业园区和农产品加工园区、农产品物流园区。在此后促进会的规划中，他们还布局了新疆和黑龙江。统计数据显示，截至2011年6月，已有50万浙商在全球40多个国家和地区从事农、林、牧、渔等产业，承包土地面积300余万亩。而在国内的浙江人已跨省承包5000万亩土地进行务农开发，面积已超过本省耕地，相当于再造了一个浙江农业。

绍兴是浙江农业外拓发展中的代表。绍兴是传统农业大市。改革开放以来，绍兴的农业产业结构做出了重大调整，茶叶、畜牧、水产、蔬菜等一大批特色产业脱颖而出，为农业增效、农民增收做出了巨大贡献。但随着城镇化、工业化的推进，绍兴农业发展产生了新的矛盾和困难：一方面，发展空间日趋狭小；另一方面，经过长时间的积累，农业企业的资金、人才、管理等生产要素亟须外溢。

在政府的积极引导下，绍兴农业走上了"外拓发展"的道路。他们有的到东北种粮，有的到西北养鱼，有的出国发展。据2010年底统计，绍兴全市共有 194 个农业企业及种养大户在市外 20 多个省区市建立基地 848 万亩，其中，承包经营基地面积 546 万亩，合作经营基地面积 21 万亩，订单收购基地面积 281 万亩，相当于两个绍兴的耕地面积。

第三节　从浙江制造到浙江创造、浙江智造

工业是浙江经济和社会发展的主导力量。改革开放 30 多年来，浙江走出一条富有特色、较为成功的工业化道路，较快地实现了从工业小省到工业大省的重要跨越，较大程度地实现了从农业社会到工业社会的历史性转变，显著提高了浙江省综合实力和人民生活水平。

进入 21 世纪以来，面临加强宏观调控和经济周期性调整的新形势，面临生产要素和生态环境的新制约，面临国际竞争加剧和全球经济波动的新压力，浙江工业进入重要的战略机遇期，正以凤凰涅槃、浴火重生之势，加快转型升级，推动浙江由制造大省向创造强省乃至"智造"强省跨越，走出一条新型工业化路子。

一　建设先进制造业基地，走新型工业化道路

建设先进制造业基地是浙江省委、省政府提出的"八八战略"的主要举措之一，它的提出主要基于对当时浙江制造业的特点和存在问题的认识。

（一）浙江制造业的特点与存在的问题

制造业是浙江工业化和现代化建设的主力军。在其发展过程中，具有鲜明的地方发展特点：一是形成了以特色优势产业为主的制造业结构。浙江省在制造业发展中，较早突破了建立完善的地方工业体系的传统模式，坚持从实际出发，立足要素禀赋，着力发展具有竞争优势的特色产业，从而拥有了一批在全国具有一定特色优势的产业和产品。二是构筑了一大群以产业集聚发展为特征的区域特色经济。浙江具有竞争优势的制造业，主要是依托区域特色经济发展起来的。对浙江的区域特色经济现象，20 世纪 80 年代费孝通先生称之为"块状经济"。据 2001 年省委政研室调查，浙江省拥有工业总

产值亿元以上的"块状经济"519 个，工业总产值 6000 亿元，涉及 175 个产业和 23.7 万个生产单位。其生产单位、工业总产值约占浙江省生产单位、工业总产值的 35% 和 40%。

浙江省的制造业发展很快、总量很大，但是整体素质不高，与工业发达国家的差距较大，工业现代化水平较低。主要表现在以下四个方面：一是产业高度化不足。制造业的二元结构现象较为突出。大量较传统的产业与部分较现代的产业并存，低水平加工业比重过高与高加工度产业成长不足并存，一般产品生产能力过剩与高技术含量、高附加值产业供给不足并存；具有国际竞争力的主要是劳动密集型产业，资本和技术密集型产业普遍缺乏国际竞争力。二是产业技术水平较低。制造业的技术创新能力不强，技术开发投入不足，产品科技含量和装备现代化程度不高，科技成果向现实生产力转化的有效机制尚未真正形成。三是产业组织化程度不高。存在的主要问题不是小企业过多，而是该大的企业不够大不够强，大、中、小企业在基础上的分工协作体系不完善，对制造业的整体竞争力带来影响。四是产业可持续发展面临较大挑战。多年来，相当部分企业采用的是高增长、高消耗和低效益、多污染的增长方式。资源利用水平不高，对生态环境的压力较大，可持续发展问题日益突出。

（二）"建设先进制造业基地"决策及其实施

基于对浙江制造业现状的深刻认识，面临经济全球化和国际制造业发展的大趋势，处于全省加快工业化、信息化、城市化、市场化、国际化进而基本实现现代化的大背景下，省委、省政府确定了建设先进制造业基地，走新型工业化道路的重大战略。

1. "建设先进制造业基地"决策的提出与推进

2002 年 6 月，省十一次党代会报告把建设先进制造业基地放在十分重要的位置，并提出了主要目标和发展重点。强调"围绕建设先进制造业基地，抓住承接国际产业转移的机遇，大力推进工业结构战略性调整，提高制造业整体发展水平"。2003 年，省委、省政府提出了发挥"八个优势"和推进"八项举措"的重大战略，其中之一就是："进一步发挥浙江的块状特色产业优势，加快先进制造业基地建设，走新型工业化道路。"

2003 年 6 月，省委、省政府召开全省工业大会，全面部署建设先进制造业基地。8 月省政府印发《浙江省先进制造业基地建设规划纲要》。规划纲要确定了总体目标："到 2010 年，基本形成国内领先，具有较强国际竞争力的先进制造业基地，成为我国走新型工业化道路的先行地区。在若干行业和区域形成一批产业规模、创新能力、出口规模居全国前列的全国性制造中心和国内重要的产业基地。到 2020 年，浙江制造业全面融入世界现代制造业体系，基本形成以高新技术为先导，高附加值的加工制造业与现代装备制造业协调发展的国际性先进制造业基地。"

按照接轨上海、融入"长三角"和参与国际竞争与合作的要求，浙江省以先进制造业为主要支撑，着力构筑杭州湾大产业带、温台沿海产业带和金衢丽沿高速公路产业带这三大产业带。在产业发展构架方面，在加快改造提升传统优势产业的同时，大力发展高技术产业，积极发展沿海临港重化工产业，努力培育发展装备制造业，实现产业结构的战略性调整。《纲要》还提出了一批浙江省要重点发展的产业集群和产业。

根据《纲要》，浙江省在建设先进制造业基地过程中，将着重围绕技术支撑、扩大开放、加大投入、集聚发展、品牌战略等重点，实施"八大工程"，即：企业信息化工程、技术创新工程、投资推进工程、外向带动工程、工业园区整合提升工程、大企业培育工程、品牌发展工程和可持续发展工程。

2005 年，浙江省开始推进打造先进制造业基地的各项具体措施。自从两年前省委、省政府提出打造先进制造业基地的目标后，"先进"就成为制造业升级换代的方向。紧接着《浙江省先进制造业基地建设规划纲要》出台，汽车及零部件、仪器仪表、化学原料药等 11 个先进制造业基地的重点行业发展规划陆续发布，全省性规划与各市、县乃至龙头企业的规划全面对接。发布了《浙江省先进制造业基地建设重点领域、关键技术及产品导向目录》，又进一步明确了政府引导的重要方向。

各县市区在产业结构调整中，纷纷以提升块状经济，使之建成未来的先进制造业基地和县域经济的重要产业支撑，作为重要抓手。如产业集中的诸暨市大唐镇着力于"前延后伸"、强化产业链优势，店口镇着力提升科技含量、增强市场竞争力，使得袜业、五金这两个传统产业的优势再度提升。温州曾经相互竞争的8家龙头制锁企业通过联合组成"强强集团"以后，进一步强化了研发工作，形成了"拳头"，比以前更壮实，更有竞争力。这些依托特色产业而形成的经济强县（市、区）和强镇，使浙江无论在全国百强县还是全国千强镇排序中，所占份额均居全国第一。2003年，浙江省年产值超亿元的各类特色产业区块有500多处，其中年产值超10亿元的特色产业区块约200处。2003年全国百强县中浙江占30席；2004年，全国千强镇中浙江占268个，总数均居全国第一。在全国1000家最具活力的中小企业中，浙江占198家，总数居全国第一。

2. "建设先进制造业基地"决策取得的成就

从2003年到2007年，在政府引导、企业主导、全社会联动推进和努力下，浙江省推进先进制造业基地建设从"量变"到"质变"取得阶段性成就。可以从以下五个方面的统计数据来反映"十五"特别是近几年来浙江工业经济的深层次变化。

从工业总量来看，"十五"期间，制造业成为浙江工业的主体产业，几乎占到整个工业总量的90%以上。浙江省规模以上企业工业增加值、利税总额累计分别达1.64万亿元、0.699万亿元，分别是"九五"时期的2.82倍和3.1倍，年均增长25.8%和22.3%。

从产业结构来看，"十五"期间，全社会技术改造投资累计超过7400亿元，比"九五"时期累计增加了2.1倍多。2005年规模以上重轻工业增加值之比已由2000年的49.1：50.9上升为56.4：43.6。浙江重轻工业增加值高低首次发生改变，对于传统以轻工业为主的制造业格局而言是个历史性的变化。

从企业活力来看，2005年，浙江规模以上民营企业的数量和销售收入占全省企业总数和全部销售收入的比例已由2000年的45%和47%增加到80%和71.5%；"十五"期间，规模以上企业数量增加了两倍。培育大企业、大集团一直是先进制造业倡导的方向，它们对整个浙江经济的影响正越来越大。

从产业集群的发展来看，浙江省目前以中小企业为主构成的块状经济的工业总产值已占整个工业的 60% 以上，2005 年产值 50 亿元以上的块状经济有 95 个，占总量的 1/4 以上；与 2003 年相比，块状经济单体规模增加 115% 左右。块状经济单体规模愈大，意味着其中的专业化分工协作和社会化功能愈完善，产业链愈发达，大企业和区域品牌优势愈强。

从要素构成来看，"十五"期间规模以上工业企业固定资产净值年均增长 13.3%，高于全国 1.1 个百分点；单位土地的投资强度大幅度增加，原材料消耗不断下降，劳动生产率不断提高，装备的自动化和数字化水平不断提升。要素构成逐步向资本和技术密集型转变，提高产品附加值和劳动生产率，不仅是先进制造业的需要，也是目前生产要素紧缩局势下的大势所趋。

二　以自主创新为动力，推进浙江制造向浙江创造跨越

确立了以自主创新为驱动力的发展战略以后，浙江制造开始迈入一个新的工业转型阶段，即转向浙江创造的阶段。

（一）以自主创新为动力的工业转型阶段

党的十六届五中全会把增强自主创新能力作为国家战略放在经济社会发展的突出位置，具有中国特色的自主创新之路已经开辟。省委、省政府结合浙江实际，提出了 15 年建成创新型省份的目标，其核心任务，就是快速完成从浙江制造向浙江创造的跨越。

为此，省委、省政府确定了加快工业创新，推进工业转型升级的重大战略。2007 年 11 月 12 日，省委、省政府召开全省工业创新电视电话会议，围绕实施"创业富民、创新强省"总战略，省委书记赵洪祝在会上全面部署了工业创新的总体要求、目标任务和工作举措。要求以科学发展观为统领，全力推进工业创新，推动浙江由制造大省向创造强省跨越，加快转变经

济发展方式，不断提升工业经济综合实力、国际竞争力和可持续发展能力，努力把浙江建设成为全球先进制造基地，走出一条具有中国特色浙江特点的新型工业化道路。

（二）提高自主创新能力，加快从"浙江制造"向"浙江创造"跨越

对正处在从投资驱动向创新驱动转变的重要时期的浙江来说，制造业如何摆脱对传统发展路径的依赖？出路也许只有一条：加快从"浙江制造"向"浙江创造"的跃升，用自主的技术和品牌，在全球化产业分工中占据更高的层次。"提高自主创新能力"被提升到了更高的战略高度。

1. 通过自主技术开发创新和拥有自主知识产权，不断提高企业核心竞争力

浙江省一些大型的民营企业，都非常重视知识产权保护，企业规模越大知识产权保护意识越强。据了解，2006 年浙江省各种专利授权量 3.1 万件，同比增长 62.5%，高于全国平均 37.3 个百分点。2005 年浙江省专利授权量列全国第二，每万人口专利授权量列第四。在中国社会科学院公布的"2006 年全国民营企业自主创新 50 强"中，浙江共有正泰、横店集团、德力西集团、万向、吉利、苏泊尔、超人等 18 家企业入围，占 36.0%，居全国首位。一大批企业如万向集团、华立集团、正泰集团、德力西集团、飞跃集团等大型民营企业，不仅建立了高水平的研发机构，还设立了博士后工作站，并与各个高校研究机构联姻，引进院士、国际化合作等，产学研一体，形成了一个个富有特色的企业自主创新研发体系。

浙江著名的民营企业吉利集团，在各地都有自己的汽车研发中心和试验中心，在上海、宁波、临海、路桥等地建立了新能源研发机构、经典车型研发机构、发动机研究所、电子电气研究所等，还有博士后工作站。"吉利"大力开发符合本地资源要素禀赋和需要的技术和产品，同时引导企业向技术创新与开发转变，走出了一条成功之路。

2. 加强品牌建设，提升企业核心竞争力

行业品牌建设是解决浙江部分制造行业市场竞争过度、提高行业集中度

的有力抓手。浙江依托产业集群、块状经济特色优势，做大做强行业龙头企业，努力创建区域品牌和国内知名品牌，进一步做大已有名牌产品的企业和产品市场，支持有条件的企业和产品争创国际知名品牌，鼓励企业由为外商代加工（OEM）、代客设计（ODM）向自有品牌制造商（OBM）升级转变，推动更多的企业和产品进入全国驰名商标和名牌产品行列。雅戈尔集团就是这方面的成功典范。雅戈尔曾经与皮尔·卡丹公司旗下具有百年历史的世界顶级男装品牌马克西姆合作，成为它的中国总代理，既做加工，又做营销，借此引进世界顶级大师的技术和经营管理模式，从中建立起相互认同，特别是为技术的引进、消化，以及以后做世界级品牌打好基础。做贴牌加工，给了"雅戈尔"一个认识世界级品牌并更快融入世界市场体系的机会。近几年，雅戈尔公司又进一步实施了企业标识革命，实施多品牌和多产品线的规模化品牌发展，在品牌的销售推广上，借助"巴黎时尚工作室"创始人、MID 理论创始人奥博马蒂之手，在品牌宣传、卖场设计、产品开发等各方面规划出完整的品牌国际发展路线，走出了一条有自己特色的创新之路，实现了从传统产业向现代产业的转变。

3. 大力发展配套服务业

服务业，尤其是与生产制造相关的现代商贸、物流，以及诸多提供生产过程服务的第三方机构，可以大大优化制造业的研发、采购、生产、营销和管理等各个环节，降低交易成本，提高整体效率，增强制造业竞争力，加快制造业发展。浙江省一方面努力加快现代物流业、商贸服务业、信息服务业、现代金融业等的发展；另一方面，大力发展传统优势产业的产前、产中、产后服务的生产性服务业，延伸产品价值链，鼓励传统生产企业向上游的材料、研发设计、创新等，以及下游的市场推广促销、售后服务、物流等发展，创造持久的企业竞争优势。

4. 建设有效的服务型政府

浙江省政府一直积极引导企业提高自主创新能力，优化服务方式，完善服务内容，提升服务质量，积极引导和推动企业增强技术、制度、管理、品牌等方面的自主创新能力。

三 工业强省战略：从制造大省向"智造"强省迈进

随着国际金融危机后全球产业重构和新一轮工业革命的展开，浙江制造业面临前所未有的挑战和机遇。

（一）新一轮工业革命下浙江制造业面临的机遇与挑战

国际金融危机之后兴起的新一轮产业革命，是一场数字化革命，更是价值链革命。互联网、物联网、机器人技术、人工智能、3D打印、新型材料等多点突破和融合互动将推动新产业、新业态、新模式兴起，一个后大规模（post-mass）生产的时代正在来临，这场革命不仅将影响到如何制造产品，还将影响到在哪里制造产品。

目前，智能化工业装备已经成为全球制造业升级转型的基础，发达国家不约而同地将制造业升级作为新一轮工业革命的首要任务。美国的"再工业化"风潮、德国的"工业4.0"和"互联工厂"战略以及日韩等国的制造业转型都不是简单的回归传统制造业，而是伴随着生产效率的提升、生产模式的创新以及新兴产业的发展。可见，"智造"是未来浙江制造的方向。已经进入后工业化时代的浙江，亟须加快实现传统工业向现代工业的转型，加快转变发展方式，大力发展高端"智造"、现代制造、集成和系统制造、服务型制造、联合制造、合作制造，这些已成为"十二五"时期浙江省加快推进工业强省建设的内在要求和必然选择。

（二）《浙江工业强省建设"十二五"规划》的提出与实施

在这一背景下，《浙江工业强省建设"十二五"规划》的提出，对明确浙江从制造大省到"智造强省"的迈进具有跨时代的意义，这也是当时省级地方出台的第一个工业强省五年规划。

1. 《浙江工业强省建设"十二五"规划》的提出与目标

2012年4月28日，浙江省政府正式颁发《浙江工业强省建设"十二五"规划》（以下简称《规划》），提出了切实推动浙江从工业大省向工业强省、制造大省向"智造强省"迈进的总体目标。这是指导今后五年浙江省工业转型升级、加快推进工业强省建设的纲领性文件。

《规划》提出要大力实施"工业转型升级 310 推进计划",通过培育发展战略性新兴产业、改造提升传统优势产业、加快发展生产性服务业三大领域,实施培育跨省跨国企业集团、增强企业自主创新能力和推进工业强市强县强镇强区建设等 10 大重点任务来推动浙江省整体工业的转型升级,将浙江建设成为全国工业转型升级先行区、全球具有一定影响力的先进制造业和现代生产性服务业基地。

2.《规划》具体的实施路径

培育跨省跨国企业集团。发挥大企业在推进工业强省建设中的主体作用。引导工业行业龙头骨干企业创建总部型、品牌型、上市型、高新型、产业联盟主导型的"五型企业",突出发展集"研发设计、运营管理、集成制造、营销服务"于一体的总部型企业,培育浙江的跨省、跨国大集团,进一步提高浙江省在全国乃至全球的资源配置和市场控制能力。提高产业集中度,加快培育跨省企业集团。

大力实施创新驱动战略。支持企业加强研发机构建设,鼓励企业承担国家和地区重大科技项目,增强企业自主创新能力。围绕浙江省战略性新兴产业培育和传统产业转型升级的重点,实施"双十计划",突破制约浙江省产业发展的重大关键技术。紧密结合国家技术创新工程试点省建设,集中力量发展一批企业研究院,积极建设国家级和省级企业技术中心、工程(技术)研究中心、工程实验室、重点实验室(试验基地)。

推进智慧城市建设试点。积极探索有效的智慧城市建设服务和商业模式,创新体制机制,上下联动,深入推进浙江省智慧城市建设试点,促进经济转型发展,创新社会管理方式,提高群众生活品质,提升区域综合竞争力,为浙江省高水平全面开展"智慧浙江"建设开好头、铺好路。

推进工业强市强县强镇强区建设。针对设区市、工业大县(市、区)、工业大镇、重点工业园区等各类园区或集聚区,全面开展工业强市、强县(市、区)、强镇和强区建设,加快发展现代化工厂、都市型工业和新型工业化新城区、新型工业卫星城市、新型工业强镇。选择一批县(市、区)

开展工业大县（市、区）向工业强县（市、区）转型升级试点。以浙江省27个小城市试点镇和工业总产值超百亿元的工业大镇为重点，加快推进工业强镇建设。以省级以上工业园区等各类园区、集聚区为重点，加快推进工业强区建设。

加快战略性新兴产业培育。深入实施战略性新兴产业"千百十培育工程"，推动浙江省战略性新兴产业加快发展。"十二五"期间，浙江省着重培育1000家左右的战略性新兴产业重点企业。围绕关键核心技术研发、重大技术产业化等环节，每年着重实施100个左右的重点项目。选择产业基础比较好的高新技术产业园区和产业集聚区，科学谋划、合理布局，构建战略性新兴产业发展的主阵地，"十二五"期间着重推进建设10个左右有国内影响力的战略性新兴产业基地。

（三）浙江制造向浙江"智造"转变的浙江实践

在浙江制造向浙江"智造"转变的过程中，"机器换人""电商换市"成为浙江制造业转型升级的主要方式。

永康的五金产业是浙江制造业的一个典型代表。2014年以来，作为凝聚永康五金产业的大平台，中国（永康）科技五金城贯彻落实永康市委、市政府"二次出发、改革创新，全面打造经济社会发展升级版"的工作部署，全力推动转型发展，市场经营呈现稳中有升的态势，继续保持全国同类市场的领先地位。

据统计，2014年上半年，中国（永康）科技五金城预计可实现实体市场成交额195亿元，同比增长4.2%；网上市场交易额98.4亿元，同比增长28.6%。五金城被列入"浙江省电子商务百强（浙江省线上线下结合10强专业市场）"；五金城集团公司和市场经营户浙江宏伟供应链有限公司被列入"2014年浙江省服务业重点企业"，成为永康市仅有的两家上榜企业。

中国（永康）科技五金城还以国际会展中心为产业集聚平台，大力引进知名电子商务平台企业、电子商务服务企业、规模网商等，利用"电商换市"挖掘新潜能。现已引进入驻包括中国网库、IBM、国富泰、国富通、金华114建材网等在内的电商企业20多家。而温州也依托轻工产业集聚和全球温商的资源优势，大力发展跨境电子商务，并实现了网络经济与实体经济的融合并进，加快推进传统产业的转型升级。

以劳动密集型产业为主的浙江制造业，近几年出现了明显的"用工荒"，为了解决这一问题，浙江许多企业进行了"机器换人"改造。浙江步阳汽轮股份有限公司2014年开始尝试通过"机器换人"跳出生产"高成本留人—低效率产出"的怪圈，引进进口机械手，探索"高温不减产，降本又增效"的新出路。机器人的引进，大大降低了人工成本，同时也提高了产能。企业"机器换人"全面提速，为机器人装备制造产业发展带来了巨大的发展机遇。无论是传统产业改造提升还是新兴产业培育发展，都离不开装备制造业这个"工业之母"。

宁波一直高度重视发展装备制造业，成为浙江省重要的装备制造业基地，并在中高档数控机床、高端注塑机、光伏发电设备、电脑针织横机、高压输变电成套设备等细分领域达到国内领先水平。目前，宁波市装备制造业增加值居全省第一。2013年12月宁波智能装备研发园开园，标志着宁波市工业机器人及智能装备产业发展迈入一个新的快车道。

第四节　从传统服务业到现代服务业

浙江在推动工业、农业经济转型升级的同时，把服务业作为推进产业结构调整、转变经济发展方式的重要途径。

一　将服务业逐步培育壮大成为推动经济发展的"主动力产业"

浙江省委、省政府把服务业作为转型升级的重要路径之一，可以说为当时浙江的经济转型开辟了一条正确的道路。

1. 服务业作为"主动力产业"的提出

浙江服务业的发展经过多年的努力，已经取得了一定的进步。2005年，浙江三次产业的比例已经从2000年的11∶52.7∶36.3调整为6.6∶53.4∶40。

但从整体上来看，服务业的发展依然滞后于其工业化和城市化的进程。在资源环境和市场空间已经成为浙江经济发展的瓶颈制约时，应切实转变经济增长方式，推进制造业与服务业"两轮驱动"，通过大力发展先进制造业，为现代服务业发展奠定基础。通过积极发展现代服务业，尤其是生产性服务业，为传统制造业向先进制造业转化提供保证。通过推动现代产业的融合发展，加快浙江的工业化进程，进而形成现代制造业和现代服务业"两轮驱动"，可以有力地拓展浙江经济的发展空间。

2005 年，时任浙江省委书记习近平在一次会议上指出："加快发展服务业，是顺应经济发展规律、推进增长转型的客观要求。必须遵循经济规律，将服务业逐步培育壮大成为推动经济发展的'主动力产业'。""发达的服务业是制造业提升的助推器，一流的制造业需要一流的服务业支撑。"①

2. 加快发展服务业的工作部署

2005 年 8 月，浙江首次召开全省服务业大会，明确提出加快发展服务业，使之成为经济发展的新引擎、社会转型的新支撑，积极推进服务业与先进制造业，建立浙江现代产业体系。之后省委、省政府召开全省服务业发展工作会议，强调加快全省服务业的发展，要与建设先进制造业基地、区域合理布局、扩大消费需求、扩大就业和扩大开放结合起来，着重抓好商贸物流业、金融保险业、旅游业、文化产业和房地产业等具有一定基础和规模的"五大"优势服务产业，加快培育信息服务业、科教服务业、中介服务业、社区服务业、公共服务业等具有发展潜力，符合发展趋势的"五大"新兴服务产业。会后，省委、省政府下发《关于加快服务业发展的若干意见》，明确浙江加快服务业发展的总体目标是"一个翻番""两个提升""三个突破"。即到 2010 年，力争全省服务业增加值在 2004 年的基础上翻一番，占全省生产总值的比重达到 45% 左右；提升服务业对经济增长和全社会就业的贡献，推动产业结构和就业结构由"二三一"向"三二一"转变；突破服务业发展的体制束缚，开放瓶颈和人才制约。为贯彻落实《意见》精神，

①　习近平：《之江新语》，浙江人民出版社，2007，第120页。

政府决定建立省服务业工作协调会议制度，主要负责全省服务业发展的组织协调、统筹规划、政策指导和重大问题研究等工作。

根据省委、省政府的部署，突出"十大产业"，就是要着重抓好具有一定基础和规模的"五大"优势服务产业。即商贸物流业，巩固浙江省在全国商品市场的龙头地位，建成一批现代物流枢纽、重点物流园区和国际物流中心，建设长三角现代物流和国际航运枢纽；金融保险业，吸引更多的国内外金融机构来浙江设立总部和分支机构，培育发展地方股份制商业银行和保险机构；旅游业，着力打造文化、休闲、商贸、生态、海洋五大旅游品牌，努力使浙江成为国际知名、国内一流的旅游胜地；文化产业，实施"八项工程"，推进"四个强省"建设；房地产业，以改善浙江中低收入居民的住房条件为重点，建立合理的住房供给体系。同时，加快培育具有发展潜力，符合发展趋势的"五大"新兴服务产业，即：信息服务业，促进电信网、互联网和广电网三网融通，培育国家级信息服务和软件基地；科教服务业，鼓励创办各类研发中心、技术中心和设计中心，鼓励民间资本投资教育，构建多元办学、多形式培养人才的现代教育体系；中介服务业，积极培育决策咨询、投资分析、资产评估、法律公证、会计审计、经纪代理、市场调查、形象设计等各类中介服务业，引进境外知名中介机构，推进各类行业协会与政府部门脱钩；社区服务业，鼓励发展设施维修、家庭保洁、病老护理、社区卫生、健康美容和健身娱乐社区服务；公共服务业，发展城乡供电、供水、供气、公交、防灾减灾等公用事业，建立突发性公共事件的预警和应急机制，全面提升公共服务水平。

在省委、省政府的正确引导下，浙江省的服务业进入了一个加速发展的新时期。2006年上半年，浙江省组织实施了一大批服务业投资项目。在浙江省限额以上固定资产投资项目中，服务业投资达1382亿元，比上年同期增长12.7%，其中：交通运输业投资307亿元，增长24.6%，占服务业投资的22.2%；水利环境和公共设施管理业投资230.6亿元，占16.7%，增长31.8%；房地产业投资662.4亿元，占47.9%，增长8.4%；批发和零售、租赁和商务服务业投资分别增长71.7%和21.2%；卫生社会保障和社会福利业、文化体育广电投资分别增长 61.1% 和 24.1%。服务业投入力度的加大，保证了服务业的发展后劲。在服务业固定资产投资扩大的同时，地方财政对服务业的支出也在不断增加。

3. 外资进军服务业领域

与此同时，浙江省通过各省级部门的协调联动，建立公开透明、管理规范、行业统一的市场准入制度，放宽服务领域市场准入，打破行业垄断，以此来允许各类资本进入法律未禁入的服务行业和领域，鼓励外资和非公有制经济以灵活多样的形式在更广泛的领域参与服务业的发展。

在这些政策的指引下，服务业利用外资大幅增长，比重明显上升。2006年，浙江省服务业实际利用外商直接投资 19.6 亿美元，占实际利用外商直接投资总额的 22.1%，同比增长 33.6%。其中：交通运输、仓储和邮政业，因香港机场管理局合资萧山国际机场以及联邦快递、埃索储运等一批大型项目的投资，投资增幅达 122.9%；批发和零售业投资增幅达 92.9%；金融业投资增幅为 57.6%。旅游饭店业，实际利用投资规模同比增长 57.6%。服务业利用外资总量最大的是房地产业，占服务业利用外资的 41.3%。外资开发房地产项目数量 38 个，实际投资规模同比增长 22.8%。

香港是浙江最主要的贸易伙伴之一，是浙江的第一大外资来源地和第四大出口市场。在中央政府与香港特区政府签署的《内地与香港关于建立更紧密经贸关系的安排》（CEPA）协议于 2004 年 1 月 1 日起正式实施后，当月，浙江省政府就在香港举办 "2004 香港·浙江周" 活动，浙港在一些领域达成了建立更紧密合作关系的共识。浙江省还推出了 170 多个招商引资项目，签订了 28 个港商投资项目，总投资约 28.8 亿美元，利用港资近 10 亿美元。2005 年 1 月，以 "推进浙港服务业合作与发展" 为主题的 "浙江·香港周" 活动在香港举行。开幕式上，浙港两地有关企业共签订 26 个独资、合资或合作项目，总投资达 27.1 亿美元，其中协议利用外资 9.6 亿美元，内容包括旅游、物流、商业、教育、卫生等方面。此外，还签订了 9 项友好合作协议。其中，杭州与香港汇丰、东亚银行，宁波与香港渣打银行分别签订了金融合作服务意向书或备忘录；省工商联分别与香港工业总会和青年企业家协会签订了紧密合作协议和友好合作协议等。

在对服务业的投入不断加大的同时，浙江省服务业呈现出加快发展的态势，一批大型服务企业快速崛起。在"2006 中国服务业 500 强"的评比中，浙江有 58 家企业入围，入围企业数居全国第 2 位。入围的浙江物产集团公司、浙江省兴合集团公司、浙江东方集团控股有限公司、浙江荣大集团控股有限公司、浙江中大集团控股有限公司、浙江远大进出口有限公司等 6 家企业，平均营业收入达到 187.1 亿元。

同时，浙江市场发达、交易规模比较大，在全国前 100 家商品交易市场中，浙江有 27 个，居全国首位。一批大型百货公司、连锁零售、超市、住宿、餐饮企业和现代物流企业也在快速成长。2006 年，浙江省服务业增加值为 6288 亿元，增长 14.8%，快于 GDP 增速 1.5 个百分点。占 GDP 的比重比上年提高 0.2 个百分点，达 40.2%。

总体来看，浙江省服务业的结构在发展中逐步优化。一方面是行业集中度提高，特色优势明显。以专业市场特色为主的商贸流通业发达，以深水港口为优势的交通运输业发展迅猛，以"诗画江南、山水浙江"品牌为主的旅游业又有新发展；另一方面是新兴服务业快速发展，表现为现代物流业进步较快，会展业形成了综合性会展和专业性会展互动发展的格局，金融业成为全国金融规模增长最快、资产质量最好的省份之一。

二　现代服务业：浙江经济发展新引擎

传统服务业向现代服务业的转变，是浙江经济转型的目标，也为经济发展注入了新的动力。省第十二次党代会指出："要把发展服务业作为新的经济增长点和结构调整的战略重点，从改革体制、加大投入、完善政策等方面，鼓励和支持服务业加快发展。"在这之后的几年，浙江现代服务业的发展迎来了高速发展的时期，逐渐成为浙江经济发展的新引擎，引领着产业的转型升级。

统计数据显示，浙江省服务业连续多年高于同期 GDP 增速。对正处于转型升级关键期的浙江来说，服务业的大发展正承担着特殊且重要的使命——成为浙江经济发展的新引擎。浙江服务业的总量数据显示，2013 年，浙江省服务业增加值为 1.7 万亿元，比上年增长 8.7%，高于 GDP 增速 0.5 个百分点，高于第二产业增速 0.3 个百分点。服务业增加值增速已经连续 9 年快于 GDP 的增长。"十一五"期间，浙江省服务业增加值年均增长 13.3%，分别比同期 GDP 和第二产业增速高 1.4 和 1.7 个百分点。

新兴和高端服务业的快速发展更是成为一大亮点。其中，物流、金融等生产性服务业对工业转型升级的支撑作用不断加强。统计显示，2012 年，浙江省金融业、交通运输仓储和邮政业增加值占服务业增加值的比重接近 30%。服务外包、电子商务等新兴和高端服务业更是已经在全国乃至全球市场占据了可观的市场份额。随着电子商务商业和消费模式的不断成熟，2013 年，浙江省共实现网络零售 3821 亿元，同比增长约 88.5%，占浙江省社会消费品零售总额的 25.2%。

除此之外，商贸、旅游等生活性服务业也在通过技术模式、管理模式和商业模式的创新，使原本传统的服务业向着现代服务业"迈进"。

服务业投资对浙江省有效投资的拉动作用也很明显。2013 年，浙江省限额以上服务业投资完成 1.3 万亿元，同比增长 19.2%，占全社会投资总额的比重为 64%，对全社会新增投资的贡献率达到 65.2%。在三大产业中，服务业投资的主体地位进一步突出，对浙江省扩大有效投资发挥了重要作用。一个以现代服务业为主的产业结构正在形成。

总结这一时期的经验，主要有以下几个方面。

1. 明确方向，政策扶持

自省第十二次党代会启动服务业作为经济发展的新引擎以来，政府层面一直在给予一系列的政策扶持。2008 年 9 月，省委十二届四次全会审议通过的《关于深入学习实践科学发展观，加快转变经济发展方式、推进经济转型升级的决定》，明确提出"到 2012 年全省服务业增加值占生产总值的比重达到 47%"的目标。

随后，也就是金融危机期间，浙江在国内率先印发了《浙江省服务业发展规划（2008～2012 年）》和《关于进一步加快发展服务业的实施意见》。《规划》是金融危机冲击实体经济以来浙江公布的第一份产业发展规划；《意见》提出了三大部分 16 条具体政策，是当时全国各省区市已经出台的支持服务业发展的政策中"含金量"最足的。同时，形成了由省政府常务会议、省服务业工作部门联席会议、省政府分管负责人、职能部门、行业协会 5 个层次组成的统分结合的服务业发展工作机制。

2011 年，省政府出台《关于进一步加快发展服务业的若干政策意见》，提出了进一步扶持服务业发展的政策。为支持服务业发展，2009 年、2010 年省财政每年安排 5000 万元，2011 年安排 1 亿元作为服务业发展引导资金。

在省委、省政府的高度重视下，各地各部门出台了上百项配套政策措施，基本形成了一个较为完善的服务业发展政策体系。同时建立了相应的领导机构和工作机制，有的市还设立了服务业重点行业推进制度。如杭州市建立了十大门类的现代服务业发展领导小组，宁波市成立了专门的服务业工作委员会，绍兴市成立了九大服务业行业推进组。为充分发挥服务业行业协会的作用，2010 年 3 月，浙江成立了服务业联合会。

为优化资源配置，在总体规划的基础上，浙江编制实施了一批服务业重点行业专项规划。从 2009 年起，浙江每年编制实施全省服务业重大项目计划，按照"创新性、带动性、可行性"的原则，选择一批具有较大规模的服务业项目，引导和带动全省服务业加快发展。2009～2011 年分别安排服务业重大项目 159 个、184 个和 200 个，总投资分别达 2283 亿元、2029 亿元和 2074 亿元。2011 年，又编制出台了商贸、金融、物流、信息、科技、旅游、文化、房地产、社区、服务外包、电子商务 11 个重点行业的"十二五"规划，进一步推动了服务业重点行业的快速发展。如旅游业，2011 年浙江省旅游总收入为 4080.3 亿元，比上年增长 23.2%。现代物流业中重点扶持的义乌物流园区、宁波梅山保税港物流园区、传化物流中心、嘉兴现代综合物流园区、绍兴柯桥物流园区五大物流基地建设顺利推进。浙江还于 2009 年底成为全国首个物流建设试点省份。

2. 做大做强服务业企业

服务业要"身强力壮",必须拥有一批大企业、强企业。2010 年 3 月,省发改委印发了《浙江省服务业重点企业认定办法和扶持政策》,确定了108 家省级服务业重点企业,出台了进一步扶持重点企业发展的相关政策。以分离培育一批、引进移植一批、整合提升一批为主要途径,加快服务业重点企业培育。

分离培育一批,就是工业企业分离发展服务业。通过分离发展了一批科技服务企业、现代物流企业、商贸服务企业、建筑安装企业和专业化的配套服务企业。至 2011 年底,浙江省已有 2966 家企业分离发展服务业。

引进移植一批,就是扩大服务业的对外开放。2009 年 3 月,省政府出台了《关于支持和鼓励国际服务外包产业加快发展的意见》,提出了加快浙江国际服务外包产业发展的 20 项措施,建立了服务外包专项资金和相关配套政策。当年,浙江离岸服务外包合同执行额 12.33 亿美元,同比增长252.3%;新增服务外包企业 475 家,同比增长 109.3%。

整合提升一批,就是通过实施品牌战略和标准化建设提高企业竞争力。通过财政奖励、税收优惠、信贷支持、人才培养等措施支持服务企业开展自主品牌建设,鼓励知名服务品牌企业通过收购、兼并、重组等多种途径做大做强。在实施品牌战略的同时,加强服务业标准化建设。2010 年、2011 年两年新增浙江服务名牌 81 个。

随着各项政策的落实,浙江服务行业大企业不断涌现。浙江物产集团从2008 年起年经营规模超过 1000 亿元,整体规模、经济效益、综合实力等居全国领先地位。零售业的龙头企业杭州大厦,2010 年销售额超过 53 亿元。阿里巴巴集团旗下的阿里巴巴(中国)网络技术有限公司 2010 年主营业务收入超过 40 亿元。

3. 集聚发展,建设服务业高地

在培育壮大企业的同时,浙江着力建设服务业高地,推动现代服务业告别"散兵游勇"时代,迈向集聚发展。2010 年 7 月,省政府办公厅转发省发改委《关于创建浙江省现代服务业集聚示范区的意见》，提出浙江省将重点创建物流园区、总部基地、科技创业园、创意产业园等9类现代服务业集聚示范区，并提出"到2012年浙江省创建100家左右现代服务业集聚示范区"的发展目标。

现代服务业集聚区是浙江省服务业发展的重要载体，自2010年正式推出。几年来全省上下积极引导服务业集聚发展，扎实推进服务业集聚示范区规划建设，已认定100个省级现代服务业集聚示范区，集聚和辐射效应初显。宁波梅山的发展模式就极具代表性：宁波梅山保税港区物流园区，作为浙江省的首批服务业集聚示范区之一，目前已经集聚物流企业167家，并吸引了马士基、中外运等世界级物流大佬的纷纷入驻。以物流业为代表的服务业的集聚和大发展，带动梅山，也带动了宁波出口贸易额的同步上升。

据对浙江省75家省级服务业集聚示范区的统计，2013年11月末各集聚区共计吸收入区单位8.6万家，同比增长6.4%，从业人员47.3万人，增长13.9%①。浙江省发改委对前两批现代服务业集聚示范区进行了综合评估，75个省级服务业集聚示范区中，集聚企业100家以上的集聚示范区35个，占比达47%。其中，杭州农副产品物流中心、宁波南部商务区、余姚中国塑料城、海宁中国皮革城、乌镇国际旅游区、绍兴县纺织品综合服务区、义乌国际商贸城等入驻企业均达到数千家以上。

服务业的集聚效应同时还体现在对一二产业集聚发展的促进上。浙江传化物流基地就培育出了10家国家A级物流企业；杭州高新区中国互联网经济产业园、东方电子商务园等集聚区更是通过引进一批如阿里巴巴、网易、中国水晶网、中国赶集网等行业龙头企业，有力地推动了制造业的转型升级。

在服务业的集聚发展中，平台搭建至关重要。100个省级现代服务业集聚示范区以及各地正在规划建设的200多个服务业集聚区正成为引领浙江省

---

① 引自浙江省统计局《2013年浙江服务业发展情况》。

服务业发展的重要引擎。同时，顺应块状经济向现代产业集群转型升级的需要，各地也在积极探索在金融、信息、科技、物流、商务、营销、会展等重点领域，推进建设一批区域生产性公共服务平台。

比如在杭州中南国际设计创意产业园，以文化创意为主，金融创投为辅的高端服务业迅速发展，2014年上半年实现营业收入约13亿元，同比增速高达98%。绍兴袍江经济技术开发区，正在打造一个占地达6000亩、投资超过200亿元的中国安防城。经营产品包括安防产品、警用装备、反恐救援、消防救援、特种车辆等，项目建成后的安防城年经营产值可达到500亿元。还有台州黄岩，一个以服务模塑产业为主的生产性服务平台也已经粗具规模。

省委、省政府还鼓励有条件的区域中心城市、经济强县加快发展服务业。杭州、宁波、温州、湖州、金华等多个市编制出台了现代服务业集聚区规划。其中杭州市全力打造"长三角现代服务业中心"和"全国文化创意产业中心"；宁波市规划了"一主六副"共七大物流园区，大力发展港口物流业和国际航运服务业，积极推进建设国际航运服务中心和"第四方物流平台"；温州加快发展现代商贸业，涌现了一批商业模式、经营模式创新企业；金华和义乌全力打造现代物流枢纽，城市配送物流、中转物流、航空物流和物流公共平台综合运营的现代物流网已粗具规模；台州市以先进制造业服务集聚区项目为突破口，集聚区的船舶产业服务中心、汽车零部件产业服务中心等正在有序推进。

第五节　从块状经济走向现代产业集群

"块状经济"是以制造业为主体，具有产业集群特征，富有浙江特色的区域经济形态。由小到大、由弱而强，从"一村一品、一地一业"的传统特色产业起步，经过多年发展，特点明显、模式各异的"块状经济马赛克"已遍布浙江省各地。块状经济，已成为支撑浙江区域经济发展的重要产业组织形态。从写进"八八战略"，作为建设先进制造业基地的重要依托，到向现代产业集群转型，块状经济的转型之路在一定程度上反映了富有浙江特色的工业化转型之路。

一　块状经济：先进制造业基地的重要依托

"进一步发挥浙江的块状特色产业优势，加快先进制造业基地建设，走新型工业化道路。"这是省委、省政府"八八战略"的重要发展方略。块状经济是浙江制造业的重要基础，发展块状经济是富有浙江特色的工业化新路。

从2003年下半年开始，浙江与全国一样，进入新一轮经济增长周期的快速扩张期。在新的增长阶段，浙江省的块状经济增势强劲，经济总量大幅扩张，产业结构明显变化，有力地促进了先进制造业基地建设。"八八战略"成效初显。从2003～2005年的统计数据，可以较清晰地感受到块状经济发展变化的轨迹。

首先是产业规模迅速扩大。2005年，块状经济工业总产值18405亿元，占全部工业总产值30212.4亿元的60.9%。与2003年的10215.6亿元相比，块状经济工业总产值年均增长34.23%；块状经济占全部工业总产值的比重，上升了8.1个百分点。也就是说，浙江省工业经济总量中，高达六成的份额以块状经济的形态来显现，这在全国首屈一指，区域特色经济优势十分突出。另外，提升块状经济与建设工业园区紧密结合起来，取得了丰硕的成果。2003～2005年，浙江省各类工业园区累计投入高达2962.6亿元，占同期制造业总投资的50.4%。大规模的工业园区建设，特别是特色工业园区建设，有力地促进了块状经济，推动了企业的集聚发展和技术改造，形成了一大批新的产业基地，较大程度上改变了"低小散"的面貌。

其次是产业结构变化明显。块状经济的产业涵盖面甚广，渗透到绝大部分制造业。在31个统计大类的制造业中，除石油加工、炼焦及核燃料加工业，烟草制品业，和武器弹药制造业等3个统计大类外，均有块状经济存在。2005年，按工业总产值统计，块状经济所占比重超过10%的2个产业，分别是纺织业（占 12.41%）和纺织服装、鞋、帽制造业（占 11.08%），轻纺和机械两大产业是块状经济的最主要部分。近两年块状经济的产业结构发生了较大变化。在块状经济所在的 28 个制造业中，产业比重上升的有 16 个，多数属资金及技术密集程度较高的产业，产业比重下降的有 12 个，多数属劳动密集型产业。这一变化，顺应了产业升级的一般规律，也体现了推进产业结构调整的积极效应。

以特色优势产业为支柱的块状经济，形成了区域经济发展的增长极，产生了地方经济的繁荣效应。较发达的块状经济造就了较发达的县域经济。块状经济集中体现了富有浙江特色的工业化新路。其最鲜明的特点在于专业市场和特色制造互为依托、联动发展。专业市场的出现，在较大程度上解决了特色制造业和中小企业发展，尤其是初始发展所必需的市场信息、原材料供给和产品销售渠道。如今，专业市场已从省内扩展到省外，从有形延伸到无形，并与企业销售终端和在外近 300 万人的浙商大军相结合，形成遍布国内外的产品销售网络，大大拓展了块状经济的发展空间，并促进了产业融合和升级。

省委、省政府提出，"十一五"时期要按照建设先进制造业基地、走新型工业化道路的总体要求，进一步发展先进制造业基地，并加快向具有国际竞争力的产业集群的整体转型。在这一目标指引下，省政府确定，重点培育"三个一批"，即培育一批大企业大集团、一批块状经济和一批成长型小企业。其中最重要的方面是，培育 100 个块状经济，将其发展成为销售规模 50 亿元以上、创新能力和竞争力较强、产业层次较高、拥有区域品牌的特色优势产业集群，形成一批全国性的制造中心和重要的产业基地。

二 加快块状经济向现代产业集群转型升级

块状经济在为浙江富民强省做出巨大贡献的同时，也一直存在层次低、结构散、创新弱、品牌小的先天不足，总体上处于产业集群的初级形态，还不是现代意义上的产业集群。近年来的事实是，浙江民营经济快、灵、活的优势在逐渐弱化，低、小、散的弊端成倍放大。

浙江省委和省政府较早意识到浙江经济的软肋所在：浙江经济要提升，必须改变浙江经济发动机——块状经济——在全球产业价值链中的低端地位，解开产业和产品层次的低端锁定。而实施这一转变，根本出路在于转变浙江经济发展方式，加快推进块状经济向现代产业集群转型升级。

2008年以来，受国际金融危机蔓延的影响，浙江的块状经济一度是受冲击最严重的经济群体之一：不少地方出口市场萎缩、同类产能严重过剩导致了生产大幅下滑，一些民营企业因互相担保过度出现了"多米诺骨牌"式的企业财务危机事件。在这样的背景下，2008年下半年，浙江省委、省政府在部署应对国际金融危机之初，便明确提出了"标本兼治、保稳促调"的战略和思路，要求把金融危机作为转型升级的历史机遇，借势推动浙江省经济结构性、素质性矛盾的解决。并做出了加快块状经济向现代产业集群转型升级的重大战略决策。

1. 产业集群示范区建设

2009年夏天，浙江省政府出台《关于加快块状经济向现代产业集群转型升级的指导意见》（以下简称《指导意见》），明确了以龙头企业培育、空间平台优化、重大项目带动、创新平台推动、政策要素支撑等"五大工程"为主要内容的转型升级路径，先后从浙江省312个10亿元规模以上的块状经济中，确立了42个产业集群示范区开展试点（以下简称产业集群示范区）。

省工业转型升级领导小组随之成立，全面统筹推进浙江省块状经济转型升级工作，42个产业集群示范区都建立了由当地政府主要领导负责、部门分工明确、责任到位的协调机制。

浙江省委、省政府的决策和要求，在全省得以迅速贯彻落实，上上下下都将产业集群示范区建设作为经济转型升级的重要抓手，作为发展新兴产业的重要载体，作为形成浙江省工业集约、集聚、集群发展新模式的探索来加以谋划，在规划引导、政策扶持、示范推动、氛围营造、智力支撑、合力推进等方面不断加大工作力度。主要包括以下几个方面。

（1）编制实施方案，明确转型任务。有关部门将实施方案编制作为推进示范区试点建设的重要抓手来谋划，下发编制工作指南，明确编制工作要点，规范论证和批复程序，力求实施方案更具战略性、宏观性、开放性和可操作性。

为了营造氛围，以点带面推动块状经济转型，浙江省各地举办了纺织、装备制造、新材料等9场转型升级系列报告会，邀请了19名"两院"院士、一批国家级知名专家及行业领军人物，对浙江主要产业的现状、背景、趋势以及对策进行了深入分析。专家的精辟见解，给基层干部和企业负责人带来了全新的视角和思路。

在制造业现代产业链中，研发设计和市场营销是附加值最高的两端，而生产制造则位于附加值最低的底部，其物理形态被通俗地称为"微笑曲线"。谁能把握住"微笑曲线"的两端，谁就能在激烈竞争中掌握先机。为此，42个示范区建立了首席专家制度，共派驻303位院士、教授和专家，围绕块状经济转型升级，提供高端咨询、技术攻关、科技服务、政策宣传等服务。

（2）边实践边探索产业集群示范区转型升级的具体路径。自启动开展浙江省产业集群示范区试点工作以来，全省上下不断探索42个产业集群示范区转型升级的不同路径，积累了不少成功的经验。归纳起来，目前，产业集群示范区转型升级的路径主要包括产业与市场互动提升型、龙头企业带动型、政府规划引导型、价值链整合提升型等4种类型。

2010年9月，省政府出台《关于进一步加快块状经济向现代产业集群转型升级示范区建设的若干意见》；10月，又启动了第二批21个省级示范区试点，突出对新技术、新能源、新材料、循环经济、高端制造、商业模式创新范畴的块状经济的引领和培育，以此带动传统块状经济改造提升。由此，浙江省形成了42个省级产业集群示范区。2011年11月，省政府又出台了《关于推进特色工业设计基地建设 加快块状经济转型升级的若干意见》，从规划引导、智力支持、科技支撑、项目推进、产品创新、品牌培育、政策扶持等方面予以大力推动。与此同时，各市结合实际选择了一批基础条件好、发展空间大、转型升级潜力大的区域性块状经济，作为重点支持对象。

浙江省产业集群示范区建设经过几年的试点推进，取得了不少成绩。最明显的变化是，规模和效益稳步提升。年销售收入超千亿元的产业集群示范区数量，从 2008 年的 3 个增至 2010 年的 5 个，分别为杭州装备制造、绍兴县纺织、萧山化纤纺织、永康（含武义、缙云）五金及宁波服装产业集群，另有 4 个示范区介于 500 亿～1000 亿元之间。2010 年 42 个产业集群示范区共实现利润 1045.4 亿元，比 2008 年增长 30.6%。

此外，42 个产业集群示范区创新能力日益提高，品牌影响力进一步显现，龙头企业引领作用不断增强，公共服务支撑体系逐步完善。

2. 产业集聚区建设

2009 年 9 月，《浙江省产业集聚区发展总体规划》出台。根据《规划》，浙江将建设 14 个省级产业集聚区，重点规划的面积将达 1000 平方千米。至 2011 年 3 月，14 个产业集聚区发展规划全部获省政府批复。

14 个产业集聚区的建设开展后，已初步凸显了其资源集聚优势。如杭州大江东新城，整合了临江工业园区、江东工业园区、空港经济区、前进工业园区，总面积 500 平方千米。整合以后，发展优势成倍放大，吉奥汽车、三一重工、东风裕隆、中国南车集团、ABB 等大企业集团均带着数十亿元资本相继落户。2014 年，大江东产业集聚区二、三产业增加值达 87.4 亿元，① 完成固定资产投资 178.6 亿元。绍兴滨海新城大平台不仅成为改造提升传统优势产业的主战场，还成为发展清洁能源、新材料、智能设备等高新产业的主阵地。湖州南太湖产业集聚区已在生物医药、新能源、先进设备、节能环保等领域形成一定的产业基础和比较优势。

这 14 个省级产业集聚区正是浙江"大平台"的典型代表，它既是大项目的载体，又是大产业的摇篮，更是大企业的舞台。杭州城西科创产业集聚区，由浙江省科研创新基地（青山湖科技城）和浙江海外高层次人才创新园（未来科技城）两大平台构成，在 14 个产业集群中，这是唯一一个以科技创新为重点的集群，是一块全新的智能高地，是浙江产业转型升级的驱动器。

---

① 数据来自浙江省统计局《浙江统计摘要 2015》，下同。

14 个省级产业集聚区等大平台建设的加快推进，为产业转型升级提供了"大舞台"：中石油、中石化等央企和民企携手合作，世界 500 强纷纷入驻；战略性新兴产业、现代服务业以及现代生态农业等成为产业集聚区的主要产业形态。统计数据显示，2014 年，14 个省级产业集聚区完成固定资产投资达 2718 亿元，引进签约了一批先进制造业、现代服务业、战略性新兴产业项目，二、三产业增加值达 1759.6 亿元，工业新产品产值达 1988.9 亿元，工业战略性新兴产业产值达 2068.9 亿元。

集聚区还表现出了"大平台吸引大项目，大项目带动大产业"的特点。例如，2012 年初，总投资 117.59 亿元的上海大众浙江（宁波）项目落户宁波杭州湾新区（14 个产业集聚区之一），投资年产 30 万辆乘用车的大项目直接吸引了核心供应商入驻，预计将带动零部件供应商企业总投资超过 100 亿元。

目前，第 15 个省级产业集聚区——温州浙南沿海先进装备产业集聚区的规划已筹备完成。《温州浙南沿海先进装备产业集聚区发展规划》于 2014 年 6 月 5 日在温州市政府召开的常务会议上审议通过。按照《规划》，温州浙南沿海先进装备产业集聚区总体布局为"一心、两带、四区"。

浙江块状经济向现代产业集群转型升级，不仅将促使产业向集群化、高端化发展，而且将为工业经济转型升级注入强劲动力，为"浙江制造"转向"浙江创造"探索路径、提供样本，进而为浙江省深入实施"两创"总战略、推动科学发展再创新业绩，再续新辉煌。

总结与展望

经济转型升级是一个国家或地区经济体通过结构转变与体制转轨的互动作用，促进经济发展从低级阶段向高级阶段逐步演进的过程。[①] 浙江经济从改革开放到 21 世纪初曾经历了两次大的转型。第一次转型是 1978～1991 年，浙江经济初步实现了从计划体制下的传统经济体系向市场体制下的工业经济体系的转变。第二次转型是从 1992 年至 21 世纪初，以推进市场化改

---

① 厉志海：《关于推进浙江省经济转型升级问题的几点思考》，《中国经贸导刊》2009 年第 12 期。

革、加快对外开放和优化城乡结构为主要内容，浙江经济基本实现了从"两头在外、民营为主"的内源型经济向"两种资源、两个市场"初步开放型经济的转变。

新一轮的转型升级，即第三次转型是从 2003 年党的十六届三中全会明确提出科学发展观后开始的。这一时期浙江经济长期积累的素质性和结构性矛盾变得突出，集中表现在三个"没有根本改变"上：一是经济增长主要依靠物质资源消耗支撑的格局没有根本改变；二是企业主要依靠低成本、低价格竞争的格局没有根本改变；三是产业层次低、布局散、竞争力弱的格局没有根本改变。以往那种"高投入、高消耗、高污染、低产出"的粗放发展模式已经难以为继，经济若不转型就会面临生存问题，产业若不升级就会在激烈的市场竞争中被淘汰。

加快推进经济转型升级，是浙江省委、省政府深入贯彻落实科学发展观、全面实施"创业富民、创新强省"总战略的重大决策部署，是浙江实现新一轮发展、继续走在前列的战略抉择，更是一项长期而紧迫的战略任务。

总结十多年来浙江经济的转型升级经验，其中最为重要的是路径选择的正确性。因而浙江未来的转型升级，只要路径清晰，方向明确，就一定能实现浙江经济"腾笼换鸟""凤凰涅槃"。

路径一：发展现代服务业。之所以需要转型升级，是因为经济结构不合理。集中体现在制造产业存在大量过剩现象。转型升级就是把过剩、落后、污染、高耗的制造业淘汰出去，减少工业、增加现代服务业在经济中的比重。工业化与信息化融合，制造业与服务业融合，是发达国家工业化发展的两大趋势。对正处在工业化中后期这样一个重要时间节点上的浙江省来说，无论是新型城市化，还是调整大量过剩落后产能，都应把发展现代服务业，作为其经济结构转型升级的一条极其重要的路径。

路径二：科技创新驱动。首先，科技创新驱动在企业转型升级中起着决定性作用。企业的转型升级过程，就是企业创新驱动的过程。其次，科技创新驱动与转变经济发展方式更是密不可分。只有紧紧围绕科技创新驱动这一核心战略，才能让经济发展方式转变走出一条宽广的路子。

路径三：保护生态环境。把生态环境保护置为经济发展的前提，将大大推进经济发展方式加快转变。未来需要在"两座山"科学理念的指引下，加大对生态环境的保护力度，促进经济与生态的和谐与互动发展。

路径四：发展信息经济。发展信息经济是浙江经济转型升级的战略选择。[①] 信息经济是能支撑未来浙江发展的大产业之一，未来浙江要大力发展信息经济，把信息产业培育成浙江省的重要支柱产业，努力推动浙江省从制造大省向信息经济大省跨越，打造全国信息经济发展的先行区，推动浙江经济转型升级。

参考文献

1. 习近平：《干在实处　走在前列——推进浙江新发展的思考与实践》，中共中央党校出版社，2006。
2. 习近平：《之江新语》，浙江人民出版社，2007。
3. 人民日报编辑部：习近平：走高效生态的新型农业现代化道路》，《人民日报》2007 年 3 月 21 日。
4. 中共浙江省委党史研究室编著《干在实处　走在前列——中共浙江省第十一次代表大会以来》，浙江人民出版社，2007。
5. 李强：《深入实施"四换三名"工程　推动浙江经济转型升级》，《政策瞭望》2014 年第 2 期。
6. 浙江日报编辑部：《浙江：转型升级重在路径选择》，《浙江日报》2014 年 6 月 24 日。
7. 《从"两只鸟"看浙江经济发展结构调整》，浙江在线新闻网站，2006 年 3 月 20 日。
8. 《坚持"腾笼换鸟"促转型，浙江将全力推进产业升级》，浙江在线新闻网站，2013 年 1 月 25 日。
9. 《中国特色现代农业发展的浙江范本》，《农民日报》2011 年 11 月 22 日。
10. 浙江省经济和信息化委员会：《加快向现代产业集群转型升级》，《浙江经济》2011 年第 20 期。

---

① 李强：《信息经济是浙江转型升级的战略选择》，《浙江日报》2014 年 6 月 25 日。

第二章
坚持创新发展　打造创新型省份

实现中华民族的伟大复兴，是中华民族近代以来最伟大的梦想，要实现这一目标，必不可少的力量就是创新驱动。浙江发展成就的取得，是创新驱动不断提升的结果，这种创新是与浙江所走的内源驱动型发展道路相一致的，具有极强的主动性和自发性，是一种自下而上、由内而外的创新，因而时常潜移默化地延伸和渗透至多个领域或其他地区，具有很强的引领示范效应和辐射带动效应。创新的积累和释放，使浙江经济社会发展路径表现为一种自然演进、比较均衡的过程，具有极强的自组织性和自适应性。尽管其经济增长速度有时慢于政府主导驱动型和外资主导驱动型发展模式，但由于它从一开始就是在与市场经济体制不断磨合的过程中诞生的，具有适应日臻完善、不断升级的现代市场经济体制的天然属性。因此，它更符合经济现代化发展方向的要求，具有更持久的增长动力。

2003 年以来，历届浙江省委、省政府始终坚持把创新发展摆在重要战略位置，部署不断深入，实践持续推进，全省科技综合实力和竞争力迈上新台阶，在促进经济社会发展中发挥了重要支撑作用。2006 年，全省自主创新大会明确提出创新发展目标，即到 2020 年浙江省成为具有持续创新能力的创新型省份；省十二次党代会将自主创新作为全省又好又快发展的核心战略；省十三次党代会和省委十三届二次全会提出全面实施创新驱动发展战略。

第一节　创新型省份建设理念的形成

浙江在全国较早地提出了建设创新型省份的理念，思路决定出路，在创新驱动理念的指引下，浙江走出了一条创新发展的新路。

一 创新发展提出的背景

改革开放以来，浙江逐渐成为全国经济增长最快、活力最强的省份之一。然而，随着经济持续高速增长，全省的资源要素制约和环境承载压力逐步显现，发展的质量、结构和效率问题日益突出。加快科技进步和创新的步伐，促进产业结构优化升级，推进创新强省和创新型省份建设，成为浙江经济社会发展的必由之路。

1. 创新发展是实现浙江经济社会发展目标的必由之路

2003 年以来，浙江正处在一个结构加快转换、体制加快转轨、社会加快转型时期，这既是加快发展的机遇期，也是各种问题和矛盾的凸显期。浙江省创新能力还不强，在整个经济社会发展中仍是瓶颈和薄弱环节。浙江能否紧紧抓住 21 世纪头 20 年的战略机遇期，保持"经济列车"持续、快速、健康、协调地奔驰，构筑和谐稳定的社会，最根本、最关键的就是要牢固树立和落实科学发展观，以科学发展观统领经济社会发展。实现发展目标必须依靠创新，抓住了创新，就抓住了科学技术发展的战略基点，就抓住了结构调整和增长方式转变的中心环节，就抓住了把握战略机遇期、实现经济长期稳定较快发展的关键。只有切实把增强创新能力摆在更加突出的位置，坚定不移地走科技进步和创新之路，才能加快推动浙江省经济社会转入科学发展的轨道。

2. 创新发展是优化产业结构、转变增长方式的必由之路

摆脱低层次、高能耗的经营模式，优化产业结构，推进增长方式转变和制度创新，是浙江省经济进入可持续发展轨道的必然选择。"十一五"时期，浙江产业结构调整的重心不再是"填补空白"，而是解决产业升级和可持续发展问题。为此，总体的要求是"优农业、强工业、兴三产"，而难点则在于引进新产业新产品新技术的空间不大，创新的能力不足。

浙江企业分工协作现象普遍。一是小企业大协作。浙江中小企业数量比重及其产值比重，居全国各省区市前列。这些企业从生产某一产品零部件起步，自发地形成了细密的生产分工协作体系。二是小资本大集聚。"一村

（或乡、镇）一品"，经过模仿、扩散，最终成为一个个产业集群，构成了"小资本、大集聚"的区域特色产业。浙江把优势产业培育、专业市场发展与城镇建设紧密结合起来，创造了区域特色经济，形成了区域经济发展的"增长极"。然而占浙江企业数量绝对多数的中小企业，其产品主要靠模仿。全省80%的中小企业没有进行新产品开发，产品更新周期两年以上的占55%左右。绝大部分中小企业的产品模仿国内外大企业，来料加工业务比重较高。因此，要依靠产业结构调整和升级，推动成百上千的块状经济从简单的企业集群向效益规模化集群全面转变。绍兴的主要举措，一是对纺织产业结构进行升级，转变经济增长方式；二是通过工业投资结构的调整大规模发展"非纺产业"，优化产业结构。绍兴正由浙江"块状经济"遇困的典型，逐渐蜕变为转变经济增长方式的一个颇值得解剖的样本。

在浙江省工商联2005年组织的一项调查中，超过半数的被调查民营企业"承认"没有投入科研经费，这凸显了企业创新能力与转变经济增长方式要求的不相适应。浙江省工商联的这项调查主要是在纺织、服装、五金、汽摩配、医药、化工、动漫等行业进行的，涉及民营企业122家。调查发现，技术创新的速度不快、开发新产品能力薄弱、产品的科技含量不高，是浙江民营企业在转变经济增长方式中存在的重要问题。被调查的企业中仅18.10%的企业有拥有自主知识产权的产品，有57.52%的企业没有投入科研经费。从调研的结果看，浙江省民营企业的科技自主创新能力很弱。在企业生产的新产品中，只有不到半数的产品是自己研制的，企业承认有17.41%的新产品是仿制的，一些企业数年没有更新产品。[1] 由于自主创新的能力不足，以及管理水平不高，加上同行间的无序竞争，虽然有4.81%的被调查企业拥有世界一流的生产设备，4.44%的企业拥有一流的产品质量，但其中只有1/3左右企业的产品能卖出相应的价格。[2] 许多企业舍得花钱买一流设备，却不愿花钱培养一流人才，所谓"一流设备、二流质量、三

---

[1] 浙江省工商联：《浙江民营企业超过半数无科研经费》，《中国高新技术产业导报》2005年12月30日，http：//tech. tom. com。

[2] 浙江省发展和改革委员会：《浙江省"十一五"规划纲要读本》，2006年1月，第49页。

流价格"，就是浙江许多民营企业的现实写照。许多中小企业成长初期盛行"什么赚钱就做什么"，或者干脆搞拿来主义，自己不去搞研发。这种生产模式必然导致企业发展道路越来越窄，效益越来越低。民营企业必须改变重发展、轻转变、"跑量为主"的发展模式，各级政府也应该继续加大政策扶持力度，增强企业的自主创新能力，加快推动民营企业转变经济增长方式。

3. 创新发展是建设资源节约型、环境友好型社会的必由之路

浙江是一个人多地少、人均基本资源相对匮乏的省份。资源紧缺的状况是长期存在的。粗放型的经济增长方式加剧了资源不足的矛盾，并造成了日趋严重的环境污染问题。因此，浙江在发展中，如果不强化全社会节约资源、保护生态环境的意识和行为，那么经济的发展将越来越多地受到资源的约束，人民群众的生存环境将越来越趋于恶化，这将直接影响全面建设小康社会目标的实现。

改革开放以来，浙江经济实现了突飞猛进的发展。但是，2003 年以来，浙江经济遇到了资源要素紧缺的"成长的烦恼"。浙江经济发展的瓶颈制约主要表现为土地、电、水、原材料、资金等生产要素和环境的制约。原材料、能源涨价；企业用电不足，缺电情况严重；环境破坏和不可抗力造成部分地区严重缺水。而且这些制约和压力在一定范围内还将继续增大，生产要素对经济发展的制约作用短期内将得不到缓解。

仅"十五"期间，浙江的耕地就减少了 240 万亩，相当于"九五"时期的 2.2 倍。水资源的综合利用率低，2001～2003 年全省工业用水重复利用率约为 36.4%，仅达到"十五"计划指标 70% 的一半多。能源消费强度趋升，"九五"时期的能源消费弹性系数为 0.56，煤炭、电力、石油制品消费弹性系数分别为 0.39、1.01 和 1.04，而 2001～2004 年的能源消费弹性系数已上升到 0.91，煤炭、电力、石油制品的消费弹性系数分别上升到了 0.89、1.46 和 1.14。投资效果系数（新增 GDP 与同期固定资产投资额的比率）总体呈下降趋势，2001～2004 年为 0.299，与"七五"和"八五"时期相比，分别下降 0.262 和 0.421，即每增加 1 亿元 GDP 需要的固定资产投资，由"七五"和"八五"时期的 1.78 亿元和 1.39 亿元，提高到了"十五"前 4

年的 3.35 亿元。高消耗带来的是高排放和高污染，2004 年全省废水排放总量达 28.1 亿吨，工业废气排放总量达 11749 亿标准立方米，工业固体废物产生量 2318 万吨，分别比 2000 年增长 31.9%、80.5% 和 67.2%。①

经济粗放增长，导致资源制约和环境压力日益增大。"十五"后期，浙江能源供应由过去的局部性、阶段性紧张演变成全面性、持续性紧张，成为全国最缺电的省份。环境形势同样十分严峻，在全省十大水系中，有 31.3% 的监测断面水质为五类和劣五类，运河、平原河网和城市内河污染严重，湖泊存在不同程度的富营养化现象。近岸海域已没有一类海水，其中 70.7% 的海水水质为四类和劣四类，污染程度居沿海省区市第 2 位。

创新是破解资源环境约束的根本之策。加强科技进步和创新，是转变增长方式、破解资源环境约束、推动经济社会发展的根本之计。浙江经济多年来的高速增长，主要是依靠劳动力、资本、资源等要素投入的不断增加实现的，总体上是一种投资驱动型的增长方式。这种粗放型的增长方式，已经遇到了严峻的挑战，资源要素紧缺，环境压力加大，低成本竞争、数量型扩张的产业和企业发展越来越难以为继。

建设资源节约型社会，就是要在生产、流通、消费等领域，通过经济、法律和行政等综合性措施，提高资源的利用效率，以尽可能少的资源消耗来获取最大的经济和社会收益，保障经济社会的可持续发展。环境友好与资源节约是相辅相成的，即应当尽量采取对环境无害的方式来进行社会生产活动，以尽可能低的环境污染来获取最大的经济和社会收益，保持生态系统的平衡，实现人与自然的和谐发展。

4. 创新发展是提高全省国际竞争力和抗风险能力的必由之路

自主创新能力是国家竞争力的核心。世界科技发展的实践告诉我们：只有拥有强大的自主创新能力，才能在激烈的国际竞争中把握先机、赢得主动。特别是在关系国民经济命脉和国家安全的关键领域，真正的核心技术、

---

① 郭鹰、葛立成：《浙江创新发展报告》，载《2006 年浙江发展报告（经济卷）》，杭州出版社，2006。

关键技术必须依靠自主创新。要加强对提高自主创新能力的认识，在若干重要领域掌握一批核心技术，拥有一批自主知识产权，造就一批具有国际竞争力的企业，大幅度提高国家竞争力。

从浙江省来看，纺织品是浙江出口的拳头产品，可大部分是贴牌生产，80%的利润让别人拿走。这样的例子并非鲜见，主要原因就是没有核心技术。这说明，缺乏具有自主知识产权的技术和产品已成为转变增长方式的主要制约因素，提高自主创新能力是一件迫在眉睫的任务。

企业自主创新有利于增强全省的国际竞争力和抗风险能力。改革开放以来，浙江省通过大量引进国外先进技术，不断提升产业技术水平和产品生产能力，促进了特色优势产业和块状经济的快速发展。但是，对外技术依存度偏高，技术引进明显存在重硬件、轻软件，重引进、轻消化，重模仿、轻创新的问题。

二 创新发展思路的提出

加强科技进步和自主创新，是转变增长方式、破解资源环境约束、推动经济社会又好又快发展的根本之计。

1. 创新型省份建设思路提出

2006 年在全省自主创新大会上，时任省委书记习近平提出，浙江进入了由投资驱动向创新驱动转变的重要时期，面对贯彻落实科学发展观、构建和谐社会的新要求，面对全面建设小康社会、继续走在全国前列的新目标，面对建设资源节约型和环境友好型社会的新任务，加快提高自主创新能力，推进创新型省份和科技强省建设，显得尤为重要。

改革开放以来浙江的高速增长，主要是通过劳动力、资本、资源等要素投入的不断增加实现的，总体上是一种投资驱动型的增长方式。这种粗放型的增长方式，已经遇到了严峻的挑战，资源要素紧缺，环境压力加大，低成本竞争、数量型扩张的产业和企业发展越来越难以为继。如果沿袭这种粗放型的增长方式，不但资源无法满足，环境难以承受，全面建设小康社会和提前基本实现现代化的目标也难以实现。因此，只有坚定不移地走自主创新之路，不断增强自主创新能力，才能突破资源环境的瓶颈制约，保持经济稳定较快增长；才能从根本上改变产业层次低和产品附加值低的状况，实现"腾笼换鸟"和"浴火重生"；才能不断提高人民生活质量和水平，促进人与自然和谐共处，走出一条科学发展的新路子。

实现由"浙江制造"向"浙江创造"的转变，构造一个创新型省份和科技强省，至关重要的是不断增强全省特别是企业的自主创新能力，实现动态比较优势的转换，即由原先的低成本优势和扩张模式转变为以提升技术含量和附加价值为重点的新的比较优势和竞争优势。只有在科学技术的若干重要方面实现新的突破，掌握一批装备制造业和信息产业的核心技术，使若干重点产业和产品技术居国内前列；使农业科技整体实力位居国内前列；能源开发、节能技术和清洁能源技术取得重大进展；基本建立起循环经济的技术发展模式；明显提高重大高发疾病的防治水平和防治技术；集聚一批国内外知名的科学家、技术专家和研究团队，在一些优势领域取得一批具有重大影响的创新成果；建成国内一流的开放型区域创新体系等，才能为创新型省份和科技强省的建设提供有力的支撑。

2006 年全省自主创新大会明确提出，要用 15 年时间建成创新型省份和科技强省。到 2020 年，全社会研究开发投入占生产总值的比重提高到2.5% 以上；科技进步贡献率达到 65% 以上，使浙江省成为科技对经济社会发展具有决定性作用、高新技术产业成为主导产业、传统产业得到全面改造提升、创新创业环境优越、具有持续创新能力的创新型省份，成为科技综合实力、区域创新能力和公众科学素质居于全国前列的科技强省。

2. 创新型省份建设的指导原则

2006 年在全省自主创新大会上，时任浙江省委书记习近平提出，浙江加快创新型省份建设，在工作指导上必须把握好以下几个方面。

（1）坚持培育和弘扬与时俱进的浙江精神，进一步激发全社会的创新创造活力。浙江人民有勤勉创业、励志创新的文化传统和精神品质。要进一步丰富和发展浙江精神，与时俱进地培育和弘扬"求真务实，诚信和谐，开放图强"的精神，发展有浙江特色的创新文化，为自主创新奠定最广泛、最坚实的社会人文基础。努力构建倡导创新价值体系，尊重群众的首创精神，创造一个公平、竞争、合作的创新创业环境，营造一种敢为人先、敢冒风险、勇于探索的政策和文化氛围，提高全民创新的积极性。

（2）坚持有所为有所不为，努力实现重点突破和跨越发展。"十一五"期间，浙江科技发展的战略重点：一是把发展能源、山海资源开发、水资源节约和环境保护技术放在优先位置，集中力量解决制约经济社会发展的重大瓶颈问题。二是加快电子信息、生物医药、新材料、先进装备制造等高技术产业发展，把获取核心技术的自主知识产权作为提高浙江产业竞争力的突破口。三是加快信息技术、生物技术、新材料技术等在传统工业中的应用，全面提升传统产业的技术水平。四是加快生物技术、信息技术在农业中的推广应用，大力发展高效生态农业。五是加快人口健康、公共安全等社会发展领域的科技进步，为构建和谐社会提供科技支撑。要围绕这些战略重点，立足支撑经济社会发展的需求，组织实施好"八大科技创新"[①] 工程，明确技术基础较好、近期有望突破的优先主题，筛选出若干个战略产品或关键共性技术作为重大专项，集中力量，重点攻克，努力实现跨越发展。

（3）坚持以强化企业主体地位为重点，加快推进区域创新体系建设。浙江建设创新型省份，关键是要让企业成为技术创新的决策主体、投入主体、利益主体和风险承担主体，建立以企业为主体、市场为导向、产学研相结合的开放型区域创新体系。要依托大企业大集团，鼓励支持企业主动面向科研机构、高等院校寻求智力支撑，开展产学研合作，建立具有较强研究开发能力的企业工程中心和技术中心。大学和科研院所要在加强战略高技术研究和基础性科学研究的同时，注重成果转化，积极为企业开展技术创新提供坚实的科学和技术支撑。大力扶持中小企业的技术创新活动，重点办好各类企业孵化器，培育一批具有创新能力和成长潜力的高技术中小企业。加快发

---

① 指高新技术产业、传统制造业、装备制造业、现代农业、环境资源、海洋开发、健康与安全、服务业信息化等。

展为企业服务的各种科技中介服务机构，促进企业之间、企业与高等院校和科研院所之间的知识流动和技术转移。研究制定鼓励企业自主创新的政策，降低企业创新成本，增强企业创新动力。

（4）坚持把自主创新与品牌战略结合起来，推动品牌大省建设。以品牌战略带动自主创新，以自主创新支撑品牌战略，切实抓好商标、质量、标准、管理等品牌基础工作，实行有计划、有重点的品牌培育发展制度，着力提高企业的创牌能力，努力创建若干个拥有自主知识产权、具有国际竞争力的知名品牌。积极实施知识产权和标准化战略，推动技术专利化、专利标准化和标准国际化。

（5）坚持改革创新、开放集成，进一步增强自主创新的动力和活力。以开放的思路、市场的办法集聚和配置创新要素，推动科技进步与创新，是浙江科技工作的一大特点和优势。要继续抓好体制机制创新，建立健全技术创新机制和现代知识产权制度。深化科研体制改革，鼓励发展民营科研机构，做强做大一批重点科研院所。加快高校重点学科建设，支持浙江大学和中国美术学院向世界一流大学发展，支持有条件的省属高校建设成为研究型大学或教学研究型大学，大力发展职业技术教育。充分发挥市场在配置科技资源中的基础性作用，进一步解决好科技与经济"两张皮"的问题。在全国乃至全球范围配置创新资源，为我所用。积极整合现有技术，推进集成创新，鼓励企业在引进国外先进技术的同时，切实抓好消化、吸收和再创新工作。

（6）坚持以人才为本，建设造就一支结构合理、素质优良、实力强劲的创新人才队伍。自主创新，人才为先，人才为本。各级领导干部要强化人才资源是第一资源的意识，做到求贤若渴，爱才如命，惜才如金，唯才是用，以强烈的责任感和紧迫感来培养造就和使用好人才。全面实施人才强省战略，加快推进"百千万科技创新人才工程"和"创新领军人才计划"，努力建设一支规模宏大、结构合理、素质优良的创新型人才队伍。同时，完善人才激励机制，更好地落实和完善技术要素参与分配的政策，加大科技奖励力度，充分调动创新人才和科技人员的积极性、创造性。

第二节　实施创新型省份建设

浙江在创新发展理念的指引下，积极推进创新强省战略，坚定不移地走创新驱动的道路，在自主创新上取得了很大的成就。

一　推进创新强省战略

战略的推进与落地，是确保战略目标实现的关键，浙江在这方面狠抓落实，实施到位，成效显著。

1. 自主创新成为经济转型发展的核心战略

改革开放以来，浙江实现了由经济小省向经济大省的历史性跨越。为确保浙江继续"走在前列"，省第十二次党代会提出了"创业富民、创新强省"的总战略，要求把自主创新作为推进浙江又好又快发展的核心战略和经济建设的首要任务来抓。要深化科技体制改革，完善支持自主创新和成果转化的政策体系，引导各类创新主体加大研发投入，调动社会各方面参与和推动自主创新的积极性。加快推进区域创新体系建设，积极引进"大院名校"共建创新载体，培育一批国内一流的科研机构和公共创新平台，完善以企业为主体、市场为导向、产学研结合的技术创新体系，建立以科技人员为主力军，科学研究与高等教育有机结合的知识创新体系。坚持原始创新、集成创新、引进消化吸收再创新紧密结合，组织实施一批重大科技创新工程和重大技术改造项目，在关键技术、共性技术研究开发方面取得新进展。大力实施标准化战略和知识产权战略，着力培育一批具有国际影响力和竞争力的自主品牌，加快推动"品牌大省"向"品牌强省"转变。继续推进国民经济和社会信息化建设。加强创新型人才队伍建设，重视培养引进高科技领军人才。广泛持久地开展群众性创新活动和科普活动，提高公众的创新意识和科学素养。培育创新文化，保护创新热情，宽容创新挫折，形成有利于创新的社会氛围。

2008 年 1 月，省十一届人大一次会议通过的《政府工作报告》明确把

"自主创新能力提升行动计划"作为"全面小康六大行动计划"之首，并进行了具体部署。同年 9 月，省委十二届四次全会把实现自主创新能力的重大突破确定为浙江省经济发展方式转变和经济转型升级取得重大进展的首要目标。2009 年 5 月召开的省委十二届五次全会把提升自主创新能力作为促进经济转型升级的主要动力。当年，浙江省成为国家技术创新工程首个试点省，开始全面实施"八个一批"① 工程，由此浙江创新型省份建设进入新阶段。

2. 全面实施创新驱动发展战略

2012 年 12 月，省委十三届二次全会《关于全面实施创新驱动发展战略，加快建设创新型省份的决定》提出，到 2020 年，建立比较完善的区域创新体系，创新资源有效集聚，创新能力显著增强，创新效益大幅提升，跨入创新型省份行列，基本形成创新驱动发展格局。为破解科技工作中的"四不"问题，即科技投入产出不匹配、产学研用结合不紧密、科技成果评价不科学、科技创新的体制机制不适应等问题，今后五年，创新驱动发展的主要目标是，实现"八倍增"、力促"两提高"。到 2017 年，实现全省 R&D 经费支出额、研发人员数、发明专利授权量、规模以上工业新产品产值、高新技术产业产值、技术市场实现交易额、高新技术企业数和科技型中小企业数等"八倍增"，力促科技进步贡献率、全社会劳动生产率"两提高"。R&D 经费支出超过 1400 亿元（占 GDP 2.7% 左右），研发人员全时当量超过 60 万人年，发明专利授权量达到 23000 件，规模以上工业新产品产值达到 27000 亿元，高新技术产业产值达到 28500 亿元，技术市场实现交易额达到 160 亿元以上，高新技术企业接近 10000 家，科技型中小企业达到 20000 家以上；科技进步贡献率达到 60%，全社会劳动生产率达到 14 万元/人。

---

① "八个一批"是指抓好一批创新型企业，建设一批公共科技创新平台，构建一批产业技术创新战略，引进一批大院名校大企业共建创新载体，提升一批高新技术开发区（园区）和特色产业基地，实施一批以企业为主体的重大科技专项，推广一批重要科技成果和共性技术，造就一批企业创新人才。

二 自主创新能力大幅提升

2003 年以来，浙江科技创新各项事业取得了新进展，企业创新的主体地位进一步确立，科技创新资源要素进一步集聚，创业创新环境明显改善，自主创新能力显著提高。据《中国区域创新能力报告 2014》，浙江省区域创新能力居全国第 5 位，与 2003 年持平；据《2013 全国科技进步统计监测报告》，浙江省综合科技进步水平指数居全国第 6 位，较 2003 年上升 1 位；据《2012 年浙江省自主创新能力提升统计监测报告》，2012 年浙江自主创新能力指数为 223.92，较 2005 年提高了 123.92%。2013 年浙江全社会 R&D 支出 817.30 亿元，较 2003 年增长了 9.6 倍；研发投入强度达 2.2%，较 2003 年提高了 1.53 个百分点；专利申请量和授权量分别达到 29.4 万件和 20.2 万件，均居全国第 2 位，分别较 2003 年增长了 12.7 倍和 13.0 倍。

1. 企业技术创新能力稳步提高

企业技术创新能力的提高，主要体现在以下方面。

（1）企业研发投入不断加大。2012 年全省规模以上工业企业研发经费支出达 684.36 亿元，列全国第 4 位，规模比 2003 年提高 10.3 倍；研发经费投入强度达 1.18%，列全国第 5 位，较 2003 年提升 0.75 个百分点。①

（2）企业研发机构建设不断加强。截至 2013 年底，省级高新技术企业研发中心达 1870 家，较 2003 年增长了 7.1 倍；国家工程技术研究中心达 14 家，较 2003 年增加了 9 家；省级工程技术研究中心达 67 家；省级重点实验室达 184 家，较 2003 年增加了 153 家。2009 年启动省级企业研究院建设工作，已累计达 155 家。全省规模以上工业企业建有研发机构的企业数和其占比均居全国第 2 位。

（3）创新型企业梯队加快培育。2007 年，启动创新型企业创建工作，截至 2013 年底累计培育省级创新型试点（示范）企业 416 家，获批国家级创新型（试点）企业 44 家。截至 2013 年底，全省高新技术企业累计达

---

① 数据来自历年《浙江统计年鉴》，下同。

5160 家，科技型中小企业总数超过 10000 家。

（4）产业技术创新战略联盟建设不断推进。针对涉及企业众多、科技创新能力较弱的实际，浙江整合各方资源力量，着力构建产业技术创新战略联盟。2010 年 7 月，浙江制定了《浙江省产业技术创新战略联盟建设与管理办法》，提出到 2015 年建设 50 个左右的产业技术创新战略联盟。截至2013 年底累计建设 31 家，成员单位达 471 家，其中企业 390 家。围绕联盟共同关心的问题，联合组织实施科技项目 126 项，研发经费投入 12.6 亿元。食品冷链、工业设计等 4 个省级产业技术创新战略联盟被科技部列为全国试点。

（5）企业新产品研发力度不断加大。2013 年浙江省规模以上工业企业新产品产值达 1.58 万亿元，较 2003 年增长了 10.5 倍；新产品产值率达24.88%，较 2003 年提高了 14.26 个百分点。2013 年，规模以上工业企业新产品销售收入达 14882.1 亿元，较 2003 年增长了 10.5 倍；新产品销售收入占主营业务收入的比重达 24.27%，明显高于全国平均水平（11.89%），列全国第 3 位，较 2003 年提高了 14.27 个百分点。

2. 大院名校加快集聚

2003 年，时任浙江省委书记习近平做出了"引进大院名校，共建创新载体"的战略决策，鼓励各地以引进团队式人才和核心技术为关键，与国内外大院名校共建各类创新载体，提升浙江自主创新能力，促进经济转型升级。为落实好这一战略决策，习近平同志直接谋划，亲自推动，多次率团考察清华大学，提出并商议省校合作共建创新载体相关事宜。2003 年 12 月，浙江清华长三角研究院正式落户浙江嘉兴。随后，浙江省加快了引进大院名校共建创新载体的步伐，先后引进了中国科学院宁波材料技术与工程研究所、浙江加州国际纳米技术研究院、中国科学院嘉兴应用技术研究与转化中心、浙江香港科技大学先进制造研究所、中科院长春应用化学研究所杭州分所、中科院台州应用技术研发与产业化中心、陕西科技大学等多家创新载体，截至 2013 年底累计引进共建科技创新载体 970 家。据对其中894 家载体的统计，实际已投资 127 亿元，集聚创新人才 2.8 万人，实施各类科技项目 1.16 万项，经费 150 亿元，完成项目 8471 项，授权专利 8383 项，其中发明专利 2316 项。中科院宁波材科所、浙江清华长三角研究院在若干领域取得重大突破，高强碳纤维、丁基橡胶等成果在浙江省成功实现产业化。①

3. 科技人才队伍不断壮大

2003 年以来，浙江加快培养和集聚各类创新人才，先后出台《关于加快推进创新团队建设的意见》《浙江省重点科技创新团队建设办法（试行）》《浙江省领军型创新团队引进培育计划实施办法》等政策措施。为加快集聚国内外优质科技创新资源，浙江深入实施人才强省战略。

继续实施国家和省"千人计划""新世纪 151 人才工程""百千万科技创新人才工程""新苗人才计划"和"钱江人才计划"。2009 年，省委、省政府出台《关于大力实施海外优秀创业人才引进计划的意见》，计划 5 年内引进 1000 名学科带头人、科技领军人才和高层次创业人才，并设立专项资金，给予每人 100 万元的一次性奖励，各地也出台了相应的扶持政策。2011 年，浙江省实施了"海鸥计划"，对连续 3 年每年在省内工作 2 个月以上 6 个月以下的海外高层次创新人才，给予一次性 50 万元奖励和政策支持。此外，先后组织"院士专家浙江行"和"海外清华学子浙江行"等活动，并推动"院士专家工作站"在各地建立，帮助院士与省内企业建立合作关系。截至 2013 年底，全省累计引进"千人计划"人才 678 人，其中入选国家"千人计划"236 人，居全国第 4 位；批建省级科技创新团队 130 个，省重点企业技术创新团队 100 个。"十二五"期间，培育科技新苗约 3 万人，资助 201 个高技能型科技人才团队，培养技能人才 1435 人。②

全省全社会科技活动人员数由 2003 年的 18.84 万人增长到 2012 年的 61.03 万人，增长了 2.24 倍；人员规模由全国第 6 位上升到第 4 位。R&D 人员全时当量由 2003 年的 4.66 万人年增长到 2012 年的 27.81 万人年，增

---

① 数据来源于《浙江统计年鉴 2013》。
② 数据来源于《浙江统计年鉴 2013》。

长了 4.97 倍，在全国的排名由 2003 年的第 10 位上升到 2012 年的第 3 位。据《2012 全国科技进步统计监测报告》，浙江科技人力资源在全国的位次从 2003 年的第 15 位上升到 2012 年的第 1 位。①

4. 创新政策环境明显改善

为加强自主创新能力建设，浙江建立健全了自主创新的体制机制，促进科技进步。

（1）继续深化科技管理体制改革。调整科技计划体系，形成了环境、人才、平台、项目"四位一体"工作布局。坚持以企业为主体的技术创新导向，引导创新要素向企业集聚。建立省部、厅市和部门会商制度。2008 年，省政府与科技部建立工作会商制度，在新农村建设、现代制造业、现代服务业等多个方面开展会商，其组织实施的"纺织用合成纤维功能化及产业化关键技术研发""高档数字化纺织装备研发与产业化""日产 10 万吨级膜法海水淡化国产化关键技术开发与示范"等项目，为全国、全省行业技术进步提供了支撑和示范。

（2）完善政策法规体系。出台一系列促进自主创新的政策，建立自主创新政策落实例会制度，加大创新政策的宣传培训力度。2004 年，省第十届人民代表大会常务委员会第七次会议通过《浙江省促进科技成果转化条例》。2005 年，修订并通过了《浙江省专利保护条例》，出台了《浙江省技术秘密保护办法》等政策。进入"十一五"时期后，科技的创新地位空前提高。2006 年，省委、省政府隆重召开全省自主创新大会，出台《关于加快提高自主创新能力建设创新型省份和科技强省的若干意见》《浙江省科技强省建设与"十一五"科学技术发展规划纲要》，把自主创新摆到前所未有的高度。2008 年，省科技厅会同有关部门出台《自主创新能力提升行动计划（2008~2012 年）》，对未来 5 年浙江省提升自主创新能力进行重大战略部署，并将其列在"全面小康六大行动计划"首要位置。2009 年省十一届人大常委会第十三次会议通过《浙江省高新技术

---

① 数据来源于《浙江统计年鉴 2013》。

促进条例》，规范、促进全省高新技术的研究开发、成果转化及产业化；省政府出台《浙江省科技成果转化奖励办法》，进一步加快创新成果转移转化。2010 年，省科技厅会同有关部门出台《关于进一步加强创新型企业建设若干意见》《浙江省产业技术创新战略联盟建设与管理办法》，加快推动创新创业。进入"十二五"后，全省创新政策环境进一步改善。2011 年以来，浙江省对《浙江省科学技术进步条例》进行了修订，先后出台了《关于建设创新型城市（县、区）的指导意见》《关于坚持和完善市县党政领导科技进步目标责任制考核评价工作的通知》《关于进一步支持企业技术创新加快科技成果产业化的若干意见》《中共浙江省委关于全面实施创新驱动发展战略加快建设创新型省份的决定》等多项政策法规。此外，自主创新相关政策也得到进一步落实。自 2008 年国家税务总局出台《企业研究开发费用税前扣除管理办法（试行）》以来，浙江省一直积极落实企业研发费用加计扣除、高新技术企业税收优惠等政策，帮助企业降低创新成本和风险。

第三节　科技支撑经济转型升级

科学技术是第一生产力，是经济转型升级的重要支撑力量。浙江要实现科学发展、继续走在前列，必须走创新驱动、内生增长的路子，迫切需要提升自主创新能力，更好地发挥科技创新的支撑引领作用。

一　提升公共科技服务能力

浙江通过建设创新服务平台、重大科技创新基地和高新园区等措施，大力提升公共科技服务能力。

1. 创新服务平台建设成效显著

技术创新服务平台是推动"以企业为主体，市场为导向，产学研结合的技术创新体系"建设过程中的有益尝试。作为产学研用结合的新载体和科技资源配置的新模式，技术创新服务平台的建设工作受到国家的高度重视。

（1）政策背景。2003 年，国家推出了《2004～2010 年国家科技基础条件平台建设纲要》，提出以建立共享机制为核心，以资源整合为主线，全面推进科技基础条件平台的建设。平台建设强调制度创新、机制创新，突出资源共享，打破资源分散、相对封闭和垄断的现状，积极探索新的管理体制和运行机制，不断提高我国科技资源的利用效率。伴随着《2004～2010 年国家科技基础条件平台建设纲要》和《"十一五"国家科技基础条件平台建设实施意见》的出台，各地纷纷结合自身特色与优势，将平台建设与产业技术创新以及经济发展紧密结合起来，建立不同类型的面向企业技术创新提供支撑和服务的平台。2008 年的《政府工作报告》将建设一批"面向企业的创新支撑平台"列入政府工作要点。2009 年《国务院关于发挥科技支撑作用 促进经济平稳较快发展的意见》明确提出要"建立和完善技术创新服务平台"。2009 年 7 月，科技部、财政部等六部门共同启动实施的"国家技术创新工程"中，"技术创新服务平台建设"又被作为三大实施载体之一予以重点推动。浙江省结合实际制定了《浙江省公共科技条件平台建设纲要》，该纲要在秉承主要精神的同时，增加了平台建设的内涵和服务要求，还增加了行业科技创新平台和区域科技创新平台建设。自 2004 年下半年开始，按照"政府搭建平台，平台服务企业，企业自主创新"的平台建设总体要求，以及"整合、共享、服务、创新"的基本思路，浙江省陆续建设了一批跨单位、跨部门、跨地区的公共科技基础条件平台、行业科技创新平台和区域科技创新平台。

（2）发展过程。2006 年 4 月，浙江启动了科技文献资源共建共享平台、大型仪器设备协作共用平台、实验动物公共服务平台等 3 个公共科技基础条件平台的建设。为有效整合科技资源，建立资源共享机制，从 2006 年起科技厅审批了一系列省级创新平台，这些平台涉及的行业范围广泛，包括纺织、软件、环保装备、五金、机械制造、服装、海洋、水稻、茶产业、竹产业、木材加工、渔业、畜牧产业、汽车及零部件、国境安全等。以上审批的平台逐渐投入运行，初步效果良好，在提供科技创新活动相关的基础设施条件、技术开发、技术服务、成果转化、人员培训等方面发挥了积极的作用。

为响应《国家科技基础条件平台建设纲要》的要求，浙江省努力推进地方公共科技服务平台建设和发展。2004年下半年开始，按照"整合、共享、服务、创新、完善、提高"的平台建设基本思路，开展了平台建设的试点工作。试点组建的平台为"浙江省新药创制科技服务平台"和"浙江省集成电路设计公共技术服务平台"。"浙江省新药创制科技服务平台"由浙江工业大学、浙江中医药大学、浙江省医学科学院、浙江大学和浙江省食品药品检验所共同建设，将浙江省内药学、药效学和毒理学三股新药临床研究的优势科研力量集中于一体，可有机地开展新药药学、药效学和安全性评价研究，为新药创制提供了"一条龙"服务。原本各自为政的5个单位，通过平台建设结成了技术联盟，经济上独立核算，科技资源共享，信息沟通及时，由此带来了整体科技创新能力和服务水平的迅速提升。通过试点，浙江提出了通过有效整合科技资源，建立资源共享机制，搭建一批创新资源配置更优、联合创新能力更强、开放服务水平更高、具有良性自我发展机制的公共科技基础条件平台、行业科技创新平台和区域科技创新平台的总体方案。①构建公共科技基础条件平台，为科技创新活动提供基础条件保障体系。整合、重组和优化现有大型仪器、科技文献等科技资源，搭建具有公益性、基础性、战略性的公共科技基础条件平台。②构建行业科技创新平台，为浙江省行业领域科技创新提供公共科技服务和创新载体。建立由若干家具有明显优势的科研单位、科技中介机构等组成的科技创新载体，提供公共科技创新服务，开展从科研到产业化的一系列科技创新活动。③构建区域科技创新平台。集聚行业创新资源，构建区域科技创新平台，加快技术转移速度，增强产学研协同攻关能力，促进科技成果的推广应用，提高区域创新能力。

浙江省政府先后颁发了《浙江省科技强省建设与"十一五"科学技术发展规划纲要》《自主创新能力提升行动计划》，把加快创新平台建设作为增强自主创新能力的基础性工程，提出到2012年，建设好8个科技基础条件平台、50个左右行业创新平台和区域创新平台。省科技厅会同省财政厅、发改委、教育厅、经贸委等有关部门制定了《浙江省公共科技条件平台建设纲要》，明确了平台建设的指导思想、基本原则、主要任务、工作重点、保障措施等。并相继出台了《浙江省省级行业和区域创新平台建设与管理试行办法》《关于推进浙江省大型科学仪器设备协作共用的若干意见》等一系列文件，为规范平台运行管理和推进平台发展提供了制度和政策保障。

浙江省三类重大科技创新平台有别于其他创新载体的特征在于，它是一个"跨单位整合，产学研结合，市场化运作"的新型创新载体。从平台建设之初，省委、省政府就鼓励和允许开展多形式的体制机制探索，可采取股份制、理事会和会员制等多种有效形式运作，并要求平台构筑核心层、紧密层、服务层等合理的组织结构和高效的管理体制，形成开放、共享、流动、竞争、激励与约束相结合的运行机制。

目前主要采用两种运行模式："虚拟组织"运行模式和"实体组织"运行模式。采用"实体组织"运行模式的又有三种不同形式：一是民政部门登记的民办非企业法人单位，如"现代纺织技术及装备创新服务平台"以绍兴轻纺科技中心为牵头单位，浙江理工大学、浙江大学共同参加，成立了实体组织"浙江省现代纺织工业研究院"，其中轻纺科技中心占50%的股份，浙江理工大学占30%的股份，浙江大学占20%的股份。二是在工商部门注册的企业法人单位，如以浙江大学为牵头单位的"汽车及零部件产业科技创新服务平台"，在资产权属不变的前提下，组建了一家注册资本500万元、由个人出资的股份制公司，专门负责平台的日常运行管理和科技中介服务。三是由人事部门批准的事业单位，如"海洋科技创新服务平台"经浙江省机构编制委员会批复同意，建立了平台运作实体组织"浙江省海洋开发研究院"。相对于"实体组织"而言，"虚拟组织"主要是指两个以上的独立的实体，围绕一个共同的利益目标，在一定时间内结成的动态联盟。它不具有法人资格，也没有固定的组织层次和内部命令系统，而是一种开放的组织结构。如由浙江工业大学、浙江省医科院、浙江中医药大学、浙江大学和浙江省食品药品检验所共同建设的"新药创制科技服务平台"属于"虚拟组织"形式，它们从各自单位抽调人员成立了平台管理办公室，专门负责平台的日常管理工作。

截至 2013 年底，浙江省已建成 60 个跨单位、跨部门、跨地区的公共科技基础条件平台、行业创新平台和区域创新平台等三类科技创新服务平台，包括大型科学仪器设备协作共用、实验动物公共服务等 7 个公共科技基础条件平台，新药创制、集成电路设计等 26 个行业科技创新平台，以及新昌轴承与专用装备、嘉兴毛衫产业等 27 个区域科技创新平台。其中行业创新平台和区域创新平台建设走在全国前列。通过"跨单位整合，产学研结合，市场化运作"，科技创新服务平台极大地推进了浙江省的科技创新和经济转型。新药创制科技服务平台先后完成和承担了国家级项目 140 余项、省部级项目 400 余项，获发明专利 50 项，成功创制出具有自主知识产权的 3 个化学药品一类新药，服务企业达 360 多家。水稻产业科技创新服务平台通过整合资源，形成了强大的共享基础设施和联合创新团队，在超级稻品种选育方面表现出良好势头并有多个品种大面积应用于生产，平台共有 10 个品种被农业部确定为超级稻主推品种，数量为全国各省最多。目前，浙江省 60 个科技创新服务平台已累计承担国家级科研项目 1200 余项、省部级项目 2800 余项，与企业合作或为企业解决的技术难题 6900 余项，牵头组织或参与制订国家和行业标准 954 项。①

2. 以"两城"建设为核心有序推进重大科创中心建设

在重大科技创新基地建设中，青山湖科技城和未来科技城是全省的两大核心，具有典型意义。

（1）青山湖科技城。2009 年省委、省政府做出建设青山湖科技城的重大决策，出台《关于进一步支持青山湖科技城建设发展的若干意见》，省财政每年安排 1 亿元，支持青山湖科技城建设。截至 2013 年底，青山湖科技城已完成概念性规划和核心区城市设计，全面完成低碳、环保和智能化三个导则的编制，基础设施和配套工程全面推进，已引进香港大学浙江科技研究院、中科院长春应化所浙江研究院等大院名所和高校 28 家，总投资 51.5 亿

---

① 数据来自浙江省科技厅网站，http://www.zjkjt.gov.cn。

元。浙大网新列车智能化国家工程中心等 6 个产学研合作项目签约入驻；上湖科技产业园等 7 个总投资 21 亿元的科研项目，落户青山湖科技城；横畈产业化区招引产业项目 35 个，总投资 125 亿元。

（2）未来科技城。杭州未来科技城是中组部、国务院国资委重点联系的全国四个未来科技城之一，是浙江省为吸引海外高层次人才创新创业而专门创建的人才特区，也是浙江省"十二五"期间重点打造的杭州城西科创产业集聚区（14 个省级产业集聚区之一）的核心区块。2011 年创建以来，未来科技城根据浙江民营经济发达、民间资本充裕的地方特色，着力打造"民企＋资金＋人才"发展模式，在全国四个未来科技城中独树一帜，一批批海外人才入园创业，一项项科研成果应运而生。如今，杭州未来科技城的各项建设正在快速推进，科技新城、人才特区、创新高地已初具雏形。截至 2013 年底，已引进海外高层次人才 717 名，千人计划人才总数达到 101 名。累计引进项目 752 个，7 家高水平的院所研发基地、8 家央企相继落户，37 万平方米首期研发孵化平台已投入使用。①

3. 高新园区转型升级不断加快

立足做好"高"和"新"两篇文章，把推动高新产业园区转型升级作为培育发展新技术产业的主战场。"十一五"期间，宁波、绍兴成功升级为国家高新区；"十二五"期间，温州和衢州成功升级为国家高新区，全省国家级高新区累计达 5 家。批复杭州高新区为省级网络信息技术自主创新示范区，积极争创国家自主创新示范区。新创建嘉兴光伏、衢州氟硅新材料、杭州青山湖高端装备、舟山船舶装备、永康现代农业装备等 18 个产业特色鲜明的省级高新技术产业园区，省级高新园区累计达 29 家。2012 年出台了《关于加快高新技术产业园区转型升级的指导意见》，2013 年制定了《浙江省高新园区评价办法（试行）》，健全月度排序、季度分析和年度考核评价、末位淘汰制度，形成比学赶超的良好氛围。全省高新技术产业产值由 2006 年的 0.57 万亿元增长到 2013 年的 2.08 万亿元，增长了 2.65 倍；高新技术

---

① 何泉：《杭州未来科技城发展对策思考》，《北方经贸》2014 年第 1 期。

产业增加值占工业增加值的比重由 2006 年的 18.9% 提高到 2013 年的 32.26%，提高了 13.36 个百分点。①

4. 大力支持科技企业孵化器发展

2005 年 9 月，省政府出台《关于加快科技企业孵化器建设与发展的若干意见》，明确提出加快科技企业孵化器建设与发展的基本思路是：以邓小平理论和"三个代表"重要思想为指导，全面落实科学发展观，把科技企业孵化器建设与发展作为推进科技创新、培育自主知识产权和转变经济增长方式的重要抓手，充分调动企业参与建设的积极性，通过体制、机制创新，加大政策扶持力度，努力使科技企业孵化器在服务领域、服务功能和服务质量等方面实现新的跨越。科技企业孵化器建设与发展的目标是：到 2010 年，全省正式投入运行的科技企业孵化器达 100 家以上，在孵企业 3000 家以上，孵化器总建筑面积达 120 万平方米以上，为浙江省集聚创新创业的科技人才，加速高新技术成果的转化，培育一批技术上处于国际先进水平的高科技企业。

为支持科技企业孵化器的发展，省政府提出加大对科技企业孵化器公共服务条件和基础设施建设的支持力度，增强服务功能，提高服务质量。省财政每年在省级财政科技经费中安排一定的经费，与公共科技创新平台建设相结合，用于扶持国家和省级重点科技企业孵化器的公共服务平台建设。对在科技企业孵化器建设和发展中做出突出贡献的单位和个人，要给予表彰奖励。鼓励风险资本对在孵企业进行股权投资。凡风险投资机构投资本省孵化器在孵企业高新技术孵化项目（产品）的，可按其投资额占注册资本的比例享受省高新技术企业的有关优惠政策。风险投资机构投资在孵企业高新技术孵化项目（产品）由开发失败而导致的损失，符合财产税前扣除条件的，可以申请财产损失税前扣除。加大对科技企业孵化器在孵企业的金融支持力度。各类金融机构要改进信贷服务，增加信贷品种，合理确定贷款期限，主动做好在孵企业的信贷服务工作。各类担保机构和风险投资机构要积极为在

---

① 数据来自浙江省科技厅网站，http://www.zjkjt.gov.cn。

孵企业提供信用担保。允许在孵企业以其专利、软件著作权、商标等知识产权向担保机构提供反担保。担保机构负连带责任担保的在孵企业高新技术孵化项目（产品）的担保金，符合财产损失税前扣除条件的，可以申请税前扣除。加强科技企业孵化器及在孵企业的知识产权管理和保护。各级知识产权管理部门应积极组织开展有关知识产权法律、法规的宣传培训活动，引导孵化器及在孵企业增强知识产权保护意识，建立和完善知识产权管理制度；加大知识产权行政保护力度，维护孵化器、在孵企业及创新创业人员的合法权益；帮助孵化器及在孵企业建立知识产权申请联系制度，对在孵企业及创新创业人员申请有关专利等知识产权的，应按有关规定给予财政专项补助；对符合条件的孵化器或在孵企业，应积极推荐其成为国家或省专利试点示范企业。加快科技企业孵化器人才队伍建设。科技企业孵化器引进人才享受各级政府引进人才的各项优惠政策。各级人才交流中心要积极为孵化器及在孵企业提供人才招聘、推荐和人事代理等服务，鼓励大中专毕业生到孵化器及在孵企业工作。孵化器及在孵企业所急需的外地专业技术和管理人才，所在地政府及有关部门要积极帮助办理引进手续，配偶和未成年子女可随调、随迁。省级有关部门要加强对全省孵化器负责人及其管理骨干的组织培训，提高孵化器管理队伍的整体素质和业务水平。支持科技企业孵化器及在孵企业开展国内外合作与交流。各孵化器要借鉴国内外创办孵化器的成功经验，为在孵企业提供良好的服务，发展与境内外企业孵化机构之间的交流与合作，形成孵化器信息网络，实现资源共享。完善省级科技企业孵化器和省级重点科技企业孵化器认定工作。公开并完善省级科技企业孵化器、省级重点科技企业孵化器的认定条件、申报认定程序和在孵企业及"毕业"企业的相关条件。建立科技企业孵化器的绩效评估制度，实行动态管理。

二　大力推进创新型企业建设

所谓创新型企业，是指拥有有自主知识产权的核心技术、知名品牌，具有良好的创新管理技术和文化，整体技术水平在同行业中居于先进地位，在市场竞争中具有优势和持续发展能力的企业。2011年1月省科技厅等部门出台《关于进一步加强创新型企业建设若干意见》，对创新型企业建设提出了指导意见。

1. 指导思想

以科学发展观为指导，紧紧围绕全省经济转型升级，以增强企业自主创新能力为核心，以引导创新要素向企业集聚为主线，以试点一批、示范一批、带动一批为抓手，进一步集聚创新资源，激活创新要素，转化创新成果，营造良好的创业创新环境，加快建立健全以企业为主体、市场为导向、产学研用紧密结合的技术创新体系，充分发挥创新型企业在自主创新和转型升级中的主体作用，引领提升产业自主创新能力和核心竞争力。

2. 工作目标

到2015年，建设县级以上创新型企业5000家以上，其中省级创新型企业500家以上，国家级创新型企业50家以上，省级以上创新型企业覆盖全省工业行业龙头骨干企业，省级以上创新型试点企业覆盖传统支柱行业和战略性新兴产业，市县级创新型企业覆盖块状经济向现代产业集群转型升级示范区，努力把创新型企业发展成为培育战略性新兴产业的排头兵、改造提升传统支柱产业的领头羊、整合利用产学研用创新资源的主力军、带动产业技术创新与进步的引领者，形成以国家级创新型企业和创新型试点企业为龙头，省级创新型试点、示范企业为骨干，市县级创新型企业为基础的创新型企业群体。

3. 指导原则

（1）企业主体，政府引导。充分发挥市场机制在配置科技资源中的基础性作用，进一步强化企业技术创新的主体地位，促进企业成为研究开发投入的主体、技术创新活动的主体和创新成果转化应用的主体，提高企业的持续创新能力。充分发挥政府公共科技资源的激励导向作用，努力营造创业创新的制度环境，着力引导社会资源向企业开放、流动、集聚，进一步激发企业的技术创新活力，释放企业的技术创新潜力，增强企业的自主创新动力。

（2）点面结合，分类指导。选择不同类型的企业开展试点工作，根据各自特点探索具有针对性的支持措施和相应的评价办法。突出重点行业转型升级和战略性新兴产业培育发展的导向，从条件相对成熟的行业和企业入手，分期分批分区域推进，充分发挥创新型企业的示范辐射作用。

（3）上下联动，协同推进。进一步加大工作力度，扩大试点规模，深化试点内容，创新试点模式，在省级创新型企业试点示范工作的基础上，全面开展市县级创新型企业建设工作，上下联动，共同推进，分级培育，逐级提升，努力形成国家、省、市县级创新型企业梯队。

4. 主要任务

（1）探索建立有利于自主创新的企业制度。建立和完善现代企业制度，完善法人治理结构；建立有利于技术、人力资本投资的体制；建立和完善有利于理念、产品、工艺、组织、品牌、管理、商业模式等创新的内部机制。

（2）探索建立健全企业技术创新体系。建立健全企业研发中心、技术中心、设计中心、创意中心等研发机构；依托工业行业龙头骨干企业，建设企业研究院、重点实验室、工程实验室、工程技术（研究）中心、中试基地、院士工作站，扩大博士后科研工作站载体规模；鼓励支持有条件的企业到中心城市乃至国外设立研发机构，或通过并购等形式掌握核心技术和自主知识产权；支持企业与国内外高校、科研机构建立长期稳定的合作关系或联合共建产学研联合体，提高企业创新资源配置的能力，提升企业对关键共性技术的研发能力，增强企业对引进技术进行消化、吸收和再创新的能力。推动企业建立以市场需求为导向，以产品开发为核心，集研发设计、生产营销、售后服务为一条龙的技术创新体系。

（3）探索建立企业创新人才引进、培育和激励机制。完善企业创新激励机制，以深化技术要素参与股权和收益分配为核心，积极探索股权期权激励、科技人才贡献积累金、研发人员能级工资制、科技人员内部柔性流动机制等措施，完善企业自主创新的人事、分配和奖励等激励政策；引进和培养创新领军人才、研发骨干，推进重点企业技术创新团队建设，探索与高校、科研院所联合培养创新人才和具有创新意识的企业经营管理队伍，探索建立首席专家和技术带头人制度，制订不同层次、不同形式的科技人才培养计划，形成与企业自主创新相适应的研发和管理团队；探索建立首席技师等制度，着力建设一支高素质、高技能的职工队伍。

（4）探索建立自主创新投入的稳定增长机制。促进企业成为创新决策的主体、投入的主体、执行的主体、受益和风险承担的主体。建立健全有利于自主创新的企业财务制度和统计核算体系。把鼓励企业增加科技投入的政策用足用好，切实增加研发经费投入。国家级、省级以上创新型企业研发经费占主营业务收入的比例须达到以下标准：主营业务收入小于5000万元的企业，比例不低于6%；主营业务收入在5000万元至2亿元的企业，比例不低于4%；主营业务收入在2亿元以上的企业，比例不低于3%。支持企业通过吸引创业风险投资、取得股权质押贷款、发行集合债以及在境内外资本市场募集资金等多种途径筹措创新资金。

（5）探索构建产业技术创新战略联盟。围绕浙江省战略性新兴产业培育发展和重点支柱产业转型升级，探索以工业行业龙头骨干企业为主体，以市场为导向，联合高校、科研院所，建立利益共享、风险共担的产业技术创新战略联盟，推进创新链、产业链上下游的对接和整合。推动产业技术创新战略联盟建立和完善联合攻关与成果共享、扩散机制。

（6）探索建立重大科技成果转化机制。围绕组织实施节能技术、减排技术、光伏技术、制造业信息化、新材料、重大工程配套技术等重大科技成果转化推广工程，推进高校、科研院所科技成果的转化和推广。发挥大型骨干企业的示范作用，加快科技成果向中小企业扩散，着力培育新的经济增长点。

（7）探索建立激励保护创新的知识产权制度。深入实施知识产权战略，鼓励和支持发明创造活动，加强企业知识产权管理机构和管理制度建设，培养知识产权管理人员，提高知识产权的创造、运用、保护和管理能力；深入实施标准化战略，鼓励和支持企业主导或参与国际、国家及行业技术标准的制（修）订工作，建立健全技术标准体系；深入实施品牌战略，加强企业和产品自有品牌建设，提升企业和产品的国际竞争力，建立健全品牌建设体系。

（8）探索建设有利于自主创新的企业文化。进一步弘扬企业家敢为人先、敢冒风险、自强不息的创新精神；进一步弘扬科学精神、倡导科学方法、普及科学知识，提高企业职工的科技素养和创新意识，组织开展合理化建议、技术革新、技术攻关和发明创造活动，开展技术培训、技术比赛、技术交流、岗位练兵等活动，组织和引导职工参加"创建学习型组织，争当知识型职工"活动，组织开展全员创新，推广应用创新方法；进一步提倡求真务实的精神，鼓励创新，宽容失败，保护自主创新的积极性，建设有利于自主创新的企业文化。

5. 保障措施

（1）加大对创新型企业的财政资金统筹支持力度。逐步加大对国家级、省级创新型企业的财政科技经费投入力度，延续安排提高企业自主创新能力专项资金。同时，建立健全创新型企业的评价体系和动态监测制度，省级财政科技资金每年安排 1000 万元，按照国家级、省级创新型企业的创新绩效给予支持。加强省科技计划、人才培养、节能减排、品牌培育、标准建设等工业类、科技类和人才类计划、项目以及专项资金的统筹安排，由相关部门按照各自资金使用方向和相应管理办法，对创新型企业实行重点支持。

（2）加大对创新型企业落实自主创新政策的支持力度。重点支持创新型企业落实增值税转型改革、企业研究开发费用加计扣除、高新技术企业减按 15% 的税率征收企业所得税等优惠政策。对经认定的新开办软件生产企业自获利年度起，实行"两免三减半"的企业所得税优惠政策，集成电路设计企业可视同软件企业，享受上述软件企业所得税政策。支持经认定的技术性服务企业按规定享受有关税收优惠政策。创新型企业发生的职工教育经费支出，不超过工资薪金总额 2.5% 的部分，准予扣除；超过部分，准予在以后纳税年度结转扣除。符合企业所得税法规定条件的固定资产可以缩短折旧年限或采取加速折旧的方法。对符合国家减免税条件的科技型企业、国家技术中心等单位，进口设备免征进口关税和进口环节增值税、消费税。

（3）加大对创新型企业政府采购的支持力度。加大政府采购对自主创新企业和自主创新产品的支持力度，研究制定自主创新产品政府首购和订购具体执行办法，落实自主创新产品政府首购、订购或强制采购制度。在政府投资的重点工程中国产设备的采购比例不低于60%，国产核心部件的采购比例不低于50%。对经评审界定，省内创新型企业生产的具有自主知识产权的首台重大技术装备，按省政府有关规定给予奖励。创新型企业消化吸收再创新形成的先进装备和产品，优先推荐列入国家《政府采购自主创新产品目录》。

（4）加大对创新型企业研发机构的支持力度。优先推荐国家、省级创新型企业独立或联合高等院校、科研院所申报建立国家企业工程（技术）研究中心、国家工程实验室、国家重点实验室、国家级企业技术中心等，视情况对新认定的上述机构给予100万元的配套支持；省级高新技术研发中心经考核优秀的，给予30万～50万元的支持。支持国家级、省级创新型企业与国内外高校、科研院所、大企业、大集团共建各类创新载体，符合条件的给予20万～50万元的资助。支持国家级、省级创新型企业建立属于独立企业法人的研发机构，符合条件的给予50万～100万元的资助。支持省级创新型企业联合高校、科研院所建立省级行业创新平台，符合条件的按不超过投资资金20%、新增设备总价50%的额度给予补助。鼓励创新型企业创办省级科技企业孵化器，对其公共服务能力建设予以50万～200万元的支持。支持创新型企业向产业链两端延伸，收购或控股国内外研发设计、知名品牌、营销渠道等价值链高端环节，迅速掌握核心技术和自主知识产权。对国家级、省级创新型企业到北京、上海等国内大城市和在海外设立研发机构并实质性开展业务的，视情况给予一定的补助。对创新型企业开展国际科技合作研发、承接境外工程、申请国际认证、参加国际会展等活动的，给予优先支持。

（5）加大对创新型企业科技项目的支持力度。优先支持以国家级、省级创新型企业为主体，联合高校、科研院所实施重大科技专项，承担国家重大专项、科技支撑计划、"863"、"973"、国家创新基金、国际科技合作等科技计划项目，符合条件的，优先给予配套支持。支持国家级、省级创新型企业实施节能技术、减排技术等重大科技成果转化推广工程，采用产学研结合方式，建设一批重大科技成果转化示范工程中试转化基地，符合条件的，以贷款贴息等多种方式给予支持。对创新型企业申报的各类科技项目，在同等条件下，予以优先立项。对国家级、省级创新型企业，在符合条件的前提下，5年内确保其科技项目列入国家级或省级科技计划重大、重点项目。

（6）加大对创新型企业人才队伍建设的支持力度。结合国家"千人计划"和浙江省"海外高层次人才引进计划"的实施，重点引进一批直接面向创新型企业，掌握核心关键技术的海外高层次人才，符合条件的给予每人100万元的一次性资助。探索在大院名校建立海外高层次人才驿站，对有意向到创新型企业工作的优秀人才，人事关系可暂由人才驿站管理。在省特级专家、"151"人才工程、百千万科技创新人才工程等工作中，对创新型企业实行重点倾斜，提高创新型企业人才入选比例。以创新型企业为重点，组织实施企业经营管理人员素质提升计划、企业精细化管理"5111"人才培养工程、企业家人才创新创业能力素质提升行动计划、高技能人才培训工程。优先推荐创新型企业参与国家和省科技项目的决策咨询、评审。支持从事技术研发、成果转让工作的事业单位高层次人才到国家级、省级创新型企业工作，经本单位同意，报人事部门备案，其人事关系5年内可保留在原单位，由原单位继续为其缴纳单位部分的养老、失业、医疗等社会保险；允许其回原单位评审专业技术资格，其在企业从事本专业工作期间的业绩，可作为评审相应专业技术资格的依据。对距法定退休年龄不足5年（含5年）且工作年限满20年或工作年限满30年的事业单位人员，自愿到创新型企业工作的，允许所在单位提前办理退休手续。

（7）加大对创新型企业开展产学研合作的支持力度。支持国家级、省级创新型企业围绕战略性新兴产业培育与重点支柱产业改造升级，联合高校、科研院所构建持续、稳定并有法律约束的产业技术创新战略联盟，符合条件的，给予300万元以上的资助。鼓励产业技术创新战略联盟参与国家产业技术创新战略联盟试点工作，支持其承担国家科技计划项目，符合条件的，优先给予配套支持。引导高校、科研院所、检验检测机构大型仪器设备、科学数据、科技文献等向创新型企业开放，为其提供检测、测试、标准等服务。支持企业与高校、科研院所联合培养人才，支持企业科技人员以访问学者的身份参与高校、科研院所的科研工作。对向创新型企业转移技术成果的省重点科技中介机构，按照其实绩给予一定的经费支持。全面落实从事技术转让、技术开发业务和与之相关的技术咨询、技术服务等业务取得的收入免征营业税政策。符合条件的技术转让所得，在一个纳税年度内不超过500万元的部分，免征企业所得税；超过500万元的部分，减半征收企业所得税。支持创新型企业参与浙江省与中国科学院合作开展的"432"工程，推动高端科技成果落户创新型企业进行转化，支持高层次人才到创新型企业挂职。支持创新型企业加强与国防科工等系统的合作，推进军转民与军民两用技术的联合开发、成果转化和产业化，符合条件的，优先给予支持。支持以创新型企业为主体、以项目为抓手，大力引进先进技术和高端人才，建设一批国际科技合作基地、联合研究中心，符合条件的，优先给予支持。支持创新型企业与高校、科研院所联合开展重大科技成果转化和产业化。鼓励创业投资企业对省级创新型企业与高校、科研院所联合开展的重大科技成果转化和产业化项目进行股权投资，并将投资形成的股权优先转让给被投资企业的科技人员、经营管理团队及原始股东。

（8）加大对创新型企业知识产权工作的支持力度。指导帮助创新型企业完善内部知识产权制度，做好核心技术知识产权的管理、保护和应用工作。省财政对创新型企业经授权的国内外发明专利、胜诉的涉外知识产权案件和经认定的省专利示范企业、引进的国外发明专利项目给予一定的经费补助。对创新型企业或其牵头的产业技术创新战略联盟构建"专利池"的，给予配套支持。加强知识产权执法，依法保护创新型企业知识产权，充分发挥创新型企业所在行业协会在知识产权保护中的自律作用，不断完善创新型企业知识产权保护体系。

（9）加大对创新型企业开展标准创新的支持力度。鼓励支持国家级、省级创新型企业主导或参与国际、国家、行业标准制（修）订工作，实质性采用国际、国家先进标准，符合科技项目立项条件的，优先予以支持，享受政府标准研究专项经费补助。鼓励创新型企业将自主创新成果转化为区域联盟标准，符合条件的，优先予以支持。鼓励国家级、省级创新型企业加强生产性服务业标准的研制，对符合条件的标准研制项目，列入地方标准制订计划，优先推荐制订国际标准或国家标准。鼓励支持国家级、省级创新型企业成为国家、省专业标准化委员会秘书处单位，不断完善企业技术标准创新体系建设。

（10）加大对创新型企业自主创新的金融支持力度。鼓励支持金融机构加大对创新型企业的信贷支持力度，进一步扩大股权、专利权、商标权等无形资产质押融资业务。通过贷款贴息、担保、风险补偿、风险投资等手段，鼓励企业利用银行贷款、股权投资等加大自主创新投入。鼓励保险机构开发高新技术企业产品责任保险、产品质量保险、环境污染责任保险、出口信用保险、高级管理人员和关键研发人员团队健康保险、意外保险等科技保险险种。创新型企业完成股份制改造的，优先列入浙江省上市后备企业进行培育，优先推荐其进入浙江省未上市公司股份转让平台，实现境内外资本市场上市融资。有针对性地组织证券中介机构为创新型企业做好改制上市辅导工作。优先支持创新型企业发行企业债券。优先支持符合条件的创新型企业发行短期融资券和中期票据，积极探索推动创新型中小企业发行中小企业集合票据。优先支持以创新型企业为主体设立创业投资企业，创业投资企业从事国家需要重点扶持和鼓励的创业投资的，可以按投资额的一定比例抵扣应纳税所得额。

三　推进科技成果转化

科技成果转化应当包括各类成果的应用，劳动者素质的提高，技能的加强，效率的增加等。

1. 加快建设科技大市场

2002 年浙江率先在全国建立中国浙江网上技术市场，目前已形成由 1 个省管理中心、11 个市级市场、94 个县（市、区）分市场和 29 个专业市场构成的服务体系，拥有网上会员 9.4 万家。截至 2013 年底，累计发布企业技术难题 6.4 万项，科技成果 15.4 万项，成交金额 271 亿元。2012 年制定出台《关于进一步培育和规范浙江网上技术市场的若干意见》，筹建浙江网上技术市场股份有限公司和省技术交易所，大力推进展示、交易、共享、服务、交流"五位一体"的科技大市场建设，组建伍一技术市场股份有限公司，推进市场化运营和规范化管理。探索完善科技成果竞价拍卖机制，2012年共签约科技成果转化项目106个，合同金额达1.6亿元；企业与创投机构签约合作项目10个，金额达2.1亿元；2013年共有174项技术成果成功拍卖，成交额2.68亿元，创全国之最。2012年，全省技术市场合同成交额达81.31亿元，较2003年增长53.3%。①

2. 不断加大科技中介机构培育力度

出台了《培育技术市场和促进技术成果交易专项行动五年计划（2013～2017年）》《浙江省技术中介服务机构和技术经纪人评价暂行办法》等政策措施，大力培育发展了一批科技服务业、中介机构和技术经纪人。2012年，浙江省科技服务业增加值为345亿元，较2008年增长88.52%。

3. 不断深化科技与金融结合

按照银行信贷一块、风险资本投资一块、知识产权质押一块、科技担保一块、科技保险一块、财政支持一块的"六个一块"要求，完善支撑科技成果转化的科技投融资体系，推进杭温湖甬国家科技金融试点工作。截至2012年底，浙江省创投企业达到213家，创投总资本超过408亿元，创投机构数和管理资本总数均居全国（省、区、市）第3位。全省筹集各类引导基金总规模近25亿元。杭州、德清、龙湾等地设立了科技支行。出台了《关于开展专利权质押融资试点工作的通知》，筹集专利权质押融资信贷余额约9亿元。省市县联合成立了注册资本3亿元的浙江中新力合科技金融服务公司，各级财政投入1.2亿元。杭州等地相应成立了政策性科技担保机构。积极推进科技型中小企业贷款保证保险工作，银行向113家企业发放贷款2.76亿元，专利权质押贷款总额达3.14亿元。在浙江股权交易中心创新板挂牌企业达216家，在新三板挂牌企业有10家。

---

① 数据来自《浙江统计年鉴2013》，下同。

4. 加快实施科技成果转化工程

"十二五"期间，围绕五水共治、雾霾防控、食品药品安全、公共安全、节能减排、农产品提质增效等重点领域，大力实施十大科技成果转化工程，加快推进"机器换人""电商换市""腾笼换鸟"，促进科技更好地惠及民生。大力推进农业农村科技创新，实施水稻、旱粮、蔬菜、果品、水产等12个农业新品种选育重大科技专项。"十二五"期间计划每年给予6150万元的稳定支持。组织实施"十县百万亩竹产业效益提升工程"和"十县五十万亩茶产业升级转化工程"，在19个茶产业重点县（市、区）推广茶树新品种8个，建立示范基地11个，建成名茶连续化生产线8条；在14个竹产业重点县（市、区）建立示范基地72个，总面积55590亩。全省国家级科技富民强县专项行动试点已达33个县（市、区）。科技型农业龙头企业累计达到1376家，国家和省农业科技园区分别达3家、10家。加快提升民生科技水平，联合有关部门实施"千万吨工业废水污染物减排技术"和"百万吨污水污泥处理处置技术"两个环保成果转化工程、"双十双百微创技术"和"国家创新医疗器械产品与技术"等八个基层卫生适宜技术成果转化工程重大项目。通过科技成果转化工程的实施，转化了一批科技成果，经济社会效益显著。如籼粳杂交稻"甬优12"小面积亩产达936.9千克，创全国之最。水稻育种专项新育成"中浙优1号"等品种在省内累计推广面积达3000多万亩，按每亩增产25千克测算，增收稻谷7.5亿千克，每千克按1.5元计，可为农民增收11.25亿元以上。

四　实施重大科技专项

在国家级重大专项规划的基础上，浙江省根据《国家中长期科学和技术发展规划纲要（2006～2020年）》，围绕国家目标，在战略性关键技术、重大工程方面，集成各方面资源，确定了若干重大战略产品、关键共性技术或重大工程作为浙江省重大科技专项，充分发挥社会主义制度集中力量办大事的优势和市场机制的作用，促进科技成果转化。这些项目紧紧围绕浙江省经济社会发展的重大科技需求，抓住了重点行业、龙头企业技术升级和产品结构调整的关键，普遍特点是技术水平高、投入力度大，社会经济效益显著。

1. 实施目标

浙江省重大科技专项是省级科技计划的重中之重，涉及浙江省经济和社会发展的重点领域，是实施"创业富民、创新强省"战略的重大举措。

"十一五"时期计划通过 26 个重大科技专项的实施，攻克 2100 项关键共性技术，开发 1900 个新产品，完成 500 项推广应用示范工程，培养人才 9500 名以上，专利授权达到 3000 项以上，其中发明专利 1000 项，发展壮大 700 家创新型企业，实现新增产值 2600 亿元，利税 300 亿元，力争在若干重点领域取得突破，培育一批拥有自主知识产权的重要技术、战略产品和创新型企业，培育和改造提升具有国际竞争力的优势产业，为浙江省高新技术产业发展、传统产业提升、循环经济发展、新农村建设、和谐社会建设提供科技支持。

（1）在工业领域中取得重大创新成果。在纺织、医化、机电、材料、通信等浙江省支柱产业中取得一批具有重大影响的创新成果，使浙江省制造业和信息产业的整体技术水平位居国内前列，为 2010 年浙江省高新技术产业产值翻两番达到 10000 亿元，高新技术产业增加值占工业增加值的比重达到 25% 左右提供重要支撑。

（2）农业科技实力位居全国前列。主要动植物良种及种养技术的覆盖率达到 95% 以上，农作物病虫害和畜禽死亡率下降到 15% 以下，农产品加工率达到 40% 以上，农业科技成果转化率达到 60% 以上，科技进步贡献率达到 60% 以上。建立健全农产品生产保障体系，确保浙江省基本成为农产品安全无隐患区域。

（3）支撑社会和谐发展的科学技术取得重大进展。节能、清洁能源和环保技术取得突破，循环经济示范和推广成绩显著。万元生产总值综合能耗、工业固体废物综合利用率、主要污染物排放总量等关键指标达到国家要求。传染病、重大疾病的发病率和病死率显著降低；防灾减灾技术保障体系基本建成；海洋科技水平处于全国前列。

（4）涌现出一批结构合理、素质优良的高层次科技创新领军人物和创新团队。发明专利申请量和授权量位居全国前列。

2. 专项方案特点

（1）具有代表性和先进性。26个重大科技专项中工业领域14个、农业领域5个、社会发展领域7个，内容设置紧扣浙江省经济社会发展的重点领域，包括以纺织、皮塑、化工、汽车、机电等为代表的浙江省传统优势产业，以软件、集成电路、通信、纳米、生物医药为重点的高新技术产业，环保、防灾减灾、新能源、节能、重大疾病防治、食品安全等社会普遍关注的热点、难点问题，以及农业新品种、农业生物技术和农业工程技术等基础行业。各专项都将目标瞄准国内外科技发展前沿，力争在关键共性技术攻关、重大产品开发和重大工程实施中取得显著成绩，使浙江省在相关行业的研发能力达到国内领先水平。

（2）突出主动设计，加强技术集成，集中优势科技资源对若干重大技术领域进行攻关。按照"有限目标、重点突破"的原则，根据相关产业技术发展趋势和浙江省企业、科研单位的现有基础条件，进行主动设计，在项目选择和目标设置上做到定位准确、方向明确、目标可行，力争突破制约浙江省经济社会发展的重大关键技术。

（3）体现了指导性和可操作性。专项实施方案不同于一般的项目指南，包括了攻关的主要技术方向、预期实现的技术和经济目标等，具有较强的指导性；同时又具有较强的可操作性，对科技资源整合、项目安排、工作进展等提出了明确的要求，任务和目标都分解落实到具体的重大、重点项目上。

（4）重视原始创新，突出集成创新和引进消化吸收再创新，加强成果转化和产业化。在资源允许和条件具备的前提下，大力推进原始创新，掌握产业发展的核心技术。利用技术集成和产业关联上的优势，加强集成创新，将单项技术组合发展成为新的集成技术，抢占发展先机。积极引进和充分利用国内外先进成熟技术，加强引进消化吸收和再创新。

（5）以企业为主体、产学研结合，多学科交叉、跨单位联合协作攻关。将行业龙头企业的技术开发活动纳入重大科技专项，鼓励企业积极参与重大科技专项的实施，在产学研合作中发挥主导作用。高校、科研院所积极参与企业的研究开发，同时主要承担研发阶段和公益性的项目。

（6）实行滚动安排、动态调整。专项实施方案将根据形势发展和项目实施进展，实行滚动安排、动态调整的原则，在实施过程中边调整、边完善。"十一五"期间如有新的重要技术或产业发展，相应专项也可以做较大的调整，或新增相关领域新的重大专项。

3. 主要成绩

通过重大专项的实施，浙江省突破了一批核心关键技术，在水稻育种、微创医学、肝脏移植、新药创制、风力发电等领域取得了一大批具有国内外领先水平的创新成果，有力支撑了经济转型升级。如贝达药业有限公司研发的"盐酸埃克替尼"，成为我国自主研发的第一个 1.1 类抗癌靶向创新药物，被时任卫生部长陈竺誉为我国民生领域的"两弹一星"。运达风电股份有限公司自主研发的 2.5 兆瓦变速恒频风力发电机组已实现产业化，并开始研发 5 兆瓦海上风电机组。菲达环保实施的"水蚯蚓消减污泥排放新技术"得到国家"863"计划的支持，可原位水解污泥 80% 以上，为城镇污水处理、污泥零排放开辟了崭新的途径，得到科技部、住建部、环保部的高度肯定和大力支持。据对其中 2031 个重大重点项目统计，项目总投入 190.6 亿元，其中省财政资助经费 16 亿元。截至 2012 年底，实现总产值 1651.68 亿元，销售收入 2314.24 亿元，利润总额 247.77 亿元，缴税总额 84.48 亿元，节汇创汇 65.9 亿元。每亿元科技投入累计实现产值 8.7 亿元、利税总额 1.74 亿元。累计申请专利 6658 项，其中发明专利 3449 项；专利授权 4234 项，其中发明专利授权 1258 项；软件著作权 587 项，动植物新品种审定数 171 项，新药证书 13 项；牵头或参与制定国家标准 197 项、行业标准 203 项，获得国家级科学技术奖项 37 项、省部级奖项 251 项。

五　加快高新技术产业和战略性新兴产业发展

1. 推进高新技术产业发展

高技术产业是国民经济的战略性先导产业，是衡量一个区域核心竞争力与发展潜力的决定性因素。加快高技术产业发展，对浙江省实施"创业富民、创新强省"总战略、推进产业结构调整、加快经济发展方式转变具有重大的战略意义。在"十五"和"十一五"取得巨大成绩的基础上，省委、省政府提出了"十二五"高新技术产业的发展规划。

总体要求是：以邓小平理论和"三个代表"重要思想为指导，深入贯彻科学发展观，全面实施"八八战略"和"创业富民、创新强省"总战略，以高技术产业引领转型发展为主线，以八大产业领域为重点，以实施自主创新能力提升行动计划和国家技术创新工程试点为载体，加快促进自主创新成果产业化，加快推进空间发展集聚化，持续提升高技术产业自主创新能力、成果转化能力、引领带动能力和国际竞争能力，使高技术产业成为推进经济发展方式转变、建设惠及全省人民小康社会的重要力量。

基本原则是：①坚持企业主体与政府推动相结合。坚持企业在技术研发和产业化中的主体地位，政府在创新能力建设、产业化、基地建设等方面进行引导和扶持，形成高技术产业良性发展格局。②坚持研发创新与产业化相结合。加强高技术的原始创新，集成创新和引进技术的消化、吸收、再创新，努力在若干重要领域掌握一批核心技术，拥有一批自主知识产权。同时，进一步增强产学研合作和科技成果产业化能力，实现技术研发与市场开发有机结合，加速自主研发成果产业化。③坚持重点突破与整体提升相结合。发挥基地和龙头企业的核心作用，集中力量在产业升级影响大、技术辐射能力强、持续发展带动性强的重点领域取得突破，以点带面，推进高技术产业多领域、多层次的整体提升，提升高技术产业的引领带动能力和国际竞争能力。④坚持集聚发展与特色经济相结合。充分发挥浙江区域特色产业优势，促进高技术产业向传统特色产业渗透，有效提高资源利用率，延伸产业链，逐渐形成一批创新能力强、与特色经济结合、有较强竞争力的高技术产业集群。⑤坚持高技术与传统产业相结合。在培育壮大八大高技术产业重点领域的同时，更加注重高技术对传统产业的改造提升，充分利用信息化、新材料、高技术服务业等促进浙江省制造业转型升级，最终实现产业结构的调整。

发展目标是：①产业规模再上新台阶。"十二五"时期，力争高技术产业总产值达到9000亿元，高技术产业增加值超过1800亿元，高技术出口产品交货额达到3200亿元，对传统产业的改造能力进一步提升，成为推动浙江省产业转型升级的重要力量。②自主创新能力取得重大突破。到2015年，力争使浙江省全社会R&D经费占GDP的比重达到2.5%以上，全社会R&D人员全时当量达到40万人年，其中企业R&D人员全时当量达到32万人年，发明专利授权量突破10000件，继续保持在全国前列。③高技术产业基地集聚更趋显著。争取到2015年，国家级高技术产业基地达到7个，省级高技术产业基地达到10个，高技术产业基地产值占全省高技术产业产值的比重有效提升，高技术企业向规模化、集团化、跨国化发展。④高新技术企业龙头地位更加突出。争取到2015年，全省高新技术企业达到5000家以上，主营业务收入1亿元以上的高新技术企业达到2000家以上，其中10亿元以上的达到200家以上。

2. 加快培育战略性新兴产业

战略性新兴产业是以重大技术突破和重大发展需求为基础，对经济社会全局和长远发展具有重大引领带动作用，知识技术密集、物质资源消耗少、成长潜力大、综合效益好的产业。2008年，省政府出台《自主创新能力提升行动计划》，提出"今后5年，努力实现'一个突破'、'三个改变'、'五个翻番'，使浙江省科技综合实力、区域创新能力居全球前列"。2010年，继国家确定七大战略性新兴产业后，浙江省立足实际，提出了生物、物联网、新能源、新材料、高端装备、节能环保、海洋新兴、新能源汽车、核电关联等九大战略性新兴产业，并于2011年出台《关于加快培育和发展战略性新兴产业的实施意见》，提出五大基本原则，即政府推动，企业主体；创新驱动，人才支撑；合理布局，集聚发展；开放合作，协同共创；重点突破，示范带动。

战略性新兴产业的发展目标是："十二五"期间，战略性新兴产业增加值年均增长15%以上，增速高于"十一五"水平，高于当年生产总值的增速，高于全国的平均增幅。到 2015 年达到 5000 亿元左右，占生产总值的比重达到 12% 左右；形成一批具有核心竞争力的大企业和一批创新活力旺盛的中小企业；若干产业规模和创新能力居全国前列；初步建成若干个特色鲜明、国内一流的战略性新兴产业基地，成为浙江省经济新的增长极，对经济转型升级的推动作用明显增强。

战略性新兴产业的规划布局提出，首先，认真实施战略性新兴产业发展规划，按照生物、新能源、物联网、高端装备制造、节能环保、新材料、新能源汽车、海洋新兴产业及核电关联产业等九个新兴产业发展规划，加强培育扶持，推动产业发展。其次，加快战略性新兴产业基地建设，把省级产业集聚区、省级以上高新技术产业开发区（园区）作为培育发展战略性新兴产业的主阵地来规划建设。最后，要求明确各地战略性新兴产业发展重点，对 11 个市分别提出抓好重点领域产业发展的要求：杭州市重点培育发展生物、物联网、节能环保、高端装备制造等产业；宁波市重点培育发展新能源、新材料、物联网、海洋新兴等产业；温州市重点培育发展新能源、新材料、高端装备制造等产业；湖州市重点培育发展高端装备制造、新能源、生物医药等产业；嘉兴市重点培育发展物联网、新能源、核电关联等产业；绍兴市重点培育发展高端装备制造、新材料、生物医药等产业；金华市重点培育发展新能源汽车、新能源、生物等产业；衢州市重点培育发展新能源、新材料、高端装备制造等产业；舟山市重点培育发展新能源、高端装备制造、海洋新兴等产业；台州市重点培育发展生物、高端装备制造、海洋新兴等产业；丽水市重点培育发展高端装备制造、生物医药、新材料等产业。

总结与展望

进入 21 世纪以来，浙江创新型省份建设快速推进，创新政策环境明显改善，大院名校加快集聚，科技人才队伍不断壮大，创新服务平台猛力涌现，企业技术创新能力稳步提升，信息经济迅速崛起，高科技产业与战略性新兴产业快速增长，在浙江经济中的地位不断提升，创新已成为推进浙江经济转型升级与稳定发展的主要动力。浙江创新型省份建设也为我国实施创新强国战略提供了有益的借鉴。

浙江在创新发展上的主要成功经验，首先是在建设适宜创新的体制机制上下功夫。浙江在实施创新驱动发展战略进程中把"看不见的手"和"看得见的手"很好地结合，在科技创新领域率先探索形成市场在资源配置中起决定性作用和更好地发挥政府作用这两者相互补充协调、相互促进统一的格局。其次，注重通过创新服务平台建设，提升公共科技服务能力；以青山湖科技城、未来科技城建设为核心，有序推进重大科创中心建设。推进高新园区转型升级，大力支持科技企业孵化器发展，推进创新型企业建设。再次，重视科技成果的市场转化。通过建设科技大市场、加大科技中介机构培育力度、深化科技与金融结合、实施科技成果转化工程来推进科技成果转化。最后，通过实施重大科技专项，来推进科技创新发展。

浙江经济目前正进入新常态，经济增长率的下滑使经济增长方式转变与转型升级更为迫切，创新的作用更为突显。新常态下如何加快形成一系列推进科技创新成果价值实现的路径和载体，如何进一步完善技术创新市场导向机制，如何进一步落实激励企业创新的普惠性政策，如何着力打通创新供给和创新需求之间的关卡，如何着力从需求端推动科技成果产业化，成为创新型省份建设中必须考虑的难题。

面对未来挑战，关键是要加快形成一个有利于创新创造的整体环境。进一步弘扬具有时代特征、浙江特色的创新文化，加强对重大科技成果、典型创新人物和企业的宣传，加大对创新创造者的表彰奖励力度，努力营造尊重创造、勇于创新、宽容失败的浓厚氛围。知识产权保护是尊重创造性劳动和激励创新的一项基本制度。必须坚持"激励创造、有效运用、依法保护、科学管理"的方针，加快建立健全知识产权保护机制，完善诚信体系，净化市场环境，努力把浙江省建设成为知识产权强省；要扎实推进科技与金融紧密结合，鼓励发展天使投资、创业投资、风险投资，引导创业投资和社会资本加大对科技型中小企业的支持，加快形成多元化、多层次、多渠道的科技创新投融资体系；政府要重点抓好创新环境和创新战略，进一步研究改进政府资金扶持创新的方式，加快建立开放、活跃、高效的区域创新体系，为企业创新发展营造更为宽松的环境。

参考文献

1. 习近平：《干在实处　走在前列——推进浙江新发展的思考与实践》，中共中央党校出版社，2006。
2. 郭鹰、葛立成：《浙江创新发展报告》，载《2006 年浙江发展报告（经济卷）》，杭州出版社，2006。
3. 浙江省工商联：《浙江民营企业超过半数无科研经费》，《中国高新技术产业导报》2005 年 12 月 30 日，http：//tech. tom. com。
4. 浙江省发展和改革委员会：《浙江省"十一五"规划纲要读本》，2006 年 1 月。
5. 何泉：《杭州未来科技城发展对策思考》，《北方经贸》2014 年第 1 期。
6. 王效宇：《实现可持续发展的必然选择》，《今日浙江》2011 年第 14 期。
7. 中共浙江省委党史研究室：《创业富民　创新强省——中共浙江省第十二次代表大会以来》，浙江人民出版社，2012。
8. 习近平：《之江新语》，浙江人民出版社，2007。

第三章
科学运用"两只手"
深化经济体制改革

浙江经济的快速发展得益于浙江活跃的市场，而浙江市场的活跃又得益于浙江各级政府努力营造的市场环境。浙江的实践证明，政府与市场的相互依存关系只是形成两者合作互补的前提，对政府与市场关系形成重大影响的，必然是政府对自身职能的定位和政府职能的转变。政府与市场都对经济发展产生着影响，但两者性质不同，要使政府与市场在经济发展中实现合作互补，主要的途径不是让市场来适应政府，而是要让政府去适应市场。政府对市场的支持和配合，不可能在一开始就是自觉的行为。为了尽快适应市场经济发展的要求，浙江实施了一系列的政府改革，使政府管理方式逐步适应市场经济的发展要求。浙江的经济体制改革实践，也为我国经济体制的改革提供了有益的借鉴。

"十五"期间，时任浙江省委书记习近平同志在深化改革中引用了亚当·斯密《国富论》的"两只手"理论，进一步丰富创新，提出了新的"两只手"理念，即：政府看得见的手与市场无形的手，要根据经济发展的不同阶段与要求，相互配合，起到不同的功能与作用。政府要清醒地认识自己在市场经济发展中的职能定位，及时按照市场经济的要求转变政府职能：凡是市场能做到的，政府就不去干预；凡是市场自身存在功能缺陷的，政府就努力去弥补。这样才能更好地推进经济的稳定、高效、可持续发展。

第一节 "两只手"理念的发展与深化

完善市场经济体制改革，离不开这"两只手"，深化市场取向的改革，关键是要处理好政府和市场的关系，即"看得见的手"和"看不见的手"这"两只手"之间的关系。

一 深化经济体制改革的背景

2003 年以来，浙江前一轮发展所依靠的体制优势已经过去，为进一步解放和发展生产力，必须加大经济体制改革力度，完善社会主义市场经济体制，再创体制新优势。

1. 宏观环境发生重大变化

宏观环境发生的重大变化主要表现在以下方面：①发展阶段发生变化。我国在实现现代化前两步战略目标的基础上，进入了全面建设小康社会、加快推进社会主义现代化的新阶段。②市场供求关系发生变化。生产力水平上了一个新台阶，人民生活总体上达到小康水平，消费需求提出了更高要求。③发展路子发生变化。工业化仍然是推进现代化的历史性任务，实现信息化与工业化相互融合，必须走新型工业化道路。④发展的体制环境发生变化。以公有制为主体、多种所有制经济共同发展的格局基本形成，社会主义市场经济体制初步建立。⑤对外经济关系发生变化。加入世界贸易组织标志着对外开放进入新阶段，经济发展加快了融入全球化的进程。

2. 新形势对深化经济体制改革提出新要求

新形势对深化经济体制改革提出新要求，总体趋势是在市场经济体制初步建立的基础上，改革要从打破传统体制障碍的局部突破，向建立完善的社会主义市场经济体制整体推进。具体包括以下方面：①在企业制度改革基本完成的基础上，改革要从微观向政府管理体制、社会保障体系等宏观领域推进。②在经济体制改革不断深入的基础上，改革要从经济领域向科教文卫等社会领域和政治领域推进。③在对外开放不断扩大的形势下，改革要从内部自主性改革向建立符合世贸规则和国际惯例的管理体制推进。④在工业化和城市化取得巨大成就的基础上，改革要从以城市为中心向统筹城乡经济社会发展整体推进。

3. 经济体制改革的新思想

面对新形势和新要求，必须适应新形势，应对新挑战，把握新机遇，实现经济体制改革新突破，在思想认识上要努力把握以下几个新方面。

（1）积极应对经济全球化和我国加入世贸组织的新挑战，坚持深化改革与对外开放相结合，以开放促改革促发展。我国加入世贸组织，意味着我们将在更大范围、更广领域和更高层次上展开国际经济技术合作和竞争，这为我们加快发展开放型经济带来了机遇，同时对体制改革也提出了新的挑战。为了适应加入世贸组织和对外开放的要求，浙江在行政审批制度、外经贸体制、投融资体制等多方面加快了改革步伐，但仍然有许多方面与世贸规则和国际惯例不相适应。为了抓住扩大开放的新机遇，应对经济全球化新挑战，必须把深化改革与对外开放有机结合起来，化压力为动力，化挑战为机遇，以开放促发展。在管理体制、运行机制、工作方式等方面继续加快改革，紧紧抓住新一轮国际资本和产业转移的机遇，抓住世界科技革命带来的产业结构调整升级的机遇，抓住接轨上海、参与长三角经济合作与发展的机遇，把浙江的区位优势转化为对外开放优势，把体制优势转化为国际竞争优势，把特色经济优势转化为出口优势，在发展开放型经济上实现新突破。

（2）按照进一步完善社会主义市场经济体制的新要求，坚持改革与规范相结合，努力再创体制新优势。浙江的先发性体制优势，主要源于对传统计划体制的率先突破。随着全国社会主义市场经济体制的不断完善，浙江要继续保持和发展先发性体制优势，必须从率先突破转变为率先规范，即率先向社会主义市场经济运行合同制和符合世贸规则的经济管理体制规范。与全国各地经济体制不断深化的实际相比，浙江的先发优势是相对的；与全国各地对外开放不断扩大的实际相比，浙江的先发优势是局部的，存在许多薄弱环节；与进一步完善社会主义市场经济体制的要求相比，浙江的先发优势是阶段性的，还有许多体制性障碍没有取得实质性突破。要继续保持已经取得的阶段性先发优势，不断创造新体制优势，把体制优势转化为加快发展的竞争优势，任务仍然十分艰巨。改革是对传统体制的突破，规范是对新体制的再造。在改革发展到进一步向完善的市场经济体制迈进，与世贸规则和国际惯例接轨的新阶段后，要继续发扬敢闯、敢冒、敢干的创新精神，坚决冲破一切妨碍发展的思想观念，坚决改革一切束缚发展的做法和规定，坚决革除影响发展的体制弊端。同时，正确处理改革与规范的关系，避免先改革后规范、先发展后整治的被动局面。通过法律法规等形式，及时把成功的做法和经验规范起来，在率先规范中再创体制新优势。

（3）围绕加快全面建设小康社会、提前基本实现现代化的新任务，坚持改革攻坚与维护社会稳定相结合，正确处理改革发展稳定三者的关系。根据党的十六大精神，浙江省委十一届二次全会提出了加快全面建设小康社会、提前基本实现现代化的奋斗目标。要实现这个奋斗目标，必须进一步解放和发展生产力，完善以公有制为主体、多种所有制经济共同发展的基本经济制度；进一步改革城乡二元结构，统筹城乡社会发展，推进城市化进程；进一步深化行政管理体制改革，切实转变政府职能。面对新目标和任务，深化改革的任务更重了，涉及的领域更宽了，触及的层次更深了，改革进入了一个新的攻坚阶段。随着发展格局和社会利益关系的调整，必然会出现部分下岗、收入分配差距拉大等现象；随着政府行政管理体制的推进，必然会涉及部门权力和干部利益的调整，触及地位、权力、利益的痛处。必须密切关注社会的热点和难点问题，满腔热忱地解决好群众切身困难，千方百计抓好就业、再就业工作，不断完善社会保障体系，让群众感受到党和政府的关心，享受到改革带来的实惠，为发展创造稳定的社会环境。

二 经济体制改革中"两只手"理念的提出与实践

改革开放以来，浙江率先初步建立并不断完善调动千百万人积极性的市场经济体制，在繁荣民营经济、壮大国有经济、促进社会结构转型方面都取得了很大成就。

1. "两只手"理念提出

党的十六届三中全会做出完善社会主义市场经济体制的决定后，政府和市场的关系进入了新的发展阶段。这时全国统一的大市场已经基本形成，加上我国加入了WTO，各国之间和国内各地区之间的竞争日益加剧，浙江市场化、民营化改革领先的相对优势逐渐失去，与其他省区市的体制落差也逐渐消失。在这样的背景下，浙江加大了政府自身改革的力度，在政府职能转变、机构改革、审批制度改革、效能建设、政府绩效评估制度改革等方面采取了一系列卓有成效的措施，政府重心转变为为市场运行营造良好的环境、扩大公共产品和公共服务的供给。浙江地方政府正是在与市场的不断磨合中，逐步了解和认识了市场的规律，逐步学会了如何在适应市场规律的基础上发挥自己的积极作用。然而，市场经济的发展是一个复杂的过程，不同地区、不同发展时期、经济社会发展的不同态势，都会对政府的职能提出不同的要求。

在全省市场经济快速发展的进程中，浙江地方政府及时承担了对市场经济的监管责任。市场机制具有两重性，竞争降低了成本，提高了效率，但市场主体对利益的过分企求又会导致竞争的无序性。浙江的市场经济走在全国前列，在较早享受高效率的同时，也更早遭遇了市场竞争带来的问题。在产品质量、环境污染等问题引发的种种冲突面前，政府对市场经济的监管显得更为迫切。浙江地方政府开始重视市场发展中的规范有序问题，及时制定出台了一系列规范市场发展的制度法规和政策措施，有效打击了生产假冒伪劣产品行为，减少了环境污染，保证了市场竞争的有序展开。

面对经济快速发展进程中出现的经济社会发展不协调现象，浙江地方政府对承担公共服务的职能更加重视。与全国的情况一样，浙江的改革发展首先是在经济领域展开的。而且，由于浙江经济发展较快，市场竞争更为激烈，贫富差距、城乡发展不平衡所引发的社会矛盾也表现得更早。因此，浙江各级政府也更能理解政府在协调经济与社会发展中的职责，更加重视公共服务职能的承担。

2005年10月时任浙江省委书记习近平在"浙江论坛"所做的学习贯彻十六届五中全会精神专题报告中指出，浙江经济是"老百姓"经济，广大民众有强烈的自我创业欲望和浓厚的商品经济意识。"老百姓"经济并不意味着党委政府是无所作为的，恰恰是党委政府尊重群众的首创精神，稳步推进了市场取向的改革，使浙江的市场化程度走在了全国前列。在计划经济体制下起作用的只有政府这一只手，所以在改革初期重点是突出市场这只手，发挥市场配置资源的基础性作用。随着改革的不断深入，要切实转换政府这只手的职能，把政府职能切实转换到"经济调节、市场监管、社会管理、公共服务"上来，努力建设服务型政府、法治政府、有限政府，发挥好、规范好、协调好这"两只手"的关系。改革逐步推进到一定的时候，"两只手"应该是这样的关系：在经济社会协调上，市场这只手更多地调节经济，政府这只手则强化社会管理和公共服务的职能；在经济运行上，市场这只手调节微观领域的经济活动，政府这只手用来制定游戏规则、进行宏观调控；在公平与效率上，市场这只手激活效率，政府这只手则更多地关注公平；在城乡发展上，城市的发展更多地依靠市场这只手的作用，农村的发展则由政府这只手承担更多的职能。这是需要一个过程的，但必须沿着这个方向，不断深化改革。① 政府要腾出更多的精力抓好服务工作，把该管的事情管好，把不该管的事情交给市场管。

2. 经济体制改革中的重大实践举措

"两只手"理念指引下的经济体制改革重大举措包括以下方面。

（1）改革开放做出重大决策。"十一五"时期，省委、省政府及时做出了一系列重大改革决策。2008 年省委、省政府召开纪念改革开放三十周年大会，全面总结浙江率先推进市场化改革的巨大成就，强调在新的历史起点上坚定不移地推进改革开放。2009 年，省委十二届五次全会做出了《关于深化改革开放、推动科学发展的决定》，部署了 8 个方面的 31 项改革任务。2009 年底，做出开展转变发展方式综合配套改革试点的决定，在设区市和义乌市开展了 11 个方面的改革试点。这些改革重大决策的出台，进一步凝聚改革共识、坚定改革信心，形成了全社会关注改革、重视改革、参与改革的新局面。

（2）改革重心实现重大调整。"十一五"时期，面对国际金融危机冲击和经济运行的周期性、结构性矛盾，改革导向从更多地着眼于"促快"转

---

① 摘自《浙江日报》2006 年 3 月 17 日。

向了更明确地指向"求好"，从以经济领域为主转向了更加重视以保障和改善民生为重点的社会领域。改革紧紧围绕科学发展主题，把促进经济发展方式转变与经济结构调整的体制改革作为重要主线，把保障改善民生和促进人的全面发展的体制改革作为根本之策，加快建立有利于科学发展的体制机制，为促进经济社会全面协调可持续发展提供了强大动力和体制保障。

（3）改革试点取得重大突破。多项改革被列为国家试点，在重点领域和关键环节先行先试、率先突破。义乌国际贸易综合改革试点获国务院批复，是继国家设立9个综合配套改革试验区之后经国务院批准设立的又一个综合改革试点，是浙江省第一个国家级综合改革试点，也是全国首个由国务院批准的县级市综合改革试点。海洋经济发展试点省、循环经济试点省、国家技术创新工程试点省、交通物流试点省、文化体制改革试点省等多项国家试点扎实推进，转变经济发展方式综合配套改革试点上升为国家发改委改革联系点。

（4）改革方式实现重大创新。在全国率先建立统筹协调推进改革工作机制，省、市政府都成立了政府主要领导任组长的改革工作领导小组，建立了改革中长期规划和年度实施意见、重大改革事项前期研究和协调论证、重大改革项目库和专家库、改革工作目标责任考核、改革形势发布、改革信息交流等制度，形成了"党委、政府抓总，改革部门牵头，职能部门参与，合力攻坚"的改革工作新局面。

（5）改革全面深化。党的十八届三中全会旗帜鲜明地提出，经济体制改革是全面深化改革的重点，核心是处理好政府与市场的关系，使市场在资源配置中起决定性作用和更好地发挥政府的作用。发挥市场在资源配置中的决定性作用，关键是要大幅度减少政府对资源的直接配置，大幅度减少政府对资源要素的价格干预，推动资源配置依据市场规则、市场价格、市场竞争，实现效率最大化和最优化。近年来，浙江省进一步加大集约节约用地制度创新、金融要素创新、水电等资源要素差别化配置的力度，在海宁开展要素市场化配置改革试点，不断提高资源要素利用效率，2012年全省建设用地亩均产出率比2007年提高58.7%。要素市场化配置改革总的方向是，凡是能通过市场配置的都交给市场，通过市场竞争实现资源要素的"合理配、优质配、合法配、高效配"。2013年省委、省政府提出主要任务：一是深化土地要素配置改革。要按照"亩产论英雄"的理念，建立健全存量土地盘活、土地产出效益和新增建设用地挂钩制度，推进工业用地弹性管理制度改革，建立低效利用土地市场化退出机制。二是深化水电气要素配置改革。完善企业和居民用电、用气、用水差别化、阶梯价格机制，开展流域用水总量控制和水权交易制度改革试点，探索开展区域用能权交易试点等。三是深化环境资源配置改革。创新生态保护和资源有偿使用机制，探索开展碳排放总量控制和交易制度改革，创新区域、流域环境管理考核方式，启动开化等生态功能区建设试点，进一步完善建设美丽浙江的体制机制。四是深化金融要素配置改革。着力解决企业融资难、融资贵问题，在设立民资银行、互联网金融等方面要取得实质性突破，努力实现民间小资本与大项目、大产业的对接，银行大资本与小企业的对接，资本市场与实体经济的对接。五是加大科技体制改革力度，推进技术、人才要素的市场化配置和高效流动。

第二节 政府职能转变

2003年来，浙江坚持有所为、有所不为，大力推进政府自身改革，特别是加大力度推进行政审批制度改革，加快基本公共服务均等化体系建设，放手发展民营经济，积极推进政府转型，取得了明显成效。

一 政府效能建设

2004年2月，浙江省委、省政府颁布《关于开展机关效能建设的决定》，拉开了政府效能建设的序幕。

1. 开展机关效能建设的重要意义

开展机关效能建设，是学习贯彻"三个代表"重要思想、提高领导水平和执政能力的必然要求；是完善社会主义市场经济体制、加快推进政府职能转变的重大举措；是大力弘扬求真务实精神、落实"八八战略"的有效保证。开展机关效能建设，有利于促进改革发展稳定；有利于贯彻落实立党为公、执政为民的本质要求；有利于转变机关职能，规范机关行为，改进机关作风，提高行政效率；有利于从严治党、从严治政，促进党风廉政建设和反腐败斗争不断深入；有利于扩大党内民主，加强民主监督，推进机关全面建设。

2. 总体要求和基本原则

机关效能建设的总体要求是：以邓小平理论和"三个代表"重要思想为指导，认真贯彻中纪委三次全会精神，按照省委十一届五次全会提出的狠抓落实年的总体部署，以勤政廉政、提高效率、优化环境、执政为民、促进发展为主要内容，以突出思想教育、加强建章立制、严格考核奖惩为抓手，整合机关管理资源，优化机关管理要素，规范机关管理行为，改善机关运作方式，切实解决机关效能中存在的突出问题，使各级机关和广大机关干部在履行职责和改革创新上有新的突破，在服务质量和办事效率上有新的改进，在人民群众对机关工作的满意度上有新的提高，努力形成行为规范、运转协调、公正透明、廉洁高效的管理体制和运行机制。

机关效能建设的基本原则是：坚持围绕中心、服务大局，着眼于深入实施"八八战略"这条主线，用贯彻落实的实效和人民群众的满意度检验效能建设的成效；坚持重点突破、整体推进，抓住关键问题，明确主攻方向，以点的突破带动和促进机关效能建设；坚持公平公开、严格考评，建立考评制度，健全激励机制，积极营造重视和加强机关效能建设的浓厚氛围；坚持继承创新、与时俱进，学习借鉴成功经验和做法，大胆创新工作思路和举措，不断推动机关效能建设上新水平。

3. 工作重点

(1) 增强服务意识。按照"武装头脑、指导实践、推动工作"的要求，深入学习贯彻邓小平理论、"三个代表"重要思想和胡锦涛总书记在中纪委三次全会上的重要讲话精神。大力开展宗旨观、政绩观教育，引导广大机关干部特别是领导干部把正确的政绩观与正确的权力观统一起来，牢固树立人民利益至上的理念，不断增强求真务实的自觉性，提高为人民服务的质量和水平。大力开展改革观、发展观教育，认真学习社会主义市场经济知识，正确认识和把握社会利益关系的调整，牢固树立以人为本，全面、协调、可持续发展的科学发展观，在统筹指导下加快发展，在加快发展中实现统筹。大力开展民主观、法制观教育，坚持充分发扬民主，重视群众参与，牢固树立行政必须依法、用权必须监督的理念，加强法规、道德、监管三大体系建设，使诚实守信、依法行政、从严治政成为机关干部共同的价值取向和行为规范，努力做到诚信理政。

（2）规范机关行为。以法律为准绳，以规章为依据，坚持依法行政，照章办事，规范行为。对有悖于现行法律法规、不符合国际惯例、不适应当前经济社会发展要求的政策、规章和规范性文件，进行全面清理，该废止的坚决废止，该修订的抓紧修订完善，努力消除经济社会发展的政策性障碍。认真贯彻《中华人民共和国行政许可法》，克服部门权力利益化的倾向，严防各种损害基层和群众利益的行为发生。规范从政行为，切实解决工作中存在的缺位、错位、越位等现象，确保职能到位。

（3）提高行政效率。确立"有限政府"的观念，坚持有所为、有所不为，简化办事程序，提高办事效率，真正把机关职能从微观管理转到宏观管理、依法管理和搞好服务上来。继续深化行政审批制度改革，重点解决审批事项仍然过多、过于集中和减瘦留肥、明减暗不减等问题，规范行政许可事项，依法削减审批项目，进一步简化审批程序，逐步建立科学合理的审批管理机制、规范高效的审批运行机制、严密完善的审批监督机制。深入推进政务公开，加强电子政务建设，对项目审批、办证审照、批钱批物以及执法处罚等群众关心、社会关注的问题，进一步公开办事程序、办事标准、办事结果，并在工作质量、服务态度、办事时效等方面做出承诺，不断增加透明度。

（4）完善制度建设。按照"创新改革、转变职能、从严管理"的要求，以规范化、标准化、科学化为目标，全面推行岗位责任制、服务承诺制、限时办结制、首问责任制、AB岗工作制等制度，逐步建立健全失职追究制、否定报备制、窗口部门一次性告知制等制度，实现以制度管人管事。制度建设要贯穿于机关效能建设的各个方面和各个环节，注重系统性，增强针对性和可操作性。加强对制度执行情况的监督检查，确保各项制度真正落到实处。

（5）转变机关作风。着力解决目前一些地方和部门依然存在的"事难办"的问题，切实摆正与人民群众的关系，增强公仆意识，提高为人民群众服务的主动性。增强大局意识，对于中央决定、上级交办的事项，速决速行，雷厉风行，防止中阻梗，更不能搞上有政策、下有对策。改进工作方式方法，深入基层，深入实际，大兴调查研究之风，精简会议文件，不断提高服务水平。认真贯彻《中国共产党党内监督条例》，坚决落实领导干部廉洁自律各项规定，按照"四大纪律、八项要求"，加强自身建设。

（6）提高队伍素质。认真贯彻落实全国和全省人才工作会议精神，积极营造有利于优秀人才脱颖而出的工作环境，真正建立起能者上、庸者下的用人机制。深入开展学习型机关创建活动，加强职业道德建设与业务培训，切实提高机关干部的思想道德素质和业务工作能力，努力消除办事拖拉、工作推诿、纪律涣散、政令不畅等问题，进一步形成心齐、气顺、劲足、实干的良好氛围。

（7）强化监督机制。设立机关效能建设监督机构，建立专门监督员队伍，明确职责，落实责任，加强协调，切实履行效能建设的监督职能。继续深入开展民主评议机关作风活动，及时总结经验，不断完善评议机制和办法，切实抓好督查整改。充分调动方方面面的积极性，进一步发挥人大、政协、新闻媒体、人民群众的监督作用。针对效能建设中的重点环节和重点部位，综合运用党内监督、国家专门机关监督、社会监督等多种形式，努力形成结构合理、配置科学、程序严密、制约有效的权力运行机制。

（8）严格考核奖惩。因地制宜，研究制定科学、量化、操作性强的绩效考核制度和效能告诫、诫勉教育、责任追究等实施办法，严把考核关。把绩效考核与工作目标考核、党风廉政责任制考核、领导干部年终述职、公务员年度考核等有机结合起来，并把考核结果作为机关干部业绩评定、奖励惩处、选拔任用的重要依据。

二 政府机构及行政审批制度改革

政府职能转变的一项重要内容是政府机构及行政审批制度改革,浙江在这方面做了成功的尝试。

1. 政府机构改革

2003 年以来,浙江大力推进政府机构改革,其中 2009 年机构改革规模较大,按照构建"权责一致、分工合理、决策科学、执行顺畅、监督有力"的行政管理体制的要求,进一步转变政府职能,规范机构设置,优化组织结构,完善运行机制,改进管理方式。改革后,浙江省政府共设置工作部门42 个、部门管理机构 6 个。浙江省对机构、编制一向控制较严,至 2013 年底全省党政群行政编制 151997 名,其中政府系统行政编制 114355 名,占编制总数的 75.2%,相对规模在全国各省区市中位居第 4 位,可以称作小政府。[1]

浙江省在市场化进程中积极推进行政权力下放,为区域经济特别是县域经济的发展创造了良好的环境。其中,强县扩权、强镇扩权改革,自 2003 年以来主要推出以下举措:[2] ①2003 年将已下放至 17 个县(市)以及余杭、萧山、鄞州 3 个区的经济管理权限,赋予全省所有县(市、区);②2006 年开展扩大义乌经济管理权限改革试点,除重要资源配置、规划管理、重大社会事务管理外,先后两次下放 763 项省级部门的管理权限;③2007 年实施中心镇培育工程,赋予 141 个中心强镇土地、财政、项目审批、行政执法等十项经济社会管理权限;④2008 年全面推进"扩权强县"改革,对全省 61 个县市全面放权,共下放经济管理权限 618 项,涉及省级部门 38 个、地市级部门 21 个;⑤全面实施"强镇扩权"改革,制定出台加快中心镇发展和改革的政策文件,扩大 200 个省级中心镇的经济社会管理权限,同时选择 27 个省级中心镇开展小城市培育试点,赋予其与县级政府同等的经济社会管理

---

① 根据 2009 年《浙江省人民政府机构改革方案》整理。

② 郁建兴、张利萍:《市场化进程中地方政府的角色调适与管理创新》,《理论探讨》2013 年第 4 期。

权限；⑥2013 年赋予舟山群岛新区省级经济社会管理权限。

为确保放权的顺利推进，2009 年 6 月，省政府制定出台我国首部扩权强县的政府规章——《浙江省加强县级人民政府行政管理职能若干规定》，并以政府令方式予以颁布，将上级政府部分管理权限赋予县级政府，使扩权改革进一步法制化、规范化。截至 2011 年底，35 个省级放权部门均已出台规范性文件，放权事项全部落实；全省 11 个设区市均出台了放权文件，市级放权事项业已落实。其中，杭州市除将扩权事项落实到各县（市）之外，还逐步落实到各区。宁波市作为计划单列市，制定专门办法，规范其所辖县（市）和鄞州区的扩权范围和具体事项。在省、市两级放权事项基本落实的同时，全省各县（市）政府均制定相关规范性文件，对接落实放权事项，全省县级承权工作已经完成，并已开始正常运行。①

从"强县扩权"到"扩权强县"，意味着浙江几乎所有的县级政府都得到了在法律许可范围内更多的经济管理权限，从而使县域经济成为浙江经济发展方式转变的主阵地，为浙江有效配置资源、改善发展环境增添了动力，激发了活力，再次促进了县域经济快速发展。

在"扩权强县"的同时，浙江开始探索"强镇扩权"。随着经济快速发展和城市化进程不断推进，浙江乡镇权责不一的矛盾日益突出。受现行管理体制的影响，镇的机构设置与城市管理要求不对等，行政审批权限与经济发展要求不对应，财权与事权不对称，使一些经济强镇在发展上频频遭遇瓶颈。面对新的形势，省委、省政府坚持把体制机制创新作为破解中心镇发展瓶颈制约的突破口，在户籍管理、土地制度、行政管理和执法体制等方面出台了相关的政策措施，努力为中心镇建设与发展增添改革动力和新鲜活力。

2. 行政审批制度改革

2003 年《行政许可法》颁布后，按照建设法治政府和服务型政府的要求，浙江省审批制度改革的内容扩展到依法行政、政务公开、审批网络建

---

① 中共浙江省委党史研究室：《创业富民创新强省——中共浙江省第十二次代表大会以来》，浙江人民出版社，2012。

设、电子监察系统建设、行政许可项目和非行政许可项目清理规范、行政机关内部许可职能整合改革和行政服务中心标准化建设等多个方面。2003～2005 年，省、市、县三级共确认行政许可事项 1595 项，省级部门保留非行政许可项目 243 项。2012 年制定出台了《浙江省深化行政审批制度改革实施方案》，总体目标是分类推进行政审批制度改革，即企业投资项目"宽进、简批"、政府投资项目审批"联审、联办"、为民服务事项办理"便捷、高效"，努力建设全国审批事项最少、办理效率最高、投资环境最优的省份。主要任务是减少审批事项、环节、前置条件和层级；推进审批方式创新；规范审批内容和流程，健全行政审批长效机制。截至 2013 年底，已下放省级审批事项 470 项，占现有省级审批事项总数的 50%。

深化改革是政府治理体系和治理方式的自我完善，这是市场化发挥决定性作用的前提。党的十八届三中全会之后，浙江省委、省政府牵头启动了新一轮的改革，"三张清单①一张网②"，实现"三个大幅度减少"③。这一轮改革，更是直接追溯到了政府权力的源头。真正把政府"闲不住的手"收回来，把市场"无形之手"放活，把社会"自治之手"补强，让市场、让群众去大胆创新探索，共同推进改革发展。

截至 2013 年底，在审批事项减少上，行政许可事项，省本级从 718 项减少到 424 项，减少 41%；非行政许可审批事项，从 560 项减少到 125 项，削减比例达到 78%。非行政许可审批实施机关从 57 个减少到了 30 个，减少 47.4%，27 个部门不再实施非行政许可审批。另外，在审批效能的大幅提升方面，依托省政府政务网络搭建了集并联审批、效能监察、信息服务三大功能于一体的联合审批网络平台，开通了 14 个省级部门以及 500 多个市、

---

① 推进"企业项目投资负面清单"，市场机制能有效调节的，一律取消审批，由基层管理更为方便更为有效的，一律下放审批；实施"政府权力清单"，全面清理政府权力；制定"政府部门专项资金管理清单"，省级政府部门一般不再直接向企业分配和拨付资金，也不再直接向企业收取行政事业费。

② 建设全省网上政务大厅，形成"一站式"网上办理，"全流程"效能监督。

③ 实现"三个大幅度减少"：大幅度减少政府对资源的直接配置，大幅度减少政府对微观事务的管理和干预，大幅度减少政府对资源要素价格的干预。

县级部门的审批网络。已有 20 个政府投资项目在网络平台上运行，平均行政审批时间由 200 多天缩短到 60 天。①

三 积极推进资源要素配置市场化改革

资源要素的合理配置是提高社会生产力的重要途径之一，浙江在市场化配置资源要素方面做了大量积极推进的工作。

1. 土地资源配置市场化改革

土地资源是制约浙江可持续发展的最大瓶颈之一，为疏通瓶颈，一方面浙江继续深化节约集约利用土地。2008 年省政府出台《资源节约与环境保护行动计划》，决定从城镇建设、工业建设、住宅建设、基础设施建设、农村建设和土地开发整理 6 个主要领域整体推进节约集约用地，提高土地的利用率。到 2012 年，单位 GDP、固定资产投资增长的新增建设用地消耗量分别比 2007 年底减少 20% 和 15%，土地利用强度提高 15%。2008 年浙江在全国率先提出并实施了年度土地利用计划分解与土地集约利用水平相挂钩制度。盘活存量建设用地，完善闲置土地退出机制。2008 年推行"零增地"技改，对企业利用老厂房翻建多层厂房和利用厂内空地建造 3 层以上厂房的，减征或免缴其需缴纳的土地出让金和城镇基础设施建设配套费的地方留成部分。当年通过压缩超标的绿地和辅助设施用地、进行厂房改建和加层等多渠道、多方式扩大生产性用房面积，相当于节约用地 2 万亩。浙江也由此形成了绍兴县"亩产论英雄"②、临海市"加减乘除"③、慈溪市"零土地招商"等典型做法，集约节约用地水平走在全国前列。2009 年 5 月，省政府下发《关于实施"百万"造地保障工程的通知》，提出从确保低丘缓坡开发

---

① 数据来源于区域经济网，http://www.raresd.com。

② 指用计算单位土地亩均效益的办法来进一步引导土地的节约集约利用，并以此为核心全面构建节约集约用地新机制。其核心就是以最小的投入实现产出的最大化。

③ 加法是指积极开拓用地空间，解决计划指标不足。加大建设用地复垦力度，拓展增量；全面清理闲置土地，盘活存量；加大"双违"惩治力度，确保总量。减法是指深入整合挖潜，减少粗放用地量扩张。借天生地，翻新加层提升容量；提高门槛，控制新批用地增量。乘除法是指推行亩产评价，放大集约利用率。

新增耕地总量、加大滩涂围垦造地规模、推进农村建设用地复垦、挖掘土地整理潜力等 4 个方面入手，实现新增耕地面积。同年 10 月，省政府又出台《关于切实做好城乡建设用地增减挂钩工作的通知》，决定以市、县（市、区）为单位建立城乡建设用地增减挂钩指标账册，实行统一管理和使用。

另一方面，建立城乡统一的建设用地市场。一是完善工业用地招拍挂制度，积极推行工业用地出让区别年限制改革试点，并对工业用地最低控制标准做出具体规定。在嘉兴、义乌等地改革试点的基础上，在全省逐步推广工业用地分阶段出让制度。二是积极稳妥地开展多种形式的宅基地改变性质模式，如以嘉兴市为代表的宅基地转换模式，以长兴县明月村为代表的集中居住、复垦增量模式，以丽水市为代表的下山脱贫、宅基地移位模式等多种改革模式。三是建立农村集体经营性建设用地依法公开转让的有效机制，加快推进海涂围垦和低丘缓坡综合利用机制改革。2010 年 10 月，省政府出台《关于开展海域使用权抵押贷款工作的意见》，推进海域使用权抵押贷款和招拍挂出让。

2. 其他要素配置市场化改革试点

省第十二次党代会以来，浙江对电价、水价和成品油价格进行改革。建立完善阶梯式水价和水权交易制度，推进城市居民生活用水阶梯式水价制度和企业超计划、超定额用水加价制度，推进水资源使用权流转。在宁波、绍兴、舟山、玉环、洞头等地开展居民生活用水阶梯式价格改革试点，杭州等地在实行非居民用水超计划、超定额加价制度基础上，工商业用电价格并轨制改革加快实施，制定了可再生能源发电、光伏发电和生物发电上网电价政策，开展了大用户直购电试点。电价形成机制进一步完善，扩大了高耗能行业差别电价实施范围，提高了差别电价加价标准，建立了对超能耗限额标准产品的惩罚性电价制度。率先推进居民生活用电阶梯式电价制度改革，对城乡居民全面实行峰谷电价政策。建立了鼓励风力、太阳能等可再生能源发电的价格补贴制度，在义乌、东阳、余姚、慈溪、绍兴等地积极探索水权交易改革试点。省政府制定出台了《关于贯彻成品油价格改革的实施意见》，取消了公路养路费、航道养护费、公路运输管理费、公路客货运附加费、水路运输管理费、水运客货运附加费等 6 项收费，成品油价格形成机制逐步形成。

全面推进排污权有偿使用和交易制度改革试点。在嘉兴、杭州、绍兴、台州等市率先开展排污权交易改革试点的基础上，2007 年起，浙江全面建立城镇污水处理收费制度。2009 年起，全面实施城乡生活垃圾处理收费制度。成立了省排污权交易中心，制定出台了关于开展排污权有偿使用和交易试点工作的指导意见、主要污染物排污权有偿使用和交易管理办法等政策。

第三节　多方位推进改革试点

通过系统的改革试点，在总结经验教训的基础上再进行推广，是浙江经济体制改革的一项重要实施策略。

一　温州市金融综合改革试验区

国务院 2012 年 4 月批复实施温州金融综合改革。根据国务院批准实施的《浙江省温州市金融综合改革试验区总体方案》，试验区明确承担规范发展民间融资、加快发展新型金融组织等 12 项主要任务，围绕解决"两多两难"① 问题，围绕民间金融规范化和阳光化，围绕建立起与经济体制相适应的金融体制，着力推进金融组织体系、资本市场体系、金融服务体系、地方监管体系的"四大体系"建设，承担起改革探路者的责任，对全国的金融改革和经济发展具有重要的探索意义。

1. 温州市金融综合改革试验区概况

温州市金融综合改革试验区的发展目标和战略定位是：通过体制机制创新，构建与经济社会发展相匹配的多元化金融体系，使金融服务水平明显改进，防范和化解金融风险的能力明显增强，金融环境明显优化，为全国金融改革提供经验。主要任务是：规范发展民间融资；加快发展新型金融组织；发展专业资产管理机构；研究开展个人境外直接投资试点，探索建立规范便

---

① "两多两难"问题是指中小企业多贷款难、民间资本多投资难。

捷的直接投资渠道;深化地方金融机构改革;创新发展面向小微企业和"三农"的金融产品与服务,探索建立多层次金融服务体系;培育发展地方资本市场;积极发展各类债券产品;拓宽保险服务领域,创新发展服务于专业市场和产业集群的保险产品,鼓励和支持商业保险参与社会保障体系建设;加强社会信用体系建设;完善地方金融管理体制,防止出现监管真空,防范系统性风险和区域性风险;建立金融综合改革风险防范机制。通过试验区建设,引导规范和促进民间金融良性发展,使金融更好地服务于实体经济,促进经济社会平稳较快健康发展。

试点推行以来,温州金融综合改革坚持先行先试,并取得了积极成效。实现了"五个首创,五个率先",即首创"温州指数"编发,率先出台首部地方性金融法规《温州市民间融资管理条例》;首创民间借贷服务中心,率先启用地方金融非现场监管系统;首创具有地方特色的民间资本管理公司,率先开展私募融资业务;首创"幸福股份",率先发行小额贷款公司定向债;成立首个地级市人民银行征信分中心,率先发行首单地级市保障房非公开定向债。有十大改革试点项目已经或将来可以在全国复制推广,其中:民间资本管理公司、民间借贷服务中心、温州指数、地方监管体系建设、信用体系建设五个项目已经在全国复制试点;温州市民间融资管理条例实施和推进民间借贷规范化、阳光化试点,民间资本管理公司私募融资、小额贷款公司定向债试点和"幸福股份"发行试点,农村资金互助会和农村保险互助社试点,社区银行体系和农村普惠金融试点,金融风险防范和不良资产处置机制试点等五个改革试点项目待进一步深化完善后对全国也有借鉴意义。

2. 推进重点项目,呈现四大亮点

设立温州市金融综合改革试验区,引导民间融资规范发展,提升金融服务实体经济的能力,不仅对温州的健康发展至关重要,而且对全省全国的金融改革和经济发展都具有重要意义。

(1)在引导民间融资规范化阳光化方面亮点突出。2013年11月22日,浙江省人大常委会审议通过了《温州市民间融资管理条例》,首次规定大额民间借贷强制备案制度,用立法的形式将庞大的、处于半明半暗状态的民间融资搬到台面上。截至 2013 年 7 月，民间借贷中心登记借入和借出需求总额达 59.1 亿元，成交总额 12.4 亿元，借贷总体成功率 45%，借贷平均年化利率为 15.88%。[①]

（2）在推动正规金融服务实体经济方面亮点突出。商业银行创新推出 80 多种金融产品服务小微企业，涉及金额达 700 多亿元；2013 年新增支持小微企业 5.6 万户，新增小微贷款 288 亿元，比上年多增 83 亿元，增长 40.5%；2013 年末贷款平均利率 7.45%，累计下降 1.35 个百分点；新增金融服务网点 85 个，实现乡镇（街道）平均拥有金融服务网点数 12 个。发展出口信用保险、国内贸易信用险、小额贷款保证保险等业务，利用保险工具深化对小微企业的金融服务。证券机构积极服务企业股改和定向增发，增强发展后劲。[②]

（3）在创新拓展应用资本市场工具方面亮点突出。截至 2013 年底，创新开展小额贷款公司定向债试点，备案 4 亿元，已发行 5000 万元；3 家民间资本管理公司开展定向集合资金募集登记 3.3 亿元，3 家企业定向债已登记 5000 万元；"幸福股份"和"蓝海股份"试点进展顺利，"幸福股份"第三期已经募集 6 亿元以上，总量达 30 亿元以上，"蓝海股份"计划首批发行 8 亿元；首单地级市保障房非公开定向债已经募集资金 36 亿元；新增上市公司 4 家，募集资金 33.93 亿元，占上市公司募集资金总额的 19.7%。[③]

（4）在完善地方金融监管体系建设方面亮点突出。地方金融管理局、金融仲裁院、金融犯罪侦查支队和金融法庭等机构工作有序开展。对地方金融市场主体开展现场检查，上线非现场监管系统，促进地方金融组织合规经营，防范地方金融风险。建立金融监管与金融审判联席会议制度，出台《温州市民间融资管理条例》司法保障 20 条意见，开展"治赖"追逃专项行动，逐步完善防范化解区域金融风险的有效机制。

---

① 张震宇、柯园园：《地方金融综合改革的温州解法》，《中国金融》2014 年第 11 期。
② 数据来源于《浙江统计年鉴 2013》。
③ 数据来源于《浙江统计年鉴 2013》。

3. 服务实体经济，夯实"四大基础"

（1）推动现代企业制度建设。为提升企业融资能力和发展后劲，培育区域资本市场，推动经济转型升级，启动企业股份制改造工作，制定优惠和扶持政策，推动企业建立与现代金融相适应的现代企业制度。2013 年完成有限责任公司变更为股份有限公司 106 家，新增注册资本 62.86 亿元，占浙江全省总额的 50% 以上，加上个转股 28 家，新增股份有限公司 134 家，超过温州改革开放 30 多年的总和。[①]

（2）推动金融生态环境建设。开展风险企业帮扶，排查分类风险企业，2013 年梳理了 744 家重点扶持工业企业，引导银行业金融机构加大扶持力度。深入推进银行不良贷款"控新化旧"，2013 年累计处置不良贷款 289 亿元。"以时间换空间"，化解企业担保链风险，2013 年共开展各种排查活动 100 多次，涉及企业 2000 多家，循环使用政府应急转贷资金累计达 331 亿元。持续深化打击和处置非法集资。积极开展驻企服务员和金融服务员活动，有效化解融资难、融资贵问题 86 个，协调和处置银企债务纠纷 30 多亿元，落实续贷资金 10 多亿元。

（3）推动金融基础设施建设。建设金融业综合统计信息平台及温州金融监测报数平台，加强对金融业的运行分析和金融风险监测。设立全国首个地市级人民银行征信分中心，与温州市政府企业公共信用信息平台实现信息对接共享，同时设立第三方征信服务机构开展市场化信用中介服务试点，成立首家资信评估机构展开贷款企业评级、小微企业评分和农村"三信"[②] 评定，着力恢复"民间互信、企业诚信、银行守信"的良好社会信用环境。

（4）推动企业融资平台建设。设立 5 家小微企业融资综合服务中心，为 1400 多家企业提供超过 28 亿元的融资服务。加强"两库一网"[③] 建设，先期在苍南启动平台开发，预计在金融改革两周年之际正式上线。

① 数据来源于《浙江统计年鉴 2014》，下同。
② 指信用镇、信用村和信用户。
③ "两库"指企业需求库和金融产品库，"一网"指中小微企业金融综合服务网。

二 丽水农村金融改革试点

丽水是全国首个经央行批准设立的农村金融改革试点市。试点实行中国人民银行与浙江省人民政府"行省共建"模式，2012 年 3 月 30 日中国人民银行与浙江省人民政府联合印发《关于在浙江省丽水市开展农村金融改革试点工作的通知》，重点围绕"创新农村金融组织体系、丰富农村金融产品体系、强化金融惠农政策体系、健全农村金融市场体系、完善农村金融信用体系、搭建金融服务平台体系、改进农村支付服务体系、优化农村金融生态体系"八个方面开展先行先试，提供经验示范。

1. 改革试点主要内容与举措

改革试点的主要内容与举措包括以下几个方面。

（1）创新农村金融组织体系。破解城乡金融"二元化"困境，填补农村金融服务空白，丰富农村金融服务，这是丽水农村"金改"的首要任务。首先，深化农村信用社改革，推进农村合作金融机构股份制改造，增强资本实力，提升为"三农"服务的能力。其次，鼓励各金融机构向县域、乡镇延伸机构和业务，完善中心镇金融服务体系。同时，引导现有各金融机构拓展涉农业务范围、加大支农力度，推动农业发展银行、农业银行和邮政储蓄银行加大支农金融服务创新，开展农业银行"三农金融事业部"改革试点，等等。最后，引导社会资本和民间资本进入金融领域，鼓励有条件的地方以县（市、区）为单位建立社区银行、融资租赁公司、典当行等各类中小型金融机构和组织，探索开展农村保险营销服务部、"三农"保险服务站等农村保险组织体系建设。

（2）丰富农村金融产品体系。在开展农村金融改革试点中，创新信用模式并扩大贷款抵质押担保物范围，积极引进和推广国内外成熟的小额贷款技术，构建起小额信用贷款、抵押担保贷款、担保机构保证贷款"三位一体"的农村信贷产品体系。探索小企业集合票据等非金融企业债务融资工具；探索开展农村小额人身保险和小额贷款信用保证保险试点，发展具有地方特色的农产品保险品种；积极发展信托、股权投资基金，在国家政策允许范围内规范各类农村投融资平台建设，引导社会资本积极参与"三农"经济发展。鼓励有条件的县（市、区）设立涉农担保基金或涉农担保公司，完善担保和再担保相结合的风险分担机制。另外，积极搭建政银农合作平台，推进金融机构与专业合作社、规模化经营实体、农户等多层次的广泛合作。

（3）强化金融惠农政策体系。农村"金改"，政府政策支持是最大的推力，需要加大政府对农村金融政策的支持力度，完善各项涉农贷款财政贴息、风险补偿和考核激励机制，促进农村普惠金融加快发展。积极争取上级相关配套政策支持，加强信贷、产业、财税、投资政策的协调配合，综合运用支农再贷款、再贴现、差别准备金动态调整等货币政策工具和财政贴息、税收优惠、差别税率、先税后补等财税政策工具，提高金融的资源配置效率。完善小企业贷款和农业贷款风险补偿机制，强化金融支农支小的激励机制。同时，推进保险服务民生示范区建设，努力争取国家财政资金扩大支持农业保险的覆盖面。

（4）健全农村金融市场体系。在完善多层次金融市场体系上，综合运用信贷、证券、保险、信托、担保等金融资源，提升直接融资所占比重。在实施农村"金改"过程中，积极培育优质农业企业、农业产业化经营大户等规模化农业经营实体，推荐其到中小企业板和创业板上市融资；大力支持符合条件的优质企业发行短期融资券、中期票据。

（5）完善农村社会信用体系。金融建设，信用为本。浙江深化农村信用体系建设，稳步开展社区居民、中小企业信用等级评价工作，构建"农户、居民、企业"三位一体的信用信息数据库，全面推进城乡一体化的社会信用体系建设。首先，全面开展农户、农村企业、农村经济组织等涉农主体的信用信息采集工作，加大非银行信用信息的采集力度，促进工商、税务、法院、社保、质检、公用事业等部门社会信用信息的依法共享。其次，通过政府、银行、涉农主体"三联手"，实行资产评估、信用等级评价、授信额度评定"三联评"，推动信用贷款、抵押贷款、联保贷款"三联动"，建立起农村信用信息采集和评价系统的成果运行机制。同时，广泛开展信用县（市、区）、信用乡（镇）、信用村、信用户的"四级联创"，落实信用创建政策激励措施，营造诚实守信的良好社会风尚。

（6）搭建金融服务平台体系。针对县域农村金融服务中介缺位的实际，着力构建配套完善、支撑有效、服务优良的农村金融综合配套服务平台。借鉴集体林权抵押贷款的成功经验，在现有的法律框架内，进一步拓宽农村融资抵押物范围，有效破解农村"贷款难、难贷款"的抵押物瓶颈困局。同时，推进多元化的农村融资担保体系建设。

（7）改进农村支付服务体系。在已有的工作基础上，依托现代通信和网络信息技术，进一步完善银行机构网点，鼓励支付机构在农村地区提供支付服务，为农村地区提供低成本的存取款、转账等基础性金融服务。加大支票、汇票、本票、银行卡等非现金支付工具在农村地区的推广应用力度。鼓励移动电话支付、固定电话支付、互联网支付等新兴电子支付业务创新和应用，延伸便民服务通道，让偏远农村群众在家门口就能取出钱、存上款。

（8）优化农村金融生态体系。生态良好，才能持续发展。在实施农村"金改"过程中，维护良好的金融运行秩序，尤其是引导民间借贷规范发展，是一大重点和焦点。浙江注重对民间投资者权益的法律保护，维护公平、公正、公开的市场投资环境。依法打击逃废金融债务行为、骗保骗赔行为、银行卡犯罪等金融犯罪活动，大力打击非法集资、地下钱庄、信用卡套现、地下保单、非法外汇等现象。同时，在全市中小学开展金融知识教育，在地方高校组建"农村金融改革发展研究中心"，加大金融知识教育普及的力度，从源头着手建设良好的金融生态体系。

2. 改革试点工作主要成绩①

自启动丽水市农村金融改革试点工作以来，各项改革全面推进，并取得了阶段性成效。

（1）试点推进机制持续完善。完善组织机制，以"行省共建"模式为契机，积极谋划思路，加强组织实施，设立金融创新等6个协调推进组，扎实推进试点工作顺利开展；完善调研机制，与浙江财经大学签订战略合作协

①　数据来源于丽水市统计信息网，http：//www.lsstats.gov.cn。

议,共同组建"丽水农村金融改革研究院",加强农村金融改革发展理论研究;完善工作落实机制,编制《丽水市农村金融改革试点规划》,制定《丽水市农村金融改革试点推进三年行动方案》和14项农村金融改革的具体实施办法;完善工作考核机制,对市级相关单位和各县(市、区)农村金融改革试点工作开展情况进行专项督查,并将农村金融改革试点工作纳入全市各级政府和相关部门考核。

(2)改革发展动力持续增强。发挥"行省共建"模式优势,加强试点政策研究,切实制订可行性实施方案,并充分发挥金融机构的改革主体作用,引导更多金融资源投向"三农"。2013年,全市涉农贷款余额609.98亿元,新增53.77亿元,占全部新增贷款的54.41%,余额同比增长21.00%,高出全部贷款余额增速2.46个百分点。

(3)金融支农水平持续提升。继续推进"信贷支农"工程,促进林权抵押贷款优质稳步增长。2013年,全市累计发放林权抵押贷款9.46万笔,金额73.49亿元,余额30.29亿元,居浙江省首位,惠及林农20余万户。继续推进"信用惠农"工程,推进农民专业合作社和借款企业的资信评级工作,稳步推进农户、社区居民和中小企业"三位一体"的社会信用体系建设。截至2013年末,全市行政村信用评价面达到100%,农户信用评价面达到92%,共创建信用村692个、信用乡(镇)24个、信用社区13个、信用县1个;全市共有32.61万信用农户获得金融机构授信111.7亿元,其中19.85万信用农户累计获得186.3亿元贷款。继续推进"支付便农"工程。2013年,全市2114个助农取款服务点累计办理小额取现61.43万笔、金额1.41亿元,代理转账业务1.47万笔、金额815万元。

(4)金融产品创新力度持续加大。加大涉农信贷产品创新力度。2013年,累计发放石雕抵押贷款4.9亿元;茶园抵押贷款1460笔、余额9033万元。指导涉农金融机构利用农户信用信息系统在全市9个县(市、区)全面推广"集中授信整体批发"小额农贷业务,进一步提升金融支农服务水平。加快全市保险服务民生示范区建设,率先在全国开展"学平险"创新试点,森林、水稻、油菜、自然灾害公众责任险等政策性保险率先在全国、全省实现全覆盖，全面完成农村保险服务站建设，创新设立食用菌、茶叶、杨梅等特色险种，全面推开小额贷款保证保险工作，截至 2013 年末已累计发放贷款 7.36 亿元。采取银政保合作模式在景宁率先开展低收入农户扶贫贷款项目试点，2013 年，已为低收入农户提供扶贫贷款 1746 笔、金额 4635 万元。积极发展企业债务融资产品。已选择 2 家企业通过银行间债券市场发行全市首只中小企业集合票据 1.4 亿元，并成功推动 2 家企业发行中小企业私募债 1.7 亿元。

（5）农村金融服务组织体系建设持续推进。建立健全农村金融组织体系。引导股份制商业银行、村镇银行到县域和农村地区设立 10 家支行。设立全国首个村级外币兑换点，2013 年已累计办理代兑业务 4.44 万笔、金额 2.03 亿美元。完善农村支付结算服务体系，全面启动建设 2000 家以上集小额取现、代理转账、人民币反假、小面额和残损币兑换、农户基本信用信息采集、理财咨询、金融知识宣传、协办证券保险和农户贷款业务于一体的农村金融服务站。积极推进农民担保体系建设，全力推进全市政府财政出资、行业协会组建、商业性运作、村级设担保基金等四个层次的担保体系建设，2013 年已有 9 家农民担保公司开展业务，累计为 600 余户农民担保贷款 4.2 亿元。积极开展村级资金互助组织试点，引入政府扶贫资金建立 220 个村级资金互助组织，共有入会农户 1.3 万户，小额贷款 4896 笔、金额 5100 万元。

三　义乌国际贸易综合改革试点

2011 年 3 月 4 日，国务院批准在义乌市开展国际贸易综合改革试点。成为试点以来，义乌市围绕国务院批复的试点总体方案要求，以加快转变经济发展方式为主线，以提高对外开放水平为重点，着力在转变外贸发展方式、建立开放型经济体系、推进政府职能转变和培育区域发展新优势上深化改革、先行先试，取得了重大进展和突破。试点的三年实施计划得到全面实施，国办分工的 41 项重点任务，取得重大突破或重大进展的有 12 项，取得阶段性成果的有 10 项，正在积极推进的有 13 项，重点领域和关键环节相继取得突破，对外贸易持续健康发展，外贸规模、效益持续增强。

1. 国际贸易体制创新取得突破性进展，新型贸易方式和贸易体制基本确立

根据《义乌国际贸易综合改革试点三年实施计划总体方案》的要求，"到2015年，基本形成有利于科学发展的新型贸易体制框架，国际贸易管理和促进体制等改革取得重大突破，实现与国际接轨"。经过两年多的努力，义乌新型贸易方式和贸易体制基本确立，并实现了国际贸易便利化和规范化。

（1）创新国际贸易方式，确立市场采购贸易方式，完善新型贸易方式的管理制度。2013年4月，商务部、国家发改委等八个部委同意在义乌市试行市场采购贸易方式，并探索和创新与之相适应的管理制度。允许外商投资合伙企业办理对外贸易经营备案登记和开立经常项目外汇账户。对以市场采购贸易方式出口的货物，实行增值税免税政策。海关增设市场采购贸易监管方式。海关和质检在"风险可控、源头可溯、责任可究"的原则下，对市场采购贸易方式下的出口货物采取便利通关措施，并允许市场采购贸易采用人民币结算。鼓励和引导如实申报，对市场采购贸易方式报关的每批次货值最高限额，由原来旅游购物的5万美元暂设为15万美元。2012年8月开始，先行先试了外贸主体落地、外商投资合伙企业主体登记、增值税免税、通关无纸化改革等管理措施。目前已基本实现外贸主体回归，借用异地抬头报关出口的现象得到根本性转变；海关通关实现24小时报关作业，无纸化报关单占总报关单数量的98%以上，60%的报关单实现自动审放；外商投资合伙企业1985家，占全国的80%，全市累计涉外经营主体达5226家，比试点初期增长了近50%。

（2）创新国际贸易管理方式，建立配套监管制度和综合管理机制，均衡新型贸易方式的便利化和规范化。逐步建立适应市场采购贸易"参与主体多元化、拼箱组货普遍、融合内外贸"等特点的配套监管制度。正抓紧研究和完善海关、检验检疫、外汇、工商等配套监管措施，重点在跨关区大通关、确定海关监管代码并实施简化申报、率先推进法检体制改革、简化税务管理流程、贸易结算和融资等方面争取更大突破。改变以往部门与地方条

块分离的管理模式，按照"风险可控、源头可溯、责任可究"的要求，探索建立政府主导、信息共享、部门共管的综合管理机制，引导"守法便利、规范便利"，促进市场采购贸易持续健康发展的长效机制基本建立。目前，已基本完成了推行属地综合管理的基础性工作：划定市场采购集聚区，明确市场采购范围；构建市场采购贸易联网信息平台，整合市场采购中的采购、外贸代理、拼箱组货、报检报关和仓储运输的各环节信息。以联网信息平台为基础，建立健全主体规范管理、贸易流程管理、信用评价和差别化监管、质量综合管理、外贸风险预警防控，以及知识产权保护和打击贸易违法等六大管理服务体系。其中，外贸风险预警防控体系已经基本成型，知识产权保护和打击贸易违法行为取得阶段性成果。义乌已被纳入国家知识产权保护示范城市创建市，已建成中国海关知识产权保护展示厅。

2. 系统性、协同性和整体性推进体制改革，配套改革综合效应初步显现

围绕率先实现外贸方式转变的目标，义乌改革试点注重行政方式和要素配置领域的协调改革，从行政管理体制、土地、金融等多领域保障和助推国际贸易体制改革。

（1）推行行政管理体制改革，扩大行政权限，突破体制性矛盾对改革的制约。深化行政审批制度改革，打造"宽进、严管、高效"的审批服务机制。开展行政许可职能归并，市行政服务中心集中了18个部门93.8%的行政审判项目；持续清理审批项目，2013年取消、合并或停止实施行政审批事项262项；探索网上审批，实现185项审批项目上网办理，行政效率走在全省前列。在全省率先启动工商商事登记制度改革、义乌商贸服务业集聚区"化零为整"前置审批、外贸主体快速审批改革三项省级试点，其中外贸主体审批时间由原来最长21天缩减为最长2天。优化行政资源配置，不断增强政府部门的履职能力。合署调整市人防办到住建局，设立省公安厅出入境管理局义乌分局、杭州海关缉私局义乌缉私分局；落户全国首个县级市国际经济贸易仲裁委员会办事处和国际贸易促进委员会签证点；设立国际贸易服务中心，集中了10个部门的116项涉外服务事项，实现了外商"一站式"全服务功能，贸易和涉外相关机构的监管服务能力进一步提升。

（2）适应国际贸易改革需要，推进金融专项改革，破解新型贸易方式的金融服务难题。2013 年 8 月，人民银行等九部委联合批复《义乌市国际贸易综合改革试点金融专项方案》，以发展贸易金融为重点，在金融组织体系构建、贸易融资产品创新、人民币跨境业务发展、企业融资渠道拓展等方面取得了重大进展和阶段性成果。制度创新方面，提出了市场采购贸易出口货物流与资金流总量匹配、动态监测、事后核查的外汇管理制度，目前已报国家外汇管理局审批。贸易融资产品创新方面，全国首创"E 透"供应链融资产品，并调整升级为"国贸通"供应链融资；成立全省首家综合贸易服务企业、全国唯一可为国外个人买家申报授信企业——国贸供应链服务公司。跨境人民币结算试点方面，2012 年 12 月 28 日，中国人民银行批准义乌为全国唯一一个跨境人民币结算试点城市。离岸业务方面，全国首个离岸分中心——上海浦发银行义乌离岸业务作业分中心已着手筹建。中小企业融资创新方面，全国首单民营企业私募债由浙江画之都股份有限公司发行。互联网金融业务创新方面，创新推出"电商通""电商贷""网贷通"等一系列电子商务产品；辖内银行机构全面加强与贝付科技、连连银通等第三方支付平台的合作，创新开展互联网跨境人民币支付业务；义乌首个 P2P 网络贸易融资平台"义乌贷"上线累计交易额约为 2 亿元。①

（3）推进土地管理制度专项改革，处理好保障发展和保护红线的关系，提高土地集约利用水平。深化土地管理制度改革，是国际贸易综合改革的重要保障之一。2012 年 11 月，国土资源部批复《义乌国际贸易综合改革试点土地管理制度改革专项方案》，重点是：开展土地利用总规划评估；探索跨区域合作机制，与江西省赣州市初步达成多领域战略合作意向；推进土地节约集约利用，建立"亩产论英雄"工业用地导向机制，探索开展城镇低效用地再开发、农用地地下空间开发利用等试点；探索土地用途转用审批改革；加快构建国土资源管理新格局；开展国土资源利用专项课题研究。

---

① 数据来源于区域经济网，http://www.raresd.com。

3. 创新市场形态和业态，优化市场结构，推动市场转型升级取得重大突破

围绕"市场集聚、辐射、服务功能明显增强"的目标，义乌在不断推动市场的转型升级。

（1）构建现代市场体系，市场集聚和辐射能力不断提高。着力推动市场转型升级，提升实体市场在国际、国内贸易链中的战略地位和集聚辐射作用。商品结构不断拓展，适度发展国际生产资料市场。贸易领域不断延伸，培育发展进口贸易，已开设进口商品馆，建成非洲、东盟产品展销中心，东欧产品展销中心在建。市场贸易结构不断优化，市场网络不断扩大，编制了市场"走出去"战略规划，积极拓展内贸市场，推进境外经贸合作区建设。市场功能不断增强，建设了市场结算、信用、培训和法律等服务平台，完善了"义乌·中国小商品指数"指标体系。市场服务业态不断创新，会展经济不断壮大，各类展会专业化、市场化、国际化、品牌化水平不断提高。

（2）创新市场交易方式，线上线下融合发展的现代贸易格局基本形成。将电子商务作为战略性、先导性产业重点培育，线上贸易和线下贸易加快融合。2013 年全市电子商务交易额达 856 亿元，同比增长 64%。电子商务经营主体不断壮大。全市淘宝卖家账户达 12 万个，占全国的 1.3%，eBay 大卖家占全国的 25%。实施电商企业孵化引进工程，阿里巴巴、环球资源网、敦煌网、亚马逊等一批知名电商企业在义乌设立办事机构或采购中心。建设创业园区，投资 80 亿元建设国际电子商务城，探索发展虚拟电子商务园、跨境电子商务园。打造特色电子商务平台，建设"义乌购"第三方平台，探索建立 B2R 模式。培育电子商务会展项目。[①]

（3）建设现代物流网络体系，融入亚太的国际物流通道全面打开。以全国性物流中心为目标，强化现代物流的战略性、基础性地位。探索国际陆港建设模式，2013 年 5 月，义乌作为东部地区唯一一个内陆城市，被联合国亚太经社会列为国际陆港。加快融入全国交通物流枢纽，全市 8 个交通

---

① 数据来源于区域经济网，http：//www.raresd.com。

物流项目被列入国家公路运输枢纽总体规划。2013 年 9 月，义乌被《全国物流园区发展规划》列为全国二级物流园区布局城市。不断完善陆港平台和集疏运功能，内陆口岸场站全面投入运行，保税物流中心（B 型）纳入全国第二批调研审核项目。多式联运不断发展，与沿海口岸、内陆边境口岸和重要航空口岸的"无缝对接"进一步增强。完善内陆港港务功能，与宁波港开展全面战略合作。争取航空口岸开放。集聚发展现代物流，规划建设国际陆港物流园区，集中布局快递物流、铁路物流、空港物流和综合保税等功能区块。

4. 市场转型升级与产业转型升级联动发展，商贸流通与先进制造"双轮驱动"

在改革中加强市场体系、商贸流通企业、金融企业等与工业企业的有机结合，形成了市场发展与制造业发展的互促联动机制。发挥流通对经济的先导作用，整合提升省级商贸服务业集聚区、国家级经济技术开发区和省级义乌工业园区，着力发展总部经济、先进制造业，产业发展集聚化、产业结构高级化、产业竞争高端化发展步伐不断加快。同时，搭建公共服务平台，已形成中国（义乌）工业设计中心、义乌创意园、浙江大学创业育成中心等一批公共创新平台，累计建成省级或国家级企业、行业研发中心（技术中心）32 家。改革实施以来，传统产业转型和先进制造业发展步伐不断加快，袜业、饰品等行业率先迈出创新步伐。产业结构调整继续向好，呈现一产、二产比重持续下降，三产比重稳步上升态势，三次产业比重由 2010 年末的 2.8：43.2：54.0 调整为 2013 年末的 2.5：40.5：57。[①]

5. 健全试点推进机制，形成分工明确、责任落实、上下联动的试点工作格局

（1）建立省市两级组织领导机制。为加强对试点工作的组织领导，省政府成立了试点工作领导小组，增补了成员单位。领导小组下设办公室，办公室设在省发改委。专门成立了试点推进督导组。义乌市成立了试点工作小

---

① 数据来源于金华市统计信息网，http://www.jhstats.gov.cn。

组，下设办公室，配备 11 名工作人员，强化试点工作的组织保障。

（2）建立上下联动的试点推进机制。省部合作更加紧密，省委、省政府领导多次与国家相关部委专门协商、衔接改革试点工作。国家发改委、商务部、海关总署、质检总局、税务总局等 30 多个部委深入义乌指导试点工作，海关总署、质检总局先后与省政府签署了共同推进义乌试点合作备忘录。建立部际联席会议制度，梳理提出 11 个需协调支持的重点事项。省市联动不断深化，省人大专门出台了保障和促进义乌试点工作的决定；省商务厅、省工商局等 15 个省级部门出台了支持义乌试点的政策文件；省委组织部选派首批 50 名骨干到义乌挂职。

（3）建立责任明确的试点任务分解机制。2012 年 1 月，国务院办公厅下发了试点重点工作分工方案，把 41 项重点任务分解落实到 30 个国家部委，这在全国综合配套改革试验区尚属首次。根据国办的分工方案，省政府专门出台了三年实施计划和分年度的重点工作安排，分解落实到省级相关部门和金华市。义乌市也明确了各项任务的责任领导、责任部门，实行项目化管理，并纳入年度目标责任制考核。

四　海宁市要素市场化配置综合配套改革试点

2013 年 9 月，浙江省政府批复《海宁市要素市场化配置综合配套改革试点总体方案》；2013 年 11 月，海宁要素市场化配置综合配套改革试点全面启动，从土地、能源、金融、科技人才等要素配置改革入手，逐步破除要素配置体制障碍。

1. 试点内容

试点的主要内容是：通过发挥市场和政府"两个作用"，合力形成要素配置与企业质量和效益相挂钩的机制，切实推动资源要素配置向发挥市场决定性作用转变，企业由要素驱动向创新驱动转变，政府管理向积极有为、强化服务转变，促使各种要素合理配、高效配、优质配，推动经济结构调整和产业转型升级。出台的《关于开展工业企业亩产效益综合评价加快转型发展的实施意见（试行）》，以"亩产效益"考核评价体系为基础，以差别化电价、水价、城镇土地使用税、排污权交易价格等相应配套措施为杠杆，促进土地资源向高效、高产出、高科技企业集聚。海宁的目标是，到2017年全市新增工业用地亩均投资强度比2012年提高45%，规模以上工业企业亩均税收提高45%，单位GDP能耗下降15%，万元工业增加值用水量下降30%。

2. 主要举措与成绩

（1）制定市场运行规则，切实发挥政府"有形之手"的作用。一是建立公开公正的亩产效益综合评价机制。对规模以上工业企业设置亩均税收、亩均销售、亩均工业增加值、单位能耗工业增加值、排放单位COD工业增加值、全员劳动生产率6个指标，规模以下工业企业设置亩均税收、亩均销售、单位能耗工业增加值3个指标，对全市3亩以上用地工业企业进行综合打分，再按照纺织、皮革、机械电子制造和其他等四大行业进行分类排序，在各自行业中将企业分为A（发展提升类）、B（整治提升类）、C（落后淘汰类）三类。同时建立动态排序制度，每年进行综合评价排序并公布。二是建立分类施策资源要素价格倒逼机制。为更好地反映资源稀缺程度和生态环境损害成本，对A、B、C三类企业实施差别化的电价、水价、城镇土地使用税、排污权交易价格、用能交易价格等政策以及其他差别化管理措施。改革以来，实施用能总量核定和交易制度，单位GDP能耗同比下降4.4%，单位工业增加值能耗同比下降5.7%，工业用电量同比增速下降2.8%。三是建立落后产能退出激励机制。制定相关激励政策，鼓励低效落后产能关停并转退，对落后产能实施退地、自行交易土地、兼并重组、淘汰关停、提升改造等实质动作的，给予政策奖励支持，引导存量盘活和资源优化配置。至2013年底，全市规模以上工业企业亩均税收同比增长11.78%，亩均销售增长9.6%，腾退低效用地57宗，共1418亩。83家C类企业已有70家采取行动，其中已经退地的有7家，已经关停的有6家，已经完成并购重组的有8家，正在重组的有2家，正在技改提升的有10家，主动反映业绩的有2家，计划实施关停并转退的有33家。①

---

① 数据来源于嘉兴市统计信息网，http://www.jxstats.gov.cn。

（2）搭建市场交易平台，主动发挥市场"无形之手"的作用。一是搭建要素交易市场。设立浙江江南要素交易中心有限公司，主要承接土地、排污权、能源等稀缺类资源的一、二级市场交易，打造立足本地辐射区域的要素综合交易平台。二是引进人力资源聚集区。成功引进上海博尔捷人才服务有限公司合作建设省级"沪浙人力资源服务业集聚区"，以产业集聚、服务拓展、企业孵化、市场培育为主要功能，为经济发展提供产业化、信息化、规范化、国际化人力资源服务，计划三年引进30家以上的人力资源服务企业。三是构建技术要素市场。引进厦门中开信息公司作为运营主体，合作建设集信息展示、成果评估、在线对接、技术交易、经纪培育等功能于一体的网上技术交易平台。依托浙江大学国际联合学院建设国际高科技产业转移基地，深化与国内知名大学和科研院所联合举办新产品、新技术博览会的常态化机制，努力培育发展区域性技术交易市场。同时，创新构筑院（校）地深度合作共建产学研机制，加快浙江大学国际联合学院高技术转移中心、漕河泾科技绿洲、中科创智产业园等创新平台建设。

（3）深化配套支持改革，完善要素改革保障机制。一是加快政府向市场放权，推进高效行政审批。全面推行核准目录外企业投资项目，不再审批改革试点。制订工业企业投资项目准入负面清单，对负面清单外的工业项目全面实施承诺备案制，变先批后建为先建后验，全省首个"零审批"项目敦奴时装产业园已正式开工。全面清理和削减审批事项，变前置审批为事中事后监管，分两批共调减行政许可168项，占52%；取消非行政许可67项，占80%，成为全省审批事项最少县（市）。深化投资项目全流程"六阶段"办理机制。开展商事登记制度改革，在35个行业推行"先照后证"。二是创新地方金融要素保障，推进民营资本活力化。对A、B、C三类企业实施差别化的信贷政策，提供差别化保险服务。2013年，实行市场化运作、公司化管理、政府参与的民间融资管理中心已开始运行，浙江股权交易中心在海宁设立分中心，已有17家企业在省股交中心挂牌。创新发展各类金融机构，信用联社改制为农商行，村镇银行筹建即将完成，引入股权投资基金11家，拥有小额贷款公司3家，融资租赁公司3家。三是创新科技人才集聚机制，营造良好投资环境。创新企业以联合抱团方式申报省级企业研究院，目前 5 家牵头企业已制订实施方案。漕河泾科技绿洲、中科创智产业园、上海工程技术大学科技园海宁园区等创新平台加快建设，建立多方资本参与皮革研究院、中纺经编技术研究院等重大科技平台共建机制。改革人才评价制度，建立技能人才企业自主评价机制。改革人才培训方式，建立与区域发展相吻合的校企共建高技能人才公共实训基地机制。改革人才流动机制，建立有利于科技人才向企业流动的人才管理制度。

第四节　发挥体制机制优势

改革开放以来，浙江在体制机制改革上一直走在全国前列，具有很大的优势。发挥好这方面的优势，有利于浙江在新时期加快经济体制改革的进一步推进。

一　搞活国有经济

自 2004 年成立省国资委以来的 10 年间，浙江坚持按照"三宜"原则推进国有企业改革，收到显著成效。2004 年，浙江省委、省政府提出"宜强则强、宜留则留、宜退则退"的"三宜"原则，明确以产权多元化为国企改革主要内容。截至目前，浙江省属企业集团户数已由 27 家整合为 16 家，国资总量、质量和集中度明显提高，省属各级企业产权多元化比例已逾七成。①

1. 搞活国有经济的思想理念

习近平同志在浙江担任省委书记期间，对搞活国有经济提出下述思想理念：一是要全面完成以产权制度改革和转换职工劳动关系为主要内容的国有、城镇集体企业改革，完善企业内部的分配激励机制，加强企业管理，进

---

① 《坚持"三宜"改革浙江国企 10 年累计增加国资过万亿元》，新华网，2014 年 7 月 14 日，http://finance.ifeng.com/a/20140714/12716653_0.shtml。

一步完善法人治理结构，建立现代企业制度。二是建立健全省市两级权利、义务和责任相统一，管理资产和管人、管事相结合的国有资产管理体制。三是加快国有经济布局的战略性调整，进一步"做优做强"国有经济。把推动国企改革和促进企业整合、增强企业活力结合起来，对现有国有企业进行分类指导，发展壮大一批、优化重组一批、关闭退出一批。在重点领域和优势行业加快培育一批具有国际竞争力的大企业大集团。四是大胆探索国有经济的多种实现形式。加大外资、民资进入力度，大力发展混合所有制经济。①

根据党的十六大和十六届三中全会精神，紧密结合浙江实际，2004 年省委、省政府提出省属国有企业改革的主要目标：通过三年左右的努力，基本完成以投资主体多元化为主要内容的新一轮省属国有企业改革，完善国有资本有进有退、合理流动的机制；继续调整和优化国有经济布局和结构，推动国有资产向重点领域和优势企业集聚；加快建立现代企业制度，推动企业体制机制创新，在完善公司法人治理结构、转换企业经营机制方面取得新进展；基本建立权利、义务、责任相统一，管理资产和管人、管事相结合的国有资产监管体系。围绕上述要求和目标，在工作指导上必须做好"五个坚持"。

（1）坚持突出发展，充分发挥国有经济的主导作用。通过资产重组和结构调整，进一步优化国有资产的布局和结构，培育一批具有国际竞争力的大企业大集团，提高省属国有企业的整体素质，实现国有资产的保值增值，更好地体现和发挥国有经济的主导作用。这是省属国有企业改革的出发点和落脚点，也是衡量省属国有企业改革是否成功的重要标志。就单个企业而言，要按照现代企业制度的要求，积极进行规范的股份制发行，实现产权多元化，转变企业经营机制，增强企业活力，提高综合实力和市场竞争力；就省属国有企业和国有资产整体而言，要通过推动国有资产布局和结构的战略

---

① 习近平：《坚持"两个毫不动摇"再创浙江多种所有制经济发展新优势》，《经济时报》2003 年 3 月 15 日。

性调整，促进国有资产向重点领域集中，向优势企业集中，进一步增强省属国有企业的整体竞争力、影响力和带动力。

（2）坚持积极稳妥，不断探索省属国有企业改革的新路子。改革开放以来，浙江国有企业改革进展比较快，走在全国前列，并创造了一些成功经验。但是，浙江省属国有企业改革正处于攻坚阶段，经过多年的改革和探索，容易解决的问题基本已经解决，剩下的都是绕不开、躲不过的重点难点问题。要解决这些问题，必须求真务实，勇于探索，牢牢抓住改革的关键环节，突破体制上的瓶颈，着力在推进产权主体多元化、公司法人治理结构、构建国有资产管理体制等方面取得突破性进展，大力发展混合所有制经济，积极探索公有制的多种有效实现形式。同时，浙江省属国有企业改革任务重、难度大，社会影响面广，绝不可能速战速决，一蹴而就。必须精心制订改革方案，积极稳妥地推进各项改革，切实做到成熟一家、改制一家，改制一家、成功一家，使改革经得起实践和历史的检验。

（3）坚持分类指导，采取多种有效形式推动改制。省属国有企业情况千差万别，就省级授权经营企业集团来说，行业特点、企业规模、资产质量、经营业绩也各不相同。因此，在推进改革时，必须坚持因企制宜、分类指导的方针，针对不同类型的企业采取不同的改制方式，不搞一刀切，不搞单一模式，从实际出发，积极探索和实践。有的可以继续保持国有独资或绝对控股，加快完善法人治理结构，建立长效激励机制；有的可以通过招标招募等办法引进战略投资者，实现产权主体多元化；有的可以进一步突出主业，优化配置资源，整合相关产业和资产，提高核心竞争力；有的可以通过产权转让、兼并拍卖或让经营层控股，实现整体转制。但是，无论采用什么形式，都要有利于经营机制转变，有利于建立现代企业制度，有利于优化国有经济布局和结构，有利于国有资产保值增值，有利于浙江的发展。

（4）坚持以人为本，切实维护好广大职工的权益。坚持以人为本，切实维护好广大职工权益，是推进省属国有企业改革的根本原则，也是执政为民的充分体现。省属国有企业改革涉及近19万在职职工和6万离退休职工。其中，24家授权经营企业集团的在职职工为13.78万人，离退休职工为

5.15万人。必须十分注意处理好改革、发展、稳定的关系，把改革的力度、推进的速度和职工可承受的程度统一起来，确保改革在稳定的前提下稳妥进行。牢固树立以人为本的思想，充分尊重职工的民主权利，做到改革方案经过职代会审议，职工安置方案经过职代会通过，让改革的成果惠及广大职工。切实把职工的合法利益放在第一位，充分考虑职工的承受能力，解决好改制企业职工和离退休职工的基本生活和社会保障问题，解决好职工身份的转换问题，解决好职工的就业问题，决不能轻易地把职工向社会一推了事。只有广大职工的利益维护好了，他们的积极性调动起来了，改革才能顺利推进。

（5）坚持规范操作，严格防止国有资产流失。国家先后出台了《关于规范国有企业改制工作的意见》和《企业国有产权转让管理暂行办法》，这两个文件对国有企业改制和国有产权转让的主要环节都做了明确的规定。在具体操作过程中，为推进改革，可以制定和实施一些必要的配套政策，但必须守住一条"底线"，就是一定要有效防止国有资产流失。抓住三个"关键环节"：一是全过程规范。从企业改革方案的设计、确定到组织实施，从国有资产的核定、评估到国有资产的转让，每一个环节、每一个步骤都必须严格按程序办，规范运作。二是全方位公开。要坚持公开透明、阳光操作，引进市场经济的办法，做到公开、公平、公正，绝不能出现低估贱卖、暗箱操作、自卖自买的现象。要充分发挥产权交易机构和国内外中介机构的作用，积极探索市场发现价格、决定价格的机制。三是全社会监督。不但要发挥好国资委的监督管理作用，还要充分发挥人大、政协、新闻界等方方面面的作用，形成全社会对省属国有企业改革的有效监督机制。

2. 主要举措及成绩[①]

（1）坚持深化企业改革，企业发展的体制机制不断理顺。一是推动省属企业与央企、民企和境外企业的战略合作，大力推进股份制改造和上市工作，至2013年累计已有9家控股上市公司。二是推动省属企业本级重组整

① 数据来源于《浙江统计年鉴2013》。

合，推动 3 家省属外贸集团重组成立了国贸集团，能源集团完成了对水利水电集团的重组。三是逐步压缩企业管理层级，目前省属企业管理层级基本已经压缩到 4 级以内；完善企业法人治理结构，积极推进董事会、监事会建设，建立了职工董事、监事制度；组建了 4 个省属企业外派监事会，除合资企业外已经基本实现外派监事会全覆盖。

（2）调整优化产业结构，加快转型发展的格局不断形成。一是坚持突出主业发展。全面完成省属企业主业确定工作，重点培育"能源、交通、商贸、钢铁、化工、建筑"等六大优势产业板块。二是大力实施"双千工程"。物产、交通、能源 3 家集团的经营规模或资产超 1000 亿元，8 家集团的资产和收入均超过 100 亿元，7 家省属企业入选中国企业 500 强。其中物产集团成为浙江省首家进入世界 500 强的企业。三是不断拓展新兴产业领域，培育海洋经济、金融等新增长点。省属企业已介入海洋经济重点建设项目 12 个，涉及项目总投资近 450 亿元。出台产融结合发展意见，积极培育金融业务。

（3）着力创新发展方式，企业运行的质量效率不断提高。一是积极创新管控体系。加强集团管控体系，推动企业实行全面预算管理、资金集中管理和全员成本管理，降低了企业的财务、生产和管理成本。二是着力创新发展平台。引导企业加强与央企、地方政府及省属企业内部的战略合作，成功承办国务院国资委与省政府战略合作备忘录签署仪式暨浙江与央企合作洽谈会，能源、钢铁等 5 家省属企业集团与央企签订 9 项合作协议，项目总投资 1419 亿元。三是推动创新商业模式。积极推动物产、国贸、商业等商贸服务型企业创新经营业态。四是扎实推进技术创新。省属企业已拥有国家重点实验室 1 个、国家级技术研发中心 6 个；累计获得各类专利 170 多项，省部级以上科技奖 60 多项；有 13 家成员企业被列入浙江省创新型试点、示范企业。

（4）改进监管服务方式，服务发展的监管体制不断完善。一是监管服务方式进一步改进。创新了促进企业改革发展监管制度、政策和方式，提升了监管和服务企业的效能。二是监管制度体系进一步完善。出台国资监管制度和规范性文件100多项，着力完善和构建了以4大报告制度和9项业务工作流程为代表的国资监管体系。三是监管体系进一步健全。县级国资监管体制改革氛围浓厚，形成特色，目前已有47个县（市、区）组建了独立或相对独立的国资监管机构，占浙江县级行政区划的50%左右。

（5）切实履行三大责任，企业良好的社会形象不断提升。一是为国家和地方财政贡献力量。近五年，省属企业国有资产总量增加523.5亿元，累计实现利润总额839.3亿元，上缴税费总额755.5亿元。二是努力保障市场供应和生产秩序。能源集团争取煤油气资源，保障全省电力供应；盐业集团妥善应对化解抢盐风波，维护了重要民生产品的市场秩序和价格稳定。三是积极支持重大工程和民生工程建设。交通、能源、铁路、萧山机场等企业大力推进基础设施建设，为完善浙江省能源保障网、综合交通网发挥了主力军作用。

二　实现民营经济新飞跃

民营经济是社会主义市场经济的重要组成部分，在浙江，民营经济的地位与作用更为突出，成为浙江的优势和活力所在。

1. 民营经济新飞跃的基本历程

2003年是浙江经济发展的一个重要时点。这一年遭受了非典疫情、持续高温干旱、电力能源供应紧张等影响，然而全省经济仍比上年增长14.7%，写就了改革开放以来经济年均增长13.1%的辉煌业绩。旺盛的民间活力是浙江持续快速发展的法宝，2003年全省非公有制经济增加值占GDP比重已达59.5%。2004年，浙江省召开了大规模、高规格的民营经济工作会议，出台了《关于推动民营经济新飞跃的若干意见》。省内各级地方党委、政府都据此出台了内容更加具体、措施更加务实、操作更加便捷的政策措施，对各种不平等政策进行清理，让个体私营经济充分享受国民待遇，保证了个体私营经济在相对宽松环境中的蓬勃发展。在2004年全省民营经济工作会议上，时任省委书记习近平强调，要进一步解放思想，大胆实践，加快推进制度创新、科技创新和管理创新，全面提高民营经济的科技化、规模化、集约化和国际化水平，不断增强民营经济的综合实力和国际竞争力，保持浙江民营经济发展在全国的领先地位。他强调，推动民营经济新飞跃必须着力推进"五个转变"，实现"五个提高"：从主要依靠先发性的机制优势，向主要依靠制度创新、科技创新和管理创新转变，提高民营经济的综合实力和国际竞争力；从主要集中在传统制造业和商贸业，向全面进入高技术高附加值先进制造业、基础产业和新兴服务业转变，提高民营经济的产业层次和发展水平；从主要依靠国内资源和国内市场，向充分利用国际国内两种资源、两个市场转变，提高民营经济的外向发展水平；从现有的块状经济、小规模经营逐步向更高层次的集群化、规模经营转变，提高民营经济的集约化和规模化水平；从比较粗放的经营方式向更加注重信用、质量、生态和遵纪守法的经营方式转变，提高民营经济的整体素质和可持续发展水平。要进一步加强对民营经济发展工作的领导，把推动民营经济新飞跃摆上全局工作的重要位置，优化环境，完善管理，加强党建，努力开创浙江民营经济发展的新局面。

2005 年 2 月 25 日，国务院《关于鼓励支持和引导个体私营等非公有制经济发展的若干意见》（即"非公 36 条"）正式出台，标志着中央政府开始更大力度地支持非公经济的发展。浙江省政府对上述意见进行细化，出台了《关于鼓励支持和引导个体私营等非公有制经济发展的实施意见》，充分体现了"非禁即入"的姿态，凡是法律法规没有明确禁入的行业和领域，民营资本都可以进入，在政策上明确了电力、铁路、加油站及仓储设施、成品油零售及批发业务，以及城镇供水、供气、供热、公共交通，甚至国防科技工业建设领域，都允许符合条件的民间企业平等参与竞争。2006 年，浙江省委、省政府召开了全省自主创新大会，颁布了《关于加快提高自主创新能力，建设创新型省份和科技强省的若干意见》，特别规定允许企业按照当年实际发生的技术开发费用的 150% 抵扣当年实际应缴纳的所得税，促进企业加大研发资金投入。随着国务院"非公 36 条"的深入贯彻实施，2007 年初全国人大通过了《物权法》和《企业所得税法》，确立了民营经济在国内与其他经济的平等地位，以国家法律的形式对非公企业资产进行保护。《企业所得税法》则给予了民营企业在税率上的同等"国民待遇"，民营经济因此获得了更大的增长空间。

在经济全球化加速推进的大背景下，浙江民营经济仍然保持了较快的发展速度，但在2008年以来全球金融危机的影响下，浙江民营经济的结构性、素质性矛盾也日益突出。这一阶段，浙江民营企业的发展主要表现为：一是经营领域继续扩大，随着中央政策在市场准入上对民营企业的一视同仁，民营企业从原来主要存在于竞争相对比较激烈的行业，逐步进入一些传统的垄断行业如电信、石油等领域。二是由单纯的追求利润转变为更加重视企业所承担的社会责任。在企业的发展过程中，浙江民营企业开始逐步形成共识，认识到民营企业的社会责任有三个层面：首先是义务，即守法纳税、保护职工权益、保护环境等；其次是责任，先富帮后富，要义利兼顾、德行并重，最后就是道德，要乐善好施，扶危济困。三是讲求和谐，浙江民营企业开始更加关注社会资源、生态环境、劳动者权益，致力于打造和谐企业，建设和谐社会。四是浙江民营企业自主创新的基本能力有了显著提高，以提升自主创新能力为突破口的一些条件和比较优势开始形成：以企业为主体、高校科研院所为依托的技术创新体系逐步形成，规模企业已经成为浙江技术创新的主导力量；形成了一批知识密集型和人才密集型的民营科技企业。五是浙江民营企业利用国内国际两种资源、两个市场，大胆实施"跳出浙江发展浙江""走出去"到境外投资的发展战略，形成了"走出去"和"引进来"双向互动、良性发展的新格局。

2011年初，浙江省委、省政府召开了全省民营经济万人大会。在深化"创业创新闯天下、合心全力强浙江"主旋律的基础上，以"毫不动摇支持民营经济发展，坚定不移推进民企转型升级"为中心议题，科学谋划了新一轮民营经济发展蓝图。省委、省政府提出，要切实加大政策支持力度，通过消除民营经济发展的体制性障碍，发挥财税政策的引导扶持作用，建立全方位地方金融支持体系等一系列举措，促进浙江民营经济实现新的发展。浙江着力放宽民间投资准入领域，对于有收益或通过收费补偿可以获取收益的基础性公共项目，向民间资本全面开放；对鼓励和允许外资进入的领域，优先向民间投资开放；对国有企业的重组改制，创造条件鼓励民间投资积极参与，政府投资也要尽可能推出民间资本愿意进入、可以采用市场化运作的项目。针对中小企业普遍面临的融资难、投资难、创新难、盈利难等"四难"问题，浙江推动金融机构加大对企业的信贷支持，重点保障有发展前景、资金周转暂时困难的小微企业，确保小企业贷款增速不低于全部贷款增速，努力降低小企业融资成本。同时，促使民间资本规范有序进入民营企业和实体经济，谋划并争取设立了温州国家金融综合改革试验区，选择部分市县开展规范民间融资试点，引导民资发展实体经济。

2013 年省委十三届四次全会审议通过了《中共浙江省委关于认真学习贯彻党的十八届三中全会精神 全面深化改革再创体制机制新优势的决定》，提出，民间资金充裕、民营经济发达、中小企业众多、浙商群体庞大是浙江省的突出优势，必须通过深化改革，最大限度激活民间力量、推动民营经济实现新飞跃。要坚持"两个毫不动摇"，在深化国有企业改革的同时，积极发展混合所有制经济，激发民营经济的发展活力和创造力，保证各种所有制经济依法平等使用生产要素、公开公平公正参与市场竞争、同等受到法律保护。还提出许多具体的改革举措，如在市场准入方面，废除对非公有制经济各种形式的不合理规定，消除各种隐性壁垒，坚决破除"弹簧门""玻璃门""旋转门"等；在促进企业主体升级方面，落实和健全"个转企、小升规"后续扶持政策体系，引导小微企业健全组织结构和改进管理，健全民营企业做大做强引导机制，引导上规模民营企业加强制度创新、管理创新；在吸引浙商回乡发展方面，要完善实施"浙商回归"工程体制机制，健全回归浙商重大产业升级项目资源要素保障机制，不断优化浙商回乡创业的体制环境。

2. 民营经济发展取得的成绩①

浙江民营经济发展取得的成绩可以概括为"四个大"。

（1）群体数量大。2003 年，浙江私营企业的户均注册资本是 115 万元；

---

① 数据来源于历年《浙江统计年鉴》。

到 2013 年，私营企业的户均注册资本达到 308.5 万元，增长了近 2 倍。根据数据统计，平均每 12.6 个浙江人中就有一名老板；平均 43.6 人就有一家企业创投，单位人口的市场主体和企业的拥有量均超过江苏和广东。浙商群体数量超过 1100 万个，其中，在海外创业的浙商有 150 万个，在国内省外创业的浙商有 600 万个，省内浙商有 350 万个左右。在海外、省外投资经商的 750 万个浙商创造的财富总量，与浙江全年 GDP 相仿，相当于在国外、省外再造了一个浙江。在全国各地经商办企业的 600 多万个浙商，创办各类企业 26 万多家，创办各类专业市场 2000 多个，创办各类开发园区 373 个，规划投资园区面积 90.6 万亩。浙商在全国的投资总规模超过 3 万亿元，亿元以上项目 3000 多个，10 亿元以上的达 500 多个，向当地纳税累计超过 1500 多亿元，解决就业 1400 多万人。

（2）增长速度大。截至 2013 年底，全省省内共有各类市场主体 377.9 万户，同比增长 9.25%。其中在册企业 110.8 万户，同比增长 19.34%；内资企业 107.8 万户，同比增长 19.88%，注册资本总额 5 万亿元，同比增长 18%；个体工商户已达到 260.9 万户，同比增长 5.37%，资金数额 1660 亿元，同比增长 16.42%；企业集团 2492 户，同比增长 7.55%。

（3）企业规模大。2013 年 8 月全国工商联公布的浙江入围"全国民营企业 500 强"的企业数量达 139 家，连续第 15 年位列全国榜首。2013 年全省民营企业营业收入超过 5 亿元的有 823 家，其中，超过 500 亿元的有 5 家，超过 100 亿元的有 94 家，超过 50 亿元的有 202 家，超过 10 亿元的有 557 家，民营企业规模之大在全国遥遥领先。

（4）经济贡献大。2013 年，民营经济贡献了全省 60% 以上的税收，70% 以上的生产总值，80% 以上的外贸出口和 90% 以上的新增就业岗位。缴税总额超过 1 亿元的民营企业超过 258 家，其中，超过 2 亿元的有 163 家，超过 5 亿元的有 63 家，超过 10 亿元的有 25 家，超过 15 亿元的有 7 家，超过 30 亿元的有 3 家，特别是吉利集团年缴税达到 85.87 亿元，娃哈哈集团年缴税达到 58.76 亿元，贡献十分巨大。全省民营企业中，企业员工人数达到 1 万人的有 82 家，其中，超过 2 万人的有 41

家，超过 3 万人的有 22 家，超过 4 万人的有 13 家，超过 5 万人的有 7 家，特别是广厦集团股份有限公司达到 10 万人，为解决就业问题做出了重要贡献。

总结与展望

政府与市场是一对矛盾，在不少地方，市场的活跃往往伴随着政府作用的弱化，而政府作用的发挥往往又是以市场功能的萎缩为代价的，非此即彼。但在浙江，市场的活跃和政府的有为并没有形成对立，反而在磨合中实现了优势的互补。

浙江由于较好地处理了政府和市场的关系，有力地推进了经济市场化改革，因而取得了率先发展的体制机制优势。今后，浙江推进经济体制改革向纵深发展，促进经济发展方式转变，从而实现十八大提出的经济社会发展目标，更需要尊重市场规律，更好地发挥政府的作用，进一步处理好政府和市场的关系。当前，改革的广度空前，相互之间必须配套，要更加注重改革的系统性、协同性、关联性和互动性，实现上下级改革试点的配套、局部和全局的配合，使各项改革政策发挥最大的效能。改革的难度空前，超前谋划与滚动实施必须配套。要抓住重点突破一批改革难点，形成一批行之有效的改革成果加以推广；继续深化一批改革热点，争取取得实质性进展；继续抓好一批改革试点，积极回应经济社会发展需求；适时推动一批新的改革试点，超前启动一批改革方案研究，对于一些改革需求迫切，但条件还不成熟的改革，要加强研究，尽快制订出台改革方案。放权的力度空前，加快放权与加强监管必须配套。

要继续深化要素市场化配置改革，努力通过市场竞争实现资源要素的"合理配、优质配、合法配、高效配"。按照市场主导、政策引导的原则，着力构建 1 + X 的要素配置平台（即一个要素交易中心，加市场化方式运作的产权交易市场、人力资源市场和技术市场等），统筹提升要素配置效益，细化完善亩产效益综合评价体系，加大差别化价格实施力度，进一步发挥奖优汰劣作用。

要探索建立试点成效评估制度，改革试点要引入第三方进行客观的评估。要探索建立试点经验总结推广制度，形成一批可复制、可推广、有特色的改革模式，带动面上改革；鼓励其他地区学习借鉴试点地区的改革举措，鼓励改革试点地区互相承接、叠加改革事项。要探索建立改革试点的联席会议制度，协调解决试点中遇到的重大问题，建立改革信息共享机制，加强试点工作的交流。

要进一步厘清政府和市场的边界。在社会主义市场经济中，政府与市场各有其不同的功能和发挥作用的领域。市场在信息传输和利益激励两个方面有其独特的优势，因此在微观领域，经济资源配置的基础是市场。政府的职责是为不同的市场主体提供公平有序的市场环境。政府和市场的关系要不断调整和完善，政府与市场的关系不是亘古不变的，要随时间、地点和条件的变化而变化。政府与市场要互相配合，努力达到两者最优的组合，社会主义市场经济需要充分发挥市场机制有效配置资源、提高经济效益的作用，同时也要充分考虑社会公平，防止贫富差距过大，而后者是市场本身不能达到的，需要政府进行宏观调控、统筹安排。只有处理好政府与市场的关系，使两者共同发挥作用，才能既保持经济发展的速度和效率，又保证社会的公平和平等，才能实现社会主义共同富裕的最终目标。

参考文献

1. 郁建兴、张利萍：《市场化进程中地方政府的角色调适与管理创新》，《理论探讨》2013 年第 4 期。

2. 中共浙江省委党史研究室：《创业富民 创新强省——中共浙江省第十二次代表大会以来》，浙江人民出版社，2012。

3. 张震宇、柯园园：《地方金融综合改革的温州解法》，《中国金融》2014 年第 11 期。

4. 习近平：《坚持"两个毫不动摇"再创浙江多种所有制经济发展新优势》，《经济时报》2003 年 3 月 15 日。

5. 习近平：《干在实处 走在前列——推进浙江新发展的思考与实践》，中共中央党校出版社，2006。

6. 马力宏：《从浙江实践看政府与市场的关系》，《今日浙江》2013 年第 23 期。

7. 陈时兴：《处理好政府和市场的关系 推进经济体制改革向纵深发展》，《浙江经济》2012 年第 23 期。

8. 习近平：《之江新语》，浙江人民出版社，2007。

第四章
坚持开放发展　建立开放型经济新体系

现代的开放型经济不仅指贸易自由化的经济，还包括资本、劳务和人员实行比较自由的流动。在开放型经济中，要素、商品、服务等可以较自由地跨区域流动，从而实现最优资源配置和最高经济效率。可以说，经济开放是一国或地区企业与产业竞争力提升的必经之路，经济强国必然是开放大国。改革开放以来，中国走上了开放发展之路，尤其是在加入世界贸易组织后，中国经济不断融入全球经济，开放大国之梦正逐步成为现实。

浙江是东南沿海经济较发达的省份，浙江经济的开放，不仅包含对外开放（国际开放），也包含对内开放（区际开放）。浙江经济市场化程度较高，决定了浙江经济更接近于开放型经济。改革开放以来，浙江对外贸易与引进外来直接投资有了长足发展。尤其是21世纪初以来，浙江省委、省政府从浙江实际出发，把握世界经济的发展趋势，"跳出浙江发展浙江"，推进了浙江开放型经济水平的不断提升。浙江开放经济的发展正是中国开放大国之梦的最好实践。

第一节　"跳出浙江发展浙江"理念的形成与发展

20世纪90年代中期，随着民营经济的发展与产业集群的崛起，浙江产品的国际竞争力不断上升，浙江出口贸易长足发展。尤其是1999年中国"入世"后，浙江出口贸易连年高速增长，出口顺差跃居全国首位；外商来浙投资也保持着快速增长势头。开放型经济已成为浙江整个经济社会发展的强大支撑和推动力量。但浙江的开放经济也面临着诸多威胁与挑战：土地资源、劳动力、资本等要素的价格不断上涨；浙江出口主体产品为劳动密集型轻纺产品，面临着国内外发展中国家与地区产品的巨大竞争压力；浙江出口产品依靠低价大量取胜，经济效益低；浙江的外来投资主要来自香港、台湾与海外侨资，规模偏小，产业技术先进度不高，企业与当地民资链接不强；2005年7月以后人民币汇率稳步上升，也影响着浙江出口产品的价格竞争力，制约着外来投资增长。如何在新形势下，推进浙江进出口贸易、区际贸易与吸收外资、区际及国际经济合作的持续增长，并带动浙江经济转型发展，成为新的重大课题。

一　从"引进来、走出去"到"跳出浙江发展浙江"

针对浙江开放经济面临的新机遇、新问题，浙江省委、省政府深刻认识到只有加大对内对外开放力度，全面提高开放水平，才能使浙江企业经得起风浪，才能增强活力、提高国际竞争力，浙江经济也才能健康、持续发展。2001年9月，浙江省政府做出了加快实施"走出去"战略的决定。提出要在继续大力吸引外来直接投资的同时，积极鼓励和支持省内优势产业和专业市场向境外拓展，以促进浙江更充分地利用国内国际两种市场、资源。这既是企业发展的客观需要，也是省委、省政府审时度势做出的重大战略。

2002年12月，浙江省财政厅、外经贸厅联合发布了《关于实施"走出去"战略专项资金使用管理若干意见的通知》，建立了"走出去"专项资金，对浙江企业在境外设立商品专业市场、生产企业和研发中心提供补助和奖励资金。省外经贸厅与省外汇管理局联合发出了《浙江省设立境外企业与机构审批管理办法（试行）》；同时，将一部分项目审批权限以委托的方式下放给市（扩权县）外经贸部门，以调动各地推动企业"走出去"的积极性。

"走出去"战略的实施，使浙江企业在国际化的舞台上，实现了与国际市场接轨的跨越式发展。浙江企业逐渐通过在境外建立生产基地、设立研发中心，以及海外并购、海外上市等多种新形式，获取国外企业的品牌、技术和市场，以快速扩大市场份额和进入新的市场。浙江中国商品城等市场还到拉美、欧洲、非洲设立了分市场，带动了小商品的大量出口。浙江企业

"走出去"的抗风险能力和参与国际竞争的能力正在逐步提高。走出去，也带动了浙江商品的出口，促进了外商来浙江投资，对浙江外经贸合作的发展起到了积极的作用。

2003年初夏，"电力短缺"现象在浙江全省各地爆发，温州、台州等地因拉闸限电，工厂只能一周停四开三，很多小企业只能自买柴油机发电。即使在省会城市杭州，企业也经常被拉电。这表明了资源对经济发展的刚性约束在缺金属矿产、少煤油能源、人多地少的浙江表现得尤为突出，资源环境约束已成为浙江经济发展的瓶颈。同时，浙江经济发展中的结构性、组织性和要素性矛盾逐渐凸显。如何按照科学发展观的要求，实现省委、省政府提出的"干在实处、走在前列"的号召，在更大范围、更广领域、更高层次参与国内外经济技术合作和竞争，拓展新的发展空间，保持经济持续健康快速发展，"跳出浙江发展浙江"成为新的历史条件下浙江经济发展的战略选择。时任省委书记习近平强调，"跳出浙江发展浙江"不仅是浙江经济社会发展的必然要求，也是一种全局意识和政治责任。"跳出浙江发展浙江"，不仅是为国家统筹区域发展做出贡献，而且延伸了浙江的产业链，推动着浙江产业的梯度转移，促进了资源要素的合理流动和优化配置。2011年浙江省第十二次党代会指出："要以'跳出浙江发展浙江'的思路拓展发展空间，努力保持发展的良好势头。"浙江省委十二届二次全会强调："全面推进创业创新，必须充分利用国际国内两个市场、两种资源。"由此，"跳出浙江发展浙江"，成为"两创"总战略的重要内容，成为拓展全省创业创新空间的战略之举。

"跳出浙江发展浙江"是在新形势下对"引进来、走出去"战略的提升。

1. "跳出浙江发展浙江"的目的是"立足浙江、发展浙江"

"跳出浙江发展浙江"不仅不会与"立足浙江、发展浙江"矛盾，"跳出浙江"就是为了"发展浙江"，"跳出浙江"能更好地"立足浙江、发展浙江"。

改革开放以来，浙江经济的发展动力主要来自本土的民营经济，是一种内源式的发展。但在开放的经济体系下，"内源发展不是封闭发展"，"内源发展"要与对外开放、外向拓展相结合。立足浙江并不是自囿于浙江地域，而应该通过主动融入全国与全球经济体系，更好地利用全球与全国两个市场、省外与海外两种资源，促进资源要素的合理流动和优化配置。这能促使浙江突破资源环境与技术等高等要素供给的瓶颈制约，提升浙江的产业竞争力，推进浙江经济转型升级，从而使浙江经济更好地立足浙江、发展浙江。

因而，在推进"跳出浙江发展浙江"的战略中，浙江提出了"三个坚持"。

（1）坚持在参与区际竞争与国际竞争中提升本土经济。对外贸易与区际贸易不仅对浙江省经济的持续快速增长具有重要作用，而且对产业升级、增长方式转变具有不可替代的作用。要加快贸易增长方式转变，瞄准发达国家市场、新兴国家市场与省外重要市场，提高商品的质量、档次和收益，着力提高本土经济的国际竞争力，同时要积极扩大能源、重要原材料的输入，千方百计引进国内国外先进技术、先进装备、先进的管理方法和经验，做好引进技术的消化吸收和创新提高，着力提升本土经济的技术水平、装备水平、管理水平和资源保障水平。

（2）坚持在与省外、海外企业的互动融合中提升本土经济。要进一步创新引资方式，扩大引资平台，重点引进对浙江省产业升级具有重大带动作用的大项目、大企业，不断提高引进省外与海外项目的质量和水平。同时，加强本土企业和省外海外来浙投资企业在技术资金人才信息等方面的联系，鼓励本地企业采取控股参股等多种形式与省外海外企业进行合资合作。鼓励和支持有条件的本土企业与跨国公司、省外大企业建立战略联盟，鼓励民营中小企业与省外海外在浙投资企业建立起专业化协作关系，进入产业链并努力向产业链高端攀升，使本土经济在与省外海外企业的合作竞争中实现大发展、大提高。

（3）坚持在"走出去"过程中提升本土经济。腾笼才能换鸟，壮大可以反哺。这更有利于浙江发展高新科技产业和新兴服务业，提高本土经济整体素质和区域竞争力。要坚持"跳出浙江发展浙江"，鼓励企业在省外投资创业，鼓励企业走出国门，开展对外投资和跨国经营，带动产品走出去、资源引进来，不断拓展发展空间。同时，要进一步增强在外投资企业与浙江经济的联系，积极吸引在外浙商回乡投资企业，努力实现"低端产业出去、高端产业进来"的良性循环。

2. "跳出浙江发展浙江"涵盖了对内开放与对外开放

21 世纪初提出的"引进来、走出去"战略主要是针对浙江经济的国际开放，强调在引进外来直接投资的同时，鼓励浙商利用中国加入 WTO 的新机遇走出国门、走向世界，更好地利用世界市场、海外资源与先进技术。而"跳出浙江发展浙江"则涵盖了对内开放与对外开放。

首先，"跳出浙江"是要鼓励广大浙商走出浙江，到全国各地投资，更好地利用全国的资源与要素，降低生产成本，提高产业竞争力，提高投资效率；是要鼓励浙江更多地开展区际贸易，更多地输入省外廉价中间品，经过加工制造与营销，再不断输往全国各地市场，形成省际贸易的大进大出，促进浙江外出商品的结构优化，带动浙江产业结构的调整与升级。

其次，"跳出浙江"是要鼓励浙商走出国门，发挥自身优势，到海外办市场、开工厂、办农场、包矿山、设立销售机构、建立研发中心，鼓励劳务输出与对外经济技术协作。这是为了更好地利用全球资源与先进要素，弥补浙江要素资源的不足；通过融入全球产业链，更充分地利用海外市场，加大浙江产品的出口，提高浙江出口商品的质量与档次，加快浙江进出口商品结构的调整。同时，也能更多更好地吸引海外企业来浙江投资发展。

可以说，"跳出浙江发展浙江"是浙江经济社会发展的必然要求，也是一种全局意识和政治责任，是积极响应国家"统筹区域协调发展"的需求。浙江省委、省政府始终站在全局和战略的高度，在加快浙江自身发展的同时，积极参与西部大开发、中部崛起、东北地区等老工业基地振兴，促进长三角地区和长江经济带的联动发展，为全国区域协调发展做出积极的贡献。

3. "跳出浙江发展浙江"要建立起开放型经济新体系

改革开放 30 年来浙江经济的发展主要是基于本土民营经济的"内源式"发展，进出口贸易与引进外资是经济发展的一种推进方式。随着区际贸易与海外贸易、省际投资与引进外资的不断增长，浙江经济不断融入全国经济与全球经济，浙江经济原有的体系必须进行重大调整。"跳出浙江发展浙江"也是为了在浙江建立起开放型的经济体系。

要建立起开放型经济体系，就必须根据比较优势原则，在全球范围内配置市场、配置要素资源，积极主动地利用省外与海外的资源要素与市场；根据比较优势原则，通过引进来、走出去，跳出浙江、发展浙江，在全国与全球范围内建立起开放型的生产体系，使浙江的企业能参与到全球的产业链中。

2002 ~ 2006 年，浙江省进出口总额和出口额年均增长分别为 34.9% 和 36.1%，出口规模突破千亿美元；机电产品、高新技术产品出口更是高速增长，并在 2006 年首次占据出口总额的"半壁江山"。至 2006 年底，全球 500 强公司已有 77 家在浙江投资兴办了 197 家外商投资企业。2003 ~ 2006 年，全省累计批准境外投资项目 1539 个，年均增长 55.5%，投资项目遍布六个大洲、121 个国家和地区。

二 全面提高浙江开放型经济水平

2008 年下半年，美国次贷危机演化成金融危机，冲击到全球经济。全球发达国家的市场需求趋于萎缩。与此同时，随着人民币对美元等主要货币的不断升值，以外币计价的浙江产品的价格不断上涨，也制约了浙江出口商品的价格竞争力。2008 年年底以来，浙江进出口贸易与外来直接投资受到了较大影响，进出口增长率从 20% 左右的速度下降到个位数，一些月份还出现了负增长。由于浙江出口贸易值常年占到 GDP 的 50% 以上，出口贸易增长的下降影响了浙江经济的稳定增长。

另外，2008 年浙江人均 GDP 超过 6000 美元。根据相关研究，[①] 浙江经

---

① 参见徐剑锋《工业化发达阶段的浙江经济发展》，《浙江学刊》2010 年第 1 期。

济进入工业化发达阶段，即处于由工业化向发达经济过渡的时期。根据经济学理论的实证研究，以及日本、韩国与我国台湾的发展经验，这一阶段劳动力、土地、能源等要素资源的价格会有较快的上升，环境保护压力会加大，货币则会持续升值，企业间、地区间、阶层间的差距会不断拉大，经济增长率会明显下降。这些将制约对外贸易、对外投资、劳务输出的增长。而2008年以来，浙江经济的发展也基本验证了这一特点。

在新的环境下，拓展开放的广度与深度、提高开放型经济水平，成为浙江经济发展新阶段的内在要求。要促进浙江经济又好又快发展，必须发挥开放在经济社会发展全局中的"动力源"作用，全面提高开放型经济水平，在经济全球化背景下，充分利用国际国内两个市场，真正发挥市场在资源配置中的基础性作用，实现资源的最优配置，形成经济全球化条件下浙江参与国际合作和竞争的新优势。

浙江省委、省政府为此提出，要继续落实"跳出浙江发展浙江"战略，全面提高浙江开放型经济水平。要扩大开放领域，优化开放结构，把区域开放置于全球分工和竞争的框架内，把促进自主创新、产业升级、区域协调发展等作为参与国际分工的重要目标，充分利用国际国内两个市场、两种资源，在融入国际产业分工过程中提高浙江经济的国际竞争力。

1. 构建开放型经济新体制，全面提高开放水平

2009年以来，浙江充分发挥"四大国家战略举措"的作用，进一步扩大开放领域、创新开放模式、优化开放结构、提高开放质量，以构建开放型经济新体制，全面提高开放水平。重点积极打造充分利用国际国内两种资源的战略平台。抓住国家推动新一轮开放、加快自由贸易园区建设的重大历史机遇，加快推进舟山群岛新区建设，把它打造成配置全球战略资源的重要平台。利用舟山群岛新区的战略位置，建立面向长三角地区、长江经济带、东北亚的大宗商品储运中转加工交易中心。主动复制上海自贸试验区政策，接轨TPP等新国际贸易规则，对接上海自贸区，使舟山群岛新区成为接轨国际标准的先行区。同时以综保区建设为突破口，先行先试以大宗商品为主的贸易自由化、以海洋制造业和海洋现代服务业为主的投资自由化政策和体制

机制，扎实推进、逐步完善，谋划打造自由贸易园区。力争使舟山群岛新区成为浙江省发展的开放高地。

2. 建设统筹开拓国际国内两个市场的开放纽带

经济开放既包括对外开放，也包含对内开放。浙江经济是大进大出型经济，输入大量省外资源与半成品，加工制造后大量出口海外，成为浙江经济的"三角模式"。随着开放的推进，浙江加强了统筹开拓国际国内两个市场的开放纽带。

义乌中国商品城自1984年建立以来，不断扩展，迅速成为国内第一大商品交易中心，为义乌及金华等周边地区的经济发展做出了重要贡献。进入21世纪后，义乌发挥浙江小商品物美价廉与民营企业机制灵活的优势，加强了对海外市场的开拓，浙江及周边商品通过义乌市场，大量输往中东、东欧、非洲、拉美与东南亚地区，义乌市场成为浙江对内对外开放的大平台。

浙江以义乌市场建设为抓手，充分发挥义乌中国商品城在促进浙江产品输出中的地位与作用，分阶段稳步推进义乌国际贸易综合改革试点，通过贸易体制综合配套改革、"市场采购"贸易方式创新，构建有利于市场采购贸易长效发展的良好环境，积极探索国内贸易与国际贸易、进口贸易与出口贸易协调发展的机制，力争把义乌打造成为统筹开拓国际国内两个市场的开放纽带。一是推进"市场采购"新型贸易方式，完善监管措施，构建有利于"市场采购"贸易方式长效发展的良好环境，提高贸易便利化程度。二是在总结义乌"市场采购"贸易方式的基础上，积极稳妥地进行复制、推广，放大义乌改革整体效应，促进浙江出口贸易持续稳定的增长。

3. 推动进出口贸易稳定、均衡发展

由于货物贸易的发展遇到了瓶颈，外贸出口面临的压力不断加大，浙江充分认识到对外贸易的发展需要加快结构调整，实现好中求快。一是加快外贸发展方式转变，扩大高附加值高技术含量产品出口。强化贸易政策和产业政策协调，推进自主出口品牌建设，推进出口基地和出口质量安全示范区建设，形成以技术、品牌、质量、服务为核心的出口竞争优势。大力发展跨境电子商务、市场采购、外贸供应链管理等新型贸易模式。二是加快扩大服务贸易出口规模，扩大服务尤其是电子信息服务产业的外包，加快发展文化贸易，推动技术贸易，逐步提高服务贸易在出口总额中的比重。三是完善进口贸易扶持政策，加强先进技术和关键装备的引进，促进进口贸易发展。

4. 推进"引进来"与"走出去"更好结合

"引进来"是扩大有效投资的三种形式之一；而"走出去"有利于突破资源环境容量的瓶颈，实现"腾笼换鸟"，将在境外获取的市场、资本、资源、人才、信息、技术等优质要素为我所用，扩展浙江省经济发展空间，壮大提升本土经济。一是推进外资规模稳步增长。放宽外资投资准入条件，探索对外资实行准入前国民待遇加负面清单管理模式，建立符合法治化、国际化和市场化的外商投资环境。扩大服务业开放，完善"招大、引强、选优"机制，大力引进世界500强和行业龙头企业，推动民外合璧，推动引资引技引智有机结合。创新引资方式，积极开展并购投资、跨境人民币投资、融资租赁等新兴引资方式。二是利用一切有利时机加快"走出去"。改革境外投资管理方式，完善对外投资服务，不断提高境外投资便利化程度。推进国际营销网络建设，通过自主营销网络把浙货销出去、销得好。发展对外承包工程，增强工程带动成套设备与技术出口的能力。培育本土跨国公司，增强企业的全球资源配置和国际化经营能力。积极引导和鼓励各类主体创新方式走出去开展绿地投资、跨国并购、技术合作等。加快境外经贸合作区建设，向境外有序转移一批产能。探索建立个人境外直接投资的管理办法和服务体系。

5. 不断创新对外开放载体

在新一轮对外开放中，要进一步增强开发区的开放平台作用，打造若干个国内一流的开发区。一是深化开发区整合提升，完善开发区考核机制，通过分类指导、综合考评、奖优罚庸、专项资金、统计监测等多种手段，有效促进开发区争先进位，创品牌、提效益，支持符合条件的省级开发区升级，推动战略性新兴产业示范基地和特色品牌园区建设，实现创新发展。二是推进综合保税区等海关特殊监管区建设，在浙江对外开放中发挥更大作用。三是加快浙台经贸合作区建设，不断创新两岸经贸合作方式。四是积极呼应、参与国家形成面向全球的高标准自由贸易区网络，适应内陆沿边开放新格局，融入横贯东中西、联结南北方的对外经济走廊，积极参与推进丝绸之路经济带、海上丝绸之路建设等战略部署，在国家新一轮扩大开放中抢占先机。

6. 引导浙商省外投资与浙商回归

针对发展新阶段的特点，引导浙商将比较优势渐逝的传统制造业向中西部地区转移，以促进中西部地区的经济发展，又为浙江传统产业寻找到发展新空间，并获取较好的投资效率；鼓励浙江企业到上海、北京等地建设研发中心与营销中心，为浙江更多地引进技术与人才，并带动浙江产品的输出；通过浙商对外投资，实现"腾笼换鸟"，推进浙江本地生产要素结构提升与产业结构的转型升级。

与此同时，大力推进浙商回归。通过举办"世界浙商大会""投资洽谈会""产品展销会"等方式，设置并推出针对性较强的项目，积极发挥工商联、在外浙商商会与专业协会等组织的作用，引导在外浙商回乡投资、反哺故里。

在浙江省委、省政府的发展战略与政策措施的指引下，浙江的开放型经济有了新发展。2001~2012 年，浙江出口年均增速 23.0%，位居全国第 3位，占全球份额达 1.22%，相当于全球出口排名第 26 位的马来西亚的出口额；服务贸易发展迅速，在对外贸易中的比重稳步上升，尤其是技术贸易得到较快增长；外来直接投资保持稳定增长，投资的项目质量与行业构成不断优化，对浙江经济的发展与转型升级的作用不断提升；浙商对省外与海外投资迅速增长。浙商对省外投资无论项目数还是投资金额，长期高居全国首位；对海外投资自 2006 年以后，在投资金额与项目数方面均居全国首位；民营企业，在出口贸易、对省外与海外投资等方面均占据主体地位，成为推进浙江开放型经济发展的主力军。

第二节　调整优化外贸外资结构

2002 年以来，浙江经济的对外开放，以科学发展观为指导，将引进来与走出去相结合，重点围绕贸易发展方式转变、提高利用外资质量、引导浙商更好地"走出去"，全面提高浙江开放型经济水平。

一 转变贸易发展方式

促进出口的稳定增长，是保持经济持续快速健康发展的需要。在中国加入世界贸易组织之后，新的规则既给浙江的对外贸易带来机遇，也使浙江企业面临着新的挑战。浙江省委、省政府把严峻的国际贸易环境当作建立"倒逼机制"的机遇，加快对外贸易增长方式转变，积极实施主体、商品、市场、贸易方式"四个多元化"战略，通过深化外贸体制改革，加强引导与服务，创新拓展国际市场方式，完善贸易摩擦应对机制，优化进出口商品结构，提升浙江商品国际竞争力。

1. 深化外经贸体制改革

（1）进一步放开外贸出口经营权。提高生产企业和外贸企业自营进出口比重，是推动全省外贸出口的重要举措。到2005年底，浙江全省累计有2.5万家企业（或个体经营户）获得进出口经营资格。大量民营企业进入外贸领域，促进了价廉物美的浙江产品走向海外市场，浙江的一般贸易出口额迅速增长，成为全国一般贸易出口大省与外贸顺差最多的省份。进出口有效主体的增多，特别是私营企业出口迅速崛起，成为出口的主力军，是浙江出口快速增长的主要原因。

（2）深化国有外经贸企业产权制度改革。充分利用浙江民间资本丰裕和长三角外资集聚的优势，通过民资参股、收购兼并、职工持股和外资嫁接等多种方式，促进投资主体多元化。经过多年的改革，浙江国有专业外贸公司逐步成为以民资股本为主、兼营内贸外贸的综合型贸易集团公司，大大增强了公司实力，提高了公司活力与经营效率，对浙江进出口贸易的持续稳定发展，以及进出口商品结构优化，起到了积极的作用。

（3）推进外贸便利化改革。不断推动空港、海港扩大开放，创新监管机制，简化出口退税与检验检疫安排，加大通关和电子报关通关信息系统建设，提高通关效率。及时足额办理企业出口退税，扩大外贸发展基金、出口信贷和信用保险规模，实施跨境贸易人民币结算试点。

　　义乌是我国最大的小商品出口基地和重要的国际贸易窗口。2006年，义乌市被国务院批准为全国首批外事审批权试点县级市。2009年，省委、省政府选择义乌市开展国际贸易综合配套改革试点。2011年3月，义乌市国际贸易综合配套改革试点获国务院批准，这是我国首个在县级市设立的国家级综合改革试点。2011年，确立三年改革计划，探索建立"市场采购"新型贸易方式。在贸易主体准入、市场监管、检验检疫、通关查验和外汇管理等领域进行大胆改革和创新，初步建立接轨世界的贸易便利化体制和机制，使义乌小商品出口变得更加顺畅，义乌的出口贸易成为浙江省外贸出口的新亮点。2014年，义乌第二个三年改革计划正式启动。义乌这次改革以"贸易便利化"为核心，推进国际贸易综合改革，进而推动市场监管、行政审批、社会治理、要素配置、金融服务等全方位改革，建立和完善国际陆港、跨境电子商务、保税物流中心、国际邮件互换局和交换站以及陆港口岸、航空口岸、铁路口岸等国际贸易平台，进一步提升开放的层级和水平，逐步构建与国际惯例接轨，可自由开展出口、进口和转口贸易的市场环境和体制机制，打造真正的"国际商都"。浙江省委、省政府下发《关于深化义乌市国际贸易综合改革试点的若干意见》，明确要求将义乌建设成为"转变外贸发展方式的示范区、带动产业转型升级的重要基地、世界领先的国际小商品贸易中心和宜商宜游宜居的国际商贸名城"，给予了义乌改革更大的政策支持，"凡在全省其他市、县开展的省级改革试点，义乌市都可以先行先试"，"赋予义乌市与设区市同等的经济社会管理权限"。

　　（4）推进浙江保税区与自由贸易区建设。2008年2月24日，国务院正式批准设立宁波梅山保税港区。保税港区是在我国15个保税区基础上的发展提升。浙江宁波为此高起点规划保税港区发展，扎实推进基础设施建设，建立先进的保税港区管理机制，力图将宁波梅山保税港区打造成浙江对外开放的新平台。

　　2011年3月14日，舟山群岛新区正式获批。2012年9月29日国务院批复设立舟山港综合保税区。这是浙江拥有的首个综合保税区，成为国内开放层次最高、优惠政策最多、功能最齐全、手续最简化的海关特殊监管区域。舟山港综合保税区享有一系列税收优惠政策，具有国际中转、国际配送、国际采购、转口贸易、出口加工、商品展示等诸多功能，开展了保税加工、保税物流和保税服务等业务。舟山港综合保税区的建设为舟山群岛新区建设、国际物流岛建设和浙江省打造"三位一体"港航物流服务体系提供了重要支撑。

与此同时，充分利用当地的电子商务优势与机制优势，杭州积极探索跨境电子商务创新，2015年3月，杭州跨境电子商务综合试验区获国务院批复正式设立。温州综合保税区的规划与申报，也正在积极推进。

2. 优化进出口贸易结构

一是促进出口市场多元化。多年来，浙江利用民营中小企业的灵活经营机制，持续推进出口市场的多元化。巩固欧盟、北美与日本等发达经济市场，积极开拓东南亚、中东、拉美等新兴市场，巩固一般贸易优势。同时，加强对我国台湾、韩国的市场开拓，改善贸易的市场结构。由于市场多元化的推进，浙江出口商品的市场风险得以有效分散，为浙江对外贸易的稳定发展提供了强力支持。

二是促进贸易方式转型升级。浙江根据经济发展的需要与海外市场需求的变化，不断强化一般贸易的优势，加强农工贸的结合，推进浙江生产企业与商品更多地"走出去"，利用海外市场来带动生产发展。一般贸易出口也长期占到浙江出口总额的80%以上，对浙江制造业的发展提供了强支撑。另外，浙江也重视加工贸易发展模式，重点发展生态环保型、资源节约型、高技术产业的加工贸易，促进加工贸易出口向产业链高端、高附加值环节延伸。鼓励和引导加工贸易企业逐步由代理加工向设计制作和自创品牌发展。

三是将产业结构升级与贸易结构升级相结合。改变"量大价廉"的出口营销模式，实施差异化战略，更多地以质取胜；深入实施"科技兴贸"和"品牌强贸"战略，推动出口产品向质量效益型转变，努力提高出口商品档次；加快确立"浙江创造""浙江智造""浙江渠道""浙江价格"，提高外贸经济效益。

四是做大进口贸易，促进出口进口的相对平衡发展。鼓励企业进口浙江稀缺的石油等重要能源，铁矿、有色金属等资源与原材料，先进技术、关键设备和中高档消费品等产品，降低浙江企业生产成本，提高浙江产品出口竞争力；加快培育进口专业市场，尤其是网络进口贸易，推进市场开放。

3. 建立外贸风险应对机制

针对国际贸易壁垒日益增多的形势，省外经贸厅积极组织应对，加强预警机制建设，加强对涉案企业的应诉指导。

（1）设立了进出口公平贸易局，加强对涉案企业的应诉指导。中国加入 WTO 以来，浙江企业遭遇的反倾销与其他贸易壁垒明显增加。2003 年，浙江企业就遭遇美国、土耳其、欧盟、印度、埃及、南非和墨西哥等 7 个国家和地区提起的反倾销和保障措施调查 24 起，以及美国知识产权壁垒案 2 起，美国三类纺织品保障措施案 1 起，共计 27 起，居全国首位。涉及全省 25 类出口产品和有一定规模的出口企业 772 家。直接涉案金额 4.35 亿美元，占全国涉案金额的 20.2%，平均每家企业涉案金额 56.35 万美元。当年，浙江因各种贸易壁垒造成的损失和影响约为 25 亿美元。2004 年，浙江企业又遭遇来自美国、欧盟、加拿大、印度、土耳其等 14 个国家和地区提起的"两反一保"调查 33 起，其中反倾销调查 26 起、反补贴调查 2 起、保障措施调查 5 起（特保调查 1 起），另有"337"调查 3 起、纺织品特保 8 起，贸易摩擦案件共计 44 起。共涉及全省 37 类出口产品和有一定规模的企业近 1500 家，涉案金额约 11.41 亿美元。

针对国际贸易壁垒日益增多的形势，浙江省外经贸厅积极组织应对。2002 年 4 月，浙江省对外贸易经济合作厅专门设立了进出口公平贸易局，加强对涉案企业的应诉指导，并先后对浙江涉及技术壁垒、绿色壁垒的轴承、打火机、眼镜、医药化工、动物源性产品、茶叶、蔬菜等产品的出口企业进行了工作指导。公平贸易工作取得一定成效。宁波新海电子制造有限公司、慈溪市东海打火机制造有限公司、温州东方打火机厂、浙江新安江化工集团股份公司、嘉兴锦林木业有限公司、宁波环驰轴承集团公司等 11 家企业在打火机、草甘膦、胶合板、滚珠轴承等技术壁垒案和反倾销案中胜诉，并取得了在欧盟、澳大利亚、印度、阿根廷等 4 个国家和地区的市场经济地位。在应诉欧盟部分纺织品反倾销、美国液压手推车反倾销等案件中，浙江相关企业取得了有利的裁决结果。全省35家企业获得了欧盟市场经济地位待遇，占全国的57.4%。省外经贸厅还建立和完善了浙江的对外贸易预警机制，设立了鼓励企业积极应对"两反一保"的专项基金。

（2）加强国际经贸形势预警和宏观指导，完善贸易摩擦应对机制，积极应对国际贸易壁垒，有效防范贸易风险。在浙江全省范围内建立外贸运行监测点，每月定期监测重点出口企业在手订单、出口价格、企业运行状况和企业家对出口趋势判断等方面的情况，密切关注人民币汇改和出口退税政策调整对外贸企业的影响，发布外贸出口综合景气指数，重点联系企业出口规模达到浙江全省出口规模的45%以上。

2007年开始，浙江还大胆探索公平贸易制度创新，率先在块状经济行业协会中设立贸易预警点，至2011年底，已设立100个预警点，基本实现了重点产业全覆盖。

开展百名律师进驻预警点为外贸企业进行"法律体检"活动，提高了转型升级重点企业对贸易摩擦的预警能力及预警措施落实能力。组织一批浙江省内"两反两保"① 涉案企业与境外合作区进行项目合作，推进了浙江传统产业的转移和结构调整。

经过多年的实践与官商通力合作，浙江企业对国际市场"游戏规则"的把握能力不断提高。浙江出口商品遭遇的反倾销与其他贸易壁垒有了明显减少。

4. 着力国际市场拓展方式创新，提高出口竞争力

积极组织举办各种有针对性的国际性展会，加强会展的分类指导。在努力办好"消博会""义博会"等境内重要国际性展会的同时，搭建了浙江出口贸易大阪交易会、迪拜交易会、美国展、印度展等境外自办类重点展会平台。鼓励企业抱团参展，努力打造区域品牌。积极创新与推广网络贸易、海外分拨等贸易模式。

引导企业加快打造海外营销网络，建立和完善多元化的整体营销体系。鼓励企业在发达国家和新兴市场建立境外营销总部、专卖店、贸易代表处，

① 指反倾销、反补贴、保障措施和特别保障措施。

推动重点商品市场到境外开设分市场和产品配送中心，建立自主营销网络，从而使浙江企业逐步实现从单纯的供应商向经销商、品牌所有人的转变。至2011 年，浙江在美国、欧盟、日本、东盟、东欧、中东、南美等地设立营销网络机构约 1300 多个，匈牙利、印度尼西亚、中国台湾、中国澳门等国家和地区的海外贸易中心也加快建设，从而实现了做深传统市场特别是欧美日等发达国家市场，提高新兴市场占有率的预期目标。新兴市场出口份额已占出口总额的一半以上。其中东盟已取代日本成为浙江第三大出口市场，对拉美、俄罗斯等地的出口也大幅增长。

加大对品牌出口商品的支持力度。建立健全出口品牌培育、发展和保护机制，鼓励企业提高高技术含量、高附加值、高效益出口产品的比重。鼓励加大产品研发投入，增强自主创新能力，财政每年都安排专项资金用于企业技术改造和支持企业自主创新。着力做好国家级、省级出口基地建设。培育一批出口产品设计研发中心、质量认证中心、新产品交易中心和出口信息发布中心等公共服务平台，推进出口基地品牌建设从企业品牌向区域品牌延伸，提升块状经济的国际竞争力，增强国际市场议价、定价能力和抗风险能力。通过这些措施，出口产品的品牌效应逐步得到释放。

推广"网上展示、洽谈，网下发货、看样"的贸易方式，推进 B2B、B2C、C2C、O2O 网络贸易交易。推进杭州网上自由贸易区申报与试验，加强保税区、保税港区、出口加工区、物流园区和保税物流中心等对外开放载体的建设，提升外贸交易平台建设水平。

在浙江省委、省政府和企业的通力合作下，浙江进出口贸易保持了迅速增长。2003 年，浙江出口贸易额突破 300 亿美元，2004 年突破 500 亿美元，2006 年突破 1000 亿美元。尽管遭遇 2008～2009 年全球金融危机的冲击，人民币汇率的持续升值，国内劳动力、土地等要素价格不断上涨所带来的巨大压力，浙江对外贸易仍保持了持续增长。浙江出口贸易额在 2011 年突破了2000 亿美元，2014 年浙江进出口贸易总额增加到 3550.5 亿美元[①]，其中出

---

① 数据来源于浙江省统计局《浙江统计摘要 2015》，下同。

口达 2733.3 亿美元，民营企业出口额达 1911 亿美元，机电产品出口额达到 1125.1 亿美元，出口商品结构稳步提升。与此同时，浙江根据经济发展需要，大力组织急需的能源、原材料和关键设备进口，进口贸易保持较快平衡增长，进口商品结构明显改善，推动了浙江进出口结构的平衡，也为资源稀缺的浙江提供了要素保障。

二　提高利用外资质量

2002 年以来，随着浙江产业结构调整转型的加快，进一步创新引资方式，由招商引资向选商引资转变，拓宽引资领域，把引进外资与促进全省产业结构调整升级、提高技术水平和研发能力结合起来，成为浙江引进外资工作的重点。

1. 将引资与产业结构升级相结合

利用外资是优化产业结构、提高经济运行质量的重要途径，也是实现由"浙江制造"迈向"浙江创造"的重要手段。2004 年 4 月，浙江省委、省政府发出《关于进一步扩大开放的若干意见》，提出把招商引资的着重点放在制造业领域，把招商引资的着力点放在高新技术领域，把招商引资的突破点放在基础设施、农业和服务业等领域。

进一步发挥外资在推动经济转型升级中的积极作用。浙江省委、省政府要求在引资工作中"招大、引强、选优"，坚持"数量"与"质量"并举，"引资"与"引智"并举，"引进来"与"走出去"并举。在引资过程中，浙江引导和鼓励外资投向高新技术产业、高端制造业、现代服务业、新能源和节能环保产业，严格限制"两高一资"① 和低水平、过剩产能扩张类项目。鼓励跨国公司来浙设立地区总部、研发中心、采购中心、财务管理中心、结算中心以及成本和利润核算中心等功能性机构。并创新引资方式，充分依托中国投资贸易洽谈会、浙江投资贸易洽谈会和境外浙江周等活动，开展产业对接、企业对接和项目对接，继续以世界 500 强和行业知名企业为重

---

① 指高耗能企业、高污染企业和高资源性产品企业。

点对象，积极推动外资并购、创业投资等，努力引进一批对全省产业升级有重要影响的大项目、好项目。

2. 打造利用外资大平台

浙江把开发区（园区）建设成为引进外资的主阵地、集聚产业的新高地，实现利用外资新突破。

为鼓励开发区建设，浙江加大了开发园区的基础设施建设，为吸引外商投资和新一轮发展打下了良好的基础。在加强基础设施建设的同时，通过建立开发区综合服务中心，鼓励开发区通过 ISO9001 质量管理体系认证，全省国家级、省级开发区加强了软环境建设，形成了投资环境综合优势。

围绕构筑环杭州湾、温台沿海、金衢丽高速公路沿线三大产业带的规模集聚效应，浙江对各类开发区（园区）进行了整合提升。着力消除阻碍开发区健康发展的体制弊端，加强对各类开发区的整合和提升，重点提升经济技术开发区、国家高新区等省级以上开发区的功能，使之成为引进优质外资的重点平台。浙江省政府为此制定《浙江省园区（开发区）管理办法》，拟定浙江省制造业园区统计指标体系及监测评价制度，以加强各类开发区（园区）的整合、提升、考核、管理。尤其针对浙江土地资源紧缺及开发区土地利用效率低下的问题，推进土地管理体制改革，建立健全开发区集约用地管理体制。全面编制和实施环杭州湾产业带、温台沿海产业带、金衢丽高速公路沿线产业带发展规划，着力构筑三大产业带发展体制新优势。不断创新开发区开发机制和管理体制，建立民资和外资参与的多元化开发机制。依托浙江民营经济、区域特色经济、专业市场等优势，推动园区招商、产业招商、项目招商、企业自主招商、代理招商、网上招商等，探索建立全方位招商引资新机制。

3. 创新招商引资方式，改善投资软环境

根据经济转型升级的需要，浙江在引进外来直接投资过程中，突出选商引资，大力提高利用外资的质量和水平。

（1）改进与创新招商引资的方式。重视"以民引外""以外引外""东引台资""以贸引外""以侨引外"。把企业作为招商引资的主体，发挥民营经济发达的优势，加快"以民引外"的步伐，变单一民资为中外合资；发挥外贸大省的优势，探索"以贸引外"的新路子，变贸易伙伴为合资伙伴；发挥外资密集区的优势，大力实施"以外引外"战略，变零星投资为集群投资。

（2）通过定向招商、按需设计等方式，着重引进世界 500 强企业。通过在我国港澳、新加坡、日本、韩国、法国等地举办一系列的经贸活动，有针对性地推出一批重大招商引资项目，着重引进世界 500 强等大企业和高技术产业项目来浙江省投资落户。针对世界 500 强等企业的投资需求，专门设计特定的项目，提高引资的效率与质量。到浙江投资的世界 500 强企业、高新技术和大项目等引资项目不断增多。

（3）改善投资软环境。按国家布置，积极扩大开放领域，稳妥推进银行、保险、旅游、教育、卫生等服务领域的对外开放；不断深化外商投资机制改革，简化外商投资审批手续，提高政府办事效率，强化政府与社会中介的服务效率，着力改善投资软环境；认真落实国务院有关利用外资的用地、税收、信贷等政策意见；切实解决外商在生活、就医、子女教育等方面遇到的实际困难，做到感情引商、感情留商。

在政府、企业与全社会的共同努力下，浙江招商引资保持了持续快速增长，引资质量有了较大提升。2002 年合同外资 67.9 亿美元，实际利用外资 47 亿美元；2003 年合同利用外资与实际利用外资分别增至 120.5 亿美元与 54.5 亿美元；2006 年，合同外资和实际到位外资分别为 191 亿美元和 88.9 亿美元；2007 年分别为 204 亿美元和 103.7 亿美元。2008 年与 2009 年因受全球金融危机的冲击，引进外资金额有所回落，但 2010 年后又取得了稳定增长，2014 年浙江合同外资达 244 亿美元，实际到位外资 158 亿美元，均创历史新高。

与此同时，引进外资质量明显提升，高新技术行业、装备制造行业、现代中介服务业与生态农业成为外商投资的热点；引资项目的规模不断提升，1000 万美元以上大项目占到浙江外来投资项目的 9 成多，世界 500 强企业有近百家在浙江落户，在浙江外来直接投资中的比重持续稳步上升。外来直接投资在促进浙江经济转型升级与提高浙江开放型经济水平方面，起到了重要的作用。

三　提升"走出去"水平

大力实施"走出去"发展战略，在全球范围内配置资源与市场，这既是浙江经济在新形势下的客观需要，也是浙江省委、省政府审时度势做出的重大战略。省内企业到境外开展跨国投资和国际化经营是"走出去"战略的重要内容。

1. 推进对外投资管理体制改革

2001 年 9 月，浙江省政府发出《关于加快实施"走出去"战略的意见》，以市场机制为导向，积极鼓励和支持省内优势产业和专业市场向境外拓展，积极引导浙江民营企业对外投资，更多地利用海外资源与市场。

2002 年 12 月，省财政厅、省外经贸厅联合发布了《关于实施"走出去"战略专项资金使用管理若干意见的通知》，建立了"走出去"专项资金，对浙江企业在境外设立商品专业市场、生产企业和研发中心提供补助和奖励资金。2003 年，商务部将浙江列为境外投资审批制度改革试点省，为浙江实施"走出去"战略带来新的机遇。省外经贸厅与省外汇管理局结合浙江实际，推进设立境外企业与机构审批管理办法改革，及时制定私营企业开办境外企业审批管理办法，同时，下放部分项目审批权限，以调动各地推动企业"走出去"的积极性。

2008 年美国金融危机爆发后，浙江针对新的形势，顺应市场经济与开放经济的发展需要，专门修订了《浙江省实施"走出去"战略专项资金使用管理办法》，对境外投资项目、境外工程承包项目、对外援助项目、境外劳务合作项目、对外公共服务项目、对外投资企业回归投资项目等提供资助和奖励，从而使浙江企业"走出去"的步伐反而比以往来得更加矫健。2009 年，全球对外直接投资同比下降 39%，但浙江对外投资却逆势增长，当年批准境外投资项目 427 个，总投资 9.2 亿美元，是 2003 年的近 10 倍。

其中中方投资 8.6 亿美元，总投资和中方投资分别增长 39.1% 和 42%，居全国各省（自治区、直辖市）首位。2014 年，浙江在境外投资的中方投资金额达 58.2 亿美元。

2. 创新浙商对外投资方式

根据浙江经济的特点，省委、省政府鼓励浙商发挥自身优势，创新对外投资方式，提高投资效益。一是推动浙江商品专业市场到境外设立分市场，以及有条件的企业到境外设立营销网点，建立国际营销网络；二是引导浙江企业到海外建立研发中心；三是鼓励优势产业到境外建立生产企业，利用当地资源或廉价劳动力，或避开当地进口贸易壁垒，更便捷地开拓市场；四是引导企业建立境外开发区或园区，利用园区的集聚效应，吸引浙商与国内企业投资，以作为浙商"走出去"的大平台；五是鼓励通过外资参股、外资并购、境外上市等方式扩大引资规模。

在境外投资的初期阶段，浙商一般采取设立贸易代表处、专业市场的传统形式，企业的境外创业也多涉足汽车零部件制造、服装、皮鞋、建筑项目承包等方面。随着力量的积聚，逐渐发展到在境外建立生产基地，设立研发中心，进行海外并购、海外上市等多种新形式，以获取国外企业的品牌、技术和市场，快速扩大市场份额和进入新的市场。杭州万向集团、温州康奈集团、杭州恒生电子、宁波海天机械、嘉兴戴梦得、杭州大地控股、钱塘房地产、杭州网通、嘉兴广电、杭州华数、宁波申洲、台州钱江摩托、温州黄河、舟山弘生、舟山金鹤置业、台州华天工业、浙江新洲等企业成为浙商"走出去"的代表。

近年来，"走出去"对外投资中，海外并购成为浙江企业"走出去"的一种新趋势。2009 年浙江的海外并购项目达 20 个，总投资 2.5 亿美元，项目数和投资额均相当于以前历年的总和。2010 年，浙江以并购方式进行境外投资的项目达 33 个，研发项目有 12 个。其中最有影响的当数吉利控股集团有限公司以 18 亿美元的收购价获得沃尔沃轿车公司 100% 的股权及相关资产，创下中国收购海外整车资产的最高金额纪录。2011 年，浙江实施了 39 个海外并购项目，并购金额 11.9 亿美元。通过海外收购，浙江企业获取了技术、品牌、销售网络和资源渠道，提升了企业竞争力。

3. 发挥民营经济优势，重视主体建设

在实施"走出去"战略过程中，浙江重视主体建设，着力壮大"走出去"企业队伍。作为一个民营经济发达的省份，浙江在国有、集体企业"走出去"的同时，鼓励有条件的私营企业申报外贸经营权，开展国际承包劳务合作，推动私营企业迈出国门，走上规范发展之路，私营企业成为浙江"走出去"的主力军。2005年，浙江全省又核准民营企业赴境外投资开办企业（机构）426个，占总核准数的98%。在温州、金华、台州等民营经济比较发达的市，所有的境外企业和机构均为民营企业投资设立。

2011年12月，时任浙江省代省长夏宝龙同志在浙江省外贸工作座谈会上提出，"十二五"期间，浙江省将重点支持100个境外投资合作示范项目，培育100家以上具有一定国际竞争力的跨国公司，打造10个浙江传统优势产业在境外集聚发展的平台、10个境外浙江企业省内回归发展示范平台，力争实现对外直接投资和国外经济合作两个"翻一番"。

"走出去"战略的实施，使浙江企业在国际化的舞台上，实现了与国际市场接轨的跨越式发展。十多年来，浙江实施"走出去"战略取得了显著成效，在全国处于领先地位，并呈现出三大特点：一是民营企业成为"走出去"的主力军；二是投资形式多样，包括开设贸易窗口、建立海外加工基地、开发资源、设立研发中心、并购海外企业、实施海外上市等多种形式；三是形成了"引进来、走出去"的双向互动新格局，使浙江企业在更高的层次上融入了国际经济的大循环，使企业本身得到了壮大与发展，而且在缓和全省要素瓶颈、提升产业层次等方面都发挥了积极作用，使浙江的对外开放达到了新的水平。

第三节　接轨上海，强化区域经济合作

区际开放，是浙江开放型经济的重要组成部分。加强国内经济合作交流，是"跳出浙江发展浙江"的重要内容。2002年以来，浙江省委、省政

府高度重视对内开放，坚持"浙江经济"与"浙江人经济"互促共进，引导浙商跳出浙江，充分利用省外资源与市场，促进全国经济的平衡发展。

一 北接上海，融入长三角

以上海为龙头的长江三角洲是我国经济综合实力最强、最具活力和发展潜力的地区之一，主动"融入长三角"成为同处长三角地区的浙江对内开放的重中之重。

1. 政府引导融入长三角

2002年底，刚到浙江不久的习近平书记，在调研了浙江经济与长三角经济的发展状况后，提出"北接上海"策略。2003年初，浙江省委、省政府做出了"主动接轨上海、积极参与长江三角洲地区的合作与交流"的决定，并将此确定为"八八战略"的决策之一。省委书记习近平、省长吕祖善率浙江省党政代表团赴上海、江苏考察，共同探讨长江三角洲地区"政府引导、市场驱动、联动发展"的路子，并分别签署了《关于进一步推进沪浙经济合作与发展的协议》和《浙江省和江苏省经济技术合作与交流协议》。2003年5月，浙江省委、省政府发出《关于主动接轨上海、积极参与长江三角洲地区合作与交流的若干意见》，提出按照"虚心学习、主动接轨、真诚合作、实现共赢"的总体要求，在建设交通等基础设施、建设先进制造业基地、发展生态和优质高效农业、扩大利用外资、开发旅游资源及拓展市场，以及科技、教育、文化、人才等方面积极参与长江三角洲地区的合作与交流，推进长江三角洲地区经济一体化，进一步提高全省对内对外开放水平。

随后，浙江各地掀起了"学沪苏之长、抓解放思想、兴开放之举、促浙江发展"的热潮，相继成立了"主动接轨上海、积极参与长江三角洲地区合作与交流"领导小组，完善工作网络，进一步建立健全接轨上海、加强长三角区域合作的组织协调机制，并从多个方面将接轨长三角的工作落到实处。

2011年11月，苏浙沪两省一市主要领导又聚会上海。在这次会议上各方对长三角一体化达成了高度共识，将长三角区域空间由原"16 市"扩展到"两省一市"。12 月，在上海召开的苏浙沪工商行政管理促进长江三角洲联动发展合作会议宣布，率先拆除行政篱笆，建立联席会议制度，出台在长三角地区统一实施的市场准入政策。同月，沪苏浙签订了《长三角现代服务业合作协议》。

为推动长三角地区率先发展、科学发展，2008 年 9 月，国务院颁布了《关于进一步推进长江三角洲地区改革开放和经济社会发展的指导意见》，长三角一体化上升为国家战略。12 月，长三角地区主要领导座谈会在浙江召开，讨论通过了《长三角地区贯彻国务院〈指导意见〉共同推进若干重要事项的意见》，商议了区域合作机制框架和新一轮重点合作专题。2010 年 5 月，国务院批准实施《长江三角洲地区区域规划》。

在国家战略的指导下，两省一市进一步完善了"三级运作、统分统合、务实高效"的区域合作机制。在省级层面，两省一市形成了"高层领导沟通协商、座谈会明确任务、联络组综合协调、专题组推进落实"的合作机制，省级政府之间的互访实现了制度化。在市县层面，构建了城市间横向交流与合作的平台，市长协调会议由两年一次缩短为每年一次。各城市间还有 40 多个行业和部门建立了合作协调机制，其中在规划、科技、信息、产权、人才、旅游、海关、港口、协作等九大领域取得积极进展。在此基础上，重点推动了交通、科技、能源、环保四大合作平台建设。

2. 全面融入长三角

在推进长三角一体化进程中，浙江主动融入，积极作为，把省委、省政府的相关战略与目标具体化，推出系列措施，推进长三角经济合作。一是把推进长三角区域一体化列入"十一五"规划，进一步明确了接轨与合作的目标、重点和任务，配合国家启动长三角区域规划编制试点工作。二是重点落实四个层面的合作交流制度，即长三角两省一市主要领导年度会晤制度、沪苏浙经济合作与发展座谈会、沪苏浙重点合作专题与长三角城市经济协调会和以企业为主体的合作与交流制度。三是广泛开展接轨活动。全省 11 个市和省级有关部门根据两省一市达成的协议要求，开展了一系列具有自身特色的接轨活动。如2004年嘉兴市在上海举办重大项目推介会，签订了14个合作项目，总投资28.24亿元；湖州市在上海举办"2004年接轨上海活动周"系列活动，达成合作项目449个；2005年杭州市在上海举办"对接世博、服务世博、发展世博经济"工作座谈会和招商引资项目签约活动，共签订合作项目17个，合同总金额21.53亿元，引进上海资金17.18亿元；绍兴、金华、温州、衢州、舟山、台州、丽水等市也开展了形式多样的接轨活动。在推进重点合作专题中，两省一市围绕交通、旅游、信息、环保、人力资源、信用建设、区域规划7个重点，按照有限目标、重点突破的要求，由点及面不断深化，取得了实质性进展，"共同推进自主创新"成为两省一市新的合作专题。

首先，在基础设施建设方面加大投资力度。加快申苏浙皖高速公路建设，2008年全线建成通车；湖嘉申线湖州段内河航道开通，航道从原先的100吨级提升为1000吨级，从而打通了苏沪浙内河航道的梗阻；杭州湾跨海大桥通车，从而沪杭甬之间"两小时交通圈"形成；杭州湾上第二座大桥嘉绍跨江公路通道建成；沪杭温、宁杭、杭甬高速铁路相继建成通车，极大地促进了浙江与上海、江苏交通的便捷，密切了经济联系。

其次，浙江以建设上海国际航运中心、集装箱干线港和我国大宗散货深水中转港为目标，加快推进上海—宁波—舟山港—温州—镇江—南京的码头航运合作。浙江与上海积极开展小洋山深水港口区合作，小洋山港口区成为上海国际航运中心深水港区；宁波—舟山港区一体化不断推进；两省一市的港口码头航运合作不断加强。2008年，杭州海关相继与宁波海关、上海海关和南京海关签署了合作备忘录。这标志着我国率先启动的区域"大通关"——长三角区域通关一体化——已覆盖整个长三角。

最后，积极鼓励企业参与接轨和合作。浙江以各类展销、推介、论坛为抓手，以招商引资、技术合作、商品营销为重点，引导企业参与长三角经济合作。如举办"上海·浙江经济合作洽谈会"和"浙江·江苏经济合作洽谈会暨项目签约仪式"等，杭州、温州、金华、衢州等市在活动前后相继举行了以科技、人才引进、浙商回归为主要内容的专题活动。通过这些活动、签订合作项目，引导浙商到上海与江苏投资，并引进上海与江苏企业来浙投资。目前，杭嘉湖等地已成为承接上海产业转移的重要地区。2012 年 1 月，上海大众浙江（宁波）项目落户宁波杭州湾新区。这表明浙江在主动接轨上海、推动长三角区域经济合作、加大国内引进力度方面迈出了新步伐。

在政府顺应市场经济规划的引导下，浙商大规模进军长三角。据不完全统计，2006 年汇集在上海的浙商群体已达 30 万人，投资总额超过 2000 亿元。2013 年底，在沪浙商群体达 50 万人左右，浙商在沪的企业规模和投资总额居浙江在各省（自治区、直辖市）之首，在浙江对省外投资总额中的比重长年稳定在 20% 以上。浙江经济与上海、江苏经济的合作取得的巨大进展，极大地促进了三地经济的繁荣，长三角城市群成为世界四大城市群之一。

二　西进北上，全面推进区域经济合作

参与西部大开发、中部崛起、振兴东北等老工业基地与"两条丝绸之路"、长江经济带的建设，加强国内经济合作与交流，是实现"跳出浙江发展浙江"战略的一个重要途径。时任浙江省委书记习近平在 2006 年 3 月会见在赣浙籍企业家代表时说，政府对浙商开展对外投资的基本态度就是"因势利导、乐观其成，积极推动、提供服务，制定政策、搭建平台"，开展区域经济交流与合作，不仅是浙江发展的必然要求，是应尽的政治责任，也是浙江企业的明智选择。

1. 强化区际资源能源战略合作

浙江围绕产业转型、能源保障和粮食安全等方面，加强了与其他省区市的战略合作。

2003 年以来，浙江省与其他省区市有关粮食、煤炭等资源与能源的合作领域不断拓展，合作机制不断完善，合作层次不断提高。省委、省政府领导频频带队与其他省区市进行互访交流，建立战略合作关系。其间，浙江与相关省区市签订了一批粮食、能源、产业等的合作项目。仅粮食一项，至

2011 年 8 月，浙江省已与黑龙江、江西、山东等 12 个主产省开展了多种形式的产销合作，在省外主产区建立粮食生产基地 305 万亩，可提供的商品粮源约 11.47 亿千克；与山西、内蒙古、陕西、新疆等地开展煤炭、天然气等资源的开采、供销合作。这些战略合作，为浙江突破能源资源供应瓶颈、提高粮食安全能力，进而为经济的稳定发展提供了基本保障。

2. 引导企业西进北上，开展多种形式的经济合作

一是组织浙江企业参加中国东西部合作与投资贸易洽谈会（西洽会）、哈尔滨国际经济贸易洽谈会（哈洽会）、中国西部国际博览会（西博会）、中国（重庆）国际投资暨全球采购会（渝洽会）等国内大型经贸展会。举办了"浙陕创业创新合作洽谈会""浙江·黑龙江经济合作洽谈会""吉林·浙江经贸合作洽谈会""浙江（北京）推进经济转型升级洽谈会""浙江（广东）经济结构调整洽谈会""浙江、三峡、金沙江下游库区经济合作交流大会"等活动，联合兄弟省区市频繁举办各种类型的展销会、洽谈会、推介会，组织企业参加各种考察，开展友好城市交往，协调做好兄弟省区市来浙考察招商工作。为开展省际合作提供了良好的平台，为浙江企业提供了各种信息，使浙商能借助平台，更便利地寻找投资机会，开展投资合作。如浙江作为主办单位组团参加了第十五届、第十六届"哈洽会"，促进了企业间的合作交流。到 2006 年，浙江到黑龙江投资的企业已达 2000 多家，在黑龙江投资的浙江人逾 15 万人，累计总投资达 200 多亿元。2003 年以来，浙江连续多年作为主办单位参加在西安举行的"西洽会"。据初步统计，到 2006 年，在陕西省的浙江人已达 18 万人，主要从事工业、商贸、农业、旅游、城建、服务业等，兴办了各类企业 1000 多家，创办各类市场 40 多个，浙江省与陕西省的年商品购销额达 40 多亿元。

二是发挥商会组织的作用。为了引导浙商"走出去"发展，发挥浙商优势，浙江先后在 29 个省区市成立了在外浙江企业联合会（商会），实现了在外浙江企业管理、联络、服务工作的网络化、规范化。在外浙江商会积极发挥功能，为当地浙商盛情联谊、信息交流、合作发展提供服务，维护浙商合法权益，增进浙商与当地政府企业界的交流，为当地社会经济发展出谋

划策，引导与协调浙商的经营活动，成为引导与规范浙商开展区域合作的重要民间组织机构。浙江还积极开展营销网络建设。2009年，提出了政企会（商会）联手、点线面结合、产供销衔接的建网模式，形成了《建立全国浙商营销网络框架方案》和《建立全国浙商营销网络试点工作实施计划》，并在北京、辽宁、四川等地开展了浙商营销网络和营销中心试点工作。

三是开展多形式的区际合作。鼓励浙商到资源富集地区建立能源、原材料开发和初加工基地，组织农业龙头企业到省外建立农产品生产基地，如在作为我国矿产资源富集地的甘肃，2006年浙商的投资即达到了1000亿元；引导浙江企业到科技人才集中城市建立研发中心或总部，引进先进技术与高端科技人才，北京、上海、西安与广东因而成为浙商的投资重点；组织浙江专业市场到省外开办分市场或联办专业市场；协调浙江生产企业将传统产业向中西部转移，以更充分地利用当地劳动力资源与开拓市场，如中国奥康集团带领温州几十家配套企业在重庆打造中国西部鞋都，实现了传统产业的转移与升级，也促进了当地经济的发展；建立省外经济合作区；安徽、江西等与浙江相邻的劳动力富余省份也成为浙商省外投资与产业转移的重点区域。

3. 积极参与"经济合作区域"建设

在开展区域经济合作中，浙江重视借助海峡西岸经济区、丝绸之路经济带、海上丝绸之路经济带、长江经济带等区域性经济合作平台与机制，积极参与国内区域经济合作。

首先，积极参与海峡西岸经济区建设。针对海峡西岸经济区的设立，浙江各级政府高度关注，并寻求参与海峡西岸经济区建设。2006年3月，毗邻福建的温州市相关部门联合组团到福建考察海西建设，随后"温州市融入海峡西岸经济区办公室"正式挂牌成立，以负责研究温州融入海西区域经济合作的主题、形式和机制。2011年5月，为了充分发挥苍南县与台湾地缘相邻、血缘相亲、语言相同、气候相近、习俗相通的优势，加快"东引台资"，促进苍南经济转型升级，浙江省政府在苍南设立了第一个浙台经贸合作区，列入省级开发区管理。合作区规划面积达到330平方千米，包含龙港新城、灵溪新区、马站国家级台湾农民创业园三个核心区。

两年多来引进落地项目 17 个，引进台资 22 亿元人民币，主要涉及高新光电、文教用品、幼儿教育、医疗照护、精致农业、海上贸易及台货市场等。目前浙台（苍南）经贸合作区已经启动了国家级台商投资区的创建工作。

与此同时，浙南的丽水、台州、衢州等地，也纷纷主动参与海峡西岸经济区建设，增进与福建、台湾、广东等地的经济交流合作。

其次，积极投身"一带一路"建设。2013 年"丝绸之路经济带"和"21 世纪海上丝绸之路"国家战略的提出、"大陆桥"工程建设的推进，对提升浙江开放经济水平是个难得的机遇。浙江宁波、舟山、温州均处于海上丝绸之路的支点上，海上新丝绸之路建设，无疑加强了浙江沿海地区与东南亚、西亚、非洲、欧洲的经贸联系。2013 年"义乌—宁波北仑"海铁联运专列开通，借助宁波港口，使浙江海上丝绸之路连通到了浙中义乌。虽然浙江不处于陆上新丝绸之路经济带，但浙商同样敏感地捕捉到了良机。借助陆上新丝绸之路，浙江积极推动了"义新欧"（义乌—中亚五国）国际货运专线的建设。2014 年 1 月，"义新欧"集装箱专列首发，标志着义乌直达中亚的国际铁路联运物流大通道基本建成。义乌有着全世界最大的小商品批发市场，通达于东西方的丝绸之路再度崛起，使义乌当之无愧地成为现代丝路的新起点。浙江将加大"义新欧"扶持力度，与中亚、中东欧等地区建立更为紧密的经贸合作机制，全力打造丝绸之路经济带、海上丝绸之路重要支点，将"义新欧"建成安全、便捷、全天候、大运量的绿色通道。通过开通更多的国际集装箱专列和铁海联运班列，前往欧亚、中亚、东盟自贸区等地，以铁路国际集装箱运输，把义乌打造成铁路物流中心、全国铁路集装箱专办站。在义乌家门口即可直接将商品送至中亚各国及欧洲等地，进一步加强了浙江与丝绸之路经济带沿线国家和地区的贸易往来。

此外，2014 年 4 月，长江经济带上升至国家战略，随着后续具体政策的持续推出，长江经济带将成为我国最大的经济合作区域。浙江各级政府与广大浙商抓住这一机遇，积极规划、主动参与合作，以期推进长江流域地区经济的共同发展。

4. 高标准推进对口支援

对口支援是经济发达或实力较强的一方对经济不发达或实力较弱的一方实施援助的一种政策性行为。浙江认真贯彻国家区域发展总体战略，高标准推进对欠发达地区的对口支援。

浙江省委、省政府高度重视对口支援工作。2004年5月，时任省委书记习近平亲自率队考察访问四川、重庆、湖北等对口支援地区。2004年12月，省委办公厅、省政府办公厅发出《关于加强对口支援和国内合作交流工作的若干意见》，提出"政府推动、市场主导、以企业为主体"的支援原则，制定了"输血与造血结合、帮扶与合作并举"的方针，通过互访交流、经贸合作、捐款赠物、劳务合作、干部挂职交流等方式，稳步推进对口支援工作。2003年以来，浙江先后承担了对口支援西藏那曲地区、新疆和田地区，三峡库区移民接收，对口帮扶四川广元、南充脱贫等任务，2005～2007年还实施了对口支援"三大工程"，即与建设社会主义新农村相结合的浙川扶贫新村工程，与产业梯度转移相结合的浙川、浙渝经济协作工程，与劳动力转移和就业相结合的浙川、浙渝劳动力培训转移工程。

按照中央要求，浙江省委、省政府统一部署，2007年以来，浙江又重点实施了对四川、西藏、新疆、青海海西州、重庆三峡库区等地的对口支援工作。2008年6月的汶川地震抢险救灾工作结束后，浙江对口援建青川县。为此，浙江制定了"实施211个援建项目、完成援建实物工作量60亿元"的3年援建工作目标任务，围绕家园重建、设施重建、产业重建和智力物力援助4条主线，全力推动援建工作。2010年9月，浙川举行了援川工作座谈会和援建项目整体移交仪式，标志着浙江省援建青川任务圆满完成。

除了青川之外，浙江对四川广元、南充等地区的援助一直在继续。浙江对西藏、新疆的对口支援也已持续十多年。2010年，按照中央的新部署，浙江对新疆阿克苏地区、青海海西州进行对口援助。省委、省政府高度重视，各级政府认真推动。2010年，浙江还开展了支援青海省玉树藏族自治州玉树县抗震救灾的有关工作。

除了"输血",浙江省把推动企业与对口地区开展合作,实现互利共赢、共同发展,作为开展对口支援工作的一项重要内容。如在阿克苏,规模达 20 平方千米的浙江产业园已经开工建设。为支持当地产业发展,浙江省额外拨款 3 亿元援助资金用于该园区的建设。至 2011 年 11 月,当地与浙江产业园区签订的投资合作协议项目已达 25 个,协议资金 195.595 亿元。除了园区招商,浙江还先后组织开展了"阿克苏—浙江经贸洽谈会""百名浙商阿克苏行""天下浙商天山行"等经贸活动,把浙江的人才、技术和民间资本优势与新疆丰富的能源、特色农业和旅游业优势结合起来。至 2011 年 11 月底,浙江企业与阿克苏地区和农一师共达成投资合作项目 75 个,协议资金 668.415 亿元,实际到位资金 36.896 亿元。在海西州,2011 年,浙江先后组织浙商参加"苏推会""青洽会"等,促成浙商签约项目 13 个,涉及太阳能光伏新能源、矿产资源开发和服务业等多个领域,签约金额为 48 亿元。

浙江对口支援工作在重视民生投入和产业合作的同时,尤其注重智力支援,以期实现援建的可持续发展。一方面派浙江干部、专业技术人才和工程技术人员到对口支持地工作,另一方面请当地的党政干部和专业技术人才赴浙江挂职。同时,对对口地区的各类人员开展培训。

在项目带动、产业助推以及援助资金的杠杆作用的合力之下,"浙江式援建"正有力推动着对口地区的经济发展和社会进步。统计显示,阿克苏 2011 年前三季度的 GDP 达 221.92 亿元,实现地方财政收入 62.1 亿元,均创历史新高。兵团农一师阿拉尔市 GDP 达 60.71 亿元,实现财政收入 3.8 亿元,全地区经济社会发展呈现后发赶超势头。

浙江响应党中央、国务院号召,通过对口支援的方式,有效改善了受援地区群众的生产生活条件,有力增强了受援地区经济社会发展的后劲,为边疆稳定、民族团结和区域经济协调发展做出了重大贡献。

浙江与其他省(区、市)的合作交流,不仅为国家统筹区域发展做出了贡献,也为浙江调整经济结构、转变增长方式、提升产业层次创造了更多的机会与空间。

三　引导浙商回归

引导在外浙商回归创业，吸引省外企业来浙投资，也是浙江经济开放的重要组成部分。经过改革开放以来的发展，尤其是"跳出浙江发展浙江"战略的实施，在外浙商成为浙江重要的宝贵资源。据不完全统计，到 2011 年底，在海外省外投资经商的浙江人有 750 多万人，省外投资总额超过 3 万亿元。其中浙江输出的资金约 1.3 万亿元，销售规模接近 2 万亿元，每年向当地缴纳税收超过 1200 亿元，解决了 1136 万多人的就业，成为推动当地经济发展的一支重要力量。在外浙商创造的经济总量，超过了省内创造的经济总量。

1. 实施浙商回归工程

浙江省委、省政府在引导浙商"走出去"的同时，把引进内资工作摆在突出位置，不断完善招商引资、省外浙商回归、人才科技引进和要素资源引进"四位一体"的国内引进工作体系。在外浙商充分利用当地资源与市场，企业规模与实力得到了很大提升。而浙江本地经过多年的发展，投资硬环境与软环境均有很大改善，浙江经济转型升级的需要吸引着浙商回乡创业，乡情、亲情更对在外浙商有一种强大的呼唤力。因而，促进浙商回归，无疑会对浙江经济的转型发展起到事半功倍的作用。2006 年，浙江正式启动实施"省外浙商回归工程"。

浙商回归不是一种简单的回乡创业或回报故里，而是更多地体现为一种产业衔接、优势互补。2006 年 1 月，省政府办公厅转发了《关于进一步加强国内引进工作意见的通知》，明确提出了以鼓励和吸引在外浙商回乡投资创业为主要内容的"浙商回归"工程，重点引导资本、资源、人才、信息、技术等优质要素的回流，大力支持回归浙商参与"山海协作"工程和社会主义新农村建设，努力促进浙江经济和"浙江人经济"联动发展，形成"走出去"和"引进来"双向互动、良性发展的新格局。浙江省国内合作交流发展的"十一五"规划中，更明确将引进在外浙商回乡投资的金额与增长速度列入目标。

2006 年 4 月，网易首席执行官丁磊与杭州市国家高新技术产业开发区签约，投资 3800 万美元筹建杭州研发基地；温州的人本集团投资 17.2 亿元反哺家乡；上海茉织华股份有限公司在平湖全力打造面积达 10 平方千米的九龙山省级旅游度假区。在 2006 年 6 月举行的浙江城市与省外浙商洽谈会上，23 个省级浙江企业联合会（商会）向活跃在国内各地的 400 余万名浙商联合发出倡议，鼓励做强做大、优势明显的浙商回归家乡投资创业，热忱服务家乡经济。会上，省外浙商共签订回乡投资项目 62 个，协议投资金额达 136.7 亿元。

2011 年开始举办的世界浙商大会是浙江省规模最大、规格最高、影响最广的浙商盛会，更成为浙江省委、省政府支持浙商创新的重要战略平台。在首届世界浙商大会上，舟山群岛新区的专题推介让海内外浙商嗅到了巨大的"蓝色"机遇，总投资意向金额达 42.5 亿元的招商项目现场签约；在浙江旅游项目推介会上，120 个项目达成意向，现场 40 个项目同时签约，总投资达 792.56 亿元；在全国浙商营销网络对接洽谈会上，达成了购销合作协议 15 项，签约金额超过 20 亿元，有效连接了省外浙江产品营销中心和省内生产企业；在第二届中国·浙江成长型企业投融资大会上，数百家国内外投融资机构与 1047 家成长型企业、近千个重点工业项目与知识产权项目现场对接，达成合作意向 890 多个。

2. 支持浙商创业创新、引导浙商回归发展

自 2008 年以来，浙江经济进入工业化发达阶段，国内外经济发展环境发生巨大变化，经济呈现新常态，进入调整与换档期，增长速度有所下滑。引导浙商回归发展的意义也更加突出。

首先，它是应对严峻复杂形势、继续走在前列的需要。世界经济复苏的不稳定性、不确定性上升，浙江经济发展的外部环境极为严峻。国内一些长期矛盾与短期问题交织，发展不平衡、不协调、不可持续的问题更加突出。浙江省正处在经济社会转型的关键时期，多年积累的体制性、结构性、素质性矛盾凸显，影响社会和谐的不稳定因素日益增多。面对更加繁重的改革发展任务，面对日趋激烈的区域竞争格局，浙江继续走在前列的压力不断加

大。支持浙商创业创新是推动浙江科学发展、率先发展、和谐发展，继续走在全国前列的必由之路。

其次，它是发挥浙江优势、促进"浙江人经济"与浙江经济融合发展的需要。750多万浙商在外创造了一个"省外浙江"与一个"海外浙江"，每年创造的财富总量与浙江省全年的GDP相仿，形成了独特的"浙江人经济"现象。如何在更高层次上实现浙商"闯天下"与"强浙江"的有机统一，实现"浙江人经济"与浙江经济的融合发展，是浙江面临的重大课题。引导浙商回归是推动浙江省经济转型发展、再创竞争新优势的需要。回归发展是促进"浙江人经济"与浙江经济融合发展的有力举措。

最后，浙商是浙江经济的最大优势，是浙江发展的活力所在、潜力所在。浙江改革开放的发展史，就是一部浙商的创业创新史。浙江过去30多年的发展靠的是浙商和民营企业，未来要再创发展新优势，仍然要靠浙商和民营企业。在新的形势下，浙江要深入实施"八八战略"和"两创总战略"，着力推进"四大国家战略""四大建设""五大统筹"，必须紧紧依靠浙商和民营企业，充分激发浙商创业创新的热情，引导浙商回归，奠定浙江持续发展之基，开启浙江转型升级之源。

支持浙商创业创新，促进浙江经济转型升级，成为浙商回归的主要目标。2011年底，浙江出台《关于支持浙商创业创新促进浙江发展的若干意见》；2012年初，支持浙商创业创新又被确定为浙江省经济工作的"一号工程"和标志性工作。在"若干意见"出台后，各地、各部门相继出台细化政策措施，形成了"1＋X"政策体系。在浙江省各地吸引浙商回归发展中，杭州成为"领头羊"。在这里，有为支持浙商创业创新量身定制的13条政策：来杭投资办公用房最高补助1000万元，商标专用权、专利权等非货币出资金额最高可以达到注册资本的70％，等等。

情感牌也是号召浙商回归的重要手段。河北浙江企业联合会会长赵勇强谈起回乡投资原因时，讲起一个小细节：有一年春节，省经合办领导到家中看望他的母亲，让这位商场硬汉特别暖心。正是浙江各级政府给浙商父母拜年，邀请在外浙商列席全省"两会"，……这些暖暖的姿态向全球各地的浙商敞开怀抱，表达了对他们回归的期盼。

优化服务环境是吸引浙商回归的关键。新一轮行政审批制度改革在浙江各地如火如荼地展开。过去只针对个别项目的"保姆式一条龙服务"现在几乎成了各地引导浙商回归、支持浙商创业创新的基本标准。作为省内欠发达地区，衢州在服务环境提升上动足了脑筋，通过大力开展"三治三比"活动，铁腕整治"庸、懒、散"现象，打造出"流程最优、时间最短、服务最好、效率最高"的"四最"发展环境。在东阳，3年前就开始实施的"东阳人经济回归工程"，实现了从洽谈到落地的全程代理服务制。

此外，浙江积极利用世界浙商大会、天下浙商家乡行等重大活动，吸引浙商回乡投资。2013年10月，第二届世界浙商大会在杭州举行。签约43个浙商回归重大项目，总投资额达到664.41亿元，不少是诸如菜鸟网络、云计算、大数据、工业机器人等的高新科技项目。2012年全省浙商回归引进项目到位资金达到1297.9亿元，2013年浙商回归投资到位资金再增至1750亿元，是2011年的近10倍！以千亿元为计量单位的浙商回归项目纷至沓来，成为浙江经济转型升级的重要动力；浙商回归引进项目到位资金中总部经济项目、重大产业项目、重大科技人才项目等重大项目到位资金占比达到70%以上，第三产业占比超过50%。

浙商回归创业创新直接推进了浙江经济的转型升级。而许多浙商也借助回归之机，完成了自身的漂亮转型。

在积极引导浙商回归创业创新的同时，浙江积极吸引省外企业，尤其是技术含量高、实力强的企业来浙投资。杭州、宁波、嘉兴、绍兴与湖州等地，成为省外企业投资的首选地；高新科技企业、现代中介服务业、生态农业与房地产业成为省外企业来浙投资的重点领域。在2011年12月举办的浙江与中央企业合作洽谈会上，浙江就与央企签订52个合作项目，协议金额高达2720亿元。

总结与展望

改革开放以来，与民营经济的发展、市场经济的推进相伴随，浙江经济的开放发展也走在了全国前列。尤其是近 10 多年来，浙江克服了市场竞争加剧、资源要素供给与环境压力加重、2008 年国际金融危机冲击以及其后海外市场持续低迷、国内经济增长率下滑等带来的巨大困难与挑战，开放经济迈上了新台阶。目前，浙江成为商品与资本"大进大出"的省份。浙江出口贸易额持续高居全国第 4 位，浙江成为跨区域投资最多的地区，更是我国对海外直接投资项目与金额最多的地区。开放发展成为浙江经济 30 多年来持续快速发展的主要动力，更是 10 多年来浙江经济转型升级的重要助力。而浙江开放经济的发展也为中国经济的开放发展提供了较为成功的范例。

　　浙江开放经济的发展经验主要在于省委、省政府科学的战略与政策的引领。进入 21 世纪以来，浙江省委、省政府根据浙江经济发展环境的巨大变化，充分发挥浙江民营经济的体制优势、产业集群的竞争优势，以及良好的山海资源优势、生态优势、环境优势与人文优势，深入实施"走出去"战略，鼓励浙商"跳出浙江、发展浙江"，全面推进浙江经济的对内开放与对外开放。在对外开放方面，浙江以义乌国际贸易综合改革试点为抓手，不断深化对外经贸体制改革，创新外经贸发展新路径、新方式，主动转变外贸增长方式，注重提高利用外资质量，大力推进浙江产品出口，鼓励浙商浙企与浙江市场"走出去"，到海外投资布局，推进浙江企业参与国际生产分工协作，促进浙江经济与全球经济融合；同时，以主动接轨上海、深化长三角合作为重点，积极引导浙商东扩西进、北联南拓，全面推进区域经济合作。另外将"走出去"与"引进来"密切结合，积极吸引省外企业来浙投资，支持浙商创业创新，引导浙商回归发展，带动了浙江经济的转型升级。

　　展望未来，随着浙江经济进入工业化发达阶段以及我国经济进入新常态，市场环境与资源要素环境的制约将更加突出，经济增长下滑压力将继续加大。另外，世界经济复杂多变与需求低迷的情势在较长时间内还将难有大的改变。浙江开放经济面临着更多的挑战。这需要浙江进一步提高开放经济水平，更好地利用国内外两种资源与两个市场，防范开放经济的潜在风险，保持对内开放与对外开放的全面发展、出口贸易与进口贸易的相对平衡发展、引进外资与对外投资的协调发展，更好地为浙江经济转型升级服务。

　　未来浙江要根据国内外经济环境的变化趋势，不断充实与优化"跳出浙江发展浙江"与"引进来、走出去"的开放战略，全面系统地推进经济体制改革，加强开放方式的创新，积极参与"一带一路"与"长江经济带"建设，加快浙江经济与省外经济、海外经济的融合，引导企业融入全球化产业链，分享全球产业链的高附加值；同时，要抓住新工业革命的机遇，大力发展技术贸易，加大引进省外与海外高端技术与人才的力度，积极引导企业进行技术创新，加快推进商业业态变革与制造的物联化革新，使开放成为浙江经济转型升级的重要助推器。

参考文献

1. 习近平：《之江新语》，浙江人民出版社，2007。
2. 习近平：《干在实处　走在前列——推进浙江新发展的思考与实践》，中共中央党校出版社，2006。
3. 中共浙江省委党史研究室编著《干在实处　走在前列——中共浙江省第十一次代表大会以来》，浙江人民出版社，2007。
4. 中共浙江省委党史研究室编著《创业富民 创新强省》，浙江人民出版社，2012。
5. 中共浙江省委政研室：《跳出浙江发展浙江》，研究出版社，2006。
6. 程惠芳、徐剑锋等：《开放浙江——引进来与走出去》，浙江人民出版社，2005。
7. 浙江经验与中国发展研究课题组编《浙江经验与中国发展》（经济卷），社会科学文献出版社，2007。
8. 浙江省社会科学院：《浙江发展报告（经济卷）》，杭州出版社，各年度。
9. 林吕建等：《浙江新跨越——人均6000美元后的浙江发展趋势与对策》，浙江人民出版社，2010。

第五章
发展海洋经济　推进海洋强省建设

工业革命以来，海洋经济在世界经济中的地位和作用越来越突出。当今世界，不仅美国、欧洲和日本等传统的海洋大国大力发展海洋经济，而且越南、马来西亚等国家也纷纷制定海洋发展战略，着力发展海洋经济。发展海洋经济，建设海洋强国，对于人口众多、人均土地资源匮乏的中国更显迫切。党的十八大报告正式把建设海洋强国作为国家发展战略，体现了中国经济发展的时代诉求，这是中国历史发展的必然要求，更是中国实现强国富民的"中国梦"的必经之路。

浙江地处中国沿海，是长江"T"字形经济带和长江黄金水道入海口，具有得天独厚的丰富海洋资源与优越区位优势，是中国沿海重要的海洋资源大省，"港、渔、景、油、涂、能、岛"等海洋资源都非常丰富。自古以来，凭借沿海区位优势，浙江海洋经济历史悠久，传统海洋产业，如渔业、盐业和海运业早在新中国成立前就已粗具规模。自20世纪80年代末，尤其是进入21世纪以来，浙江省历届省委、省政府高度重视海洋经济发展，提出了浙江发展海洋经济的基本战略。经过多年来的持续努力，浙江逐步实现了从海洋资源大省向海洋经济强省的迈进。

第一节　海洋经济理念的形成与发展

浙江地处中国沿海，虽然陆域资源极为稀缺，海洋资源却非常丰富；不仅拥有发展海洋经济的区位、气候优势以及全国无与伦比的海洋资源，且港口、渔业、旅游、油气、滩涂、海岛等主要资源得天独厚，组合优势显著。

首先，浙江海域广阔、海岛众多。浙江主张管辖海域面积 26 万平方千米。其中，面积大于 500 平方米的海岛有 3061 个，是全国岛屿最多的省份，占全国岛屿总量的 40%，拥有面积 495.4 平方千米的中国第四大岛——舟山岛；大陆海岸线和海岛岸线长达 6696 千米，居全国首位。可建万吨级以上泊位的深水岸线 506 千米，10 万吨级以上泊位的深水岸线 105.8 千米。

其次，浙江渔业资源丰富，素有"中国鱼仓"的美誉。浙江海域位于中纬度地带，属亚热带大陆架浅海，寒暖流交汇，水质肥沃，浮游生物多，适宜多种海洋生物的栖息、生长与繁殖，渔业资源品种多、生长迅速、质量优、繁殖快，[1] 水产资源非常丰富。舟山渔场是全球四大渔场之一，渔场面积达 22.27 万平方千米，可捕捞量居全国第一。

再次，浙江油气资源富足。浙江陆域缺乏油气资源，但近海的海洋石油天然气资源却非常丰富，经济价值巨大。[2]

最后，浙江区域性滨海旅游资源优势显著。浙江自然环境独特，气候宜人，形成了多种自然景观；历史上开发较早，前人留下的历史文化遗产颇多，海洋特色文化较其他沿海地区尤为鲜明，兼具人文景观与滨海自然景观优势；沿海旅游资源齐全，有 2 个国家级风景名胜区和 5 个省级风景区，另外有 820 个四级以上的海洋旅游资源单体。

此外，浙江的海能蕴藏丰富多样、利用潜力巨大。浙江海洋能源蕴藏丰富，拥有丰富的波浪能、潮汐能、温差能和洋流能，可供开发的海洋能源居全国首位，潮流能占全国一半以上，利用潜力非常巨大。

一 开发蓝色国土，建设海洋经济大省

早在 20 世纪 90 年代，浙江省委、省政府就开始关注海洋资源。省委、省政府围绕海洋经济发展，先后提出并制定了多项相关规划与措施，其中最为典型的是 1992 年《浙江省海洋开发规划纲要（1993～2010）》的颁布，

---

[1] 浙江省人民政府：《海洋资源》，http：//www. zhejiang. gov. cn/gb/node2/node50/node55/node504/node528/userobject13ai544. html，2012 年 2 月 8 日。

[2] 张权：《河北省海洋经济发展研究》，天津大学硕士学位论文，2003。

标志着浙江省正式开始付诸实际行动发展海洋经济。这个时期，浙江的海洋开发和海洋经济发展经历了"开发蓝色国土、拓展新的发展空间"（1993～1997年）和"发展海洋产业、建设海洋经济大省"（1998～2002年）两个发展阶段，海洋经济综合实力明显增强。2002年浙江的海洋经济总产值为1082.7亿元，占全省区域生产总值的比重上升到13.9%，初步形成了以海洋渔业和海洋交通运输业为主体的海洋产业结构体系，及以宁波、舟山和一港三湾（象山港、杭州湾、三门湾和乐清湾）为中心的海洋产业优化分布格局，为浙江海洋经济的全面、快速发展打下了良好的基础。

二 实施海陆联动，建设海洋经济强省

进入21世纪后，浙江的海洋经济发展迎来新的机遇。中国在2000年正式加入世贸组织，开始全面参与和融入国际竞争，如何充分发挥海洋大通道对经济发展的拉动作用将是中国面临的重大课题。在这种国际国内背景下，敞开海洋大通道，积极利用国际国内两种资源、两个市场，是浙江省加速经济增长与产业结构升级的客观要求。另外，在浙江省进入全面建设小康社会、提前基本实现现代化的发展阶段，能否发挥海洋资源优势，加快海洋经济发展，将决定浙江能否在下一轮经济竞争中迅速培育新增长点，顺利实现全省经济结构的全面提升和战略性调整，突破陆域资源短缺"瓶颈"，增强资源保障能力，拓展新的发展空间，保持经济社会的全面可持续发展。

（一）实施陆海联动，建设海洋经济强省理念的提出与发展

2002年底，习近平同志到任浙江后，经过多次实地调研和考察，充分肯定了往届浙江省委、省政府在浙江发展海洋经济上的重要引领作用，审时度势，提出了浙江建设海洋经济强省的新战略以及海洋经济强省建设的发展思路和方针政策。

1. 海洋经济发展指导原则的确立

在2003年5月16日加快海洋经济发展座谈会上，习近平同志提出了浙江发展海洋经济的基本思路，指出浙江在海洋经济工作中要重点把握四大指

导原则：①发挥优势：发挥浙江省"渔、港、景、涂、油"等资源比较丰富、相关产业基础比较好、区位条件比较有利的优势，加快调整海洋捕养结构，积极整合港口海运业，大力发展临港工业、新兴海洋工业和海洋旅游业，合理开发滩涂资源，逐步形成一批海洋优势产业，提升海洋经济的整体竞争力。②强化规划：按照前瞻性、科学性、操作性相结合的原则做好海洋经济发展总体规划及相应港口建设、临港工业布局、滩涂开发和沿海土地利用、海洋环境、海洋旅游等专项规划，有序推进海洋资源综合开发，优化海洋经济布局。③突出创新：强调加强体制创新和科技创新，为海洋经济注入新的活力和动力。进一步深化改革，扩大开放，加快体制、机制创新，形成科学合理的管理体制、多样化的投入机制和市场运行机制，激发和引导各级政府及各种经济主体投资海洋经济。深入实施"科技兴海"战略，加快人力培养和引进，大力推进海洋科技创新和进步，促进海洋开发由粗放型向集约型转变，不断提高海洋经济发展水平。④协调发展：坚持海洋产业发展和海洋环境保护相统一，坚持海洋经济发展和陆域经济发展相协调。加快依法治海，加强海洋生态环境的保护和建设，加快治理海洋污染，努力实现资源利用集约化、海洋环境生态化，增强海洋经济的可持续发展能力，正确处理海洋经济与陆域经济的关系，加大海岸地区产业布局的调整力度，广泛推进清洁生产，严格控制污染排放，实现海洋经济与陆域经济一体化。

同时，习近平同志要求将海洋渔业结构调整、港口建设、临港工业发展、海岛基础设施建设、海洋旅游开发、科技兴海、滩涂围垦及海洋环境保护与治理等8个方面作为浙江发展海洋经济的主要关注点和关键点。

2. 发挥浙江的山海资源优势，大力发展海洋经济

2003 年 7 月 10 日，浙江省委、省政府在浙江省委十一届四次全会上，围绕浙江全面建设小康社会、提前实现现代化的议题，强调要深入实施"八八战略"，全面落实科学发展观。其中一大战略就是，发挥浙江的山海资源优势，大力发展海洋经济，努力使海洋经济成为浙江经济的新增长点。习近平同志提出，要开阔眼界、转变发展理念，借助科技与生产力的发展，培养开发各种资源的能力，重视丰富的山海资源，念好"山海经"。他强调，浙江必须进一步加强发展海洋经济的紧迫感和责任感，要以更大的气魄、更宽的视野和更高的标准，依托"山海并利"的自然条件，合理开发利用海洋资源和山区资源，不断拓展海洋经济发展空间，积极实施"山海协作工程"和"欠发达乡镇奔小康工程"，推进海岛、山区、老区、少数民族地区等欠发达地区加快发展，走出一条有浙江特色的海洋经济与陆域经济联动发展的路子，把海洋经济作为一个新的经济增长点切实抓紧抓好，抓出成效。

3."建设海洋经济强省"战略目标的确立

鉴于当时浙江建设海洋经济大省的目标已经基本实现，在2003年8月的浙江省海洋经济工作第三次会议上，习近平同志进一步深化了浙江发展海洋经济的基本思路，提出了"建设海洋经济强省"的战略目标。浙江要顺应全国发展海洋经济、建设海洋强国的经邦治国新方略；要有长远的战略眼光，充分认识加快发展海洋经济、建设海洋强省的重要意义。海洋是浙江未来的希望。浙江海洋经济发展不能就海洋论海洋、就渔业论渔业，要跳出浙江发展浙江，要走海洋经济和陆域经济联动发展的路子，在保持浙江在陆域经济发展中优势的基础上，强调和加快在海陆联合与协作中发展海洋经济，使海洋经济成为浙江经济的新增长点，走出一条有浙江特色的海洋经济和陆域经济联动发展的路子。

为了让全省充分认识到发展海洋经济的重要性和迫切性，习近平同志于2003年12月3日召开了"山海协作工程"汇报会议，再次强调必须从全局高度充分认识实施"山海协作工程"的重大意义；指出只有实施"山海协作工程"，才能缩小地区差距、促进区域协调发展，才能培育新的经济增长点、不断提高浙江省的综合实力，才能促进共同富裕、实现人民群众根本利益。并对"山海协作"工作提出总体要求：按照科学发展观的要求推进"山海协作工程"，围绕全面建设小康社会、提前基本实现现代化的目标推进"山海协作工程"，着眼于全省经济布局优化推进"山海协作工程"，及以求真务实的精神推进"山海协作工程"。

（二）实施陆海联动，建设海洋经济强省理念的形成与实施

在"发展海洋经济，建设海洋强省"基本思路的引导下，浙江全社会形

成了大力发展海洋经济的共识。省委、省政府进一步明确了发展海洋经济的方式：有浙江特色的海洋经济和陆域经济联动发展。2005年4月浙江省政府制定了《浙江海洋经济强省建设规划纲要》，以科学发展观为指导，按照省委、省政府"八八战略"部署和建设海洋经济强省的总体要求，结合浙江海洋环境资源特点和国内外海洋经济发展趋势，提出了浙江海洋经济发展的目标、主要任务、布局框架，以及推进海洋经济强省建设的政策措施。

1. 建设海洋经济强省

明确海洋经济强省战略目标的总体思路和分阶段要求。要求到2010年，基本达到海洋经济强省建设目标；到2020年，全面建成海洋经济强省。

2. 大力推进陆海联动

提出浙江海洋经济的发展要紧紧围绕陆海联动这条主线，把海洋资源在"港、渔、景、油"方面的优势与陆域经济在产业、市场、资金、科技、人才和机制方面的优势结合起来，大力推动陆海产业联动发展、生产力联动布局、基础设施联动建设、生态环境联动保护治理。

3. 重点培育五大优势产业

充分发挥"港、渔、景、油、涂"五大资源的组合优势；大力发展港口运输、临港工业、海洋渔业、滨海旅游业和海洋新兴产业五大优势产业；着力建设战略物资储运、沿海重化工、现代海洋渔业、海洋生态旅游、海洋新兴产业五大产业基地，并分别提出了上述五大产业的发展重点与具体实施方案。

4. 构建三大海洋经济区

根据浙江海洋资源分布和沿海区域经济的特点，将全省划分为以宁波、舟山为主体，温台沿海和杭州湾滨海为两翼的三大海洋经济区。三大区域分别以港口城市和区域中心城市为依托，以杭州湾大通道、舟山大陆连岛、洞头半岛"三大对接"工程为纽带，实现海洋资源和区域优势紧密结合，海洋产业与陆域经济联动发展。

5. 加强海洋资源与海洋生态的保护

保护和恢复海洋生态环境，组织实施"碧海行动计划"，加大全省主要入海河口和重要港湾的综合治理、开发与保护力度，协调港口、航运、围垦、养殖、旅游和临港工业等开发建设活动，控制河道采砂，科学围垦河滩，妥善保护湿地；保护海洋生物资源，重点实施"振兴近海渔业资源行动"；合理开发利用滩涂；严格保护和合理利用岸线资源与无居民海岛。

6. 建立保障浙江海洋经济发展的支持体系

加强体制机制创新、必要的政府投入和政策引导，充分发挥市场配置资源的基础性作用和全社会参与的积极性。建立起法律与政策支持、科技支持、资金支持、加快海洋基础设施建设支持、实践创新支持与生态保护支持的支持体系。

通过《海洋经济强省建设规划纲要》的实施，浙江走上了海洋强省之路，海洋经济得到了前所未有的快速发展。

第一，海洋经济总量不断壮大，产业结构和布局逐步优化。2003 年，浙江海洋经济总产值已达 2200 亿元，比上年增加 710 亿元，占全省 GDP 的比重为 7.7%；到 2007 年，全省海洋经济总产出达 4508 亿元，占全省 GDP 的比重提高到 8.3%。2003 年，浙江海洋经济在全国海洋经济中的排名从以往的第 5 位上升至第 3 位。浙江逐渐形成海洋核心产业、海洋支持产业和海洋相关产业协调发展的产业结构体系，海洋三次产业结构也不断优化，海洋一产和涉海二、三产业产出比从 2003 年的 18∶38∶44 调整为 2007 年的 11∶40∶49。浙江临港工业迅速崛起，以海洋旅游、海运业为代表的海洋第三产业迅速发展并成为浙江海洋经济的主导产业。

第二，核心海洋产业得到长足发展，出现了综合竞争能力不断提升的优势产业群。海洋渔业、海洋交通运输业、滨海旅游业、海洋船舶工业、海水利用业已然成为浙江的海洋优势产业。至 2007 年，五大优势产业占全省海洋经济的比重为 52.3%。海洋电力业、海洋船舶工业、海洋生物制药和海洋交通运输业发展迅速，2005 ~ 2007 年平均增长率分别达 82.4%、61.8%、25.9% 和 25.2%。[1] 海洋渔业、海洋交通运输业、滨海旅游业、海洋船舶工

---

① 浙江省统计局：《浙江省海洋经济发展状况研究》，http：//tjj. zj. gov. cn/art/2009/7/9/art_281_ 36459. html。

业、海水利用业等海洋优势产业在实现量的增长的同时也实现了质的增长方式的转型。

另外，全省海洋经济的区域布局基本形成。以宁波和舟山为主体，温台沿海和杭州湾为两翼的三大海洋经济区开始成型。三大区域分别以港口城市和区域中心城市为依托，以杭州湾大通道、舟山大陆连岛、洞头连岛"三大对接"工程为纽带，满足了港口开发及交通、物流的相关设施与产业链协作与有机联系的要求，实现了海洋资源优势和区域优势紧密结合，海洋产业与陆域经济联动发展。同时，在陆海联动战略引导下，浙江形成了一批符合资源特点、体现资源优势、具有区域特色的陆海联动发展的产业集群。

（三）"大力发展海洋经济，加快建设港航强省"战略的提出

浙江海洋经济取得巨大成就，但如何在海洋资源、海洋产业中挖深挖潜又成为省委、省政府面临的新课题。习近平同志在浙江期间一直非常关注浙江的港口建设和发展，明确指出宁波的港口建设不仅直接影响宁波的现代化建设进程，而且事关全省发展的大局，是全省的战略重点。宁波应该围绕建设上海国际航运中心重要组成部门的目标，深入实施"以港兴市，以市促港"的发展战略；以集装箱为发展重点，加快现代化大港建设；进一步加快推进宁波—舟山港口一体化进程；进一步加强港口基础设施建设，抓好集装箱码头、深水泊位等一批重点工程；发展现代物流；完善港口服务功能和揽货体系；加快集疏运交通网络建设，进一步拓展港口腹地。针对舟山，习近平同志指出，虽然目前存在困难，但只要能充分利用自身资源，发挥渔、港、景和区位优势，把海洋经济这篇文章做深做大，舟山就有很强的后发优势，完全能成为海洋经济的发达地区。浙江省委、省政府要把舟山的工作放到应有位置，支持和扶持舟山的发展，加大扶持力度，积极推动舟山的开发。

顺应上述战略的提出，浙江省委、省政府开始把发展海洋经济的工作重点投向港口建设。2007年6月，浙江省第十二次党代会提出要"大力发展海洋经济"，首次明确提出了"建设港航强省"的目标。随后，有关部门和科研院所联合开展了"加强海洋经济发展，建设港航强省"调研，为该战略进行可行性论证和实施方案的落实。省政协则提出了"科学看海、科学谋海、科学用海、科学兴海、科学管海"五大推进海洋经济发展的战略思路与任务举措。

在该战略及发展思路的指引下，浙江大力推进港口开发与建设，逐步形成了以宁波—舟山深水港为枢纽，温州、嘉兴、台州港为骨干，各类中小港口相配套的沿海港口体系和现代物流系统。宁波港、舟山港打破了原来"一港一城一政"的模式，① 按照"管理统一、规划统一、建设统一、品牌统一"原则推进的一体化实现了跨越式发展。2008 年，宁波—舟山港集装箱吞吐量已跃升至世界第 8 位，位列"2008 港口综合竞争力排行榜"榜首。因而，浙江省的港航建设无疑是在《纲要》全面实施基础上，进一步促进了浙江省海洋经济的快速发展，为浙江海洋经济的腾飞奠定了基础。

三　立足浙江海洋经济示范区，借力国家战略

20 世纪 90 年代末，浙江省"开发蓝色国土，建设海洋经济大省"和"实施海陆联动，建设海洋经济强省"两大战略推动了浙江海洋经济的蓬勃发展。近几年来，浙江省委、省政府在原来的基础上，抓住全球海洋经济蓬勃发展的历史性契机，站在更高的起点上，着手为进一步发挥浙江海洋资源优势，谋划区域发展新蓝图。

1. 制定《浙江海洋经济发展示范区规划》，优化海洋经济发展布局

为了提升浙江在全国的战略地位，更好地推动浙江的产业结构调整和经济发展模式转型，2009 年 6 月，浙江省委、省政府根据浙江的特点和优势，在海洋经济发展、民营经济创新、国际贸易改革等多个主题中筛选出海洋经济发展作为未来可能上升为国家战略的主题。自 2009 年 10 月起，在以赵洪祝、吕祖善为领导核心的浙江省委、省政府的领导下，经过省级有关部门筹划和起草、专家咨询和论证及与国家发改委等部委的多次沟通，先后启动了由中国工程院 20 余位院士和 200 多位专家组成的专家团围绕与海洋经济相

---

① 徐秦：《实施软资源整合以提升浙江港口的竞争力》，《海洋学研究》2008 年第 1 期。

关的 12 个课题展开的深入调研与论证，终于形成了较为清晰的浙江海洋经济发展蓝图。

2010 年初，"加快形成海洋经济等具有较强竞争优势的大产业"首次被写进浙江省政府工作报告。海洋经济正式成为浙江转变发展方式、拓展发展空间、提升发展质量的重要突破口之一。2010 年 7 月，全国海洋经济发展试点工作正式启动，浙江被列入全国海洋经济发展试点地区。同年 8 月，省政府正式向国家发改委上报浙江省的规划与方案。同年 11 月，国家相关部委就浙江海洋经济发展进行专题调研，规划的名称也被确定为《浙江海洋经济发展示范区规划》。当月，《浙江海洋经济发展示范区规划》和"实施方案"先后经省政府常务会议和省委常委会讨论通过。

2011 年 2 月 25 日，国务院正式批复《浙江海洋经济发展示范区规划》，标志着浙江海洋经济发展正式上升为国家战略，成为国家海洋发展战略和区域协调发展战略的重要组成部分。《浙江海洋经济发展示范区规划》成为中国第一个海洋经济示范区规划，也是浙江首个纳入国家发展战略的规划。紧接着，舟山群岛新区建设也正式写入国家"十二五"规划纲要。2013 年 1 月，国务院正式批准设立舟山群岛新区。舟山群岛新区成为我国的第四个"新区"和首个群岛新区。同年，国家发改委批复了《浙江海洋经济发展试点工作方案》。自此，浙江海洋经济发展正式进入了国家战略时代。

2. 构建"三位一体"港航物流服务体系，建设港航强省

2009 年 4 月，浙江省委、省政府在第十二次党代会提出的"建设港航强省"基础上，进一步提出"要以推进港航强省建设为重点，大力推动海洋经济大发展"，对浙江省"港航强省"建设做出了基本布局：加快发展港口服务业、物流业与集疏运体系建设，努力拓展浙江省港口经济腹地；推进现有港口资源整合，构建结构合理、功能完善的沿海港口体系；加强海岛、岸线资源的规划与管理，为未来长远发展留下充足空间。

建设港航强省，离不开以宁波—舟山港为核心的交通运输网络等基础设施的完善，为此，浙江省委、省政府首先做出了"以桥兴港，以港兴岛，桥港岛共同推进"的战略安排。"十一五"期间浙江完成港航投资 485 亿

元，是"十五"时期的 3.3 倍，居全国首位，新增万吨级以上深水泊位 78 个。继 2006 年温州（洞头）半岛工程完工后，2008 年 5 月，北起嘉兴海盐、南至宁波慈溪、跨越杭州湾海域，全长 36 千米的杭州湾跨海大桥通车，大大缩短了长三角地区南北两翼城市间的空间距离。2009 年 12 月，由岑港大桥、响礁门大桥、桃夭门大桥、西堠门大桥、金塘大桥 5 座连岛大桥组成的舟山跨海大桥把舟山本岛与大陆连接在一起。甬台温铁路、温福铁路、沪杭高铁等也相继开通，北仑四期集装箱码头和舟山煤炭中转码头投入运行，中国第一条 30 万吨级人工航道建成并投入使用，三门核电等一批重大基础设施建设逐步顺利推进。综合交通网络体系和能源、水利等基础设施支撑体系的日臻完善，极大地改善了沿海各港口的交通条件，使集疏运网络得到进一步完善，海港有了陆域腹地的支撑，陆域腹地又能迅速地与海洋经济对接。2009 年，全省港口货物吞吐量超过 10 亿吨，创历史新高，其中，沿海港口完成 7 亿吨，宁波—舟山港货物吞吐量达 5.77 亿吨，居全球海港首位。① 另外，为了解决港口快速发展过程中暴露的效益不高问题，2009 年浙江省委、省政府进一步提出了构筑大宗商品交易平台、海陆联动集疏运网络、金融和信息服务支撑系统"三位一体"港航物流服务体系的战略构想，旨在缩短浙江沿海港口在服务功能拓展、产业链延伸以及配套的港口集疏运体系、金融服务体系、信息平台等外部环境优化等方面与世界优秀港口间的差距。2010 年 11 月，浙江省委、省政府明确提出大宗商品交易中心是构建"三位一体"港航物流服务体系的重点，要按照"一个交易中心、两个服务平台、多个交易区、一批储运配送基地"的总体思路，构建大宗商品交易平台，完善集疏运网络和金融信息服务体系。同时，浙江省委、省政府也在《浙江海洋经济发展示范区规划》中把港航物流服务体系建设作为重点进行了较系统和翔实的规划。目前，浙江"三位一体"港航物流服务体系建设正在积极推进之中。"三位一体"港航物流服

---

① 中共浙江省委党史研究室编著《创业富民　创新强省》，浙江人民出版社，2012，第 37 ~ 38 页。

务体系建设的首批落户项目已经启动，投资总额达 600 多亿元，涵盖了码头等基础设施建设、交易平台建设和新能源、物流等领域，旨在通过"三位一体"港航物流服务体系建设，将浙江建成中国最大的大宗散货战略储备基地（储备岛）、重要的港口物流基地（物流岛）、重要的大宗商品交易基地（交易岛），将浙江港口打造成为亚太地区重要的综合性国际枢纽港。

3. 打造现代海洋产业体系，推进海洋经济强省建设

浙江在"建设海洋大省"，尤其是"建设海洋经济强省"的过程中，一直非常强调以"陆海联动"为发展主线，大力发展港口运输、临港工业、海洋渔业、滨海旅游业和海洋新兴产业，打造完善的浙江现代海洋产业体系。例如，2010 年 7 月，浙江确定的九大战略性新兴产业中，海洋新兴产业就名列其中。

2011 年出台的《浙江省海洋新兴产业发展规划》在《浙江海洋经济发展示范区规划》提出的"扶持培育一批海洋战略性新兴产业，提升浙江整体产业层次"基础上，进一步明确指出，浙江未来的"蓝色经济"重点应锁定在海洋先进装备制造、海洋生物医药、海水综合利用、海洋清洁能源、港航物流服务和海洋勘探开发服务等领域。

2011 年 3 月配套出台了《关于加快发展海洋经济的若干意见》，确定在财税优惠、用地用海支持、投融资保障等方面就发展海洋新兴产业提供相关政策优惠与支持：2010～2012 年，浙江省财政每年安排 10 亿元用于建立海洋经济发展专项资金，重点支持海岛基础设施、海洋科技研发、海洋新兴产业、公共服务平台和海洋生态环境保护等项目建设；同时，省财政再安排 10 亿元用于设立省海洋产业基金，引导社会资金投向海洋新兴产业、涉海现代服务业、临港先进制造业和现代海洋渔业等，即浙江正着力将海洋新兴产业发展成为海洋经济的支柱产业。

4. 设立舟山群岛新区，加强重要海岛开发利用

为了充分利用浙江的"多岛"资源，浙江省委、省政府在 2010 年 2 月委托中国工程院就浙江沿海及海岛综合开发展开战略研究，就设立舟山群岛

新区作为浙江海洋经济发展的重点战略任务进行部署。2011 年 2 月，国务院批复的《浙江海洋经济发展示范区规划》正式提出"探索设立舟山群岛新区"战略；舟山群岛新区正式写入国家"十二五"规划纲要（纲要明确提出推进包括浙江舟山群岛新区在内的区域建设），成为中国的第 4 个"新区"，也是中国首个群岛新区、首个以海洋经济为主题的国家战略层面新区。① 舟山群岛新区成立后，为了确保建设新区的各项工作有序展开，浙江省委、省政府专门实施了支持舟山群岛新区建设的一系列方针政策，如"百人计划"② 等，围绕群岛新区建设，在争取政策扶持、推动项目落地、着力破难攻坚等方面发挥了积极作用。

近年来，浙江为了加强对重要海岛的开发和利用，一直遵循"整合沿海、延伸海岛、加强互通、扩大共享"和"大岛建、小岛迁、有条件陆岛连"的总体思路，加快沿海港口城市、临港工业区以及主要海岛的基础设施配套建设，为重要海岛的开发利用做了充分准备。2011 年 6 月，浙江省政府印发了《浙江省重要海岛开发利用与保护规划》，明确对浙江省管辖海域范围内的 100 个重要海岛，在 2011 年至 2015 年间根据其区位条件、资源禀赋及发展基础进行分类开发和有序利用，目前已初显成效。

此外，在加强有居民海岛的开发利用的同时，浙江也加快了对无居民海岛的开发和利用。2011 年 5 月，《海岛保护法》③ 正式颁布后一个月，浙江省海洋与渔业局就正式公布了浙江首批 31 个可开发利用无居民海岛名录及各个海岛的详细介绍。2011 年 11 月，宁波高宝投资有限公司以 2000 万元竞得使用期限为 50 年的大羊屿，使其成为中国首个被公开拍卖取得使用权的无居民海岛。

---

① 舟山群岛新区范围为舟山市现有行政区域。功能定位为：浙江海洋经济发展的先导区、海洋综合开发试验区和长江三角洲地区经济发展的重要增长极。发展目标是：建成中国大宗商品储运中转加工交易中心，中国东部地区重要的海上开放门户，中国海洋海岛综合保护开发示范区，中国重要的现代海洋产业基地，中国陆海统筹发展先行区。

② "百人计划"是指用 3 年时间分两批次，选派 100 名干部和专业人才到舟山挂职服务，每批挂职服务的干部和专业人才工作 2 年。

③ 中国首次从国家层面明确规定单位和个人可有偿使用无人岛。

5. 依法治海，加强海洋生态保护

近年来，浙江相继出台了《浙江省固体废物污染环境防治条例》《浙江省水污染防治条例》《浙江省海洋环境保护条例》等 18 部地方性环保法规和规章，对保护海洋生态起到了积极的作用。例如，2008 年 8 月《浙江省碧海生态建设行动计划》的发布实施使浙江省成为全国第一个系统进行海洋生态修复的省份。目前，浙江已有海洋自然保护区 3 个，海洋特别保护区 9 个及海洋生态示范县 3 个。

第二节　从海洋大省到海洋强省

自 20 世纪 90 年代开始，浙江历届省委、省政府坚定地立足陆域经济、凭借山海联动，大力发展海洋经济，逐步实现海洋资源大省向海洋经济强省迈进的浙江战略，持续不断地从政策、经济、科技、人力等方面为浙江发展海洋经济提供多方优惠和支持。经过了 20 多年历届浙江省委、省政府的合理布局和规范，及浙江人民的共同努力，浙江在发展海洋经济方面取得了巨大成就，建立了较好的海洋经济与产业基础，在 21 世纪初基本完成了从海洋资源大省向海洋经济大省的跨越，正坚定不移地向建设海洋经济强省、海陆经济联动的方向迈进。

一　海洋经济增长迅速，海洋经济实力不断增强

20 世纪 90 年代后，浙江省的海洋发展战略有力地促进了区域海洋经济的快速发展，随着对海洋开发的日益重视以及海洋科学技术的发展，海洋资源日益得到合理广泛的利用，海洋经济得到了前所未有的发展。

（一）海洋经济在浙江经济中的作用不断加强

浙江海洋经济总量增长迅速。由图 1 可以看到，1996 年，浙江海洋经济总产值为 288.16 亿元，占全省地区生产总值的 6.88%；2002 年达到 1082.72 亿元，占全省地区生产总值的比重增长到 13.53%。习近平同志调任浙江后，继承和发展了浙江原本的海洋经济发展战略，提出

"山海联动，建设海洋强省"的发展战略，2011 年浙江省海洋经济发展战略上升为国家战略后海洋经济示范区与 2013 年舟山群岛新区的建设更将浙江海洋经济发展推向新高潮。全省的海洋经济总产值从 2002 的 1082.72 亿元猛增到 2013 年的 5508 亿元，占全省地区生产总值的比重也上升到 14.7%；年平均增长率高达 16.3%。浙江海洋经济在全省国民经济中比重日益增大，地位日显重要，对全省经济的拉动作用非常明显。

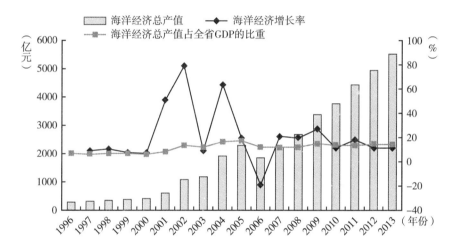

图 1　浙江省海洋经济发展总体水平

资料来源：由各年度《中国海洋统计年鉴》和《浙江统计年鉴》相关数据整理而得。

（二）在全国海洋经济中的地位逐步上升

中国海洋经济在地域空间上由沿海 11 个省区市组成，分别是辽宁、天津、河北、山东、上海、江苏、浙江、福建、广东、广西和海南。自从辽宁省在 1986 年首次提出发展海洋产业，将发展目光投向海洋，建设海上辽宁之后，中国沿海各省份纷纷提出各自的海上开发战略，取得了较为辉煌的成绩。但由于各区域自然资源禀赋、历史发展基础、科学技术水平、社会经济实力、海洋经济发展理念及政府扶持力度存在差异，中国沿海各地区的海洋经济发展水平差异较大。以 2013 年为例，海洋经济总量最大的是广东省，为 12500 亿元，浙江省以 5508 亿元排在山东省、上海市和福建省之后，位居第 5 位；海洋经济的增长速度为 11.1%，同样位居全国第 5 位，颇具竞争力。①

从全国海洋经济发展整体看，2000～2013 年，浙江海洋经济总产值占全国 11 个沿海地区生产总值总和的比重最高达到 14.05%（2004 年），最小为 8.34%（2001 年）（见图 2）。浙江海洋经济在全国海洋经济中的比重自 2000 年开始呈逐步上升趋势，除 2006 年稍有下降外，2009 年很快恢复到 10.51%，之后一直保持在 10% 左右。另外，从海洋经济的增长速度和占地区经济的比重看，2000～2013 年，浙江海洋经济的增长速度及海洋经济总产值占地区生产总值的比重均高于全国平均水平（2006 年除外）。

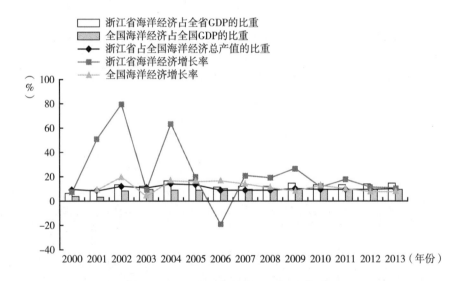

图 2　浙江省海洋经济在全国的地位及演变

资料来源：由各年度《中国海洋统计年鉴》和《浙江统计年鉴》相关数据整理而得。

因而，2002 年后，浙江已不仅是一个海洋经济大省，而且开始逐渐向海洋经济强省迈进。

———————————

① 数据来源于《中国梦与浙江实践汇报材料》（浙江省海洋与渔业局，2013）和《浙江省发改委关于浙江海洋经济发展试点第一阶段自查评估的报告》（浙发改海经〔2014〕74 号）。

二　海洋产业结构不断优化

海洋产业结构是指海洋产业各部门之间的比例构成及它们之间的相互依存、相互制约关系，是海洋经济发展的具体表现，反映了海洋资源开发利用过程中各海洋产业之间的比例关系。在全国海洋经济快速发展升温的热潮中，浙江海洋产业得到了快速发展，呈现出以下特征。

（一）海洋三大产业结构优化

浙江海洋经济快速发展，海洋第一产业从 1998 年的 346 亿元增长到 2013 年的 379.5 亿元，海洋第二产业从 1998 年的 276 亿元增长到 2013 年的 2217.3 亿元，海洋第三产业从 1998 年的 57 亿元增长到 2013 年的 2911.2 亿元。其中，从 1998 年开始，海洋第一产业在全省海洋经济总产值中的比重逐年下降，2000 年是海洋第一产业占绝对优势的最后一年，次年被海洋第三产业超越，2003 年又继续被海洋第二产业超越，截至 2013 年，海洋第一产业在全省海洋经济总产值中的比重降为 6.9%。浙江海洋第三产业一直增长很快，呈逐年上升趋势，2001～2013 年一直是海洋产业结构中比重最高的产业。相较于第三产业，浙江海洋第二产业起步较迟，但 2005 年后长势喜人，2009 年后基本能与浙江海洋第三产业各占浙江海洋经济的半壁江山（见图 3）。因而，浙江海洋经济的发展呈现出从第一产业到第三产业，然后从第三产业到第二产业的动态演变特征，符合海洋经济产业结构调整与升级的趋势，形成了"三、二、一"模式的海洋产业结构，尤其是海洋第三产业已逐渐发展为主导产业，基本达到《国家海洋事业发展规划纲要》中海洋第三产业总产值达到 50% 以上的要求。

（二）海洋新兴产业发展迅速

丰富的海洋资源优势及区位优势为浙江海洋产业体系的构建与发展提供了有力的保障，随着海洋经济的发展以及海洋科技、信息技术对传统产业的改造，浙江海洋产业的类型也日趋多样，在海洋传统产业不断发展的同时，涌现出了一批科技含量高、发展潜力大的海洋新兴产业。目前，浙江全省已形成了涵盖 13 类海洋主要产业的产业体系，海洋传统

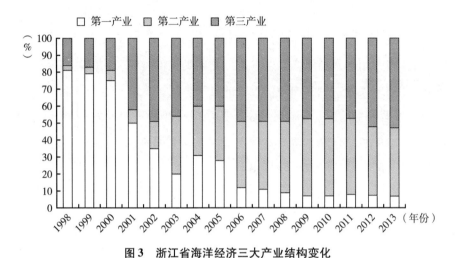

图3　浙江省海洋经济三大产业结构变化

数据来源：由各年度《中国海洋统计年鉴》相关数据整理而得。

产业与日益扩大的海洋新兴产业共同支撑着浙江海洋经济的持续发展（见图4）。

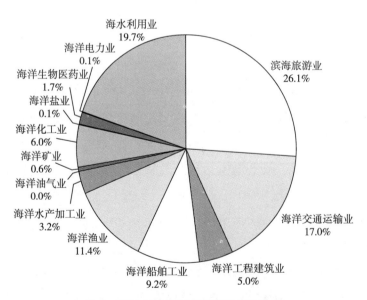

图4　2010年浙江省主要海洋产业构成

数据来源：浙江省统计局课题组：《浙江海洋经济发展研究》，《统计科学与实践》2012年第4期。

　　根据产业关联程度，海洋经济可划分为两类三个层次，即海洋产业和海洋相关产业，海洋产业又分为主要海洋产业和海洋科研教育管理服务业。主要海洋产业是海洋经济的核心产业，海洋科研教育管理服务业是海洋经济的支持产业，海洋相关产业是海洋经济的外围产业。①从结构上看，2011 年，浙江海洋产业总产值中，主要海洋产业、海洋科研教育管理服务业和海洋相关产业所占比重分别为 40.17%、16.26% 和 43.57%，形成了海洋核心产业、海洋支持产业和海洋相关产业协调发展的产业结构体系。②从总量和增长速度上看，2011 年，浙江海洋经济增加值为 2560.0 亿元，占全省海洋经济增加值的 56.43%，其中，主要海洋产业增加值为 1822.7 亿元，占全省海洋经济增加值的 40.17%。除 2011 年外，2005～2013 年，浙江的海洋主要产业年均增长 19%，比整个海洋经济平均增速高 2 个百分点，已经成为推动浙江省海洋经济发展的主要动力。

　　浙江船舶工业自 2004 年开始快速发展，2005～2013 年的年均增长率超过 40%，比海洋主要产业的年均增速高约 26 个百分点，是浙江同期发展最快的海洋产业之一，目前已成为浙江省海洋经济的三大支柱产业之一。2013年，浙江船舶工业生产总值为 880 亿元，占全省海洋经济生产总值的 15.98%。从结构上看，修船业增长缓慢，呈下降趋势，修船完工量从 2001 年的 13169 艘下降为 2011 年的 3918 艘；反之，造船业快速增长，造船完工量从 2001 年的 623 艘增加到 2011 年的 834 艘，从 2001 年的 25.66 万载重吨增长到 2011 年的 1144.61 万载重吨。2012 年，浙江实现造船完工量 1041.1 万载重吨，新接订单 424.5 万载重吨，手持订单 1938 万载重吨，分别占全国市场份额的 17.3%、20.4% 和 18.1%，① 因而，浙江省的造船完工量无论是造船数还是总吨位的增长，均远远高于全国平均增长率，仅次于江苏和上海，全国排名第 3 位。

　　浙江的海洋运输业历史悠久，发展良好，是浙江现代海洋经济发展的重要产业。海洋交通运输业包括港口和海洋运输两方面。①自 2006 年宁波、

---

① 数据来源于《中国梦与浙江实践汇报材料》（浙江省海洋与渔业局，2013）。

舟山两港开始统一运营管理，以宁波—舟山港为核心的浙江省港口群的货物吞吐量与集装箱吞吐量逐年上升，2013 年，全省沿海港口货物吞吐量达 10.02 亿吨，集装箱吞吐量 1910 万标箱，分别比 2012 年增长 8% 和 8.6%，分别比 2009 年增长 40.1% 和 70.8%。其中宁波—舟山港 2013 年完成货物吞吐量 8.1 亿吨，连续五年保持全球海港首位。此外，浙江的海洋旅客运输量和周转量也大幅增加。以 2011 年为例，全省的海洋旅客运输量和周转量分别为 2603 万人和 5.52 亿人千米，前者居全国首位，后者仅低于山东、广东、辽宁，居全国第 4 位。在海运运力规模快速增长的同时，运力结构也在不断优化，船型向大型化、标准化发展，经营航线逐渐增多，经营范围不断扩大。截至 2013 年，宁波—舟山港已开辟港口集装箱航线 213 条，与 100 多个国家或地区的 600 多个港口通航，作为衡量港口国际地位标志的集装箱远洋干线数量已达到 130 条，2013 年集装箱吞吐量达 1735.5 万标箱，居全国第 3 位，跻身全球 2 大综合港、6 大集装箱港。②浙江港口资源优越而密集，其中岸线长度与泊位吨位匹配较好的地区为舟山、象山、三门、大渔湾、沿浦湾等。截至 2013 年底，全省已建成万吨级以上深水泊位 196 个（其中 2010～2013 年新建成 51 个），吞吐能力达 8.9 亿吨，20 万吨级以上泊位拥有量位居全国港口前列。① 随着多个跨海大桥的建成通车，浙江省沿海地区与周边大城市乃至国际物流的联系将日益密切。

浙江的滨海旅游业、海洋化工业、海洋生物药业等新兴海洋产业起步虽晚但发展迅速，2013 年，浙江省海洋新兴产业占全省海洋经济的比重已超过 30%。其中：①滨海旅游业增长迅猛，成为对浙江海洋产业总产值贡献最大的产业。2013 年，浙江实现滨海旅游收入 3009 亿元，形成了都市观光、都市休闲、会展旅游、滨海观光和商务等一体化的旅游功能。②海洋生物药物产业虽然起步很晚，却是高新技术产业发展的重点和海洋经济发展的热点，增长迅速。2005～2012 年海洋生物药物产业的年均增长率超过 20%，在全国海洋

---

① 张善坤：《恰是风劲扬帆时——浙江海洋经济发展示范区建设三年回眸》，《今日浙江》2014 年第 4 期。

生物医药领域占据重要地位，是浙江未来海洋经济发展的重要增长点。2013年，浙江海洋生物医药产业的增加值为 50.74 亿元，比上年增长 10.2%。③海洋化工业增长较快。2010 年，浙江省实现海洋化工产业增加值 111 亿元，占海洋主要产业的 6.0%，比 2009 年增长了 22.3%；2013 年全省规模以上临港石化工业企业完成销售收入 2900 亿元。④海水利用业 2013 年的增加值为524.2 亿元，比上年增长 15.1%，总产能超过 16 万吨/天，居全国前列。⑤海洋电力业 2013 年的增加值为 3.68 亿元，比上年增长 9.2%。①

（三）海洋传统产业不断转型升级

浙江的传统海洋产业主要包括海洋渔业、海洋盐业与海洋水产品加工业等。

海洋渔业虽然近年来在浙江省海洋经济中的比重不断下降，但仍然占据超过 1/10 的比重，总量一直保持平稳增长。2012 年浙江省海洋渔业实现总产出 485 亿元，海产品总产量 431.24 万吨，在全国海洋渔业排名中一直稳居第 4 位。结构上，虽然海洋捕捞业仍是浙江渔业的主力，但远洋捕捞增长迅速，远洋渔业产量从 2009 年的 16.05 万吨上升到 2012 年的 40.3万吨，增长了 1.51 倍。另外，浙江通过大力发展生态、高效现代渔业，帮助渔民转业海水养殖，建立了 88 个省级现代渔业园区、13 家省级以上水产原良种场，良种覆盖率达到 80%；开发了海水养殖面积约 6053 万公亩，其中，无公害、绿色和有机养殖基地面积 220 多万亩，水产养殖标准化实施率达到 35%。2013 年，浙江省海水养殖量为 87.2 万吨，比上年增长 1.3%。

浙江海盐资源充足，海盐业历史久远。但受浙江海洋经济产业结构调整和升级的影响，海洋盐业呈萎缩趋势，盐田面积、海盐生产面积及年末海盐生产能力、海洋产量及它们占全国的比重都在逐年下降。2011 年浙江的盐田面积仅为 2790 公顷（其中，生产面积和年末海盐生产能力分别为 2303 公

---

① 相关数据来源于《浙江海洋经济发展示范区建设有关情况》，http://zjnews.zjol.com.cn/system/2014/08/11/020192318.shtml；浙江省统计局课题组：《浙江海洋经济发展研究》，《统计科学与实践》2012 年第 4 期。

顷和 14.52 万吨），比 2009 年的 3643 公顷下降了 23.41%；生产面积和海盐生产能力也比 2009 年分别下降了 22.93% 和 14.42%，在全国海盐业中的排名也从 2009 年的第 9 位下降到 2010 年以后的第 10 位。

海洋水产品加工业自 20 世纪 90 年代起发展迅速。进入 21 世纪以来，浙江海洋水产品加工不断向深加工、精加工与品牌提升方向发展，突破了三大传统产品（烟熏制品、干制品和罐制品）的限制，2010 年浙江省水产品产量为 517.7 万吨，比上年增长 3.8%，占全省海洋经济总产值的 3.2%。

从以上对浙江海洋经济产业结构的总结与归纳可以看出，浙江海洋产业集中度持续下降，对传统产业的依赖程度大大降低；科技含量高、发展潜力大的海洋新兴产业开始占据主导地位；新兴海洋产业与海洋传统产业中的优势产业共同支撑着浙江海洋经济的可持续发展。即浙江的海洋产业以海洋旅游业、海洋运输业和海洋船舶业三大产业为主体，为建设海洋强省奠定了坚实的产业基础。

三 海洋经济辅助、配套制度完善

海洋强省建设离不开海洋科技的支持和相关基础设施及法律法规的保障。浙江在这方面也做出了较多努力。

（一）海洋科技能力提升，海洋科技对经济的贡献不断增加

浙江自 20 世纪 90 年代开始实施"科技兴海"战略：①建立海洋研发中心，攻克海洋高新技术，储备海洋人才。截至 2012 年，全省已拥有涉海高等学校、科研院所 28 家，国家级海洋研发中心 4 家，国家科技兴海示范基地 7 家，省海洋科技园区 3 家，直接从事海洋科研人员 8300 余人，海洋科技能力不断提升。②培育海洋高新技术企业、实施海洋高新技术产业化项目取得了明显成效。随着海洋科技的不断创新，海洋高新技术迅速催生新兴海洋产业，衍生出不断壮大的海洋产业群。通过建设省级海洋高科技园区、科技兴海示范区（基地）以及海洋科技企业孵化器，浙江先后培育壮大了一批在全国处于领先地位的海洋高新技术企业，特别是带动了海洋生物医药、海洋新能源、海洋新材料、临港先进装备制造、海水综合利用、海洋环

境保护等领域的高新技术产业发展，逐渐形成了一批具有核心竞争力的海洋特色产业。

（二）海洋基础设施不断完善，综合交通网络体系与防灾减灾工程体系开始构建

海洋基础设施规划建设及设施间的配套衔接，是海洋经济强省建设的重要支撑，在很大程度上决定着港口物流、临港重化等海洋经济发展的规模和水平。依据《纲要》指导，浙江海洋基础设施建设取得突破性进展：①沿海地区和主要海岛的交通、电力、水利和通信设施建设步伐进一步加快，杭州湾大通道、舟山大陆连岛工程、温州洞头半岛工程等重大项目相继完工并投入使用。②不断推进陆海联动的综合交通网络规划与建设。以"三大对接"工程为纽带，在沿海交通要道的基础上，构筑舟山大陆连岛、温州洞头半岛两条入海通道，形成了两条连接大陆和海洋、实现陆海优势融合、经济联动的重要纽带。[1] ③构建内陆走廊，实现省级公路、铁路与省内路网的连接，实现了"点、线、网"的有机衔接，全省交通网络体系的集疏运能力明显提高。

此外，浙江还进行了"千里海塘工程"和标准渔港建设、海洋环境监测体系建设，海洋防灾能力得到了大幅度提高。

（三）海洋经济软环境得到保障

首先，浙江加强了海洋综合管理，为海洋经济发展提供制度保障。浙江在认真贯彻实施《中华人民共和国海域使用管理法》《中华人民共和国海洋环境保护法》《浙江省海洋环境保护条例》《浙江省海域使用管理办法》《浙江省海洋功能区划》《浙江省海域使用金征收管理暂行办法》等法律法规及相关制度基础上，完成了省、市、县三级海洋功能区划体系建设，着手编制了《浙江省海洋生态环境保护与建设规划》，尝试全面实施海域使用权证和有偿使用制度，海域使用"无偿、无序、无度"状况得到初步遏制。

---

[1]　周福君：《浙江陆海产业联动发展需实现五大突破》，《今日科技》2005 年第 11 期。

其次，浙江加大了海洋环境保护力度，为海洋经济可持续发展保驾护航。①严格执行《中华人民共和国海洋环境保护法》，实行海洋、海岸工程建设项目的海洋环境评价制度，组织开展了杭州湾跨海大桥等一批重大建设项目对海洋环境影响的评价工作。②全省开始建立海洋环境监测预报体系和赤潮应急监测预警机制。③努力开展海洋生态环境保护与修复工程，积极筹建一批海洋自然保护区，海洋生物多样性保护取得新的进展，南麂列岛国家级海洋自然保护区被列入联合国"人与生物圈保护组织"。

第三节　海洋经济示范区与舟山新区建设

浙江数十年来发展海洋经济的"开发蓝色国土""建设海洋经济大省""建设海洋经济强省""建设港航强省"的战略无疑是非常成功的，它引领浙江海洋经济取得了巨大成就，也带动了浙江陆域经济，乃至全省经济的快速发展与转型升级。国务院 2011 年 2 月 25 日正式批复《浙江海洋经济发展示范区规划》，2013 年 1 月批准设立舟山群岛新区，既标志着浙江海洋经济发展正式上升为国家战略，成为国家海洋发展战略和区域协调发展战略的重要组成部分，也为浙江发展海洋经济带来了前所未有的机遇，揭开了浙江海洋经济和区域经济发展的新篇章。

一　浙江省海洋经济发展示范区建设

《浙江海洋经济发展示范区规划》是中国第一个海洋经济示范区规划，也是浙江首个纳入国家发展战略的规划。建设好浙江海洋经济发展示范区不仅关系着浙江海洋经济的未来，更关系着中国实施海洋发展战略和完善区域发展总体战略的全局。

1. 海洋经济示范区建设对浙江的重要意义

浙江海洋经济发展示范区建设是实施中国海洋发展战略、完善中国沿海区域发展战略、维护海洋权益、保障国家经济安全的战略性决策，也是推进浙江省经济转型升级、培育浙江新的经济增长点、促进海陆统筹和扩大开放的战略性选择。执行《规划》，有利于浙江省更好地由"资源小省"转变为"资源大省"，通过对海洋资源的综合保护和合理利用来提高全省经济的综合实力和国际竞争力，实现浙江经济社会的可持续发展。

2. 海洋经济示范区建设的定位与目标

浙江的海洋经济示范区建设立足于发挥浙江特色优势、服务国家战略要求，目标定位是"一个中心、四个示范区"。"一个中心"——建设中国大宗商品国际物流中心；"四个示范区"——中国海洋海岛开发开放改革示范区、中国现代海洋产业发展示范区、中国海陆协调发展示范区、中国海洋生态文明和清洁能源示范区。该主要目标需要分两个阶段完成。第一个阶段（2011～2015 年）：①示范区地区生产总值突破 2.6 万亿元，占全省的3/4；②海洋生产总值接近 7000 亿元，科技贡献率达 70% 以上，清洁海域面积力争达到 15% 以上，沿海港口货物吞吐量达到 9.2 亿吨；③海洋经济转型升级成效显著，海洋科技文化全国领先，海洋生态环境明显改善，基本实现海洋经济强省目标。第二个阶段（2016～2020 年）：全省海洋生产总值力争突破 12000 亿元，科技贡献率达 80% 左右，海洋新兴产业增加值占海洋生产总值的比重达到 35% 左右，形成现代海洋产业体系，全面建成海洋经济强省。

3. 海洋经济示范区建设与浙江省的海洋经济发展格局

浙江在建设海洋经济示范区过程中，为了优化海洋经济发展布局，确定了"一核两翼三圈九区多岛"的海洋经济发展总体格局。①强化"一核"——宁波—舟山港海域、海岛及其依托城市，打造中国海洋经济参与国际竞争的重点区域和保障国家经济安全的战略高地。②提升"两翼"——以环杭州湾及其近岸海域为北翼，以温台沿海及其近岸海域为南翼，打造浙江海洋经济产业发展带。③做强"三圈"——杭州、宁波、温州三大沿海都市圈，作为海洋经济转型升级的主依托，加强海洋基础研究、科技研发、成果转化和人才培养，打造中国沿海地区海洋经济活力较强、产业层次较高的重要区域。④集聚"九区"——重点建设杭州大江东、杭州城西科创、宁波杭州湾、宁波梅山物流、嘉兴现代服务业、绍兴滨海、舟山海洋、台州湾循环经济、温州瓯江口等九大产业集聚区，打造浙江海洋经济发展方式转变和城市新区培育的主要载体。⑤利用"多岛"——重点推进舟山本岛、岱山、玉环、洞头、梅山、六横、金塘、衢山、朱家尖、洋山、南田、头门、大陈、大小门、南麂等重要海岛的开发利用与保护，打造中国海岛开发开放的先导地区。该"一核两翼三圈九区多岛"的空间布局不仅有利于集中全省的"优质资源"，而且能将杭州、宁波、温州、嘉兴、绍兴、舟山、台州等7市47个县（区、市）纳入海洋经济发展版图，在全省范围内共同推进海洋经济强省建设。

4. 海洋经济示范区建设的核心任务

为了贯彻落实国务院批复的规划，全面部署浙江海洋经济发展示范区建设工作，2011年3月，浙江省委、省政府下发了《关于加快发展海洋经济的若干意见》，完善统筹陆海协调发展的工作思路和具体举措；制定实施试点方案和政策意见，进一步提出了推进海洋经济发展的"三大核心任务"。

第一，构建大宗商品交易平台、海陆联动集疏运网络、金融和信息支撑系统"三位一体"港航物流服务体系，培育浙江海洋经济发展核心竞争力的"关键点"。以建设中国（浙江）大宗商品交易中心为目标，加快建设舟山大宗商品交易服务平台和宁波生产资料交易服务平台这两个平台。

第二，建设浙江舟山群岛新区，开创浙江海洋经济发展新局面的"制高点"。重点围绕建设浙江海洋经济发展先导区、长三角地区经济发展重要增长极和中国海洋综合开发试验区等重要定位，逐步建成中国大宗商品储运中转加工交易中心、东部地区重要的海上开放门户、海洋海岛综合保护开发示范区、重要的现代海洋产业基地、陆海统筹发展先行区。

第三，打造现代海洋产业体系，再造21世纪浙江经济发展新优势的"着力点"。以海洋装备制造业、清洁能源产业、海洋生物医药产业、海水利用业、海洋勘探开发业、港航物流服务业等为重点，扶持发展海洋新兴产业。择优发展临港先进制造业，提升发展现代海洋渔业，建设现代海洋产业基地。

5. 海洋经济示范区建设必需的支撑条件

为了顺利推进浙江的海洋经济示范区建设，浙江省委、省政府提出要建设五大支撑条件。

第一，完善涉海基础设施网络。完善综合交通网、能源保障网、水资源利用网、高速信息网和海洋防灾减灾网，不断优化海洋经济发展示范区建设基础条件。

第二，加快推进海洋科技创新体系。深入实施"科技兴海"战略，加快构建海洋科技创新体系，加大科技兴海攻关力度和专项经费投入力度。与国家部委和涉海科研机构合作共建一批大院大所和创新平台，积极引进境外知名企业与浙江省沿海市县共建科技创新园。

第三，加快海洋教育事业发展和人才培养。科学规划涉海类院校布局，建设高层次的涉海高等教育发展平台。加强涉海类学科专业建设，鼓励高校调整增设一批海洋经济发展急需的新专业群。引进和培养一批能够参与国际事务和国际竞争的涉海类高层次人才。

第四，加强海洋生态文明建设。合理利用和集约开发海洋资源。加强陆海污染综合防治，推动跨区域海洋污染防治。推进海洋生态建设和修复，加强重点海域生态休养生息，加强海洋生态保护区建设。

第五，加强财政税收政策支持。加强用地、用海、财税、投融资等方面的政策支持。除了中央财政加大支持浙江海洋经济发展与海洋生态保护力度，确定在"十二五"期间国家每年投入6亿元用于支持浙江海洋经济发展示范区建设外，2010～2012年，浙江省财政不仅每年拨付10亿元作为浙江省海洋经济专项资金，加大对海洋产业、海岛基础设施、海洋生态和资源保护等项目的支持力度，还抽调了10亿元用于设立省海洋产业基金。同时，浙江还对海岛地区符合条件的企业实行税收优惠政策，助力海岛开发与海洋经济发展。

二　舟山群岛新区建设

继《浙江海洋经济发展示范区规划》获国务院批复上升为国家战略后，

经过浙江省委、省政府的不懈努力，2013 年 1 月，国务院又批准浙江设立舟山群岛新区。舟山群岛新区建设对于推进浙江海洋强省建设、探索中国海洋经济科学发展新路径、实施海洋强国战略、完善区域发展总体战略均有着重要意义。

浙江省委、省政府提出五项基本原则，以确保舟山群岛新区建设的发展方向：①尊重规律、科学发展，正确处理整体推进与重点突破、开发利用与生态保护、对外开放与国防安全等关系，不断提高科学发展水平；②先行先试、开放发展，努力形成特色鲜明、优势突出的开发开放格局；③转型升级、高效发展，促进海洋经济结构优化和发展方式转变，全面提高海洋综合开发效率和效益；④陆海统筹、联动发展，努力实现陆海产业联动发展、基础设施联动建设、资源要素联动配置、生态环境联动保护；⑤生态优先、和谐发展，高度重视海洋生态环境保护和海洋生态文明建设，促进人海和谐、永续发展，确保人民安居乐业、社会安定有序。

另外，舟山群岛新区建设按两阶段发展目标与任务，力求分步完成。通过完善新区管理体制、加大财政支持力度、全方位深化对外开放、构建现代海洋产业体系、健全海洋金融支撑体系、保障用地用海和岸线有效利用、强化海洋科技创新驱动、加强基础设施建设、保护海洋生态环境与创新海岛社会管理等方面，构建新区建设的 11 大保障体系。

三 浙江海洋经济示范区与舟山群岛新区建设的推进①

根据《浙江海洋经济发展示范区规划》和《浙江海洋经济发展试点工作方案》的规定，浙江海洋经济试点分两个阶段进行：第一阶段（2011 ~ 2013 年）和第二阶段（2014 ~ 2015 年）。就目前来看，浙江海洋经济发展试点工作得到有序推进，浙江海洋经济重点领域成效显著，如期完成了第一阶段试点工作方案提出的 10 项主要指标（见表 1）。

---

① 《浙江省发改委关于浙江海洋经济发展试点第一阶段自查评估的报告》（浙发改海经〔2014〕74 号）。

表1　浙江海洋经济发展示范区主要指标完成情况

序号	主要指标	2009年实际数	2013年目标	2013年实际数	第一阶段完成情况
1	海洋生产总值(亿元)	3002	5200	5508	超额完成
2	海洋生产总值占地区生产总值比重(%)	12	14.5	14.7	超额完成
3	海洋生产总值占全国海洋经济比重(%)	9	12	10.1	未完成
4	海洋三次产业结构	8:41:51	7:41:52	6.9:40.3:52.8	超额完成
5	新兴产业占海洋经济比重(%)	26	28	30	超额完成
6	沿海港口货物吞吐量(亿吨)	7.1	8.4	10.02	超额完成
7	集装箱吞吐量(万标箱)	1118	1500	1910	超额完成
8	研究与发展经费占海洋生产总值的比重(%)	1.9	2.3	2.4	超额完成
9	科技贡献率(%)	59	65	66	超额完成
10	清洁海域面积(%)	10	12		—

　　资料来源：表格中的相关数据引自《浙江省发改委关于浙江海洋经济发展试点第一阶段自查评估的报告》(浙发改海经〔2014〕74号)、《中国梦与浙江实践汇报材料》(浙江省海洋与渔业局，2014)、《2013年中国海洋经济统计公报》及《浙江统计年鉴2013》。

　　1. 在省委、省政府的高度重视下，及时推进和抓好海洋经济工作部署

　　国务院正式批复《浙江海洋经济发展示范区规划》后，浙江省委、省政府立即召开全省海洋经济工作会议，部署海洋经济发展试点的各项工作任务，明确了一系列推进举措。2012年9月下旬，省长夏宝龙带领省级有关部门和沿海市主要领导开展了"千里海岸线·海洋经济发展"调研活动，部署开展海洋经济发展重大举措的深化研究工作，编制实施了16个专项行动方案。2013年9月27日，李强省长在省政府第13次常务会议上就浙江海洋经济发展示范区和舟山群岛新区建设工作的下一步重点工作的推进做了明确分工，分别布置任务，要求按时按质完成。此外，省委、省政府进一步建立了以省委书记为组长、32个省级部门和7个沿海市为成员单位的浙江海洋经济发展示范区工作领导小组，统筹协调并解决海洋经济发展中的重大问题。设立浙江省海洋经济工作办公室（设在省发改委），建立省海经办工作

运行机制。沿海市县也相应成立了海洋经济工作领导机构和办事机构，省、市、县三级联动的海洋经济工作机制基本形成。

2. 在科学编制和有效实施配套规划基础上，积极开展重点领域、重点区块的试点示范

首先，浙江省政府组织省发改委等部门编制并印发了《浙江省海洋新兴产业发展规划（2010～2015年)》《浙江省重要海岛开发利用与保护规划》《浙江省无居民海岛保护与利用规划》等一批专项规划。沿海各市县也依次组织编制了浙江海洋经济发展示范区规划实施方案和浙江省重要海岛开发利用与保护规划实施方案。其次，根据国家发改委批复的《浙江海洋经济发展试点工作方案》明确的有关任务，由相关沿海市和省级有关部门编制实施宁波—舟山港航综合配套改革、杭州海洋科技创新改革、温州民营经济参与海洋经济创新改革、嘉兴海洋清洁能源发展改革、绍兴海洋循环经济发展改革、台州海洋循环经济发展改革等6个专项试点工作方案。最后，省政府批准设立了浙江象山海洋综合开发与保护试验区、浙江洞头海岛开发与保护试验区、浙江玉环海岛统筹发展试验区、浙江嘉兴滨海港产城统筹发展试验区以及浙江大陈海洋开发与保护示范岛等5个省级海洋经济发展试验区，以及浙台（苍南）、浙台（玉环）、浙台（象山石浦）、浙台（舟山普陀）等一批浙台经贸合作区，为推进海洋经济重点领域先行先试积累经验。

3. 合力推进舟山群岛新区建设，谋求海洋经济重点新突破

浙江省委、省政府将舟山群岛新区列为浙江海洋经济发展的工作重点，举全省之力推进新区各项建设，并积极争取国家层面的大力支持。2011年4月，省政府办公厅印发《浙江舟山群岛新区建设三年（2013～2015年）行动计划》，明确提出3年力争完成新区固定资产投资3000亿元以上。同时，省委、省政府出台《关于推进舟山群岛新区建设的若干意见》，明确支持新区建设的12个方面40项政策内容，10多个省级有关部门根据分工方案出台了专项支持意见。同年7月，省委、省政府出台了《关于创新浙江舟山群岛新区行政体制的意见》，部署开展并于9月底完成了新区行政体制创新的

主要工作。同年 11 月，舟山港综合保税区一期即本岛分区通过了由海关总署牵头组织的国家级验收并于年底封关运作。同时，积极探索舟山自由贸易港区的可行性，极大地推动了舟山固定资产投资与海洋经济的高速增长。

4. 大力培育海洋新兴产业，推进现代海洋产业发展

浙江省发改委先后组织编制并经省政府同意印发了海洋工程装备和高端船舶、海水淡化和综合利用、海洋医药和生物制品、海洋清洁能源、海洋勘探开发服务等五个海洋新兴产业重点领域专项实施方案。为进一步优化浙江海洋产业发展布局，2013 年 7 月，省发改委牵头编制实施了《浙江省发展临港先进制造业行动方案》。7 月，省发改委（省海经办）研究制定并由省政府办公厅正式印发了《浙江海洋经济发展"822"行动计划（2013～2017）》，明确此后 5 年浙江省重点扶持发展海洋工程装备与高端船舶制造业、港航物流服务业、临港先进制造业、滨海旅游业、海水淡化与综合利用业、海洋医药与生物制品业、海洋清洁能源产业、现代海洋渔业等 8 大现代海洋产业，培育建设 25 个海洋特色产业基地，每年滚动实施 200 个左右的海洋经济重大项目。金海重工、万泰海洋工程、普陀朱家尖邮轮母港、宁波杭州湾大众汽车、宁波奉化阳光海湾、杭州市水处理中心海水淡化装备制造基地、浙江金壳海洋医药、海力生海洋生物、三门核电等一批现代海洋产业项目加快推进。宁波大宗商品交易所、舟山大宗商品交易中心两大交易平台建成运作，近两年来交易品种不断丰富，年均成交量达 3000 亿元左右。

5. 切实落实重大项目建设，扩大海洋经济有效投资

2011 年上半年，浙江省发改委（省海经办）组织编制并印发了《浙江省"十二五"海洋经济发展重大建设项目规划》，在沿海与海岛基础设施、港航物流服务体系、现代海洋产业、海洋科教与生态保护等领域安排海洋经济重点建设项目 490 个，总投资达 12631 亿元，其中"十二五"期间投资 8020 亿元。省发改委（省海经办）每年组织编制印发年度浙江海洋经济发展重大建设项目实施计划，每年 5 月在全省组织开展"海洋经济重大建设项目推进月活动"，督促沿海各市推进重大项目建设，2012 年、2013 年分别完成海洋经济项目投资 2000 亿元和 2100 亿元。2011 年 11 月，省政府会同

国家海洋局在宁波成功举办了首届中国海洋经济投资洽谈会，签约106个海洋经济重大项目，总投资达3600亿元。2012年9月中旬，再次在宁波成功举办了第二届中国海洋经济投资洽谈会，签约海洋经济重大项目91个，投资额2127亿元。

6. 积极争取各项政策支持，加大海洋经济发展力度

浙江海洋经济发展试点开展以来，浙江已向国家有关部委争取财税、金融、用地、用海、开放及产业等6个方面共28项支持政策，省政府先后与交通运输部、国家海洋局、国土资源部等10多个国家部委和工、农、中、建等近30家金融机构总部签署了支持浙江海洋经济发展示范区建设的战略合作协议。

在省级层面，2011年3月，省委、省政府出台了《关于加快发展海洋经济的若干意见》，提出了加快海洋经济发展示范区建设的10个方面29条政策措施；2013年，省政府提高专项资金规模，加大了对海洋经济发展示范区建设的支持力度。其后，省级有关部门和沿海各市也相应出台了加快发展海洋经济的配套政策意见。省人大常委会颁布了《浙江省海域使用条例》，明确凭海域使用权证可直接办理基本建设项目的相关手续。舟山市设立了海域海岛使用权储备（交易）中心，宁波象山县设立了海洋资源管理中心。

四 浙江海洋经济步入快速增长期

国家战略下的海洋经济发展示范区建设与舟山新区建设的推进，强化了浙江省对海洋开发的重视以及海洋科学技术的发展，海洋资源利用日趋合理，海洋经济发展迅速，取得了一系列巨大成就。

1. 海洋经济实力快速增强，对全省经济的拉动能力显著提升

2013年浙江全省实现海洋生产总值5508亿元，[①] 比国家批复的《浙江海洋经济发展示范区规划》和《浙江海洋经济发展试点工作方案》中基期

---

① 相关数据分别引自《浙江省发改委关于浙江海洋经济发展试点第一阶段自查评估的报告》（浙发改海经〔2014〕74号）和历年《中国海洋统计年鉴》。

2009 年的 3393 亿元增长 62.2%，年均增长率为 12.8%。2009～2013 年，浙江省海洋生产总值占全省区域生产总值的比重基本保持在 14% 左右，高于全国同期的 9% 左右；海洋生产总值占全国海洋总产值的比重也基本保持在 10% 左右，高于全省 GDP 占全国 GDP 的比重。海洋经济已经成为浙江经济的重要增长极，海洋经济总规模居全国第 4 位，对全省经济发展的辐射和拉动作用不断增大，对经济增长的贡献率不断提升。

2. 海洋产业结构持续优化，现代海洋产业发展较快

浙江在海洋经济总量得到长足发展的基础上，海洋三次产业结构不断优化，由 2009 年的 8：41：51 调整为 2013 年的 6.9：40.3：52.8，海洋产业结构更为合理。海洋优势产业进一步提升，2013 年全省规模以上临港石化工业企业完成销售收入 2900 亿元；船舶工业完成总产值 880 亿元；海洋旅游业实现收入约 3009 亿元。海洋新兴产业发展较快，占全省海洋经济的比重为 30%，对经济增长的贡献度不断提升。杭州大江东和宁波杭州湾临港先进制造业、宁波大榭岛临港高端化工、舟山船舶制造转型升级、台州三门等清洁能源、绍兴海洋生物医药、温州海洋科技创新、杭州海水淡化装备制造、嘉兴滨海新材料等区块，初步形成集聚态势，呈现良好发展势头。

3. 基础设施更为完善，港航服务能力进一步提升

一批重大涉海基础设施项目建成投产，集疏运网络进一步完善，浙江港航强省建设加速推进。2010～2013 年，北仑四期集装箱码头、大榭实华 45 万吨级原油码头、岙山 30 万吨级原油码头、万向石油储运码头、宁波—舟山港 15 万吨级条帚门航道、舟山跨海大桥、嘉绍大桥等一批重大涉海基础设施项目建成投用；温州瓯飞一期围垦、嘉兴海河联运杭平申线航道改造工程、舟山大陆引水二期、台州头门港区码头等重大在建工程加快建设；舟山六横大桥、甬台温高速复线、舟山国际邮轮码头等项目前期顺利推进。截至 2013 年底，全省已建成万吨级以上深水泊位 196 个（其中 2010～2013 年新建成 51 个），吞吐能力达 8.9 亿吨；宁波—舟山港已开辟港口集装箱航线 213 条，与 100 多个国家或地区的 600 多个港口通航，能够衡量港口国际地位高低的集装箱远洋干线数量已达到 130 条，居全国第 3 位，成为全球第 2

大综合港、第 6 大集装箱港，国际枢纽港地位进一步确立。此外，多个跨海大桥相继建成通车，为浙江省沿海地区与周边大城市乃至国际物流业发展开辟了广阔的发展空间。

4. 海洋科教事业快速发展，支撑能力不断增强

开展试点后，浙江有关部门组织编制了《浙江省科技兴海规划（2011～2015 年)》《浙江省海洋科技"十二五"发展规划》《浙江省高校海洋学科专业建设与发展规划（2011～2015 年)》《浙江省海洋科技人才中长期发展规划》。全省涉海院校和学科建设取得了积极成效，完成了浙江海洋学院长峙新校区建设，浙江大学舟山海洋学院校区建设进展顺利，目前全省已拥有涉海类高校 21 所、涉海类省重点学科 40 个。海洋科研平台逐步完善，舟山海洋科学城、中科院上海药物所宁波生物产业创新中心、温州海洋科技创业园和创新园、绍兴滨海新城海洋科技创新园等一批创新平台建设有序实施。全省已拥有涉海科研院所 13 家、国家级海洋研发中心（重点实验室）4 家、海洋科技创新平台 15 家。部省（市）科教合作进一步增强，国家外专局与省人民政府签署了合作共建"中国海洋科技创新引智园区"框架协议，国家海洋局与宁波市人民政府签署了关于共建宁波大学的协议，科技部增列舟山群岛新区国家项目申报主体并支持浙江省海洋技术研发与示范。初步估算，2013 年，浙江省海洋产业的研究与发展经费占海洋生产总值的比重约为 2.4%，较 2009 年提高 0.5 个百分点，科技贡献率达 66%，圆满完成试点方案提出的阶段发展目标。

5. 生态环境保护不断加强，海洋环境质量有所改善

试点开始后，浙江省有关部门编制实施《浙江省海洋环境保护"十二五"规划》等专项规划，组织实施"811""海盾""碧海""护岛"等海洋环保专项行动。全省重点领域污染整治深入推进，主要入海污染物总量得到控制，区域性环境污染得到有效遏制，全省近岸海域环境质量保持基本稳定。环境监测监控能力显著提高，目前已对钱塘江、曹娥江等 7 条主要入海河流，沿海地区 109 家（个）直排海污染源和省级以上海洋保护区实施了环境监测。重点实施了一批包括重点海岛、海湾、海岸带在内的综合整治修

复及保护项目，已设立省级以上海洋自然保护区和海洋特别保护区 13 个、水产种质资源保护区 13 个、水产增殖放流区 11 个。

总结与展望

浙江在短短的 20 多年时间里，实现了从海洋资源大省到海洋经济大省的转变，也为当前及海洋经济强省的建设打下了坚实的基础。浙江海洋经济已经成为浙江经济的重要组成部分，新兴海洋产业、临港工业已经成为浙江经济发展的新增长点，海洋经济与陆域经济建立起互为补充、相互促进的和谐发展关系，海洋经济有效发展成为浙江区域经济发展的重要拉动力。浙江海洋经济的发展成为践行中国海洋强国建设的范例。

"世界经济的未来在海洋"，"世界各国未来发展的战略空间和战略优势很大程度上必须依托于'蓝色国土'，体现在海洋优势"。当前海洋经济的形势与机遇，已经不再是当初以地方为主导，依托地方先行，地方为主的区域性海洋经济发展战略所能驾驭的了，要求海洋战略上升为国家战略，从国家战略的层面去规划与把握海洋经济发展战略。这也是以习近平同志为领导核心的新一代国家领导人，在充分认识到强国富民的"中国梦"必须立足于未来的蓝色海洋，离不开对"蓝色国土"的开发与建设，"海洋梦"是"中国梦"的重要组成部分之后，不仅在任浙江期间重视与强调海洋经济发展，更在适当时机选择海洋经济各方面发展相对较优的浙江省国家海洋经济发展示范区进行海洋经济发展国家战略试点推进的重要原因。因而，有必要不仅从区域海洋经济发展的层面，更从全国海洋经济发展的层面上去总结浙江海洋经济发展的经验教训，从而更好地指导浙江省的"海洋强省"建设以及中国未来的"海洋强国建设"。

浙江作为中国的海洋资源大省，不仅是中国发展海洋经济的前沿，更是全国海洋经济的试点省，尤其在浙江建设海洋经济示范区上升为国家战略后，势必要承担为全国海洋经济发展探索新思路、积累新经验的重要任务。多年来浙江海洋经济快速健康发展的成功经验主要包括：顶层政府领导的合理谋划与各级政府的上下联动相结合，齐抓共建，是推进浙江海洋经济发展的首要前提；立足浙江特色优势、明确各阶段发展目标、围绕重点任务开展工作，是推进浙江海洋经济发展的基本步骤；坚持市场主导，依赖内源式发展，合理利用两种资源、有效整合两个市场，是推进浙江海洋经济发展的强大动力；强调政府推动、多措并举深化改革开放，是推进浙江海洋经济发展的根本保障；重点突破与全面推进有效结合，加快重大涉海工程等配套基础设施建设，是推进浙江海洋经济发展的主要路径；坚持合理开发利用与海洋生态保护相结合，综合运用法律、法规和行政等管控手段，是实现浙江海洋经济可持续发展的重要条件。

展望未来，浙江海洋经济发展有着诸多挑战，但也有重大机遇。浙江必须有全球视野，能站在全局和战略高度上重视发展海洋经济。要全面推进机制体制改革创新，进一步发挥民营经济体制优势；继续推进海陆统筹联动，整合海洋资源，科学规划海洋经济发展战略；优化海洋产业结构，发展新兴海洋产业，以舟山新区建设为平台，大力发展国际物流业与海洋工业，着力构建现代海洋产业体系；推进科技兴海，完善海洋科技创新和海洋人才培养机制；加强海洋生态保护，保障海洋资源可持续使用。

参考文献

1. Kildow，"Developing Better Economic Information about Coastal Resoures as a Tool for Integrated Ocean and Coastal Management"，The National Ocean Economics Program，2005.

2. 《浙江海洋经济发展示范区建设有关情况》，http：//zjnews.zjol.com.cn/system/2014/08/11/020192318.shtml。

3. 《浙江省发改委关于浙江海洋经济发展试点第一阶段自查评估的报告》（浙发改海经〔2014〕74号）。

4. 韩增林、狄乾斌、刘锴：《辽宁省海洋产业结构分析》，《辽宁师范大学学报》（自然科学版）2007年第1期。

5. 纪建悦、孙岚等：《环渤海地区海洋经济产业结构分析》，《山东大学学报》（哲社版）2007年第2期。

6. 冷绍升、崔磊、焦晋芳：《我国海洋产业标准体系框架构建》，《中国海洋大学学报》2009 年第 6 期。

7. 马德福：《浙江该如何发展海洋经济——浙江海洋经济强省建设规划纲要解读》，《今日浙江》2005 年第 13 期。

8. 苏文金：《福建海洋产业发展研究》，厦门大学出版社，2005，第 5 页。

9. 王颖、阳立军：《新中国 60 年浙江海洋经济发展与未来展望》，《经济地理》2009 年第 12 期。

10. 习近平：《干在实处　走在前列——推进浙江新发展的思考与实践》，中共中央党校出版社，2014。

11. 徐秦：《实施软资源整合以提升浙江港口的竞争力》，《海洋学研究》2008 年第 1 期。

12. 张权：《河北省海洋经济发展研究》，天津大学硕士学位论文，2003。

13. 张善坤：《恰是风劲扬帆时——浙江海洋经济发展示范区建设三年回眸》，《今日浙江》2014 年第 4 期。

14. 浙江省人民政府：《海洋资源》，http：//www. zhejiang. gov. cn/gb/node2/node50/node55/node504/node528/userobject13ai544. html。

15. 浙江省统计局：《浙江省海洋经济发展状况研究》，http：//tjj. zj. gov. cn/art/2009/7/9/art_ 281_ 36459. html。

16. 中共浙江省委党史研究室编著《创业富民　创新强省》，浙江人民出版社，2012。

17. 周福君：《浙江陆海产业联动发展需实现五大突破》，《今日科技》2005 年第 11 期。

第六章
统筹城乡与区域发展

农民占人口的绝大多数是中国的基本国情，农业是安天下、稳民心的战略产业，"三农"问题是工业化、城市化进程中必须解决的、事关现代化建设大局的重大问题。在加快现代化进程中，浙江同时还面临一个突出问题，即区域差距还比较大。没有欠发达地区的小康，就没有全省人民的小康；没有欠发达地区的现代化，就没有全省的现代化。浙江省委、省政府坚持统筹兼顾，注重协调发展，坚持把"三农"工作作为重中之重，把缩小地区发展差距、实现区域协调发展作为统筹发展的核心，大力推进理念创新、政策创新、制度创新和工作方法创新。正确把握"两个趋向"，跳出"三农"抓"三农"，统筹城乡兴"三农"，促进城乡协调发展。初步建立了城乡一体化的制度框架，全省总体进入了"城乡融合发展"的新阶段，农业现代化水平和统筹城乡发展水平保持全国领先地位；通过实施山海协作、百亿帮扶致富和欠发达地区奔小康等工程，走出了一条"造血"帮扶、双向互动、合作共赢的具有浙江特色的区域协调发展新路子，浙江省区域协调发展走在全国前列。

第一节　统筹城乡发展理念的提出与发展

统筹城乡发展的理念是中共浙江省委、省政府基于对我国及浙江经济发展阶段的总体把握和深刻认识提出的，并根据浙江经济社会发展不同阶段的时代特征和主要矛盾进行了丰富和发展。

一　统筹城乡发展理念提出的背景

2003 年我国人均 GDP 突破 1000 美元，标志着我国总体上进入了工业化中期阶段，经济社会情况也由此发生了深刻变化。

1. 中国总体上进入了工业化中期阶段，工农关系、城乡关系将从"第一个趋向"向"第二个趋向"转变

世界多数国家的发展经验表明，在工业化进程中不失时机地统筹城乡社会经济的协调发展，以此缩小工农收入差异，解决"三农"问题，完成结构转变，是带有普遍性的发展规律。从国际经验看，人均 GDP 超过 1000 美元标志着一国进入工业化中期阶段。这一阶段是二元经济结构向一元经济结构转换过渡，工农、城乡关系开始改善的最重要阶段。在这一阶段，为确保农业与非农产业平等发展，不同国家往往从各自国情出发，采取相应的平衡发展措施，一般都是以工业反哺农业为主要手段。

2003 年中国人均 GDP 突破 1000 美元，标志着中国总体上进入了工业化中期阶段。在这一阶段，经济结构加快调整、工业化和城市化进程的加快伴随着社会结构的深刻变迁。人均 GDP 超过 1000 美元后社会需求升级并且更加多样化，社会发展滞后于经济发展所积累的社会问题，就业和社会保障方面压力的凸显，经济高速增长对资源消耗的增大、对环境产生的压力的持续增加，体制制约的日益加深，对外开放和经济全球化带来的巨大发展活力和冲击，以及社会经济关系变化在思想政治领域所产生的激荡等使社会矛盾日益加深。城乡差别、工农差别、地区差别、贫富差别都有进一步扩大的趋势。所有这一切，使中国社会经济发展处在一个重要的"关口"。可以说，中国正处于一个充满希望的"黄金发展期"，同时也处于一个面临危险的"矛盾凸显期"。而"三农"问题已经成为制约国家进一步发展的"瓶颈"。妥善解决新阶段面临的矛盾和问题，必须及时调整好工农关系、城乡关系，正确处理好工农矛盾、城乡矛盾。正因为如此，中共十六届四中全会提出了"两个趋向"的论断，做出了我国总体上已进入以工促农、以城带乡发展阶段的科学判断。

2. 统筹城乡发展是浙江在新时期实现新跨越的客观要求

2005 年浙江人均 GDP 已超过 3000 美元，进入工业化中后期阶段，率先具备了从"第一个趋向"向"第二个趋向"转变，建立以工促农、以城带

乡发展机制的现实条件。根据第 5 次人口普查，浙江城市化率已达到 50.9%，城市正成为区域经济的增长极。城市化对经济社会发展的作用越来越大。市场化、工业化、城市化进程不断加快，城乡关系、工农关系越来越密切。可以说，浙江已全面进入了以工促农、以城带乡的新阶段，比全国其他地方更有条件实行"工业反哺农业，城市带动农村"的措施。同时，浙江的"三农"问题和发展中遇到的问题越来越复杂，加快建立以工促农、以城带乡发展机制显得十分重要和迫切。

浙江作为全国的发达省份之一，早在"九五"时期就总体上进入了工业化中期阶段，工农矛盾、城乡矛盾和"三农"问题率先显现。在人口和劳动力加速流动、生产要素加速集聚、一二三产业加速融合的同时，工农差别、城乡差别、地区差别不断扩大。城乡居民经济利益的二元化突出，农民持续稳定增收难度较大。2003 年全省城镇居民人均可支配收入为 13180 元，农村居民人均纯收入为 5431 元，城乡居民人均收入比为 2.42∶1，高于"十五"初期的 2000 年的 2.18∶1。① 如果把城市居民收入中的一些非货币因素，如住房、教育、医疗、社会保障等各种社会福利考虑在内，城乡居民收入的差距可能更高。同时，除了尚未完全消除的工农产品价格剪刀差，城市还借助农村劳动力的无限供给和城乡二元劳动力市场分割，把农民工工资压到很低的水平；借助城乡二元土地制度，禁止农民转让稀缺程度较高的土地，被征用土地的出让收入在使用上存在明显的城市偏向，农民还不能公平地享受到土地增值的收益。

进入 21 世纪以后，浙江省进入了全面建设小康社会的关键时期，如何统筹城乡发展，全面推进社会主义新农村建设，切实满足农民群众全面发展的要求，保障农民群众合法权益已成为新时期新阶段的主要矛盾。时任省委书记习近平指出，存在城乡二元结构的现代化是不合格的现代化，城乡差别不断扩大的小康是不全面的小康。各级党委政府要进一步发挥浙江的城乡协调发展优势，统筹城乡经济社会发展，逐步打破城乡二元结构，不断提高城

---

① 浙江省统计局：《浙江统计年鉴 2003》，中国统计出版社，2003。

乡居民的生活水平和质量，努力形成以城带乡、以工促农、城乡一体化发展的格局。他把城乡统筹形象地比喻为解决新时期"三农"问题的"金钥匙"。

二　科学构建浙江统筹城乡发展的战略体系

统筹城乡发展，是中共中央对我国经济社会发展规律、发展阶段和发展任务的科学把握，是全面建设小康社会和加快推进现代化进程的必然选择，也是新时期新阶段解决"三农"问题的根本途径。浙江省委、省政府站在全局战略的高度，深刻理解其重大的历史意义和现实意义，形成了统筹城乡发展的主动意识，自觉推进统筹城乡发展、推进城乡一体化进程。

1. 浙江统筹城乡发展的总体目标

2005年1月浙江省委、省政府在总结浙江实践基础上制定实施了《浙江省统筹城乡发展 推进城乡一体化纲要》（以下简称《纲要》）。《纲要》指出，统筹城乡发展、推进城乡一体化，就是要把城乡经济社会作为一个整体统一筹划，打破城乡二元结构，整合工业化、城市化和农业农村现代化建设的各项举措，着力解决好"三农"问题，缩小城乡差距，充分发挥城市对农村的辐射带动作用和农村对城市的支持促进作用，实现城乡互补、协调发展和共同繁荣。从总体上看，浙江城乡经济融合加快、城乡要素流动加快、城乡体制改革加快的发展趋势已经形成，一些发达市县开始迈入城乡一体化发展阶段，因此，完全有条件、有能力在统筹城乡发展、推进城乡一体化方面走在全国前列。基于此，《纲要》提出了浙江统筹城乡发展的总体目标："坚持以人为本、全面协调可持续的科学发展观，以完善城乡规划为先导，以深化城乡配套改革为动力，坚定不移地推进工业化、城市化和市场化，加快农业农村现代化，进一步优化生产力和人口空间布局，努力打破城乡二元体制结构，推动城乡资源要素合理流动，形成以城带乡、以乡促城的发展新格局，努力缩小城乡差别、工农差别和地区差别。力争到2010年，农村发展水平进一步提高，基本形成城乡统筹发展的体制，为进一步消除城乡二元结构、实现城乡一体化打下坚实的基础。"

2. 浙江统筹城乡发展的六大任务

《纲要》从产业发展、社会事业发展、基础设施建设、劳动就业和社会保障、生态环境建设、区域经济社会发展六个方面提出了统筹城乡发展的任务。

第一，统筹城乡产业发展。要顺应城乡经济不断融合和三次产业联动发展的趋势，统筹规划和整体推进城乡产业的发展，不断提高产业的国际竞争力。进一步完善城乡产业布局，着力形成城乡分工合理、区域特色鲜明、生产要素和自然资源禀赋优势得到充分发挥的产业空间布局。进一步强化城乡产业内在联系，以工业化的理念推进农业产业化，以现代农业的发展促进二、三产业升级，以现代服务业的发展推动产业融合，实现城乡产业的联动发展。进一步优化城乡产业结构。努力形成高效生态农业、先进制造业和现代服务业互促共进、协调发展的格局。

第二，统筹城乡社会事业发展。按照经济社会协调发展的要求，大力发展教育、科技、文化、卫生、体育等社会事业，加快推进社会事业向农村延伸，使城乡居民共享现代文明。

第三，统筹城乡基础设施建设。按照优化生产力和人口布局的要求，加强对城乡基础设施的统筹规划和建设，着力改变农村基础设施建设滞后的状况。

第四，统筹城乡劳动就业和社会保障。以城乡劳动力充分就业和人人享有社会保障为目标，加快推进城乡劳动就业与社会保障一体化。

第五，统筹城乡生态环境建设。按照生态省建设的要求，进一步加大生态建设和环境保护力度，加快建设生态城镇和生态村庄，大力发展生态经济，完善防灾减灾体系，促进人与自然和谐发展。

第六，统筹城乡区域经济社会发展。按照区域协调发展的要求，推进发达地区和欠发达地区的整体发展。把先进制造业基地建设、生态省建设以及推进城乡一体化与区域经济发展结合起来，加快构建"三带两区"（环杭州湾、温台沿海、金衢丽高速公路沿线三大产业带以及浙西绿色山地生态区、浙东蓝色海洋生态区）的空间格局。

3. 坚持"五个务必"，促进"三农"发展尽快转上科学发展轨道

农业是安天下、稳民心的基础产业，"三农"问题始终与党和国家的事业发展休戚相关。在工业化、城市化加速发展时期，如果不解决好"三农"问题，城乡差距扩大的趋势得不到遏制，大量的农民不能转为安居乐业的市民，全面建设小康社会的目标就无法实现，甚至会陷入经济停滞、社会动荡、有增长无发展的现代化"陷阱"。时任省委书记习近平指出："我省正处在解决'三农'问题的关键时期，就'三农'论'三农'，已经难以从根本上解决'三农'问题。我们只有跳出'三农'抓'三农'，用统筹城乡发展的思路和理念，才能切实打破农业增效、农民增收、农村发展的体制性制约，从根本上破解'三农'难题，进一步解放和发展农村生产力，加快农业农村现代化建设。也就是说，统筹城乡发展是解决'三农'问题的根本途径。"① 要以农业是否发达、农民是否满意、城乡差距是否缩小为检验标准，把城乡一体化建设提高到一个新水平。

浙江提出要坚持"五个务必"，促进"三农"发展尽快转上科学发展轨道。

一是务必执政为民重"三农"。要从执政兴国的战略高度，牢固确立"三农"问题是中国根本问题的思想，始终把解决好"三农"问题作为全党工作的重中之重，在任何时候都不动摇。坚持党政主要领导亲自抓"三农"工作，自觉地把"重中之重"的要求落实到领导决策、战略规划、财政投入、工作部署和政策考核上来，形成全社会支持农业、关爱农民、服务农村的强大合力和良好氛围。

二是务必以人为本谋"三农"。"三农"问题的核心是农民问题，农民问题的核心是增进利益和保障权益。要着力解决好农民群众最关心、最直接、最现实的利益问题，实现好、维护好、发展好农民的物质利益和民主权利。要把切实提高农民素质、实现人的全面发展作为"三农"工作的根本出发点和落脚点，不断增强农民群众的自我发展能力。

三是务必统筹城乡兴"三农"。要站在经济社会发展全局的高度，确立

① 习近平：《之江新语》，浙江人民出版社，2007，第43页。

以统筹城乡发展的方略解决"三农"问题的新思路，实行工业反哺农业、城市支持农村的方针；要把农业的发展放到整个国民经济的发展中统筹考虑，把农村的繁荣进步放到整个社会的进步中统筹规划，把农民的增收放到国民收入分配的总格局中统筹安排；要把农村和城市作为一个有机统一的整体统筹协调，充分发挥城市对农村的带动作用和农村对城市的促进作用，形成以城带乡、以工促农、城乡互动、协调发展的体制和机制。

四是务必改革开放促"三农"。要致力于推进城乡配套的各项改革，革除一切影响"三农"发展的体制弊端，建立有利于消除城乡二元结构的机制和体制；以开放促发展，大力实施"走出去""引进来"战略，不断拓展"三农"发展空间。

五是务求真务实抓"三农"。要坚持解放思想、实事求是、与时俱进的思想路线，把握新时期新阶段"三农"工作的客观规律，积极探索解决"三农"问题的新途径。牢固树立正确的政绩观，切实转变工作作风，真心实意，真抓实干，为农民群众谋利益，带领农民群众共创美好生活。

浙江省各级党委、政府在"三农"工作中正是坚持了"五个务必"，才使浙江农业农村得到较快发展，农民收入得到较快增长，城乡差距不断缩小，城乡融合加快。

4. 把建设社会主义新农村作为解决"三农"问题的战略任务

社会主义新农村建设是我国缩小城乡差距、推进城乡一体化发展的一项战略举措。与以往新农村建设只抓农村建设不同，社会主义新农村建设是在统筹城乡发展的大背景下，通过建立以工促农、以城带乡的发展和建设机制来推进的。因此，社会主义新农村建设就是要建设体现科学发展观要求、全面小康社会发展水准、城乡一体化发展趋势和社会主义本质特征的繁荣、富强、民主、文明、和谐的新农村。浙江要通过推动产业新发展、建设新社区、培育新农民、树立新风尚、构建新体制，全面推进社会主义新农村建设，达到"三改一化"的目标。即把传统农业改造建设成为具有持久市场竞争力和能持续致富农民的高效生态农业；把传统村落改造建设成为让农民也能过上现代文明生活的农村新社区；把传统农民改造培育成为能适应分工分业发展要求的有文化、懂技术、会经营、高素质的新型农民，形成城乡互促、共同繁荣的城乡一体化发展新格局。① 要实现这一目标，需着力抓好七个方面的建设：一是以发展强村，推进农村现代产业体系建设。二是靠建设美村，推进农村新社区建设。三是抓反哺富村，坚持工业反哺农业、城市支持农村，把公共资金的投入更多地转向农村，提高农民生活水平和生活质量。四是讲文明兴村，推进现代农民素质建设。五是促改革活村，推进保障城乡协调发展的体制机制建设。六是建法治安村，推进农村基层民主政治建设。七是强班子带村，推进农村基层组织建设。

农民是社会主义新农村建设的主体。在新农村建设中要坚持从实际出发，尊重农民意愿。坚持农民的主体地位，通过组织引导和宣传发动，调动广大农民群众的积极性和创造性。

三 新时期统筹城乡发展理念的深化

随着统筹城乡发展战略的实施，浙江城乡关系已发生巨大变化，迫切需要制定适应新时期城乡经济社会结构的发展战略。

1. 浙江统筹城乡发展已进入"全面推进城乡融合发展"的新阶段

2009 年浙江省农民人均纯收入突破万元。"收入过万"标志着浙江省统筹城乡发展进入了一个新的阶段。同时，"收入过万"基本同步于浙江省人均 GDP 超过 6000 美元。浙江的经济社会发生了结构性变化。

一是从产业结构来看，随着工业化和城市化发展水平的提高，服务业进入比重逐年提高的加速发展期，"三二一"的产业结构正在加速形成。同时，随着支持现代农业发展的政策体系的日益健全，农业领域的公共资源配置全面增加，资本、技术替代土地、劳动的速度不断加快，现代农业进入了加速发展期，工农差距有望逐步缩小，三次产业和城乡经济将呈现融合发展的新趋势。

二是从就业结构来看，随着农业劳动力大规模向二三产业转移就业的初

---

① 习近平：《干在实处 走在前列——推进浙江新发展的思考与实践》，中共中央党校出版社，2006，第 169 页。

步完成、城乡平等就业体制机制的基本建立，促进农民就业的重点转到了提高农民就业的稳定性上。

三是从城乡人口结构来看，随着农村产业集聚发展和农村劳动力稳定就业，农民社会流动将从农业劳动力大量"就业外移"转向农村人口大量"居住外移"，越来越多的农民将成为定居于城市的市民，平等分享城市的公共福利，城乡人口结构将发生重大变化。

四是从阶层结构来看，随着城乡创业者队伍不断扩大、城乡居民收入水平和财产性收入比重不断提高，中等收入者群体将呈现出加速成长的态势。同时，随着城乡扶贫工作的深入推进，城乡居民收入差距、城镇居民内部收入差距、农村居民内部收入差距和城乡低收入群体将呈现总体缩小的趋势，但农业劳动者群体增收慢、城乡低收入家庭增收难的问题可能更加突出。

五是从消费结构来看，农村消费水平的提高和消费结构的升级，将促进城乡人员的沟通、城乡文明的渗透，缩小城乡生活方式、生活质量的差距。

这些结构性变化表明浙江"城乡二元分割"的状况已经得到了明显缓解，统筹城乡发展已经进入了"全面推进城乡融合"的新阶段。

据此，中共浙江省委做出了浙江统筹城乡发展已进入"全面推进城乡融合发展"的新阶段的判断。要按照全面推进城乡融合、加快形成城乡经济社会发展一体化新格局的新要求，牢牢把握统筹城乡发展的着力点。提出要全面提升统筹城乡发展水平，一要把全面推动农业农村工作加快发展作为根本要求，二要把协调推进新型城市化与新农村建设作为战略途径，三要把不断提高农民收入水平作为中心任务，四要把建立健全资源要素向"三农"倾斜配置机制作为关键举措，五要把深入推进城乡配套的体制改革作为重要保障。①

为此，中共浙江省委、省政府出台了《关于加大统筹城乡发展力度 加快农业农村发展的若干意见》《关于深入推进统筹城乡综合配套改革 积极开展农村改革试验的若干意见》《关于加快山区经济发展的若干意见》《关于

---

① 赵洪祝：《在全省农村工作会议上的讲话》，2010年2月23日。

加快推进农业现代化的若干意见》《关于深化"千村示范、万村整治"工程全面推进美丽乡村建设的若干意见》等一系列推进城乡融合发展的政策。

2. 坚持"同步推进'四化'"和"城乡发展一体化"

随着城乡融合发展的深入推进，浙江"三农"发展面临不少新情况新问题。农业生产高成本、高风险、高约束的特征日益凸显；农民收入增速放缓；农村人口老龄化、农业兼业化、村庄空心化趋势明显，农民思想观念多元、社会阶层多元、利益诉求多元，农村人口流动从职业转移转向居住转换、身份转换，农村社会管理矛盾增加；"三农"在资源要素配置中的不利地位尚未根本改变，城乡要素不平等交换和公共资源不均衡配置的体制机制尚未根本消除。浙江已进入迫切需要结构整合和体制创新的新阶段。为此，浙江省政府提出在 2013 年及今后一个时期"三农"工作的总体要求是：坚持"同步推进工业化城市化信息化农业现代化和城乡发展一体化"的战略部署，按照保供增收美乡村、改革惠民促融合的工作要求，加快提升现代农业发展层次，大力提升美丽乡村建设水平，加快转变农民增收方式，促进农民收入持续普遍较快增长，扎实推进统筹城乡建设，深入开展统筹城乡综合配套改革，加快构建城乡融合体制。同时，浙江省委、省政府出台了《关于促进农民收入持续普遍较快增长的若干意见》《关于推进农村文化礼堂建设的意见》。

第二节　统筹城乡发展　推进城乡一体化

自 2002 年以来，浙江省委、省政府从浙江已全面进入以工促农、以城带乡发展新阶段的实际出发，把大力实施统筹城乡发展方略、推进新农村建设作为重大战略任务来抓，先后制定了《统筹城乡发展 推进城乡一体化纲要》和《关于全面推进社会主义新农村建设的决定》，出台了一系列统筹城乡兴"三农"的政策，创造性地开展了城乡统筹的实践与探索，浙江城乡统筹由此从"基层自发"进入"党政自觉"阶段。历届政府按照统筹城乡发展的要求，坚持把"三农"工作作为重中之重，大力推进理念创新、政策创新、制度创新和工作创新，基本形成了强农惠农富农的政策体系，初步建立了城乡一体化的制度框架，全省总体进入了"城乡融合发展"的新阶段，农业现代化水平和统筹城乡发展水平保持全国领先地位。

一 着力推进统筹城乡发展各项改革

浙江以大力推进城乡一体化的体制机制创新为重点，着力推进统筹城乡发展各项改革。

（一）从在全国率先推进农村税费改革到农村综合改革

1. 在全国率先推进农村税费改革

2001年浙江就停征了25个欠发达县的农业特产税。2002年7月中共浙江省委、浙江省人民政府下发了《关于全面进行农村税费改革的通知》，提出用两年时间在全省范围内全面完成以"减调改稳、合理负担、转移支付、配套进行"为主要内容的农村税费改革。税费改革的内容是全面停征农业特产税，对361个欠发达乡镇停征农业税，并实行"三取消"政策，即取消乡统筹等面向农民征收的政府性收费和集资，取消屠宰税，取消农村劳动积累工和义务工，村内公益事业开支按村民认可的办法向全体村民合理收取一定的资金。2005年宣布全面停征农业税，使这项延续了几千年的专门对农民征收的税种退出历史舞台。农民负担逐年削减。人均负担从2001年的92元下降到2004年的14元。接下来几年又在全国率先建立了对涉农收费部门的农民负担的专项考核制度，在全省范围内建立了农民负担监测网络，使农民负担呈现出持续减轻的好势头。①

2. 全面推进农村综合改革

2005年1月，浙江省政府发出了《关于进一步做好深化农村税费改革工作的通知》，在部署全面免征农业税工作的同时，对各项配套改革做出部署，以巩固农村税费改革成果。《通知》提出继续推进乡镇机构改革，进一

---

① 顾益康、邵峰等：《农民创世纪》，浙江大学出版社，2009，第50页。

步精简机构，防止农民负担反弹等。这实际上已经涵盖了农村综合改革"三改革、一化解、一建立"的内容。各级政府按照浙江省委、省政府的要求，建立健全面向城乡的公共财政体制，逐步加大对乡镇政府的转移支付，健全义务教育经费保障机制，提高基层组织的公共服务能力。2005 年 6 月，浙江省选择区域经济各具一定代表性的绍兴、嘉善、北仑、开化四县（区）开展农村综合改革试点。到 2005 年底，试点工作进行顺利，取得了初步成效，基本建立了基层组织新的运行机制，农民负担反弹的根源逐步得到消除，事实上已走出了"黄宗羲定律"的怪圈。从此，农村综合改革在全省铺开。

（二）整体推进城乡配套改革,着力形成统筹城乡发展的新机制

根据浙江省微观经济体制比较完善和经济社会发展阶段相对领先的优势，浙江按照习近平同志提出的统筹城乡发展的要求，深化征地、户籍等城乡配套改革，给农民平等的发展机会；逐步扩大公共财政在农村的覆盖面，加大财政转移支付的力度，增加对农村的公共产品供给和农村公共服务；以增加农民收入、提高农民生活质量和维护农民权益、增进农民利益为核心，不断深化城乡二元体制改革，建立健全以工促农、以城带乡的机制。

1. 深化强县扩权改革

浙江省委、省政府按照"能放就放"的原则，多次向县级放权。在 1992 年、1997 年、2002 年曾三次向强县扩权。特别是 2002 年省里把 313 项属于地级市的经济管理权限下放给 20 个县（市、区），涵盖了计划、经贸、外经贸、国土资源、交通、建设等 12 个大类，切实增强了县域经济的发展活力。"十一五"时期，第五轮扩权强县、强镇扩权改革全面启动实施。2008 年 5 月，省委、省政府确定在杭州开展综合配套改革试点，在嘉兴、义乌开展统筹城乡发展综合配套改革试点。在管理体制上，浙江从扩权强县的改革向放权强镇的改革深化，特别是通过以"中心镇培育"为重点的放权强镇改革，尝试将城乡统筹的节点从县城进一步前移到乡镇，以此强化乡镇政府的社会管理和公共服务职能，逐步建立起精干高效的农村基层行政管理体制。

2. 深化农村产权制度改革

2001年9月中共浙江省委办公厅、浙江省人民政府办公厅下发了《关于积极有序推进农村土地经营权流转的通知》，坚持"条件、自愿、依法、规范、引导、管理"的基本原则，积极鼓励采取转包、反租倒包、股份合作、租赁等多种形式有序推进农村土地经营权流转。各地土地流转和规模经营稳步推进。到2013年，已建立土地股份合作社4000多家，土地流转面积累计达576.7千公顷，占家庭承包耕地总面积的45.0%，流转率达到44.5%，高出全国23个百分点。[①]

2012年中共浙江省委、浙江省人民政府根据《关于深入推进统筹城乡综合配套改革 积极开展农村改革试验的若干意见》，按照"面上改革创新"和"点上改革试验"的要求，全面深入推进统筹城乡综合配套改革，扎实开展农村改革试验，农村土地制度创新有序推进。耕地保护补偿试点范围扩大至每市的1个国家或省级基本农田保护示范区。有序推进农村宅基地跨社置换、有偿退出、有偿使用机制等方面的探索实践，积极开展农村宅基地使用权和房屋所有权确权登记发证工作。宅基地跨社置换、有偿退出和有偿使用试点稳妥开展。丽水市2012年被列入浙江省首批农村改革试验区、2013年被列入全国扶贫改革试验区以来，以农村集体产权改革、农村金融改革和深化林权改革为支撑，突出产业扶贫，推动农民带财产权进城，突破城乡二元结构的体制机制障碍，走出了一条中国东部沿海地区扶贫改革和农村综合改革的新路子。2013年全市农民人均纯收入为10024元，突破了万元大关，增幅居全省第一；城乡居民收入比连续6年呈缩小趋势。从农民收入构成看，工资性收入占比（44%）首次超过经营性收入占比（43.7%），财产性收入同比增速最快，增长17.2%，表明全市农民脱"农"增收、资产资本化的进程加快了。

3. 全面推进农村金融体制创新

针对农民贷款难长期得不到解决的问题，借鉴发达国家发展农村合作金

---

① 资料来源：浙江省农业厅。

融的经验,浙江省自 2003 年启动新一轮农村金融体制改革,构建了一个既符合市场经济规律,又适应"三农"发展特点的农村金融合作新体制。新型农村金融组织数量增加,规模扩大,覆盖面扩大。2013 年全省已有小贷公司 314 家、农村商业银行 19 家、村镇银行 64 家;已有 541 家融资性担保机构,亿元以上担保机构上升到 117 家;农房抵押贷款余额达到 108 亿元;"丰收小额贷款卡"和"丰收创业卡"分别发放 149 万张、2.3 万张;启动实施"便农支付工程"、农信社"金融普惠工程",基本消除了金融空白乡镇。[①] 丽水市作为中国人民银行批准的全国唯一的农村金融改革试点,紧紧围绕解决"三农"需求大、融资难,城乡差距大、普惠难的"两大两难"问题,全面深化农村金融改革创新。通过创新农村信用体系建设,建立小额取款便民服务体系、"政银保"助农贷款体系、"三权"抵押融资体系,率先构建了完整的农村产权融资框架体系,全面激活了农民的"沉睡"资产,实现了农民基本产权全部可抵押融资,在推动农民财产资本化的实践中取得了先行经验,同时为实现农村金融服务均等化提供了良好的范式。

4. 不断深化土地征用制度改革,建立安置失地农民长效机制

针对城市化加速推进过程中征地矛盾日益突出的问题,浙江省在现行土地制度的框架下,以加强土地征用监管和保障农民土地权益为主要内容,对农用土地征用制度进行了一定程度的改革。2002 年 12 月,浙江省政府印发了《关于加强和改进土地征用工作的通知》,对征地制度改革提出了明确意见。

第一,浙江省建立土地征用补偿"区片综合价"制度,提高了征地补偿标准。一是提高耕地征用补偿标准。浙江省政府根据《浙江省实施〈中华人民共和国土地管理法〉办法》的规定和农业发展、农民增收的实际情况,提高了征用耕地的年产值标准,并要求随着经济发展进行适时调整。二是建立城镇规划区内征用土地的"区片综合价"制度。规定城镇建设征用农村集体土地由市、县政府根据地段、地类、人均耕地和经济发展水平等情

---

① 资料来源:浙江统计信息网(http://www.zj.stats.gov.cn)。

况，划分区片，进行评估，在充分听取有关方面特别是农民意见的基础上统一制定分片的"征地综合补偿标准"，并根据经济社会发展等情况做必要的调整。三是明确征地补偿费用支付时间。浙江省政府规定，征地补偿费没足额到位之前，被征地农村集体经济组织可以拒绝交地。这一制度初步建立了土地出让增值的农民共享机制，切实提高了农民的土地出让价值。

第二，建立被征地农民基本生活保障制度。2003 年浙江省建立了被征地农民基本生活保障制度。保障资金来源：政府不低于 30%，在土地出让金中列支，集体和农民 70%，其中集体承担部分从土地补偿费中列支，个人承担部分在征地安置补助费中抵缴。到 2005 年底全省所有县（市、区）都建立了被征地农民基本生活保障制度，并实行"即征即保"，180 万被征地农民获得了不同形式的社会保障。[①]

第三，采取多种措施，拓宽被征地农民就业途径。一是对被征地农民实施素质培训制度。采取免费培训形式促进被征地农民就业。二是建立留地安置制度。即将 10% 左右的被征用土地留给被征用村集体经济组织和农民，在统一规划下，由农民自建自用或由村集体经济组织开展物业经营，发展二三产业。给予免收土地出让收入和配套费用等政策。三是允许入股参与开发建设。允许农村集体组织采用土地入股等形式，参与营利性水电、交通等项目的开发建设，鼓励企业以合股形式与农村集体经济组织合作，使农民获取长期稳定的收益。

5. 首创政策性农业保险的共保经营模式

针对农业种养大户投入增多、风险增大的趋势，浙江省首创了政策性农业保险的共保经营模式。从 2006 年开始到 2013 年运行 7 年来，浙江省农业农房险累计为 5657.4 万户提供了 10193.8 亿元的风险保障，累计有 33.7 万户受灾农户得到 11.12 亿元赔款。农户自缴保费不断下降，保障程度不断提高。以水稻为例，2006 年农户自负保费比例为 50%，2013 年自负比例仅为 7%，每亩只需缴 3.15 元，受灾最高能获得 600 元赔偿。参保品种逐年扩

---

① 邵峰：《均衡浙江——统筹城乡发展新举措》，浙江人民出版社，2006。

大，已开办了 30 余个农业保险品种，参保农户也从试点初期的 1. 38 万户发展到 211 万户，风险保障从 5. 1 亿元提高到 2013 年的 319 亿元。政策性农业保险大户参保率为 71%，农房险参保率达到 98%；渔业互保平稳运行。农业抗风险能力显著增强，较好地解决了"多年致富，一灾致贫"的问题，同时也促进了农业产业结构调整，促进了农业专业化、集约化发展。[①]

二 坚持"多予少取放活"，不断增强"三农"的自我发展能力

要根本解决"三农"问题，必须坚持"以工促农，以城带乡"、多予少取放活，为此，浙江省采取了多项措施，不断增强"三农"的自我发展能力。

（一）积极调整财政支出结构，健全"三农"投入保障机制

浙江省政府明确提出要健全财政投入增长机制，各级财政每年新增财力的 2/3 要用于改善民生，并重点用于改善农村民生。"十一五"时期全省财政"三农"投入累计为 3202 亿元，年均增长 24.8%，2013 年全省各级财政用于"三农"的资金增长了 16.6%。[②]

2013 年省委制定《关于加快推进农民收入持续普遍较快增长的若干意见》，省级有关部门相应制定了 10 多个配套文件。各地也结合实际出台了一系列政策文件，切实加大了政策扶持力度。2013 年各级财政农林水事务支出为 513.03 亿元，比 2006 年增长 3.49 倍。[③]

（二）发展高效生态农业，探索有浙江特点的新型农业现代化道路

2004 年浙江省委、省政府提出把大力发展高效生态农业作为浙江现代农业的主攻方向和实践模式，要求各地把发展高效生态农业作为全面推进新农村建设的首要任务来抓，以"高效""生态"为目标，以增强农产品的市场竞争力和可持续发展能力为核心，提升农业的专业化、规模化、集约化、产业化和农民的组织化水平。全省由此进入了发展高效生态农业的新时期。

---

① 资料来源：浙江统计信息网（http：//www. zj. stats. gov. cn）。
② 资料来源：浙江省农办。
③ 浙江省统计局：《浙江统计年鉴 2014》，中国统计出版社，2014。

1. 深入推进农业结构的战略性调整

全省逐渐形成了蔬菜、茶叶、水产养殖等十大农业主导产业，形成了300万亩以上的特色产业带、产业群和产业基地。2008年11月，省委工作会议研究部署了新形势下推进全省农村改革发展的总体思路和目标任务，提出了《关于认真贯彻党的十七届三中全会精神，加快推进农村改革发展的实施意见》。此后，浙江围绕发展高效生态的现代农业，以现代农业园区和粮食生产功能区建设为载体，推进农业生产规模化、标准化和生态化"三化"建设，加快发展具有比较优势的十大农业主导产业，积极培育十大农业高科技产业。到2013年，累计建成粮食生产功能区4984个，面积310.1千公顷；累计建成现代农业园区446个，面积116.0千公顷，其中建成综合区33个、示范区98个、精品园315个。2013年，全省农业现代化发展水平综合得分为73.22，已完成2010～2015年五年计划任务的66.1%，超过了前三年完成60.0%的目标值。[①]

2. 大力培育现代农业经营主体

第一，加快培育发展农业龙头企业和专业大户，鼓励工商企业投资农业，积极推进农民专业合作社发展。浙江2004年在全国率先出台了《浙江省农民专业合作社条例》，提升了现代农业发展的组织化程度。2012年出台了《关于大力培育新型农业经营主体的意见》，着力解决农业劳动者老龄化、农业生产兼业化、土地经营零碎化等难题。至2013年10月底，全省农民专业合作社达到4万家，农户入社率近60%。经工商登记的家庭农场达到7000多家，农户之间合股、农户与企业等主体合股的合作农场不断涌现。合作社与龙头企业参股的产业化形式试点成功。浙江农业产业化组织带动农户数的比例为54.2%，比全国（23.2%）高31个百分点。

第二，深入实施"千万农民素质提升工程"，培养农业后备人才。浙江省从2006年起对就读省内大中专院校农业种养专业类的本省学生实行免交学杂费的政策，第二年又把这一政策扩大到园艺花卉、蔬菜、果树等专业。

---

① 资料来源：浙江统计信息网（http://www.zj.stats.gov.cn）。

实行省内高校毕业生从事现代农业创业补助政策，鼓励更多年轻人从事现代农业。

3. 率先推进以"三位一体"合作服务为重点的现代农业服务体系建设

针对当时浙江省农户经营规模小而分散和市场信息不对称、生产资金难落实的实际，2006 年年底，浙江省委、省政府在认真总结各地发展农民专业合作社、瑞安市建立"三位一体"的农村合作协会、平湖新仓供销社为农服务等发展农村新型合作经济方面经验的基础上，在瑞安市专门召开了现场会。习近平同志在会上做了重要讲话，明确"三位一体"的现代农业服务组织就是以农民专业合作、供销合作为依托，以农村信用合作为后盾，以政府相关部门的服务和管理为保障，供销合作社、信用合作社和农民专业合作社为强化服务功能、扩大服务供给、提高服务质量而结成的资源共享、优势互补、功能齐全、分工明确的服务联合体。2007 年，省委、省政府确定在全省 17 个县市试点，构建农民专业合作、供销合作、信用合作"三位一体"的农村新型合作体系，着力为农民专业合作社的流通与金融提供服务。17 个试点县累计发展农民专业合作社 1583 个，社员 11.2 万人，带动农户60 多万户。①

（三）加快农民非农化步伐，拓宽农民就业增收渠道

浙江省顺应城乡经济加速融合和三次产业联动发展的趋势，积极创新有利于减少农民、转移农民、提高农民、富裕农民的体制机制，促进农村劳动力向非农产业和小城镇转移。

1. 做大做强以中心镇为依托的区域特色块状经济

浙江从已全面进入以工促农、以城带乡发展新阶段的实际出发，大力实施统筹城乡发展方略，加快先进制造业基地建设和城市化进程，以中心城市、中心镇和块状特色经济的发展壮大带动产业和人口集聚，全省2/3的农村劳动力转移到了二三产业就业。2000 年省政府规划了 136 个中心镇。2003 年出台了整顿工业小区的意见，撤销了一大批不符合土地利用总体规

---

① 顾益康、邵峰等：《农民创世纪》，浙江大学出版社，2009。

划以及有关规定的开发区，全省开发区（园区）面积减少3316平方千米，促进了工业小区向产业集中区域集聚。2007年省委、省政府出台了《关于加快推进中心镇培育工程的若干意见》，制定了支持中心镇发展的十大政策，力图通过政府推动、政策扶持、体制创新、市场运作，在全省建设200个左右中心镇，努力把中心镇培育成为产业集聚区、人口集中区、体制机制的创新区和新农村建设的示范区。2010年，浙江省出台《关于进一步加快中心镇发展和改革的若干意见》，期望将中心镇培育成推进新型城市化、促进城乡一体化发展的战略支点和节点。近年来，已涌现出店口镇等一大批具有产业集聚、人口集中特征，以产业发展带动人口集聚、促进新农村建设的中心镇。

2. 大力推进农家乐和来料加工、电子商务等产业的发展，全面拓展农民的创业就业领域

充分利用各地的自然生态资源和劳动力资源优势，发展农家乐休闲观光旅游业和来料加工业成为农民就业致富的热点。从2005年起，省政府多次就发展农家乐休闲旅游业召开会议、出台有关扶持政策。同时充分利用未能外出打工就业的"4050"农民因地制宜地大力发展来料加工业。2013年前三季度，农家乐休闲旅游业接待游客1亿人次，直接营业收入达81亿元，游客购物收入达18亿元，同比分别增长23%、24%、33%。欠发达地区来料加工从业人员突破90万人，发放加工费超80亿元，人均加工费收入9000多元。农村电子商务发展迅速，相继建成淘宝龙游馆、遂昌馆、德清馆。①

3. 从鼓励自发转移向注重培训转移转变，全面提升农村劳动力的就业竞争能力

浙江省委、省政府在2004年启动了以提升农民就业技能和整体素质为重点的"千万农村劳动力培训工程"。建立"政府购买培训、学校提供培训、农民自主选择培训"的机制，开展"订单培训""定向培训"等多种形式。2007年起进一步加大了职业证书培训力度。2004～2007年，全省已培

---

① 张若健：《2013年浙江农村发展形势分析与2014年展望》，刊于《2014年浙江发展报告（经济卷）》，浙江人民出版社，2014。

训农村劳动力 655 万人，其中有 187 万农村劳动力通过培训实现了转移就业。同时大力开展农村后备劳动力的职业教育，努力使未升入大中专院校的农民子女普遍接受 6 个月至 1 年的职业技能培训。"千万农民素质提升工程"加快了农民培训的转型。浙江相继建立了省级农民大学、9 个市农民学院和一批县级农民学校。仅 2013 年，浙江就有 22.8 万农村劳动力参加了转移就业技能培训（其中培训后转移就业的达 79%）。2013 年前三季度全省各级学校共培训农民 43.1 万人，其中农村实用人才 9.0 万人，加快了农村劳动力向二三产业的转移，促进了农民就业增收。[①]

4. 实行城乡统筹就业制度

2001 年，浙江在全国率先开展了城乡统筹就业体制改革。制定了城乡统一的劳动力资源管理制度，开始实行城乡劳动者平等就业的政策，并着手建立覆盖城乡的劳动力市场和职业培训体系。2004 年以来，浙江通过实施"千万农民素质提升工程"等方式，提高了农村劳动力的就业技能和创业能力；同时，积极改善农民进城就业环境，健全和完善了城乡劳动和社会保障制度，利用市场机制合理配置城乡劳动力资源，逐步形成了统一、开放、竞争、有序、城乡一体化的劳动力市场。

三　开展千村示范、万村整治，建设美丽乡村

根据富裕起来的农民群众对改善农村生产生活条件和共享基本公共服务愿望日趋强烈的实际，浙江省委、省政府从统筹城乡发展战略出发，出台了一系列政策，推动城市基础设施向农村延伸、公共服务向农村拓展。

1. 实施"千村示范、万村整治工程"

针对农村环境脏乱差、村庄布局零星分散、社会事业落后的状况，2003 年浙江省委、省政府做出了实施"千村示范、万村整治工程"的决定，要求用 5 年时间整治 10000 个村，并把其中的 1000 个村建成全面小康示范村

---

① 张若健：《2013 年浙江农村发展形势分析与 2014 年展望》，刊于《2014 年浙江发展报告（经济卷）》，浙江人民出版社，2014。

和文明和谐新社区。全省各地按照有利于提高农民生活质量、传承历史文化和体现人与自然和谐相处的原则，开展村庄规划和村庄建设规划编制工作。全面改善农村基础设施，把农村基础设施、社会事业、公共服务等各项建设与村庄整治建设有机结合起来，配套推进"绿化示范村""万里绿色通道""万里清水河道""千万农民饮用水""乡村康庄""生态富民家园""百万农户生活污水净化沼气""兴林富民"等工程。至2013年，2.7万个行政村完成了村庄整治建设，占行政村总数的94.0%；79.0%以上农户家庭实现卫生改厕。建成国家级生态乡镇450个，国家级生态乡镇数量列全国第一。①

2. 开展美丽乡村建设

2010年，"美丽乡村建设行动计划（2011～2015）"在浙江展开。该计划明确提出建设美丽乡村要围绕规划科学布局美、村容整洁环境美、创业增收生活美、乡风文明身心美的"四美"总体要求，推进农村生态人居、生态环境、生态经济、生态文化的"四个体系"建设。其出发点是促进农村地区人与自然的和谐相处、提升农民生活品质。目的是形成有利于农村生态环境保护和可持续发展的农村产业结构、农民生产方式和农村消费方式。2012年浙江省委提出要深化美丽乡村建设，并提出了目标。具体来说就是要从传统历史、人文积淀、资源禀赋、地形地貌、群众愿望出发，全面构建美丽乡村创建示范县、美丽乡村示范乡镇、美丽乡村精品村、美丽乡村庭院清洁户四级联创机制。到2017年，全省所有县（市、区）达到美丽乡村创建先进县标准，20%左右的县（市、区）培育成为美丽乡村示范县，60%以上的乡镇开展整乡整镇创建，10%以上的行政村成为美丽乡村精品村或特色村，5%以上的农户成为美丽乡村庭院清洁户。

"美丽乡村"是在"千万工程"基础上提出的新目标，可以说是"千万工程"的提升发展，是"千万工程"的升级。为推进美丽乡村建设，2013年全省各级共投入建设资金93.5亿元，其中各级财政61.5亿元、村集体

---

① 资料来源：浙江统计信息网（http：//www.zj.stats.gov.cn）。

19.8 亿元、农民投工 89.5 万工。[1]

（1）全面推进历史文化村落保护利用。召开全省历史文化村落保护利用现场会，合力推进村庄保护修复利用，首批 43 个重点村、217 个一般村保护利用工作进展顺利，完成了第二批省级重点村的筛选认定工作。

（2）着力打造美丽乡村风景线。深入实施美丽乡村建设四级联创，统筹推进村庄环境综合整治，全面实施"三改一拆"、"四边三化"和"清理河道、清洁乡村"等行动，全面完成农村生活污水治理统计调查、方案设计和政策制定等前期工作，村庄环境长效保洁机制得到快速完善。

3. 大力培育中心村

有效整合农村土地综合整治、农房改造、农村社区服务中心建设等工程，发展村域经济，提高中心村的人口、产业承载能力和综合服务功能，启动 300 个中心村的培育建设。

4. 统筹推进农村基础设施建设

加快推进农村联网公路、电站电网、通信信息、供销流通等设施的建设。至 2013 年，全省行政村等级公路实现了"村村通"，广播实现了"村村响"，邮站实现了村村有，用电实现了"户户通、城乡同价"，农村客运通达率达到 93.6%，城乡客运一体化率达到 56.5%，安全饮用水覆盖率达到 97.0% 以上，农村有线电视入户率达到 91.0% 以上。连锁便民店行政村覆盖面达到 93.5%，养老服务覆盖了近 70.0% 的建制村。[2]

四 推进以改善民生为重点的农村社会建设，促进城乡公共服务均等化

根据公共服务实现城乡均等融合的要求，深入实施"基本公共服务均等化行动计划"，加快提升农村公共服务水平，城乡公共服务差距不断缩小，便捷的农技服务圈、教育服务圈、卫生服务圈、文化服务圈也逐步建

---

① 张若健：《2013 年浙江农村发展形势分析与 2014 年展望》，刊于《2014 年浙江发展报告（经济卷）》，浙江人民出版社，2014。

② 资料来源：浙江统计信息网（http：//www.zj.stats.gov.cn），下同。

成，实现了农村公共服务覆盖扩面、标准提高、质量提升。

1. 加强农村社会保障制度建设，稳步提升社会保障水平

第一，从1996年起在全省建立了覆盖城乡的最低生活保障制度。2007年，浙江率先在全国出台了省级《最低生活保障家庭收入核定办法》，低保对象保障水平稳步提高。2007年，全省共有城乡低保对象65.17万人，其中农村56.14万人，占86.1%，月人均低保标准达149.7元。2013年，全省共有最低生活保障对象（未含农村"五保"）62.3万人，其中，农村最低生活保障对象（未含农村"五保"）55.1万人，支出保障资金19.9亿元。城乡平均月低保标准达到526元和406元，分别比2005年增长135.9%和214.7%，城乡低保差距大幅缩小，农村低保标准约为城市的77.2%。

第二，建立养老保障制度。凡是进入企业工作的农民统一纳入企业基本养老保险，增加农村居民社会养老保险对象，有序提高标准。2013年标准最高的市县已达140元/月。285万人被纳入被征地农民基本生活保障，领取标准300~700元/月不等。52个县（市、区）建立养老服务信息系统，各类养老服务基本覆盖了城市社区和70%以上的农村。

第三，新型农村合作医疗制度不断巩固。自2003年开始，浙江省新农合经历了从无到有、从小到大的发展过程，运行机制不断完善，管理质量不断提升，保障水平逐步提高，实现了广大农民应保尽保。2013年，全省新农合参合率达到97.7%；人均筹资标准和财政补助标准分别为557元/年和393元/年，比2003年增长12和26倍。住院结报率从2.6%上升到9.2%，住院政策范围内报销比例达到75%，已累计为5.2亿参合群众报销医药费用620亿元。同时，浙江省还在积极探索新型农村合作医疗制度与城镇居民基本医疗保险制度整合，实现城乡统筹。

第四，建立农村"五保"和城镇"三无"人员集中供养制度。2013年，全省供养农村"五保"人员3.74万人，城镇"三无"人员0.5万人。农村"五保"、城镇"三无"对象集中供养率分别达到97.3%和97.7%，分别比2002年提升67.5个百分点和63.8个百分点，位居全国前列。全省农村"五保"供养标准平均为8752元/人年，城镇"三无"对象的供养标

准为 10428 元／人年，有效保障了这一特殊群体的基本生活。

2. 促进城乡社会事业均衡发展

在全国率先实行城乡义务教育免收学杂费和免收课本费制度，实现了义务教育阶段完全免费，为全省中小学生直接减负 12 亿元。全省还投入 30 亿元，全面完成了农村中小学"四项工程"，促进了农村教育的明显改善。到 2013 年，十五年教育普及率达 97.9%，义务教育学校标准化建设工程深入实施，标准化中小学校比例达到 55.0%。全省小学、初中生均公用经费定额最低限额分别提高到每年 550 元、750 元，名校集团化、城乡共同体、教师支教等机制不断健全。

3. 健全农村医疗卫生服务体系，实施"农民健康工程"

不断完善农村公共卫生管理和服务网络，形成了县、乡（镇）、村三级公共卫生服务网络。按照 1000～1500 名人口配备一名社区责任医生的要求组建社区责任医生队伍，全面负责和参与责任片区群众的健康体检、公共卫生项目服务等工作。从 2006 年开始实行了每两年一次的农民免费健康体检工作。到 2013 年，乡镇卫生院和社区卫生服务中心标准化建设达标率分别达 99%、98%，实现了村级医疗卫生服务全覆盖，人均基本公共卫生服务项目经费达到 30 元以上。

4. 大力实施"农村文化阵地建设工程"

加强农村文化设施建设，全面开展农村文化建设十项工程，乡镇综合文化站实现全覆盖，村级文化活动室覆盖率达 97.8%。大力推进图书馆、文化馆等公共文化场所常年免费开放，启动了"农村文化礼堂"的建设。

第三节　统筹区域发展理念的提出与发展

浙江全面建设小康社会、提前基本实现现代化，难点在欠发达地区。推进欠发达地区跨越式发展，既是缩小地区差距，促进协调发展的需要，也有利于形成新的经济增长点，为全省经济发展做出贡献。因此，统筹区域发展，把欠发达地区作为新的经济增长点，既是发展思路的转变，也是政府的重大责任。

一 统筹区域发展理念提出的背景

改革开放以来，浙江经济发展速度一直位居全国前列，特别是中共十六大以后，浙江大力实施统筹城乡发展战略，全省经济总量和城乡居民收入显著增长，经济社会呈现出加快发展态势。但是，省内地区间发展仍不平衡。浙西南山区、海岛与高度发达的沿海地区之间的地区差距明显，欠发达地区与发达地区发展差距扩大的趋势尚未根本扭转。一方面，东部沿海发达地区经济总量大，占全省经济的比重高，是浙江综合实力和区域竞争力的主要体现，在结构调整、产业升级、向外扩张上动力不断增强；另一方面，由于历史、地理、社会等方面的原因，浙西南山区和舟山海岛的经济基础还比较薄弱，自我积累和自我发展的能力还不够强。2005 年衢州市地区生产总值为329.11 亿元，丽水市地区生产总值为 305.99 亿元，舟山市为 280.16 亿元，分别占全省生产总值 13437.85 亿元的 2.63%、2.27%、1.89%。[①]

这些地区不仅在经济发展方面落后于发达地区，在教育卫生等社会发展方面距离更大。2005 年，全省有 28 个县农民人均纯收入 4105 元，仅为全省平均水平的 61.6%，人均收入低于 1500 元的低收入人口还有 83.3 万人，其中，人均收入低于 1000 元的贫困人口有 24.3 万人。[②] 2005 年衢州的城镇居民人均可支配收入为 13006 元，农村人均纯收入为 4850 元；丽水分别为12846 元、3572 元；舟山分别为 15524 元、7190 元。[③]

这些地区得天独厚的自然、土地等资源环境优势为它们成为新的经济增长点奠定了良好的基础，同时也为发达地区实现产业转移提供了新的空间。浙江山区面积约为 8.58 万平方千米，县市有 53 个，人口有 2814 万人，分别占全省的 84.3%、53.5%、51.7%。"我省的欠发达地区大多数在山区，

---

① 浙江省统计局：《浙江统计年鉴 2006》，中国统计出版社，2006。
② 邵峰：《均衡浙江——统筹城乡发展新举措》，浙江人民出版社，2006，第 322 页。
③ 浙江省统计局：《浙江统计年鉴 2006》，中国统计出版社，2006。

老区和少数民族地区主要也在山区。合理利用山区资源，把欠发达地区作为新的经济增长点，是我省区域经济协调发展的客观需要，是发展思路的转变，也是我们的重大责任。"①

二　统筹区域发展的核心

在对浙江省情进行深入研究的基础上，中共浙江省委提出统筹区域发展的核心是把促进发达地区加快发展与欠发达地区跨越式发展有机统一起来。

（一）区域协调发展要注重抓"两头"

时任省委书记习近平指出，缩小地区发展差距，实现区域协调发展是浙江省"十一五"时期的一项重大历史任务。要实现这一任务，必须贯彻落实科学发展观，注重抓"两头"，把促进发达地区加快发展与欠发达地区跨越式发展有机统一起来。② 加快发达地区发展是支持区域协调发展的重要基础。发达地区加快发展既可以更好地发挥带动和引领全省经济发展的重要作用，又可以更好地支持欠发达地区实现跨越式发展。促进欠发达地区跨越式发展是实现区域协调发展的重要环节。没有欠发达地区的小康，就没有全省人民的小康；没有欠发达地区的现代化，就没有全省的现代化。全省能否提前基本实现现代化的目标在很大程度上取决于欠发达地区能否加快发展，缩小与发达地区的差距。因此，要做长欠发达地区这块"短板"，使全省各地区人民共享经济社会发展成果。

（二）欠发达地区加快发展要综合运用"加减乘除法"

随着资源要素的制约和环境压力的日益增大，主要依靠资源过度消耗的传统经济发展模式已难以为继。浙江欠发达地区的发展不能再简单复制传统工业化道路，必须走科技先导型、资源节约型、生态保护型的经济发展之路。要综合运用"加减乘除法"。即在加快经济发展、扩大经济总量的同时，要减少资源消耗、生态破坏和污染排放，不以牺牲环境换取经济增长。

---

① 习近平：《干在实处　走在前列——推进浙江新发展的思考与实践》，中共中央党校出版社，2006，第209页。

② 习近平：《之江新语》，浙江人民出版社，2007，第163页。

要通过推动体制创新、技术创新、管理创新和提高劳动力素质推动产业结构的优化和经济增长方式的转变；通过优化欠发达地区人口布局，改善基础设施条件，促进人口向城市集聚。进一步加强欠发达地区的农民就业技能培训和就业指导，促进欠发达地区农村劳动力跨区域就业。充分发挥欠发达地区的生态资源和特色产业优势，努力把欠发达地区建设成为绿色农产品生产基地、生态型的劳动密集型制造业基地、农村劳动力输出基地、旅游观光胜地和绿色生态屏障。

三 新时期统筹区域发展理念的深化

2007 年 6 月，浙江省第十二次党代会报告明确提出把加快欠发达地区发展作为"创业富民、创新强省"总战略的重要组成部分，提出要进一步优化和创新扶持政策和帮扶载体，深化山海协作，促进欠发达地区快速发展。2008 年 10 月，省委十二届四次全会提出，把加快欠发达地区发展同加快转变经济发展方式、推进经济转型升级结合起来，努力建设"山上浙江"。2009 年，浙江开始实施新一轮山海协作工程。《浙江省人民政府办公厅关于实施新一轮山海协作工程的若干意见》指出要着力于增强动力、提升层次、完善机制、强化服务，发挥各自优势，深入推进发达地区与欠发达地区开展特色优势产业、新农村建设、人力资源培训就业、社会事业等领域的合作，有效提升欠发达地区产业发展水平，促进低收入群众增收，把欠发达地区培育成为浙江省新的经济增长点。同时，积极推进发达地区调整产业结构、提升产业层次，实现互利共赢、共同发展，为全面建设惠及全省人民的小康社会做出积极的贡献。

浙江省委、省政府一直高度重视山区发展，1997 年制定了《浙江省山区经济发展规划纲要（1996~2010 年）》，此后又陆续出台多项政策措施，有力推动了山区经济社会发展。但是，与沿海地区相比，山区特别是 26 个欠发达县（市、区）发展基础依然薄弱。进入"十二五"以来，随着发展阶段的变化及外部条件的改善，浙江山区的区位、生态和机制优势日益显现。特别是在浙江省海洋经济发展上升为国家战略的同时，加快建设"山上浙江"既是培育全省经济新增长点的需要,也是构建山海呼应的区域均衡发展格局的客观要求。对贯彻落实科学发展观,统筹区域协调发展,推进生态文明建设,全面建成惠及全省人民的小康社会,加快建设物质富裕、精神富有的现代化浙江具有重要战略意义。

2012年7月4日,浙江省委、省政府出台的《关于加快山区经济发展的若干意见》指出,浙江山区地域广阔、物产丰富、生态良好,是加快经济发展的新增长极,是构筑生态屏障、推进生态文明建设的主阵地,是建设物质富裕、精神富有的现代化浙江的重要区域。山区经济发展的基本原则是坚持生态优先、绿色发展,同步提升山区经济发展水平和生态环境质量;坚持集聚集约、转型发展,大力推进山区经济发展方式转变;坚持民生为本、和谐发展,不断提高山区基本公共服务水平;坚持深化改革、创新发展,进一步激发山区发展内生活力和动力;坚持扩大合作、开放发展,加快形成陆海联动区域协调发展新格局。

省政府从财政、税收、基础设施建设等方面推出一系列扶持政策,以推动山区加快走上绿色发展、生态富民、科学跨越的新路子。并把这一轮发展中的山区定位为浙江转型发展的试验区、体制创新试验区、省际开放合作区、生态文明示范区。

第四节 推进欠发达地区加快发展

浙江省委、省政府一直高度重视欠发达地区的发展,实施了"欠发达乡镇奔小康""山海协作工程""百亿帮扶致富""低收入农户奔小康工程"等具体项目,出台多项政策措施发展山区经济,有力推动了欠发达地区的快速发展。

一 建设"山上浙江",加快山区经济发展

加快建设"山上浙江"既是培育全省经济新增长点的需要,也是构建山海呼应的区域均衡发展格局的客观要求。为此,浙江省委、省政府出台多

项政策措施，促进山区经济加快发展。

1. 加强山区发展的规划引导

浙江是"七山一水两分田"。历届省委、省政府高度重视山区经济发展，相继出台了加快山区特别是欠发达地区发展的一系列政策举措。1997年制定了《浙江省山区经济发展规划纲要（1996～2010）》《关于加快欠发达地区经济社会发展的若干意见》《关于推进欠发达地区经济社会发展的若干意见》《关于进一步加快欠发达乡镇奔小康的若干意见》等文件，有力地推动了山区经济社会发展。

2012年浙江省政府根据浙江经济发展阶段的变化及外部因素变化，出台了《浙江省山区经济发展规划（2012～2017年)》，重新定义了"山区"。该规划所指的山区是以山地为基础，包括一部分与其经济社会活动有内在联系的相邻非山地区域。规划范围包括53个县（市、区），陆域面积8.58万平方千米，2010年末常住人口约2814万人，2010年生产总值11408亿元，分别占全省的84.3%、51.7%和41.1%。

该规划按照集聚集约、转型发展原则，试图统筹山区发展和生态环境保护，优化形成浙东沿海陆海联动发展、浙中北丘陵盆地集聚集约发展和浙西南内陆绿色生态发展等三大各具特色的发展区，着力构建有利于发挥资源特色、区位优势和发展潜力的生态产业体系。其中，浙东沿海陆海联动发展区重点发展临港产业、先进制造业、特色农产品种养与精深加工业、山海休闲旅游业等特色产业。浙中北丘陵盆地集聚集约发展区重点发展先进制造业、战略性新兴产业、国际商贸物流业、绿色农业和山水文化旅游业等特色产业。浙西南内陆绿色生态发展区重点发展生态养生旅游业、生态绿色农业、生态特色工业、省际商贸物流业等区域特色产业。

2. 建设三大省级试验区

根据规划的战略定位要求，作为转型发展试验区，衢州山区科学发展试验区要加快推进山区新型工业化、新型城市化和农业现代化同步发展、集约发展、陆海联动发展、经济生态发展，走出一条转型发展的新路子。努力构建生产发展、生态秀美、生活富庶的新山区，为全省山区科学发展积累经验，提供示范。作为体制创新试验区，丽水山区科学发展综合改革试验区应在重点领域和关键环节实现改革新突破，增强山区发展活力，为山区经济发展和体制机制改革创新提供新经验。作为省际开放合作区，湖州省际承接产业转移示范区应充分发挥边际区位优势，解放思想，扩大开放，加强合作，主动承接辐射，加快承接产业转移，构建省际区域全方位开放合作新格局。

3. 加大财政扶持力度

根据《浙江省山区经济发展专项资金和项目管理办法》（浙财农〔2013〕607 号），2013～2017 年，省财政每年安排山区经济发展专项资金。该资金属专项性一般转移支付资金，由有关山区县（市、区）统筹用于山区经济发展。资金投入以优化山区发展环境、增强内生发展能力、发展生态经济为重点，主要用于扶持产业平台建设、低丘缓坡重点区块开发、特色产业发展、科技研发和人才培养引进、生态环境建设等五方面。其中用于产业平台建设方面的年均省补资金不得低于 30% ，用于科技研发和人才培养引进方面的年均省补资金不得高于 10% ，同时单个项目安排的省补资金不低于 50 万元。

二　山海协作与陆海联动发展

为推进发达地区的产业向欠发达地区梯度转移，促进欠发达地区加快发展，培育新的经济增长点，实现全省区域协调发展，2002 年 4 月，浙政办以〔2002〕14 号文件转发了省协作办《关于实施山海协作工程 帮助省内欠发达地区加快发展的意见》，拉开了全省实施"山海协作工程"、促进陆海联动发展的序幕。

山海协作的"山"方主要是指丽水、衢州（包括舟山海岛）等欠发达地区，"海"方主要是指宁波、杭州、绍兴等发达地区。山海协作工程以项目合作为中心，以产业梯度转移和要素合理配置为主线，推进发达地区的产业向欠发达地区梯度转移，组织欠发达地区的人力资源向发达地区合理流动，动员发达地区支持欠发达地区新农村建设和社会事业发展，实现全省区域协调发展。"山海协作工程"实施以来，地处内陆腹地的衢州和丽水地区实现了快速发展。据测算，近年来衢州市山海协作项目创造的经济增加值占全市生产总值的40%左右；丽水市山海协作项目对全市规模以上工业增长的贡献率超过40%，拉动经济增长20个百分点以上。① 2002年以来，衢州市、丽水市生产总值年均增长14%左右，增速名列全省前茅，其中衢州工业总量已经连续七年年均递增30%以上。②

（一）政府推动和市场运作互动，社会各界广泛参与

1. 统筹规划，政策先行

自2002年启动实施山海协作工程后，浙江省先后出台《关于加快欠发达地区经济社会发展的若干意见》《关于实施山海协作工程 帮助省内欠发达地区加快发展的意见》《关于全面实施山海协作工程的若干意见》《山海协作工程财政贴息资金管理暂行办法》等政策意见，加强政府的引导和推动作用。同时，省协作办还组织编制了《浙江省山海协作工程规划纲要（2005~2010）》，并据此制订了年度实施计划。在此基础上，各市根据自身实际，部署实施山海协作工程，制定相应的政策措施。杭州市制定了《山海协作资源产业合作办法》，嘉兴市出台了《山海协作工程实施意见》，舟山市制定了《舟山市山海协作考核办法》，衢州市完成了本级山海协作工程规划纲要，宁波市每年都积极制定山海协作工程年度实施计划等一系列政策文件，建立起以规划为龙头、以年度实施计划为指导、以目标责任考核为保障的政策指导体系，加强政府的引导和推动作用。另外，浙江制定了山海协作工程财政贴息政策，省财政每年安排250万元用于山海协作工程项目贷款贴息，杭州市、宁波市则分别安排300万元和200万元予以配套。

2. 健全机构

浙江省政府专门成立了山海协作工程领导小组，明确杭州、宁波、温州等发达地区与衢州、丽水、舟山等欠发达地区的65个县（市、区）结成对口协作关系。杭州市政府成立了驻衢州资源与产业合作办事处，其他各市也

① 资料来源：浙江省经济协作办公室。
② 根据2003~2013年《浙江统计年鉴》整理。

都建立了相应的组织机构，并通过召开本级山海协作工程情况汇报会，及时掌握情况，协调解决有关问题，开始双边互动全面对接。省政府还建立了山海协作工程考核制度，把考核范围提高到各市人民政府和省级部门的层面。

3. 构建高层次的平台体系

山海协作工程实施以来，浙江省委、省政府在全省欠发达地区各市轮流举办了10届山海协作工程系列活动，历届省委书记、省长均共同参加了有关活动并召开专题会议做重要讲话。另外，山海协作工程融入浙江省内的义博会、西博会、工科会以及长三角地区的一些大型展会，使山海协作的范围由经济领域进一步扩大到教育、科技、文化、人才、劳务、信息、贸易等各个方面，极大丰富了山海协作工程的内涵，实现了"山"与"海"的全面对接和互动。据统计，从2004年开始在义博会设立山海协作专区到2012年，已累计组织1600多家欠发达地区企业参展，共实现成交额近20亿元，不仅为欠发达地区企业拓展国际国内市场搭建了有效平台，也为促进低收入群众增收提供了有效途径。各地也不断创新合作途径和方式，如开展项目推介、网上招商、委托招商、驻点招商等，欠发达地区与发达地区通过开展现场招聘、订单培训、定向输出等，进行劳务合作。2012年以来，衢州、丽水等地有组织输出劳动力5.7万人。为了更好地适应产业升级后劳务需求的新特点，省里正在建设一批培训基地和用工基地，通过订单培训和定向输出，进一步推动欠发达地区劳动力提高素质，更好地实现转移。[①]

4. 创新服务机制

浙江建立起了山海协作项目推介招商活动机制、项目推进督促检查机制、项目服务协调机制、项目定期汇总统计制度等长效工作机制，不断强化山海协作工程的制度保证，形成上下联动、齐抓共管的协作发展局面，保证了山海协作项目的落地率。

5. 社会各界广泛参与

在省委、省政府的高度重视下，省级有关部门和发达地区党委、政府狠

---

① 资料来源：浙江省经济协作办公室，下同。

抓工作落实，各民主党派、人民团体和社会各界广泛参与，全省形成了以"结对子"为基础，多层次、多渠道、全方位开展合作交流的山海协作格局。工程实施10年来，省财政转移支付用于支持欠发达地区发展的资金累计达1135亿元。

6. 加快山海协作产业园区建设

温州市为加快苍南、文成、泰顺等欠发达县（市、区）的发展，批准建立了灵江山海协作工业园区，为当地承接产业转移提供了重要基地；台州市大力开展"南北协作工程"，建立了天台、仙居、三门三大协作经济区，已在三门盐场建设了三门滨海山海协作产业集聚园；金华市加快了金西经济开发区的建设，为金西汤溪、罗埠、洋埠三个欠发达乡镇开展山海协作提供了基础条件。在特色产业合作领域，全省建立了15个山海协作示范园区，实现了产业合作由零散型向集群型的转变，投资规模效益逐年提高。2013年全省新签山海协作特色产业项目数量比上年同期减少近三成，但到位资金额同比持平，表明山海协作项目的质量在明显提升。

（二）以市场为主导，不断拓展、深化合作领域

山海协作是政府推动、市场运作、各方参与的开放平台，这也是浙江省推动山海协作经济发展中的重要原则。浙江山海协作的成功之处不只在政府层面的全力推动，更重要的是通过政府引导激发了市场的力量。这也是浙江山海协作工程的"活力"所在。山海协作不是即兴之作，需要精心规划、科学统筹，从观念、空间到产业和市场的对接，再到要素资源的保证，既需要政府层面的推动，更需要市场力量的介入。顺应区域统筹发展的需要，省山海协作领导小组适时出台政策，在稳定原有结对帮扶政策的同时，借助投资洽谈、招商会等途径，支持市场主体对接。

1. 以山海协作平台为依托，推进产业间深度融合

（1）创新资源与产业合作模式。"十一五"期间，衢州与杭州、宁波等市创造的资源与产业合作山海协作模式，激发了山海协作双方的热情。资源与产业合作五年，在促进衢州经济加快发展的同时，一定程度上缓解了发达地区重点项目和城市用地紧张的矛盾，实现了共赢发展。

（2）欠发达地区围绕加快转型升级的要求，加大了对大项目特别是当地主导产业项目的引进力度。

欠发达地区按照"做优农业、做强工业、做实服务业"的要求，合理引进三次产业项目。2013年1～3月，全省新签山海协作项目中，三次产业的到位资金比为6∶28∶66。如舟山市突出海洋经济特色，大力引进环保、物流、旅游等现代服务业项目，全市一季度新签产业合作项目中，三产项目投资占引进投资额的84.5%。衢州市大力引进高效农业、新材料和先进装备制造业，如开化古龙综合农业开发有限公司的生态鱼种养殖项目等，促进了当地农业现代化和工业化的快速发展。1～3月，全省新签山海协作项目数同比减少26.1%，但到位资金同比增长30.4%，平均投资强度明显提高。如舟山市一季度新签山海协作特色优势产业项目平均投资额为3319万元，同比增长97.6%；衢州新签产业合作项目32个，其中亿元以上项目5个，占比为15.6%。

（3）把推进产业梯度转移和扶持山海协作企业创新发展有机统一起来，推进产业融合发展、联动发展。

各市依托山海协作平台，结合当地产业特色、资源禀赋，深入推进产业间融合、联动发展。发达地区不仅要帮助欠发达地区引进项目、引进资金，同时要帮助解决项目建成后的技术开发、市场拓展、管理营运等具体问题。如长兴县援助庆元县的电子商务项目，将电子商务与农业发展结合起来，产业间互促共进，成效明显。据不完全统计，2012年庆元县电子商务零售交易额约为1.5亿元，约有500余人直接从事电子商务，解决就业近1000人。2013年以来，在长兴县的支持下，庆元县从加大扶持力度、加强设施建设、加快技能培训等方面入手，持续推进电子商务建设，产业融合进一步加快。

2. 推进山海协作工程与新农村建设相结合

浙江不断引导省内发达地区政府、企事业单位和省内外浙商等社会力量，在欠发达地区开展农村经济项目合作和农民素质培训，发展农村集体经济，培育新型农民。

（1）加强人力资源培训就业合作

重点建设一批山海协作职业技能实训基地，支持欠发达地区开展农业技术和适应二三产业发展要求的创业就业技能培训，不断提高欠发达地区人力资源的素质和增收本领。

2013年，宁波市共落实专项资金350万元用于支持舟山、丽水两市山海协作职业技能实训基地建设，其中资助舟山市嵊泗县职业技术学校实训项目50万元；资助丽水2个项目300万元，分别是补助丽水市缙云县职业中等专业学校高技能实训基地项目200万元，补助龙泉市职高"宁波山海协作学生创业创新园"项目100万元。2014年计划补助两市实训基地建设项目150万元。

（2）积极参与新农村建设项目

2006年杭州市与衢州市签订了"百村经济发展促进计划"协议，杭州首批18个乡镇、单位与衢州市18个村结对帮扶新农村建设。2012年6月杭州已实施山海协作新农村建设和社会事业项目136个，到位资金5982万元。松阳县和余姚市从2007年开始实施山海协作工程——"百村发展促进计划"，通过不断创新和丰富结对帮扶工作内涵，取得了可喜的成效。截至2013年，余姚市共为松阳县新农村建设落实帮扶项目30余个，拨付帮扶资金320多万元。帮扶项目涵盖特色产业发展、旧村改造、村庄整治、下山搬迁、农民饮用水工程等，有力促进了结对乡村特色产业的发展和农村基础设施建设。丽水已利用宁波、湖州、嘉兴等地通过山海协作参与新农村建设的机制，落实资金1000多万元，建立了茶叶、种猪、笋竹两用林、鹊山鸡、水果、食用菌6个种子种苗基地，对促进农民增收、加快提升农业产业化水平发挥了积极作用。遂昌有4个山村成为结对村，重点开展农业农村经济项目合作和农民素质培训。2013年底遂昌县发展来料加工专业村80个，实现加工收入1.3亿元；全县农家乐村点达到78个，截至2013年10月底，累计接待游客176.66万人次，经营收入达到1.7亿元，同比分别增长35.3%和36.3%。

（三）推进陆海联动，深化山海协作工程

在浙江省海洋经济发展上升为国家战略的大背景下，内陆欠发达山区市县主动"赶海弄潮"，将推进陆海联动作为深化山海协作工程的主攻方向。

1. 设置机构，主动对接

按照浙江省海洋经济发展示范区的空间布局，杭州、宁波、温州、嘉兴、绍兴、舟山、台州7个市47个县（市、区）被纳入全省海洋经济发展试点范围。然而，地处内陆的金华、衢州、丽水没有"望洋兴叹"，而是对应省级层面专门设置了海洋办等机构，主动对接。

2. 全力推进陆海联动、绿色发展

衢州市积极构建了无水港、绿色产业集聚区等对接海洋经济的产业平台。

（1）突出重大项目引领、要素联动配置。近年来衢州累计否决产业性项目1345个、总投资93亿元。2013年初签订重大产业类项目19个，协议金额121亿元，涉及新材料、新能源、先进装备制造、电子信息、现代物流等战略性新兴产业。丽水市在引进大企业、大项目上下功夫，分别与中国浦大电缆集团、北京井能投资集团签署合作协议，总投资达14.9亿元。舟山市"浙江舟山金港投资有限公司"项目是省政府海洋产业基金的首个项目，一季度到位资金5亿元，项目对推进金塘国际物流岛建设，推动浙江省海洋经济发展具有示范引领作用。

（2）搭建平台，招商推介。2011年11月底，我国首次举办的国家级海洋经济投资盛会——首届中国海洋经济投资洽谈会——在宁波开幕。金华、衢州、丽水等市也争相举办各种招商推介活动。金华市专门举办了海洋经济与浙中崛起论坛暨项目签约仪式，签约32个投资项目，其中外资项目7个，总投资4.6亿美元，协议利用外资3.4亿美元；内资项目25个，总投资81亿元，协议利用市域外资金65.4亿元，在陆海联动中率先获益。在"海洽会"上，衢州市共签约产业类投资项目19个，总投资121亿元，涉及新材料、新能源、先进装备制造、电子信息、现代物流等战略性新兴产业，这次"海洽会"是近年来各类招商推介活动中产业层次最高、项目质量最好、平均投资规模最大的一次。

3. 加快陆海联动的基础设施建设

2011 年 12 月 15 日，钱塘江中上游航运复兴工程安仁铺枢纽工程正式启动。作为山海协作的重要支撑项目，这项互联互动工程是浙江衢州、金华、杭州等地通江达海黄金通道，浙江全省连接"山上浙江"和"海上浙江"的最佳纽带。

总结与展望

全面建设小康社会、提前基本实现现代化，难点在欠发达地区，特别是欠发达乡镇。浙江省充分利用沿海发达地区的产业、资金、人才、科技等优势，在拓展了沿海地区发展空间的同时，又积极挖掘山区等欠发达地区的特色资源、要素资源、生态环境等潜在优势，实施"欠发达地区奔小康工程""百亿帮扶致富工程"和"低收入农户奔小康工程"，通过"造血"增强欠发达地区的内生发展能力，培育新的经济增长点；实施"山海协作"工程，通过陆海联动促进产业和要素的跨区域合理流动，形成了发达地区与欠发达地区优势互补、合作共赢的发展格局。

浙江统筹区域发展的实践证明，发达地区和欠发达地区的互促共进不仅体现了又好又快的发展理念，而且有利于全省产业结构优化升级和经济发展方式转变。

浙江大力实施统筹城乡发展方略，以新型工业化带动农业现代化，以新型城市化带动产业和人口的集聚，促进农村劳动力向二三产业转移就业；以现代产业发展理念经营农业，促进农业现代化；加快建立统筹城乡发展的体制机制，促进资源要素向农村配置，加快公共服务向农村覆盖，形成了城乡互动互促的机制，有力地促进了浙江城乡一体化发展的进程。

浙江统筹城乡发展的成功实践充分证明推进城乡一体化必须顺应进入以工促农、以城带乡新阶段后的经济社会发展规律，要坚持从消除城乡二元结构出发，积极探索建立城乡平等的制度和以工促农、以城带乡的长效机制；要把激发农民创业热情、改善农民民生状况作为改革的根本出发点。城乡一体化的一般过程是建立在工业化和城市化的规律之上的，包括城乡差距从产生、扩大到逐渐消弭的渐进过程，不同发展水平的地区、同一个地区不同的发展阶段都存在城乡发展不协调的问题。因此，在制定实施城乡一体化战略时，必须坚持科学发展观，要根据不同地区的经济社会发展实际，分区域、分阶段、有重点地推进。坚持工业化、城市化、市场化、信息化和农业农村现代化的相互促进，实现城乡共同发展、共同繁荣。

没有欠发达地区的小康，就没有全省人民的小康。没有"三农"问题的根本解决，就不能实现全省人民的共同富裕、全省经济社会的健康发展。浙江的实践正是对"富国强民，实现中华民族伟大复兴"中国梦的最好诠释。

随着经济发展进入新常态，统筹城乡与区域发展也面临新的问题。要在更高水平上实现城乡融合发展、区域协调发展，必须以促进城乡、区域要素有序流动和增强农村内生活力、增强欠发达地区内生活力为重点，不断创新统筹城乡与区域发展的体制机制，以市场为导向，加大改革力度，加大城乡统筹投入水平，加大对欠发达地区的政策扶持力度，以加快实现更高水平的城乡一体化，加快实现更深层次的区域协调发展。

参考文献

1. 习近平：《之江新语》，浙江人民出版社，2007。
2. 习近平：《干在实处　走在前列——推进浙江新发展的思考与实践》，中共中央党校出版社，2006。
3. 中共浙江省委：《浙江省统筹城乡发展　推进城乡一体化纲要》（浙委发〔2004〕93 号）。
4. 赵洪祝：《在全省农村工作会议上的讲话》，2010 年 2 月 23 日。
5. 中共浙江省委：《关于加大统筹城乡发展力度 加快农业农村发展的若干意见》（浙委〔2010〕34 号）。
6. 中共浙江省委：《关于深入推进统筹城乡综合配套改革 积极开展农村改革试验的

若干意见》（浙委〔2012〕20 号）。

7. 中共浙江省委：《关于加快山区经济发展的若干意见》（浙委〔2012〕90 号）。

8. 中共浙江省委：《关于加快推进农业现代化的若干意见》（浙委〔2012〕118 号）。

9. 中共浙江省委：《关于深化"千村示范、万村整治"工程 全面推进美丽乡村建设的若干意见》（浙委办〔2012〕130 号）。

10. 李强：《在 2013 年全省农村工作会议上的讲话》，2013 年 2 月 22 日。

11. 中共浙江省委：《关于促进农民收入持续普遍较快增长的若干意见》（浙委发〔2013〕8 号）。

12. 中共浙江省委：《关于推进农村文化礼堂建设的意见》（浙委办发〔2013〕37 号）。

13. 邵峰：《均衡浙江——统筹城乡发展新举措》，浙江人民出版社，2006。

14. 《浙江省人民政府办公厅关于实施新一轮山海协作工程的若干意见》（浙政办发〔2009〕63 号）。

15. 《浙江省山区经济发展规划纲要（1996~2010 年)》。

16. 中共浙江省委：《关于加快山区经济发展的若干意见》（浙委〔2012〕90 号）。

17. 中共浙江省委：《关于加快欠发达地区经济社会发展的若干意见》（浙委〔2001〕17 号）。

18. 中共浙江省委：《关于推进欠发达地区经济社会发展的若干意见》（浙委〔2005〕22 号）。

19. 中共浙江省委：《关于进一步加快欠发达乡镇奔小康的若干意见》（浙政发〔2005〕36 号）。

20. 《浙江省山区经济发展规划（2012~2017 年)》。

21. 浙江省财政厅：《浙江省山区经济发展专项资金和项目管理办法》（浙财农〔2013〕607 号）。

22. 中共浙江省委：《统筹城乡发展 推进城乡一体化纲要》（浙委〔2006〕28 号）。

23. 中共浙江省委：《关于全面推进社会主义新农村建设的决定》（浙委〔2006〕28 号）。

24. 浙江省政府：《关于进一步做好深化农村税费改革工作的通知》（浙政发〔2005〕7 号）。

25. 中共浙江省委：《关于积极有序推进农村土地经营权流转的通知》（浙委办〔2001〕53 号）。

26. 中共浙江省委：《关于深入推进统筹城乡综合配套改革 积极开展农村改革试验的若干意见》（浙委〔2012〕90 号）。

27. 中共浙江省委：《关于加快推进农民收入持续普遍较快增长的若干意见》（浙委发〔2013〕8 号）。

28. 浙江省政府:《关于大力培育新型农业经营主体的意见》(浙政办发〔2012〕73号)。

29. 中共浙江省委:《关于深化"千村示范、万村整治"工程 全面推进美丽乡村建设的若干意见》(浙委办〔2012〕130号)。

30. 浙江省政府:《关于印发低收入群众增收行动计划的通知》(浙政发〔2008〕48号)。

31.《关于进一步加快中心镇发展和改革的若干意见》(浙委办〔2010〕115号)。

32. 赵欢、邵宇平:《关注区域协调发展 走进山海协作工程——浙江省"山海协作工程"考察报告》,《宁波党校学报》2006年第5期。

33. 夏宝龙:《坚定不移地深入实施"八八战略" 推动浙江经济持续健康较快发展》,在全省经济工作会议上的讲话,2013。

34. 邵峰:《全面推进城乡融合发展——"十二五"时期浙江统筹城乡发展新举措》,《浙江经济》2011年第3期。

35. 章猛进、顾益康、黄祖辉:《30年农村改革回顾与改革的深化——基于浙江省的分析》,《浙江社会科学》2008年第8期。

36. 顾益康、邵峰等:《农民创世纪》,浙江大学出版社,2009。

第七章
倡导新型城市化
推进城市化与工业化互动发展

在改革开放 30 年中，浙江作为中国经济发展最具活力的区域之一，城镇化的发展一直走在全国的前列，创造了多个全国"第一"：诸如全国第一个农民城，第一个城镇购房落户政策，第一个城市化发展纲要，第一个城镇体系规划，第一个取消"农转非"计划，第一个城乡一体化发展纲要，第一个"土地换社保"试点，率先提出"新型城市化"概念，等等，走出了一条具有浙江特色的城市化之路。浙江之所以能取得如此成绩，缘于城市化理念的不断创新，缘于城市化与工业化的日益良性互动，缘于城市化实践的不断丰富。

在人多地少的中国，选择什么方式的城镇化是一个极其重要的课题。长期以来，中国的城镇化注重土地的城镇化，而忽视人的城镇化，忽视了城镇化与工业化、城镇化与资源集约的关系。浙江新型城市化的实践，可以为我国新型城镇化提供有益的借鉴。

第一节　新型城市化理念的形成与发展

浙江省委、省政府根据城市化的发展规律及浙江省的实际情况、发展战略和阶段性变化形成了新型城市化理念并不断对其加以发展完善。

一　新型城市化理念提出的背景

城市化是社会经济发展水平达到一定阶段的必然结果。浙江省委、省政府根据城市化的发展规律及浙江城市化发展阶段和速度都高于全国平均水平的实际情况，结合不同阶段浙江城市化的发展战略，形成了新型城市化理念并不断对其加以发展完善。

1. 浙江城市化的发展轨迹

浙江真正意义上的城市化进程是从 20 世纪 80 年代中后期开始的。改革开放以来，浙江以乡镇企业和中小企业为主的农村工业化带动了一大批小城镇的崛起。这些小城镇的发展主要由民间和市场力量主导。"一镇一品""一镇一业"形成了极具浙江特色的遍地开花的小城镇。到 1997 年底，全省设市城市从 1978 年的 3 个增加到 35 个，建制镇数量从 167 个增加到 965 个，城镇人口从 1978 年的 525.13 万人增加到 1574.43 万人，城市化水平从 1978 年的 14.0% 上升到 35.5%。浙江在乡镇企业发展中小规模工业的基础上建设小城镇的城市化道路符合城市化发展的一般途径。[①]

随着工业化重心由农村工业化向城镇工业化转变，浙江的城市化战略也逐步由小城镇向大中型城市转移。1998 年 12 月浙江省第十次党代会在全国率先做出了"不失时机地加快城市化进程"的重大战略决策，明确提出要把推进城市化作为浙江经济社会新一轮发展的突破口。1999 年 10 月国务院批准同意实施《浙江省城镇体系规划（1996～2010 年)》，这是全国第一个被批准实施的省域城镇体系规划。1999 年 12 月，省委、省政府正式颁发《浙江省城市化发展纲要》，率先在全国推出城市化的蓝图和纲领。在推进城市化的进程中，浙江省率先以户籍改革为突破口，先后出台了一系列户籍、土地、投融资等方面的配套政策，从而形成了一个有利于人口和产业向城市集聚的政策环境。为提升中心城市的集聚与辐射功能，又在全国率先开展并完成了覆盖全省的环杭州湾、温台、金衢丽 3 片城市群规划和各县（市）域城镇体系规划。

2. 浙江城市化的成绩与问题

"十五"期间，浙江省积极稳妥地推进城市化，城市发展成效显著，许多

---

① 浙江经验与中国发展研究课题组编《浙江经验与中国发展（经济卷)》，社会科学文献出版社，2007，第 279 页。

方面走在全国前列。全省城镇体系结构不断优化，初步形成了大中小城市和小城镇协调发展的格局；城市综合实力不断增强，形成了一批在全国具有重要影响的大中城市和小城镇。各大中小城市以及小城镇已经成为所在区域的产业中心、人居中心、文化中心和创新中心，杭、甬、温三大中心城市在全省的龙头地位进一步显现，有力地带动了区域经济发展和农村发展。城市品位持续提升，城市的地域特色和文化底蕴进一步彰显；城市带动农村发展的能力进一步增强，初步形成了城乡衔接的供水供电、广电通信、公共交通等基础设施体系，以及覆盖城乡的商品连锁、文化卫生、应急救助等公共服务体系。2005 年，浙江省城市化水平达到 56%，比全国 43% 的平均水平高 13 个百分点。

但用科学发展观去审视，这一时期的浙江城市化也存在一些偏差和误区。主要表现在以下方面。

一是城市土地集约利用水平比较低、功能和管理提升相对滞后、城市综合承载能力不高成为浙江城市化继续推进和经济发展面临的重要制约因素之一。

城市化本质上是一种空间集聚，其意义就在于通过人口的集聚带动其他要素的集聚，产生一种结构性优化和功能性提高的综合效应。但在传统粗放的发展模式下，大量人口集聚到城市，不可避免地带来了能源和其他资源的大量消耗。各地在推进城市化进程中，由于存在"大城市偏好"和"摊大饼式"的扩张，把城市化简单地等同于城市建设，大规模、大力度地增加对城市的资源和资本的投入，城市经济总量快速扩大，在全省经济中的比重也迅速提高。但不少地方存在土地利用不经济，"跑马圈地""造城运动"之类的现象。一些城市不顾条件，贪大求洋，小城市要变中，中等城市要变大，大城市要特大，特大城市要国际化，土地集约利用水平普遍较低。从 1998 年到 2004 年，浙江省工业用地面积从 152.05 平方千米增加到了 382.4 平方千米，翻了一番以上，① 存在"高投入、高消耗、高排

---

① 根据 1998 年和 2004 年《中国城市建设统计年报》人口和建设用地统计表格计算，转引自《浙江经验与中国发展（经济卷）》第 12 章"浙江的城市化：1978～2005"。

放、不协调、难循环、低效率"等不经济现象。在城市功能和管理提升相对滞后、城市综合承载能力不高、城市可持续发展存在诸多隐患的情况下，浙江的城市化和经济社会发展面临着"先天不足"和"成长烦恼"的双重挤压。

二是城市扩散效应不足，未能有效形成大中小城市和小城镇协调发展格局。

《浙江省城市化发展纲要》提出要坚持大中小城市和中心镇协调发展的方针，但在具体实施中，不少地方简单地认为在经济发展全球化的背景下，企业发展需要大城市作平台，把城市化的重点放到了发展大城市上，增强大城市的集聚功能。各地对区域中心城市建设都比较重视，11个市普遍强调提高市区首位度。各县市普遍强调县城和市区建设。对中心城市与大城市形成分工合理、有机联系的整体，缺乏足够的重视。大城市辐射扩散功能不足，不仅制约了大城市的发展，也影响了对中小城市的辐射作用，进而使中小城市难以发挥集聚中小企业和农村人口的作用。同时由于各县市普遍强调县城和市区建设，小城镇建设相对缓慢，小城镇建设与"九五"时期相比相对缓慢，城市之间、城镇之间的联动发展缺乏有效的机制。如何按照统筹城乡发展的要求，坚持把城市群作为推进城市化的主体形态，促进大中小城市和小城镇协调发展，进一步提高城市带动农村发展的能力，亟须研究和部署。

三是地区之间、城市之间的城市化水平差异明显。

经济发达的浙东北、温台沿海地区城市化水平明显高于经济社会发展相对滞后的温台西部山区及浙西南地区山区。根据2000年"五普"统计资料，全省城市化水平为48.7%，其中环杭州湾地区为51.0%，温台地区为51.5%，金衢丽地区为38.5%，仅相当于其他两个地区的75%。从经济发展水平看，2004年全省人均GDP最高的宁波市区达60361元，而最低的衢州市区仅为14379元，不及宁波市区的1/4。2004年浙江25个欠发达县（市、区）人均GDP为10619元，仅相当于同口径全省平均水平的39%。并且在25个欠发达县（市、区）中，有16个县（市）人均GDP低于全国平均水平，其中泰顺县人均 GDP 仅相当于全国平均水平的一半。①

四是城市化发展未能实现农村人口集聚同步，存在"不完全城市化问题"。

20 世纪末以来实施的城市化战略在促进农村企业集聚上发挥了重要作用，推动了农村人口的城市化进程。但这些进城农民大多数仅是统计意义上的城市居民。即人在城市工作，但户籍却在农村，属于没有城市户口的城市人口。他们实现的迁移是"不完全的"，每年还必须乡城两地奔波。由于城市壁垒限制，在城市内部产生了"新的二元社会结构"。表现为已进城就业的农民工和市民在住房、教育、医疗、社会保障等各种社会福利方面的明显差别。由于户籍限制导致农民工社保难覆盖、身份难转换，农民工难以市民化，遭受了种种政策歧视和不公平待遇，成了游离于城乡之间的"边缘人"，是城镇中最缺乏保障的弱势群体。同时，因城市建设承包地被征用，失去土地的农村人口也迅速增加。这一问题与城市发展中的其他问题交织在一起，使城市的社会管理问题更为突出。如何打破城乡分割的二元体制，健全城市发展的体制机制，促进城市和谐发展，任务十分繁重。

3. 新型城市化理念的提出

根据城市化的发展规律及浙江省的实际情况、发展战略和阶段性变化，2005 年浙江省委、省政府在全国率先制定并实施了《浙江省统筹城乡发展推进城乡一体化纲要》。提出了"以城带乡、以工促农"，加大城市化与新农村建设的联动，实现城乡统筹发展的七大措施。

2006 年 8 月 8 日，浙江召开全省城市工作会议，时任省委书记习近平在会上明确提出，要"坚定不移地走新型城市化道路"，并从资源节约、环境友好、经济高效、社会和谐、大中小城市和小城镇协调发展、城乡互促共进等六个方面，对推进新型城市化做出明确指示，目的是要把城市化转入集约、和谐、统筹、创新发展的轨道。

---

① 根据浙江省统计局《浙江统计年鉴 2005》相关数据整理。

二　新型城市化的内涵

新型城市化突出"统筹、集约、和谐、创新"和资源节约、环境友好、经济高效、社会和谐、大中小城市和小城镇协调发展、城乡互促共进的发展特征。

1. 坚持把城市发展与新农村建设结合起来，走城乡互促共进的城市化道路

城市和农村作为不同的空间经济体，相互依存、密不可分。新型城市化要求从统筹城乡发展的高度，构建城乡互动、协调发展的机制，促进城市化和新农村建设的联动发展。第一，要按照城乡一体化的要求，加快完善城乡规划，积极推进城乡规划全覆盖；加快各类基础设施建设，促进城市基础设施向农村延伸、城市公共服务向农村覆盖、城市现代文明向农村扩散。第二，要着力提高城市带动农村发展的能力，充分发挥城市的带动作用，通过工业反哺农业、城市支持农村，促进农业增效、农民增收，缩小城乡居民收入差距。第三，进一步加大联动推进城市化和新农村建设的力度，加快构建城乡互动、协调发展的机制，加快破除城乡分割的体制障碍，稳步推进城乡一体化进程。

2. 坚持把城市发展和优化全省人口生产力布局结合起来，走大中小城市和小城镇协调发展的城市化道路

加快形成有利于城乡协调发展的城镇体系。一方面，要更加注重发挥城市群在优化人口和生产力布局中的作用，加快形成若干用地少、就业多、要素集聚能力强、人口分布合理的城市群。要进一步加快发展杭、甬、温三大省域中心城市，积极培育区域中心城市。另一方面，要大力发展中小城市和小城镇，充分发挥中小城市和小城镇在统筹城乡发展中的战略节点作用。积极推动乡村合理布局和有序建设，重点规划建设好一批生产生活设施配套、公共服务健全、环境卫生良好、城市文明能够有效辐射的中心村，形成特大城市、大城市、中小城市和小城镇协调发展的格局。

3. 坚持把城市发展与提高资源利用效率结合起来，走资源节约的城市化道路

要改变城市化中存在的"高投入、高消耗、高排放、不协调、难循环、低效率"的粗放型经济增长方式，坚持开发节约并重、节约优先，以提高资源利用效率为核心，把节约利用土地放在突出位置，深化土地资源市场化配置改革，有效破解"地从哪里来"这一难题。开展城市综合节能工作，加强资源的综合利用，加快建设资源节约型城市。

4. 坚持把城市发展与环境保护和生态建设结合起来，走环境友好的城市化道路

一方面，在城市的规划、建设中，要充分考虑生态环境对城市发展的承载能力，协调城市与区域之间的环境依存关系，把城市发展与环境保护和生态建设结合起来。另一方面，在城市发展中，要树立环境优先的理念，走环境友好的城市化道路。建立健全城市生态平衡体系，大力发展循环经济，积极倡导环境友好的消费方式，不断培育环境友好的文化氛围，使城市成为环境友好的首善之地。

5. 坚持把城市发展与增长方式转变结合起来，走经济高效的城市化道路

要实现城市经济的集约发展，必须立足于优化产业结构推动城市发展。必须重点发展高附加值的制造业，加快发展现代服务业，使经济增长从主要依靠工业带动转向依靠工业服务业协同带动。必须集聚创新要素，激活创新资源，转化创新成果，提高自主创新能力，促进经济增长从主要依靠资金和物质要素投入带动向主要依靠科技进步和人力资本带动转变。

6. 坚持把城市发展与构建和谐社会结合起来，走社会和谐的城市化道路

必须通过城乡体制改革，有序推进农村人口的转移转化，建立顺畅的社会流动机制。通过积极就业政策的实施，努力提高全社会的就业水平；通过文化教育、医疗卫生、社会保障等社会事业的快速发展，建立惠及全民的基本公共服务体系，优化公共资源配置，促进基本公共服务均等化，建立合理的利益协调机制、安全的社会保障机制、有效的矛盾疏导机制。通过社会治安的综合治理，依法打击各种违法犯罪活动，维

护社会公共安全，营造和谐的社会环境。使全体人民共享城市发展的成
果。

三　新型城市化的着力点

实现"大中小城市和小城镇协调发展、城乡互促互进"是浙江走新型
城市化道路的核心任务。要紧紧围绕这一核心任务，找准着力点。

1. 以新型工业化带动城市化

坚持以提升产业层次、发展服务经济为主线，不断提高城市经济竞争力
和城市带动农村发展的能力。"要把服务业与先进制造业基地建设结合起
来，推动物流、金融、中介、软件和信息等与生产密切相关的现代服务业发
展，更好地为先进制造业基地建设服务。"① 通过推动工业服务业协同发展，
以信息化带动先进制造业、现代服务业发展，通过科技创新和文化创意驱动
城市经济发展，进而带动全省经济转型升级。

2. 突出都市经济圈的核心带动作用，把城市群作为推进城市化的主体
形态

浙江省委、省政府根据党的十六大和十六届三中全会精神，按照科
学发展观要求，规划建设环杭州湾产业带和城市群，在发展格局上谋划
"一区一带两网"。"一区"，即"先进制造业集聚区"，重点培育电子信
息、现代医药、石化、纺织、服装等五大产业集群以及六个成长性产业
集群。"一带"，即"城市连绵带"，其核心是杭州、宁波两大城市经济
圈，并与其他城市构成组合有序、功能互补、布局合理的区域城镇体系。
"两网"，即由绿色开敞空间、绿色廊道、各类保护区组成的"绿色生态
网"，以及由交通、物流、信息、给排水、能源供应、环保等设施构成的
"现代化基础设施网"。并提出："要把环杭州湾地区建成一条产业集群
优势明显、生产力布局合理、科教支撑有力、生态环境优良，产业区、

---

① 习近平：《将服务业培育壮大为"主动力产业"》，《之江新语》，浙江人民出版社，2007，
第120页。

城市群、物流网有机融合的'黄金产业带';一个汇聚各种先进生产要素和文明因子的城市群;一块充分体现人与自然和谐发展的生态区。到2010年,在全面建设小康社会的基础上,率先基本实现现代化。"① 建设环杭州湾产业带和城市群是充分发挥浙江在区位、产业、机制等方面优势,推进主动接轨上海、打造长三角金南翼和建设先进制造业基地战略决策的重要步骤,有利于促进"块状经济"形成"产业集群",引导"强县经济"向"都市经济"转变,从而进一步提高浙江的综合实力和国际竞争力。

浙江省委、省政府根据浙江实际,提出了总体上按照环杭州湾地区、温台沿海地区、浙中地区和浙西南欠发达地区四个区块加以推进的总体思路和基本格局。

3. 健全城乡统筹发展的体制机制

浙江要加快破除城乡分割的体制障碍,建立健全与新型城市化道路相适应的基础设施、公共服务及户籍、就业、社保、土地等制度。统筹布局城乡基础设施和公共设施建设,实现城乡规划县市域全覆盖,推进基础设施一体化。创新城乡规划建设管理体制。要突破原有城乡分割的管理模式,转变观念,创新管理模式和管理方法,着力形成城乡建设互动共进的新格局。深化户籍制度改革,逐步建立城乡统一的人口登记制度。深化就业与社会保障制度改革,建立城乡一体化的就业制度,给农民平等的发展机会。积极探索和解决农民工社会保障问题。深化征地制度改革,健全对被征地农民的合理补偿机制,切实维护和保障被征地农民的合法权益。逐步扩大公共财政在农村的覆盖面,加大财政转移支付的力度,增加对农村的公共产品供给和公共服务供给。

走新型城市化道路是浙江省委、省政府根据中央提出的全面贯彻落实科学发展观、加快构建社会主义和谐社会的要求,在系统总结多年来浙江省推

① 习近平:《2004年3月28日接受中央人民广播电台采访时的谈话》,《干在实处 走在前列》,中共中央党校出版社,2006,第207页。

进城市化经验的基础上做出的一大战略部署。新型城市化战略的提出标志着
浙江城市工作由以物为本向以人为本、由城乡分割向城乡统筹、由粗放经营
向集约节约发展的历史性转变。新型城市化战略选择摆脱了以往以城市规模
论断城市化方向的思维定式,转向注重城市化质量的提高。

四 新型城市化理念的发展

随着浙江城市化发展水平的不断提高,城市化在经济社会发展中的重要
性日益凸显,浙江省经济社会发展也进入了新阶段。基于这些变化,浙江省
委、省政府及时调整发展战略,不断丰富和深化新型城市化内涵。

1. 新型城市化战略取得的成效与问题

"十一五"时期,浙江省认真贯彻落实科学发展观,全面实施新型城市
化战略,全省城市化水平稳步提高,2010 年达 61.6%,高出全国平均水平
12 个百分点,城市化水平处于全国前列。①城乡空间布局更趋优化。在推
进城市化进程中,坚持把城市群作为推进新型城市化的主体形态加以培育,
环杭州湾、温台沿海、浙中三大城市群初步形成,杭州、宁波、温州和金
华—义乌都市区初显雏形。城市化的集群化、网络化发展趋势日益明显。
②城市功能显著增强。加快推进城市功能区块建设,全省城市和县城建成区
面积达 2600 平方千米。大力发展和提升城市经济,启动 14 个产业集聚区的
规划建设,城市和县城经济总量占全省的比重明显上升。③城乡协调发展水
平明显提高。农村全面建设小康社会实现程度连续多年居全国各省区市首
位。城乡一体化发展机制进一步完善。

虽然浙江"十一五"时期的城镇化建设取得了巨大的成就,但依然面
临诸如城镇化水平不平衡、"伪城镇化"现象、城镇化布局不合理以及城镇
建设用地不足等问题。

2. 浙江省深入推进新型城市化的总体要求与原则

"十二五"时期,浙江正处于人均 GDP 由 7000 美元向 10000 美元跨越
的阶段,城市尤其是大城市及都市区集聚高端要素、发展高端产业的功能进
一步凸显,城市群在促进城乡、区域、人与自然协调发展中的作用进一步显

现，城市化在推进经济结构调整、保障改善民生、促进社会和谐中的战略地位进一步突出。为此，2012 年《浙江省深入推进新型城市化纲要》《浙江省新型城市化发展"十二五"规划》提出了"十二五"时期浙江推进新型城市化的总体要求与基本原则。

（1）总体要求：高举中国特色社会主义伟大旗帜，以邓小平理论和"三个代表"重要思想为指导，全面贯彻落实科学发展观，深入实施"八八战略"和"创业富民、创新强省"总战略，以人口城市化为核心，以统筹城乡体制改革为动力，以城市群和都市区为主体形态，着力增强城市集聚高端要素、发展高端产业的能力，着力增强城市创造宜居环境、提升生活品质的能力，着力增强城市带动农村发展的能力，推进新型城市化、新型工业化、农业现代化协调发展，加快形成城乡一体化发展新格局。

（2）原则与导向。应坚持六项基本原则，即"统筹发展、集约发展、特色发展、联动发展、和谐发展、创新发展"。深入推进新型城市化的发展导向：一是加快构筑现代新型城镇体系；二是加快城市群和都市区建设发展；三是加快推进区域中心城市发展，加快中心镇发展和小城市培育；四是加快推进以中心村为重点的社会主义新农村建设。

3. 加快智慧城市建设

随着新一代信息技术的迅速发展和深入应用，城市智慧化成为当今世界城市发展的重要趋势和基本特征，成为现代城市发展的新模式。为顺应这种趋势，浙江省政府提出要加快智慧城市建设，通过 3～5 年的努力，走出一条具有浙江特色的智慧城市建设之路，为加快经济转型升级、创新社会管理、促进发展方式转变取得实质性进展发挥积极作用。[①] 建设智慧城市，就是建设信息化与城市化、工业化、市场化深度融合的城市，就是利用云计算、互联网与物联网等新一代信息技术加快科学发展的城市，就是大力发展现代网络经济、现代网络文化、现代网络生活、现代服务型政府的城市。为

---

① 浙江省人民政府办公厅：《关于开展智慧城市建设试点工作的通知》（浙政办发〔2011〕107 号）。

此，浙江省政府提出把开展智慧城市建设试点作为今后一个时期培育发展战略性新兴产业的一项重要任务。① 2012 年正式启动浙江省智慧城市建设示范试点工作，选取杭州、宁波、嘉兴、绍兴、台州、丽水 6 个城市作为首批试点城市，到 2013 年浙江已在全省范围内启动了 20 个智慧城市建设示范试点项目，遍及智慧健康、智慧旅游、智慧安居、智慧交通等领域。

4. 在高起点上谋划新型城市化

自 2006 年浙江省在全国率先提出走新型城市化道路以来，浙江城市化率以年均提高 1.1 个百分点的速度稳步增长，到 2013 年达到了 64%。按照中央城镇化工作会议的部署，全国城市化率到 2020 年的目标是 60%，这意味着，浙江已经提前 6 年完成了这一目标。浙江需要在高起点上谋划新型城市化工作。

2014 年 4 月 17 日，浙江召开全省新型城市化工作会议，明确提出：浙江要走"以人为本、四化同步、优化布局、生态文明、文化传承"的新型城市化道路。省委书记夏宝龙提出："在发展理念上，要坚持以人为本，推进以人为核心的城市化；在发展路径上，要坚持城乡统筹，形成以城带乡、以乡促城、城乡互促共进的发展格局；在发展模式上，要坚持因地制宜，促进大中小城市和小城镇协调发展；在发展步骤上，要坚持积极稳妥，稳步健康地向前推进；在发展动力上，要坚持改革创新，推动城市化可持续发展"。

第二节　新型城市化与新型工业化互动发展

城市是现代区域社会经济要素及产业的核心空间载体，城市化是工业化引起的经济空间结构方面的变化，因而新型城市化需要以新型工业化为基础。党的十六大报告指出，要坚持以信息化带动工业化，以工业化促进信息化，

---

① 《中共浙江省委浙江省人民政府加快培育发展战略性新兴产业的实施意见》（浙委〔2011〕76 号）。

走出一条科技含量高、经济效益好、资源消耗低、环境污染少、人力资源优势得到充分发挥的新型工业化路子。根据这一要求与内涵，可以将新型工业化的主要特征概括为工业知识化和工业生态化。浙江省的城市化与工业化互动发展主要体现在城市化与工业知识化和工业生态化的协调推进过程中。

一 工业知识化与城市化

现代经济活动的知识化趋势日益明显。知识经济兴起是以以数字化和网络化为特征的信息技术的飞速发展为背景的，表现为知识对传统产业的高度渗透和以知识为基础的新兴产业的崛起。从这个意义上讲，工业知识化是新型工业化特征的重要组成内容。从内在机制来讲，科技创新是知识经济发展的主要推动力。同样，加快科技创新，实现创新驱动发展也是实现工业知识化的推动力以及实现工业知识化与城市化相结合的推动力。城市化应从空间地域开发、城市空间结构调整等方面与以新产业发展为主导的产业结构知识化相结合。新型城市化必须立足于优化产业结构，立足于增强自主创新能力。大城市应该成为集聚创新要素、激活创新资源、转化创新成果的主战场。

1. 实现经济集约发展，优化城市结构

浙江是经济大省，却是资源小省。2002 年，浙江省人均拥有耕地面积仅 0.53 亩，仅为全国人均耕地面积的 1/3。而且浙江能源矿产极度匮乏，巨大的资源消耗使浙江经济的发展日益受到土地、水、电、原材料等生产要素和环境的制约。2004 年初，浙江省委、省政府提出了资源、环境要素制约发展的"倒逼机制"，表示"浙江要以最小的资源环境代价谋求经济、社会最大限度的发展，以最小的社会、经济成本保护资源和环境，走上一条科技先导型、资源节约型、生态保护型的经济发展之路"。在 2004 年年末召开的全省经济工作会议上，省委书记习近平强调，要痛下决心，以"腾笼换鸟"的思路和"凤凰涅槃""浴火重生"的精神，加快经济增长方式的转变，让"吃得少、产蛋多、飞得远"的好"鸟"引领浙江经济。① 之后，

---

① 《2005 经典浙江——浙江经济"腾笼换鸟"一年间》，《浙江日报》2005 年 12 月 20 日。

浙江历届省委和省政府坚持不懈地实施"腾笼换鸟"战略。2013 年，全省关停低端落后企业和作坊 1.8 万家，淘汰高耗能、重污染企业 1029 家，盘活存量建设用地 9.6 万亩，钢铁、水泥、造纸等 18 个重点行业的 1658 家企业淘汰了落后产能，极大优化了城市空间结构。

2. 加快品牌大省建设，提升城市竞争力

习近平指出："所谓'凤凰涅槃'，就是要拿出壮士断腕的勇气，摆脱对粗放型增长的依赖，大力提高自主创新能力，加快建设科技强省和品牌大省，努力变制造为创造，变贴牌为创牌，实现产业和企业的浴火重生、脱胎换骨。"① 可见加强品牌建设，积极创建名牌是企业实现"凤凰涅槃"的重要途径。改革开放后，浙江经济依托小企业集群式发展的模式取得巨大进步。但在这种利用区域内产业分工降低产品成本的发展方式下，众多小企业形成了单纯依靠薄利多销的"走量"模式来获取利润的惰性，企业缺乏核心竞争力。长期以来，缺乏具有国际竞争力的强势品牌已成为制约浙江省"品牌大省"建设的重要因素。为解决这一难题，2013 年浙江省委、省政府做出了实施"四换三名"工程的决策部署，全面推进腾笼换鸟、机器换人、空间换地、电商换市和培育名企名品名家。尤其是"三名"工程，从企业、战略和人才三个层面为浙江省的品牌大省建设指明了方向。企业层面，主要是加快培育百家龙头企业、千家品牌企业、万家高新技术企业；战略层面，主要是全面实施标准强省、质量强省、品牌强省战略；人才层面，主要是积极培育经营管理人才队伍、研发设计队伍和高级技工队伍。2014 年，在全省"三名"培育工程建设推进会上，浙江正式启动对娃哈哈、万向、传化等 38 家首批"三名"企业的试点培育。可以预见，随着"三名"工程的深入推进、企业竞争力的不断增强，浙江的城市化质量也将日益提高。

3. 增强自主创新，提高城市化质量

改革开放以来，浙江逐渐发展形成了"轻、小、民、加"的产业结构

---

① 习近平：《走科学发展之路 向全面小康迈进》，《人民日报》2006 年 3 月 3 日第 8 版。

特点，即轻重工业结构中以轻工业为主，企业规模结构中以小企业为主，所有制结构中以民营经济为主，产业链结构中以加工制造为主。但这种产业结构在促进浙江区域经济发展的同时，也不可避免地使浙江经济的发展出现了产业层次低、企业规模小、生产力布局离散、自主创新能力弱等"低、小、散、弱"的问题。① 为解决浙江经济自主创新能力弱的问题，2006年3月，浙江省委、省政府在全省自主创新大会上提出，用15年时间使浙江进入创新型省份行列，基本建成科技强省。4月，省委、省政府《关于提高自主创新能力　建设创新型省份和科技强省的若干意见》和《浙江省科技强省建设与"十一五"科学技术发展规划纲要》正式出台。之后的历届浙江省委和政府，始终坚持自主创新工作不放松，力推浙江产业结构升级。2013年5月，在浙江省委十三届三次全体（扩大）会议上，又审议通过了《中共浙江省委关于全面实施创新驱动发展战略　加快建设创新型省份的决定》。经过多年的不懈努力，浙江省的高新技术产业得到极大发展。2014年上半年，全省战略性新兴产业增加值达到1395亿元，同比增长高达7.8%，高于同期GDP增速0.8个百分点。与以往的经济形态相比，经济的知识化使人力资源，特别是掌握着知识和技术的人力资源在经济发展中所起的作用日趋重要。在增强自主创新能力、推动产业结构升级的过程中，城市的人才创造和人才集聚功能得到了极大增强。由于高校、研究机构往往都集中于大城市，而且高新技术产业的发展能够吸引大量的科技人才来城市创业和工作，因而城市能够形成自主创新和提升质量相互促进的良性循环。

二　工业生态化与城市化

城市化过程中必须非常重视生态环境的保护，否则城市化就会与生态化产生冲突。这种冲突会引起诸如资源枯竭、环境污染、生态恶化等一系列问题。只有积极推进工业生态化，才能控制城市污染的排放，抓好城市

---

① 参见郭占恒《"十二五"浙江转型升级的基本思路》，《浙江经济》2009年第23期。

的物资回收、水资源节约等，才能实现城市化与生态化的有机统一。早在 2002 年，浙江省第十一次党代会就提出了建设"绿色浙江"的目标任务。2003 年，省委、省政府在杭州召开生态省建设动员大会，在会议上时任省委书记习近平强调，要把建设生态省、打造"绿色浙江"作为事关浙江现代化建设全局的一项战略任务。2010 年，省委第十二届七次全会通过的《中共浙江省委关于推进生态文明建设的决定》，为全省的生态文明建设提供了行动纲领和强大动力。2012 年省第十三次党代会将"坚持生态立省方略，加快建设生态浙江"作为建设物质富裕精神富有现代化浙江的重要任务。2014 年 5 月，为深入贯彻党的十八大、十八届三中全会和习近平总书记系列重要讲话精神，积极推进建设美丽中国在浙江的实践，中共浙江省第十三届委员会第五次全体会议又做出了关于建设美丽浙江、创造美好生活的决定。在具体措施上，浙江省主要从能源资源节约、污染环境治理和生态安全保障三方面来打造生态浙江，进而实现城市化与生态化的统一。

1. 能源资源节约

多年来，浙江历届省委、省政府针对"地域小省""资源小省"的省情，十分重视资源节约。2005 年 6 月，省委、省政府召开全省循环经济工作会议，组建了省委书记习近平挂帅、省长吕祖善主抓的工作领导小组。同年 8 月，出台了《浙江省循环经济发展纲要》，纲要指出，"加快发展循环经济对于缓解资源环境瓶颈、推进发展方式转变和建设生态文明具有重要意义"。2006 年以来，各地政府切实按照《浙江省发展循环经济"991行动计划"工作方案》的要求，积极发展循环经济九大重点领域，落实"九个一批"抓手，每年滚动实施 100 个左右循环经济重点项目。据统计，"十一五"以来，浙江省累计实施了 760 个循环经济项目，4418 家企业通过清洁生产审核，发展了 477 家绿色工业企业，培育了 3846 个绿色农业产品。①

---

① 沈满洪：《从绿色浙江到生态浙江》，《浙江日报》2012 年 5 月 25 日。

为了节约资源，2008 年，浙江省还实施了"节能降耗十大工程"，包括千家重点企业节能推进工程、落后产能淘汰推进工程、传统优势产业改造推进工程、装备制造业振兴推进工程、技术创新推进工程、建筑节能推进工程、交通运输节能推进工程、商业及民用节能推进工程、公共机构节能推进工程、资源综合利用推进工程。通过实施节能降耗十大工程，浙江省实现了节能降耗的手段从以技术节能为主向结构、技术、管理节能共同推进的转变，节能降耗工作的重点由工业领域向建筑、商贸、交通等领域全面推进。据统计，2013 年浙江省单位 GDP 能耗绝对水平为 0.53 吨标准煤，居全国第三位。特别是能耗较高的火电行业方面，2013 年全省 6000 千瓦及以上火电发电煤耗是 288 克/千瓦时，比全国平均水平低了 14 克/千瓦时，与 2009 年相比下降了 20 克/千瓦时。在建筑节能方面，至 2014 年 9 月浙江省已累计设计节能建筑 6.1 亿平方米，建成节能建筑 4.9 亿平方米，形成了年节约标准煤 702 万吨的能力。

除了节能，浙江省还十分注重节水。从 2007 年 10 月 1 日开始，浙江省正式实施《浙江省节约用水办法》，明确了节约用水管理、节约用水促进措施、节约用水调节措施等。2013 年浙江省委十三届四次全会做出了"五水共治"重大决策，其中"抓节水"就是"五水"之一。今后浙江将实施"雨水示范、屋顶收集、改造器具、一户一表、节水型载体创建、农业节水改造、工业节水改造"七大工程，用实际行动做好节水工作。

2. 环境污染治理

环境污染治理也是生态浙江建设的重要方面。治理污染最好的办法是减少污染。2007 年，浙江省出台了《关于进一步加强污染减排工作的通知》，提出要将减排任务分解落实到各行业、重点排污单位和重点治污项目，并且要与所有重点排污单位和其他有污染减排任务的单位逐年签订污染减排目标责任书。浙江省政府还规定，每年 9 月底，各地要对前三季度污染减排进度进行全面分析，一旦发现可能无法完成年度减排任务的情况，应立即启动停产限产轮产等相应的应急措施，以便确保完成本地本部门的年度减排任务。2008 年，浙江省又制定了《浙江省主要污染物总量减排考核实施办法》，将主要污染物总量减排考核结果作为对各设区市政府领导班子和领导干部进行综合考核评价的重要依据，实行问责制和"一票否决"制。除了出台制度促减排之外，浙江省还通过促进企业技术升级、淘汰产能和产业结构升级来降低污染排放。据统计，"十一五"以来，全省污染减排成效显著。2010年全省化学需氧量排放量较2005年下降18.15%；二氧化硫排放量下降21.16%，均超额完成国家下达的"十一五"减排目标。根据国家环保部核定，浙江省2011年度化学需氧量（COD）、氨氮、二氧化硫和氮氧化合物四项主要污染物分别实现下降2.81%、2.55%、3.15%和控制增长0.68%，实现了"十二五"污染减排的开门红。[①]

　　尽管浙江历届党委、政府狠抓节能减排，但浙江的环保形势依然不容乐观，大城市的环保形势则更为严峻。总的来说，浙江的污染治理工作可以归纳为治水、治霾和治土。2004年，浙江省人民政府在全省开展以八大水系和11个省级环境保护重点监管区为重点的环境污染整治行动（简称"811环境整治行动"），把抓好全省八大水系及杭嘉湖、宁绍、温黄和温瑞平原河网等重点流域的水污染整治作为环境污染整治的首要任务。通过三年的努力，在全省每年的经济增长都在13%左右或14%左右的情况下，水环境质量实现转折性改善；一些河道发黑发臭、严重影响广大人民群众生活的现象基本消除。[②] 至2011年第二轮"811环境整治行动"结束，浙江八大水系、运河和主要湖库地表水环境功能区水质达标率为73.7%，比2005年提高18.1个百分点。2011年5月，浙江省委、省政府召开电视电话会议，再一次全面部署新一轮"811"行动。经过三轮"811"行动，浙江十年持续治水，治水成效明显。但至2014年，浙江地表水的总体状态仍然不理想：平原河网水质近9成劣于Ⅲ类，近岸海域53%为劣Ⅳ类水质，县以上集中式饮用水源地水质达标率仅为86%。为从根本上解决水的问题，2013年11月浙江省委十三届四次全会提出治污水、防洪水、排涝水、保供水、抓节水

① 沈满洪：《从绿色浙江到生态浙江》，《浙江日报》2012年5月25日。
② 《浙江："811"环境污染整治行动首战告捷》，《中国经济时报》2007年12月24日。

"五水共治"。目前，"五水共治"工作已经在浙江全面展开。

在大气治理方面，浙江省 2003 年就出台了《浙江省大气污染防治条例》，重点防治燃煤产生的大气污染、机动车船排放污染，以及气、尘和恶臭污染。2010 年，浙江省政府又发布了《浙江省清洁空气行动方案》。方案指出，当前浙江省大气污染已从煤烟型污染转变为复合型污染，大气中的多种污染因子在不利气象条件下形成灰霾天气；因此清洁空气的主要任务不仅仅是实施工业大气污染防治工程，还包括实施绿色交通物流工程和城市"蓝天工程"。方案还提出建设大气复合污染监测与评价体系。2013 年，浙江省出台了《浙江省环境空气质量管理考核办法（试行）》，将 PM2.5 作为考核城市环境空气质量的指标。2014 年，浙江省又发布了更具体更严厉更具操作性的《浙江省大气污染防治行动计划（2013 ~ 2017 年)》，这一计划首次强调要调整浙江省的能源结构，并要求到 2017 年，全省细颗粒物（PM2.5）浓度要在 2012 年基础上下降 20% 以上。目前，浙江省正在深入实施该计划，认真落实六大专项实施方案，切实改善环境空气质量。

在土壤污染治理方面，《浙江省固体废物污染环境防治条例》规定，从 2006 年 6 月 1 日起实施被污染土壤修复制度，要求土壤谁污染谁修复。2006 年 7 月，浙江省政府又决定，县级以上农业行政主管部门应当建立和完善土壤地力和肥料施用监测网络，以引导合理使用肥料，防止造成农田污染和地力衰退。2011 年 7 月，为了应对土壤重金属污染和有机物污染问题，浙江出台了《浙江省清洁土壤行动方案》。方案要求到 2015 年，全省形成较为完善的土壤污染防治工作机制，土壤污染防治法制体系基本健全，土壤环境监测网络基本覆盖全省，主要农产品产地土壤污染得到有效控制，重大土壤环境安全隐患基本消除。

3. 生态安全保障

作为市场化改革最早、市场化程度最高的省份，浙江省通过建立一系列市场化机制来保障生态安全。2004 年，浙江省已经进行了一些生态补偿机制实践。丽水景宁县与宁波鄞州区建立的"景鄞扶贫经济开发区"，实现了省内跨市域的异地开发。金华市在市区设立了金磐扶贫经济技术开发区，作为磐安县的开发用地，并给予政策扶持。绍兴市设立了袍江工业区，协调转入新昌县的部分污染企业。安吉、德清、宁海、临安等县（市）都出台政策，规定上游地区乡镇的招商引资项目进入县（市）开发区，产生的税利地方所得部分全部返还给上游乡镇。[1] 2005 年，浙江省政府印发了《关于进一步完善生态补偿机制的若干意见》，进一步推动生态补偿机制的制度化、规范化。2012 年，我国首个跨省流域生态补偿机制——新安江流域生态补偿机制开始启动。根据流域生态补偿机制的规定，上游安徽提供水质优于基本标准时，由下游浙江对安徽给予补偿；劣于基本标准时，由安徽对浙江给予补偿。该补偿机制的建立，为浙江省的饮用水源安全提供了保障。

排污权交易通过市场机制能对企业的环保行为进行补偿，又能让企业的排污行为付出代价，是实行污染总量控制的有效手段。早在 2005 年，浙江省嘉兴秀洲区就开始区内试水排污权交易。2009 年，浙江省作为全国首批排污权交易试点省份，挂牌成立了浙江省排污权交易中心，正式启动排污权有偿使用和交易试点工作。之后，浙江省相继出台了《浙江省排污权有偿使用和交易试点工作暂行办法》等法规和政策性文件。至 2014 年上半年，全省 11 个设区市的 68 个县（市、区）已进行试点，累计开展排污权有偿使用 9573 笔，缴纳有偿使用费 17.25 亿元，排污权交易 3863 笔，交易额 7.73 亿元，排污权租赁 388 笔，交易额 699.28 万元，326 家排污单位通过排污权抵押获得银行贷款 66.55 亿元。为了解决一些地区的缺水问题，浙江还尝试了水权交易。2004 年，东阳横锦水库向义乌市跨区域有偿转让水权，开创了中国水权制度改革的先河。市场手段的运用不仅为浙江经济发展带来了强大动力，也给浙江生态文明建设带来了强大推力。

第三节 新型城市化的实践

2006 年 8 月 8 日在全省城市工作会议上，习近平提出，围绕统筹城乡

---

[1] 《浙江探索建立生态补偿机制》，人民网，2004 年 6 月 24 日。

经济社会发展、促进社会主义新农村建设，进一步优化城镇体系，完善城乡规划，提升城市功能，加强城市管理，创新发展机制，坚定不移地走资源节约、环境友好、经济高效、社会和谐、大中小城市和小城镇协调发展、城乡互促共进的新型城市化道路。之后浙江历届省委、省政府都十分重视新型城市化建设，出台了一系列政策。从城市化与经济发展层面观察，建设四大都市区、优化城市体系和智慧城市建设构成了浙江省新型城市化的主要内容与实践。

一　建设四大都市区

都市区是集聚高端要素、发展高端产业的重要平台，建设四大都市区构成了浙江新型城市化建设的重要内容。《浙江省新型城市化发展"十二五"规划》提出，要坚持把城市群作为推进新型城市化的主体形态加以培育，环杭州湾、温台沿海、浙中三大城市群初步形成，杭州、宁波、温州和金华—义乌都市区初显雏形。

（一）建设杭州都市区

杭州是浙江省的省会城市，也是长三角地区的中心城市。杭州都市区的建设对全省的城市化建设有着举足轻重的影响。2002 年初，杭州市委、市政府做出了"构筑大都市、建设新天堂"的城市化重大战略决策，提出"构筑以市区为中心、县城为依托、中心镇为基础，资源共享、功能互补、协调发展的市域网络化城市"。2002 年，习近平在杭州考察调研时强调，要突出重点，全面推进，着力于提高经济整体素质，加快推进城市化。2010年，为了克服城市化建设"东快西慢、东强西弱"的问题，杭州提出以新型城市化为主导、加强统筹城乡区域发展，决定 2011～2015 年，市财政每年新增 10 亿元支持 5 县（市）发展。2013 年，杭州市政府成立杭州市推进新型城市化工作领导小组，以大力推进新型城市化工作和加快城乡一体化建设。目前，杭州市加快新型城市化建设的抓手主要有如下几个。

1. 以大江东产业集聚区为主要载体打造全省高端制造中心

为实现杭州由"西湖时代"向"钱塘江时代"的跨越，早在 2002 年杭州市委、市政府就开始在萧山区东北部的围垦地区启动建设一个大型工业区——杭州市萧山江东工业区。2006 年，国家发展和改革委员会发布公告，"杭州江东工业园区"正式通过省级开发区审核。2008 年底，连接杭州下沙和萧山的江东大桥正式通车，江东工业区与杭州主城区的联系日益紧密。2009 年，杭州进一步提出，统筹规划建设"大江东新城"，实现大江东区域一体化发展。2009 年 5 月，《杭州市大江东新城发展战略规划》专家评审会召开。2010 年 8 月，浙江省发改委调研论证《杭州大江东产业集聚区发展规划》，2010 年底，规划得到省政府批复，将大江东产业集聚区的总体定位确定为：以集聚发展先进制造业、战略性新兴产业、现代服务业、空港产业为重点，强化现代产业功能、综合服务功能、高端城市功能、一流生态功能，成为产业主导、生态优先、服务完善、品质高尚的省级现代产业集聚示范区。2012 年 10 月，杭州大江东产业集聚区管委会挂牌。2014 年 4 月，成立大江东党工委，与原有的大江东管委会合署办公，作为杭州市委、市政府的派出机构。2014 年 8 月，杭州大江东体制进行重大调整，撤销了原江东、临江、前进等功能区管理机构，萧山区河庄、义蓬、新湾、临江、前进 5 个街道的行政管辖区域，以及大江东规划控制范围内的其他区域将由大江东党工委、管委会进行管理。目前，大江东集聚区内长安福特、东风裕隆等重大整车项目均已落户，并形成了一条千亿级的汽车产业链；西子航空、东方电气等一批高精尖项目纷纷扎根，力争占据未来产业制高点。未来，大江东集聚区将大力发展高科技制造业，突出重大装备制造和汽车制造，积极发展新能源、新材料、信息技术、生物技术、节能环保等战略性新兴产业，努力把大江东产业集聚区建设成为全省乃至长三角的高端制造业中心。

2. 以未来科技城（海创园）和青山湖科技城（省科创基地）为主要载体打造全省创新中心

早在 2005 年，余杭区为主动承接浙江大学等国内外优质科技成果的转移与辐射，集聚创新资源，抢抓知识经济迅猛发展的机遇，就启动建设了以完全发展高新技术产业为定位的"仓前高新技术产业区块"。2007 年，余杭区经过研究决定，将仓前高新技术产业区块扩展为以高等教育、高新技术产业、高尚居住为特征的余杭创新基地——生态科技岛。2009 年，中央开始实施"千人计划"和海外高层次人才创新创业基地建设。根据中央的精神，浙江省决定在杭州余杭区集中建设浙江海外高层次人才创新园（简称"海创园"）。2010 年 7 月，海创园在余杭创新基地正式挂牌。2011 年 12 月，海创园进一步升格为未来科技城——中央企业集中建设的四大人才基地之一。2012 年 1 月 2 日，浙江杭州未来科技城正式挂牌，浙江大学医学中心等六个高科技项目同日启动。2012 年 12 月，赛银科技、龙软电子等 8 个重大项目在杭州未来科技城集中动工，总供地面积 324 亩，总投资 43 亿元。2013 年，杭州未来科技城（海创园）被认定为国家知识产权示范城市拓展区，这是继"杭州国家信息产业基地拓展区""国家电子商务试点城市拓展区""中国服务外包基地示范城市拓展区"之后，科技城再次获得国家级称号。截至 2013 年 10 月，杭州未来科技城（海创园）累计创建省级以上研发机构 6 家、省级以上高新技术企业 28 家，研发经费支出约 6 亿元，研发经费占生产总值的比重达到 6.5%，研发人员占从业人员的比重达到 12%；获得知识产权数 1279 项，获得专利授权 856 项，每万名从业人员发明专利拥有量达到 6 项。目前园区内海归创业队伍中已有国家千人计划高科技人才 41 名，省千人计划高科技人才 59 名。①

青山湖科技城建设是浙江省委、省政府"两创"战略的重要载体。经过几年的筹备，2009 年，临安青山湖科技城正式开始建设。同年，时任省委书记赵洪祝、省长吕祖善等调研青山湖科技城，提出"把青山湖科技城建设作为创新强省的重要载体来抓，使之成为国际先进、国内一流的科技资源集聚区"。2010 年 12 月，青山湖科技城首批 8 家科研院所正式开工建设。2011 年 2 月，占地约 1200 亩，规划建设面积 140 万平方米的青山湖科技城城市综合体开始兴建。2012 年，省科技厅发布"青山湖科技城科技·人才创新创业政策"，省科技厅和杭州市每年各安排 1 亿元专项经费，引进大院

---

① 余杭区科技局：《杭州未来科技城被认定为国家知识产权示范城市拓展区》，2014 年 1 月 2 日。

名校研发机构，临安市也提供多项资金补助。2014年，青山湖科技城实施三年攻坚计划，着手开展"招强引优大突破行动、配套完善大突破行动、环境整治大突破行动"，推进实施"产业提质工程、改革创新工程、新城共建工程"。

3. 以钱江新城和钱江世纪城为主要载体打造全省商务中心

2001年7月1日，杭州大剧院破土兴建，标志着钱江新城建设正式启动。2002年2月，以"两横九纵"道路和"两大水体"为主的钱江新城基础设施建设全面启动。杭州国际会议中心、市民中心、钱江国际时代广场、浙江财富·金融中心、凯德来福士广场、泛海国际中心、平安金融中心等项目相继开工和建成。2014年，钱江新城二期建设全面启动，重点包括钱江金融城，四堡、七堡单元，景芳三堡单元，渔人码头等项目。2003年，钱江世纪城控制性规划的批复标志着钱江世纪城开发建设进入实质性启动阶段。世纪城被定位为杭州大都市副城区的新中心和中央商务区，通过江底隧道与钱江新城紧密相连，共同构成杭州大都市的核心区块。目前，奥体中心、国际博览中心相继开工建设。为打造总部经济，至2013年，已引进了江宁大厦、浙江民企发展大厦、杭州国际办公中心、农业大厦、浙江商会大厦等总部项目。

（二）建设宁波都市区

宁波属于现代化国际港口城市，也是浙江省的经济中心之一。2005年，宁波市委市政府做出了"走新型城市化道路，加快构筑宁波大都市区"的重大举措，并制定了"东扩、北联、南统筹、中提升"的城市空间布局战略。2014年，宁波市委十二届七次全会审议通过了《中共宁波市委关于深入推进新型城市化 提升城乡治理水平的决定》（以下简称《决定》），《决定》提出要走出一条以人为本、科学发展、绿色智慧、有人文个性的具有宁波特色的新型城市化道路。目前，宁波推进大都市建设的主要措施有如下几点。

1. 加快宁波—舟山港口一体化进程

2004年1月，宁波港务局和舟山港务局、香港宁兴（集团）有限公司在金塘岛大浦口集装箱码头项目上签订了合资意向书，标志着宁波—舟山港口一体化合作的启动。2005年5月，省委副书记、省长吕祖善在宁波、舟山调研时强调，要进一步提高认识，加强领导，统一规划，整合资源，有序开发，加速推进宁波—舟山港口一体化进程。浙江省委书记习近平指出，港口是浙江立足世界参与国际竞争的唯一资源优势，亟待做大、做强、做优。2005年7月，浙江省政府成立了宁波—舟山港口一体化工作领导小组，宁波—舟山港口一体化进入实质性操作阶段。2009年，一体化后的《宁波—舟山港总体规划》已经正式获得了交通运输部和浙江省政府的联合批复。2014年3月10日，上海国际航运研究中心正式发布《全球港口发展报告（2013）》，报告显示，宁波—舟山稳居全球榜首，2013年货物吞吐量为80978万吨。

2. 加快发展临港产业集群

宁波杭州湾跨海大桥项目确定后，南岸滩涂首先被慈溪市纳入迎接"大桥经济"的战略版图。2001年11月，杭州湾新区建设工程全面启动。2004年10月，杭州湾新区管理委员会正式挂牌。之后吉利汽车、美国普洛斯公司等企业相继入驻。2010年，杭州湾新区成为宁波"智慧城市"的示范基地，成为宁波智慧装备和产品研发与制造基地试点和推进互联网、电信网、广电网"三网融合"的试点。2013年，美高梅、华强两大文化休闲度假项目和包括吉利动力总成与吉利—沃尔沃中国设计及试验中心在内的十大项目集中签约开工，杭州湾新区建设进入提速期。目前杭州湾新区发展势头良好，已累计落户工业企业项目380多个，投产企业313个，集聚了13家世界500强企业投资项目16个，新兴产业集聚发展并粗具规模。宁波梅山保税港区建设是宁波发展临港产业集群的另一抓手。2008年2月，宁波梅山保税港区经国务院批准设立，成为我国第5个保税港区。2011年7月1日开始，宁波梅山保税港区全面对外开展保税业务。2013年12月28日，梅山保税港区海关正式开关运作。

（三）建设温州都市区

为了加快城市化进程，温州市从1999年起就在瓯海区开展了乡镇行政区划调整工作。随后，平阳、苍南、瑞安等县（市）也纷纷选择了中心镇，开展乡镇行政区划调整工作。2006 年温州市确定了由"沿江城市"向"滨海城市"迈进的城市发展总目标。2007 年 11 月，温州市委、市政府召开全市城市工作会议，提出重点实施"553 城市提升计划"，努力建设名副其实的现代化区域中心城市。2010 年 12 月，温州市又提出了"1650"加"三分三改"的城市化发展举措。目前温州推进都市化建设的主要措施有如下几点。

1. 大力提升核心区能级和功能

2000～2003 年，温州市辖三区范围经重新调整后，形成了目前由鹿城、龙湾、瓯海、瓯江口、洞头、瓯江北岸（含上塘）组成的都市区核心。2011 年 4 月，温州按照大都市区的总体规划，围绕"1650"，展开了对鹿城区等市核心区的区划调整。2011 年以来相继开始了滨江商务区金融集聚区、滨海商业核心区等项目的建设。从撤县建区，到告别"有区无城"，瓯海新城建设使瓯海成为温州市主城区的重要组成部分。2013 年，瓯海新城行政核心区块、商务区块一期、站前商贸区、总部经济园、大西洋购物中心、金融集聚区等项目均已落成。

2. 加快瓯江口产业集聚区和新区建设

20 世纪 70 年代，温州市委、市政府就提出了建设温州浅滩工程的设想。2002 年 6 月，浙江省海洋与渔业局组织对温州浅滩一期工程海域使用论证报告进行了评审，认为温州浅滩工程所涉及的海域使用，符合浙江省和温州市大比例尺海洋功能区划的要求。2006 年，随着灵霓北堤的建成通车、围涂工程的进一步推进，在半岛工程西片区建设新型工业区的规划被提到日程上来。经过多年的建设，2010 年 10 月，瓯江口产业集聚区正式成为全省14 个产业集聚区之一。按照《温州市瓯江口产业集聚区发展规划》，产业集聚区空间开发结构被确定为"一心两轴八区"。2011 年 3 月，温州市瓯江口新区开发建设管理委员会正式挂牌，瓯江口新区总体规划被纳入温州市城市总体规划进行修编，确定了新区"一轴多廊、两心多点、三区双边"的总体功能结构。2012 年 8 月，瓯江口新区 14 个重点产业及重大配套项目集体开工；12 月，又有 17 个重大项目集体开工。2013 年 12 月，包括新区医院、发展大楼在内的瓯江口新区十大工程集体开工；其中4个项目属于新区基础性设施建设项目，6个项目为生活综合配套服务项目，涵盖卫生、教育、水利、商务中心、企业总部办公、道路等多个领域。

（四）建设金华—义乌都市区

2007年，随着浙江省城镇体系规划的调整，金义都市区的规划被提到日程上来。经过多年的研究，2011年2月出台的《浙江省城镇体系规划（2011~2020）》正式确定金华—义乌为省内第四大都市区。与杭宁温等地不同，金义都市区将城市功能定位于商贸服务，重点发展先进制造业，强化商贸博览等。目前金华—义乌都市区建设的主要措施有如下几点。

1. 加快金华新兴产业集聚区建设

多年来，金华产业集聚区致力于发展新能源汽车、电子信息、新材料等战略性新兴产业。2011年初，《金华新兴产业集聚区发展规划》正式获省政府批复同意，明确集聚区重点培育战略性新兴产业，并以此带动传统产业转型升级。2011年9月，金华新兴产业集聚区管委会挂牌。2012年8月，金华市委、市政府出台《关于加快推进金华新兴产业集聚区建设的若干意见》，扶持政策涵盖用地保障、财税、投融资改革、环境容量配置等，为集聚区的招商和建设提供助力。截至2012年8月，金华新兴产业集聚区涉及的几大园区共完成重大基础设施投资23.1亿元、重大产业项目投资105.7亿元，新引进企业和项目165个。

2. 推进义乌市国际贸易综合改革试点

进入21世纪以来，义乌小商品市场的开放性有了很大提高。小商品市场的国际贸易方式与特点要求义乌小商品市场的国际贸易进行相应的改革。经过多年规划与准备，2011年，义乌市国际贸易综合改革试点全面启动。义乌国际贸易综合改革试点的具体目标为：到2020年，提升义乌在国际贸易中的战略地位，使义乌成为转变外贸发展方式示范区、带动产业转型升级的重要基地、世界领先的国际小商品贸易中心和宜商宜居宜游的国际商贸名城。2011年8月，浙江省工商局与义乌市签署了《国际贸易综合改革试点合作共建框架协议书》。2011年10月，浙江省商务厅为了支持义乌国际贸易综合改革试点，出台了《关于加快推进义乌市国际贸易综合改革试点工作的十条意见》，并与义乌签署《共同推进国际贸易综合改革试点工作框架协议》。2012 年 8 月，浙江省建设厅与义乌签订了《共同推进国际贸易综合改革试点十项合作协议》。在诸多政策支持下，2013 年上半年，义乌进出口总额达到 96 亿美元，同比增长 375.8%；出口额为 94.3 亿美元，同比增长 408.2%。2014 年支持义乌国际贸易综合改革的力度进一步加强。2014 年 1 月，海关总署、财政部、税务总局、外汇管理局联合发文，批准设立义乌保税物流中心（B 型）；2014 年 3 月，国家发改委、财政部、商务部等八部委联合下文，同意包括义乌市在内的第二批 30 个城市创建国家电子商务示范城市。

二　优化城市体系

新型城市化建设要求从区域层面构建城乡一体化的生态系统，强调相对完整区域内城市群体的生态共建，以产业和经济活动内容、规模的空间差别构建城市生态空间，形成大城市多中心、组团式城市形态和小城镇集约式组团发展的城市形态。

1. 推动主体功能区战略

空间结构是区域经济社会活动在地域空间的集中反映，也是区域之间相互作用的结果。2006 年，省十届人大四次会议审议通过的"十一五"规划纲要，对浙江省四类主体功能区的主要范围、主要任务和政策导向提出了原则性的指导意见。2013 年，《浙江省主体功能区规划》正式出台，明确了优化开发区域、重点开发区域、生态经济地区、重点生态功能区、农产品主产区和禁止开发区域等六大类主体功能区。规划提出到 2020 年，基本形成"三带四区两屏"的全省国土空间开发总体格局；全省城镇用地、工业用地、农业用地、生态用地的比例更加合理。2004 年 4 月，浙江开化等 6 县入选国家主体功能区建设试点示范名单。2014 年 5 月，李强省长主持浙江省实施主体功能区战略座谈会，要求有关部门调查研究要深、理念思路要新、政策举措要实，推动主体功能区战略深入实施。

2. 统筹推进城乡一体化

2004 年，省委书记习近平提出了浙江省统筹城乡发展、推进城乡一体化的目标，即到 2010 年，基本消除城乡二元结构，城乡差别明显缩小，形成城乡协调发展的格局；到 2020 年，与提前基本实现现代化同步，基本实现城乡一体化。并且强调，要把深入实施"千村示范、万村整治"工程作为推进城乡一体化的有力抓手。2005 年 1 月，浙江省委、省政府印发了《浙江省统筹城乡发展 推进城乡一体化纲要》，把统筹城乡产业发展、统筹城乡社会事业发展、统筹城乡基础设施建设、统筹城乡劳动就业和社会保障、统筹城乡生态环境建设、统筹区域经济社会发展，作为推进城乡一体化的主要任务。2008 年 4 月，浙江省将嘉兴、义乌两市作为全省统筹城乡综合配套改革试点区。2010 年，浙江省提出建设美丽乡村，并专门制定了《浙江省美丽乡村建设行动计划（2011～2015）》。据此，浙江着力建设科学规划布局美、村容整洁环境美、创业增收生活美、乡风文明身心美，宜居、宜业、宜游的"四美、三宜"美丽乡村，以美丽乡村建设为载体，推进了城乡一体化。2011 年，浙江省又推出"深化农业经营体制改革、创新农业技术研发和推广体制、深化农村集体建设用地制度改革、创新乡村社会管理机制、深化农村金融体制改革、建立农民创业服务体系、深化户籍制度改革、深化农村产权制度改革和深化公共服务制度改革"等九项改革措施，深化城乡一体化制度改革。

3. 推进大中小城市和小城镇协调发展

我国"十一五"规划纲要提出要"坚持大中小城市和小城镇协调发展，积极稳妥地推进城镇化"。要把省域中心城市加快培育成为集聚辐射能力强的大城市，鼓励有条件的县城发展成为中等城市乃至大城市，支持和推动有条件的中心镇发展成为小城市，促进特大城市、大城市、中小城市和小城镇协调发展。省第十一次党代会以来，全省继续加快杭、甬、温三大中心城市建设，积极支持区域中心城市做强做大，加快培育环杭州湾、温台沿海和浙中三大城市群。鼓励更多的县城发展成为功能健全的中等城市，充分发挥县域经济在统筹城乡发展中的重要作用。小城镇的发展是城镇化建设的重要一环。浙江省于 1995 年开展小城镇综合改革试点。2005 年，浙江省 11 个镇入选第一批全国发展改革试点小城镇。2008 年，浙江省有 14 个镇列入第二批全国发展改革试点小城镇名单，以总数 25 个位居榜首。2012 年，浙江省又有 16 个小城镇入选第三批全国发展改革试点城镇。2014 年，国家发改委、财政部、国土部、住建部等 11 个部委联合进行国家新型城镇化综合试点工作。据初步统计，浙江第一批 27 个小城市试点镇，就有 12 个符合要求。2014 年 10 月，浙江省人民政府新闻办公室官方微博"浙江发布"公布，宁波市、嘉兴市、义乌市、龙港镇入围国家新型城镇化试点名单。

三　创建智慧城市

智慧城市是城市发展的新兴模式，智慧城市的本质在于信息化与城市化的高度融合，是城市信息化向更高阶段发展的表现。建设智慧城市，是促进现代化发展的重大举措，也是促进经济转型升级、发展现代产业的客观要求。以智慧城市建设试点为抓手，可以深化信息技术集成和应用，促进"生产制造"向"服务型制造"转变，加快推动制造业向数字化、网络化、智能化、服务化转变。2002 年，浙江省委书记习近平明确提出，城市化要成为浙江参与国际竞争的新平台，承接信息化、提升工业化的新高地，加速城乡一体化发展的新纽带，实现人的全面发展的新载体。2011 年 9 月 2 日，浙江省人民政府、国家工业和信息化部、国家标准化管理委员会就共同推进浙江省信息化与工业化深度融合和"智慧城市"建设试点达成了战略合作框架协议。2012 年 5 月，全省智慧城市建设试点和推进信息化与工业化深度融合工作会议在杭州召开，正式启动了浙江省智慧城市建设示范试点工作。2013 年 5 月 3 日，在杭州之江饭店三楼，浙江省副省长毛光烈和省人大常委会副主任王永昌共同揭牌，国内首个省级层面专门致力于推动智慧城市建设的联合性社团组织——浙江省智慧城市促进会，和全国首个省级智慧城市标准化技术组织——浙江省智慧城市标准化技术委员会正式成立。

1. 发展物联网产业

物联网产业作为浙江省培育发展战略性新兴产业的重中之重，为智慧城市建设提供了技术支撑。浙江省物联网产业有起步较早、产业基础较扎实、技术实力较强等优势，但总体仍处于产业初创期。2009年，浙江省启动物流行业标准化建设，物流企业通过统一的信息化平台，建立信息互联和共享的"物联网"，以降低物流成本，提高全社会生产效率。2010年3月，浙江省就成立了物联网产业规划编制小组，计划把浙江打造成国家级物联网产业基地，建成以杭州为核心，嘉兴和温州乐清为"两翼"的物联网产业集群。2010年10月，省政府专门编制了物联网产业发展规划，要求突出技术研发、示范应用和标准体系"三位一体"协同发展，组织一批技术攻关项目、培育一批优势骨干企业、打造一批产业集聚基地、汇聚一批高端创新人才、搭建一批公共服务平台。2011年9月，浙江省物联网产业协会成立。2013年3月，随着信用"黑匣子"系统平台的使用，配合之前建成的GPS监控平台，浙江省首个工程安全监管物联网正式建成。2014年，全国首个电商物联网产业服务基地——储仓快杰电商园区——在杭州市滨江区高新技术产业开发区启动。据统计，到2013年，浙江省拥有物联网相关企业2500多家，比2010年增长60%。

2. 推动云计算发展

云计算是基于互联网的相关服务的增加、使用和交付模式，通常涉及通过互联网来提供动态易扩展且经常是虚拟化的资源。这种计算方式能够帮助用户摆脱硬件设备、存储设备、应用程序等条件的限制，大大降低企业运营成本。2010年11月，国家发改委、工信部正式确定，在北京、上海、深圳、杭州、无锡五个城市，先行开展云计算创新发展试点示范工作。2010年12月，由西湖区电子信息管委会与IBM联合打造的浙江省首个云计算服务平台——西湖区云计算服务平台——正式启动。2011年9月22日，浙江移动绍兴迪荡呼叫中心正式启用，标志着浙江分公司部署的全球最大的云计算呼叫中心正式上线商用。2012年10月19日，中国云计算应用联盟在杭州正式成立，联盟办公室设在杭州，上海盛大、北京云基地、深圳宝德科技及曙光科技股份等近 120 家企业已成为联盟成员。2013 年 1 月，浙江省内第一个云计算产业园——华通云数据中心——开始启用。2014 年 6 月 25 日，浙江省省长李强宣布"浙江政务服务网"正式开通运行，通过这个"政务超市"，网民可以像逛淘宝一样"逛衙门"，省市县三级政府 6 万余个审批事项均可一网搞定，并可使用支付宝缴费。云计算目前在浙江已具有较好的产业发展基础：云计算平台服务业走在全国前列，云计算基础支撑产业发达，云计算应用服务业力量雄厚。

3. 拓展大数据应用

大数据最核心的价值就是对海量数据进行存储和分析，因而需大力拓展大数据应用为智慧城市建设服务。2013 年 3 月，海盐建成全国首个智能电力大数据试验基地，通过大数据系统能够对企业的日常电费数据进行分析，能准确了解企业用电是否合理、电费是否正常等情况，让原本一串毫无意义的数据变成分析企业日常生产的利器。2013 年 12 月，在浙江省经信委的政策引导下，AdTime 联合浙江省大数据技术应用领域的制造者、使用者与研究机构，即杭州华三通信技术、中国电信浙江分公司、浙商证券、浙江大学、杭州银行等多家企事业单位，共同成立了浙江省大数据应用产业技术联盟。

总结与展望

多年来，浙江省根据经济社会发展的阶段与资源环境的变化，率先提出了新型城市化发展战略，积极稳妥地推进城市化，基本上形成了新型城市化与新型工业化互动发展的局面，促进了资源集约。初步形成了大中小城市和谐发展的城市结构，中心城市在区域经济中的地位与作用不断提高，新型城市化成为浙江经济转型升级的重要推手。2013 年浙江省常住人口城市化率已经达到 64%，高出全国平均水平 10.3 个百分点，位居全国前列。① 30 多

---

① 　资料来源：浙江统计信息网（http://www.zj.stats.gov.cn）。

年来浙江的城镇化之路，尤其是近 10 年来的新型城市化实践，为中国推进新型城镇化提供了有益的借鉴。

从浙江新型城市化经验看，浙江重在推进新型城市化与新型工业化的互动发展，通过工业知识化与工业生态化，带动了城市信息化与环境优化，促进了城市经济的发展。同时，浙江注重优化城市体系，以主体功能区建设来促进大中小城市的协调发展。大力推进四大都市圈建设，增强中心城市的区域经济带动能力。扶持中心镇发展，统筹推进城乡一体化。通过发展互联网、推动云计算发展、拓展大数据，加快创建智慧型城市，有效促进了经济的转型升级。

当然浙江的城市化过程中还存在一些不足。比如，一些城市的土地集约利用水平比较低，不少城市的功能和管理提升相对滞后，城市综合承载能力不高；城市的扩散效应不足，城市对周边地区，尤其是农村的经济带动能力仍需加强，城市体系仍有待优化；地区之间、城市之间的城市化水平差异明显，尤其是浙西南的城市化水平有待提高；城市化发展未能实现农村人口集聚的同步，一定程度上存在"不完全城市化问题"，等等。从未来趋势看，随着城市人口的大量集聚，小汽车的普及，浙江城市化的土地资源与环境的制约将愈发严重，大气、水资源等环境问题也会更加突出。这需要浙江不断创新城市化的路径与机制。

今后，浙江的新型城市化建设需要更加注重工业化与城市化的和谐互动，走环境友好资源集约的城市化道路，加强城市信息化与城市生态优化建设，和工业信息化与工业生态化形成互动互促；要突出城市，尤其是中小城市与中心城镇在带动农村发展中的作用，形成城乡互促共进的机制；大力推进都市圈与区域中心城市的建设，加快沪杭甬与温台沿线城市群发展，同时，要重视大中小城市和小城镇的协调发展与城市结构优化，扶持小城市与中心镇发展；此外，要坚持以人为本的根本目的，推进人的城市化，推进农村土地制度变革与户籍管理制度改革，为浙江新型城市化的推进提供制度保障与资源要素支撑。唯有如此，浙江的新型城市化道路才能越走越宽，也才能更好地推进中国的新型城镇化。

参考文献

1. 浙江经验与中国发展研究课题组:《浙江经验与中国发展》(经济卷),社会科学文献出版社,2007。

2. 沈建明:《全面把握走新型城市化道理的内涵》,《今日浙江》2006 年第 17 期。

3. 刘亭、庞亚君:《努力践行新型城市化——浙江城市化发展综述》,《今日浙江》2014 年第 8 期

4. 董嘉明等:《准确把握新型城市化的内涵与特征——浙江省新型城市化评价指标体系研究》,《浙江经济》2008 年第 7 期。

5. 葛立成等:《区域发展看浙江》,浙江人民出版社,2008。

6. 浙江省委、省政府:《浙江省深入推进新型城市化纲要》(浙委〔2012〕96 号)。

7. 浙江省政府:《浙江省新型城市化发展"十二五"规划》(浙政发〔2012〕12 号)。

第八章
浙江经济转型与发展的经验与启示

众所周知，浙江是一个"资源小省"，人多地少，能源矿产，尤其是工业化所需相当匮乏，却在工业化过程中，成为一个"经济大省"。而其"经济大省"的形成，又是以先形成"市场大省"为桥梁的，这一过程正如西方经济学家丹尼森所言：一个经济体系的增长就意味着企业提供最终产品的市场规模的扩大。但若推究浙江"市场大省"的形成，又必须将其归因于民间与政府的合力。其中，民间自发力量的爆发，虽然与浙江深厚的"以利和义"的文化底蕴及力求摆脱资源匮乏的束缚相关，但其能够迸发出来，则实实在在离不开政府的推动与支持。政府的态度在计划经济仍大行其道时，可说是最为关键的因素。将浙江省委、省政府选择尊重市场规律、放手发展私营经济，规划引导和指导民间经济发展，有效供给公共产品以及政府自律和自我约束等的一系列行为，称为一个突破体制性束缚的创举，是不为过的。在我国现有国情下，关注政府推动当地经济发展的举措，尤其是一系列创举，对认识、解读与借鉴当地经济发展的路径、关键与经验，是个非常理想的视角。

纵观浙江改革开放30年来的历程，不夸张地说，浙江省委、省政府在各个不同阶段的创举，对打造出一个"富裕浙江"，可谓功德无量。20世纪80年代的乡镇企业、专业市场大发展，使浙江城镇化与工业化快速推进。进入21世纪以来，第十一届浙江省委提出的"八八战略"及其延续深化的"创业富民、创新强省"战略，可谓开启了浙江经济调结构、促转型的大幕，把浙江转变经济发展方式推上了新台阶。而浙江城镇居民人均可支配收入连续13年稳居全国各省区市首位的事实，无疑昭示浙江进入了经济转型升级、统筹发展的新阶段。显然，"干在实处、走在前列"的浙江，这10多年来"一张蓝图绘到底"的发展实践所积累的经验及给予的启示，对于当前我国经济所面临的全面转型升级，实在是一笔不可多得的财富。本书前面各章已具体就体制改革、开放经济、新型城市化等内容进行了系统分析，本章则将在此基础上再简练且全面地概述近10多年来浙江经济转型发展的基本特征与经验，以飨读者。

第一节　浙江经济转型发展的基本特征分析

所谓特征，是指某种事物所特有的表现，着重于事物外表或形式上独特的象征或标志；经济特征，是指某一时期内经济发展所显示出来的特殊象征或标志。转型，是指事物的结构形态、运转模型以及人们观念的根本性转变过程，是主动求新求变的创新过程。转型主体的状态及其与客观环境的适应程度，决定了转型内容和方向的多样性。由此，可以认为浙江经济转型发展的基本特征，即是指其基本经济特征在转型过程中所表现出来的特殊象征或标志，也即其经济结构、发展模式等在转变过程中特有的象征或标志。

众所周知，改革开放以来，浙江走出了一条在政府推动与支持下，以民营经济、块状经济和专业市场联动发展为特色，走向共同富裕的发展路径。而这样一条具有浙江特色的发展路径，其实就鲜明地体现了"浙江模式"的基本经济特征，可概括为：民营经济、块状经济、专业市场、政府有为与共同富裕等五个基本面。那么在转型发展期，这些基本经济特征为适应新的客观环境与主体认知而在形式、内涵、外延等方面所做出的转变，导致的浙江经济结构、发展模式等呈现出的某些特有的象征或标志，即是浙江经济转型发展的基本特征。由此，在"八八战略"及"两创"思想指导下，以上述五个基本面为基础，并结合前面各章内容，浙江经济转型发展的基本特征可具体在体制创新、现代产业集群、自主创新、政府效能、开放体系、城乡统筹等方面铺陈开来，具体分析如下。

一　在民营经济先发优势基础上，依靠体制创新，纵深推进市场取向的改革，为经济转型发展提供强大动力和坚实保障

浙江最可傲视全国的是发达的民营经济，及由此率先建立的市场取向的体制机制，在国有经济一统天下的当时，此先发优势，可谓浙江经济的最大特色。在社会主义市场经济方向确定后，民营经济能否做好做大做强，市场取向的体制机制能否向纵深推进，是决定浙江经济能否继续保持先机，走在前列的关键。习近平同志所言，改革开放以来，浙江从一个资源小省发展成为经济大省，重要原因之一就是民营经济的快速发展，可谓对浙江体制优势的充分认可。由此习近平在2003年提出的"八八战略"中，就将"进一步发挥浙江的体制机制优势，大力推动以公有制为主体的多种所有制经济共同发展"作为首条，以突出重点。

虽然体制创新体现在多个层面，但最根本的是所有制，这是经济体制的基石。只有一个完善的所有制结构，才能为多层次的体制创新实实在在地释放出空间。为此，习近平同志在浙江担任省委书记期间，对搞活国有经济提出了四大重要理念：一是全面完成以产权制度改革和转换职工劳动关系为主要内容的国有、城镇集体企业改革，完善企业内部的分配激励机制，加强企业管理，进一步完善法人治理结构，建立现代企业制度。二是建立健全省市两级权利、义务和责任相统一，管理资产和管人、管事相结合的国有资产管理体制。三是加快国有经济布局的战略性调整，进一步"做优做强"国有经济。把推动国企改革和促进企业整合、增强企业活力结合起来，对现有国有企业进行分类指导，发展壮大一批、优化重组一批、关闭退出一批。在重点领域和优势行业，加快培育一批具有国际竞争力的大企业大集团。四是大胆探索国有经济的多种实现形式。加大外资、民资进入，大力发展混合所有制经济。①

而要实现此"四大理念"，又必须做好"五个坚持"：一是通过资产重

---

① 习近平：《坚持"两个毫不动摇"　再创浙江多种所有制经济发展新优势》，《经济时报》
2003年3月15日。

组和结构调整，进一步优化国有资产的布局和结构，培育一批具有国际竞争力的大企业大集团，提高省属国有企业的整体素质，实现国有资产的保值增值，突出发展，充分发挥国有经济的主导作用。二是求真务实，勇于探索，牢牢抓住改革的关键环节，突破体制上的瓶颈，着力在推进产权主体多元化、完善公司法人治理结构、构建国有资产管理体制等方面取得突破性进展，大力发展混合所有制经济，积极探索公有制的多种有效实现形式。精心制定改革方案，积极稳妥地推进各项改革，切实做到成熟一家、改制一家，改制一家、成功一家，使改革经得起实践和历史的检验，积极稳妥地探索省属国有企业改革的新路子。三是在推进改革时，必须坚持因企制宜、分类指导，针对不同类型的企业采取不同的改制方式，不搞一刀切，不搞单一模式，从实际出发，积极探索和实践，采取多种有效形式推动国企改制。四是坚持以人为本，切实维护好广大职工权益，注意处理好改革、发展、稳定的关系，把改革的力度、推进的速度和职工可承受的程度统一起来，确保改革在稳定的前提下稳妥进行。切实把职工的合法利益放在第一位，让改革的成果惠及广大职工，解决好改制企业职工和离退休职工的基本生活和社会保障问题，解决好职工身份的转换问题，解决好职工的就业问题，绝不轻易地把职工向社会一推了事，这是推进省属国有企业改革的根本原则，也是执政为民的充分体现。五是坚持规范操作，通过抓住全过程规范、全方位公开与全社会监督的三个"关键环节"，严格防止国有资产流失。即从企业改革方案的设计、确定，到组织实施，从国有资产的核定、评估，到国有资产的转让，每一个环节、每一个步骤都必须严格按程序办，规范运作。引进市场经济的办法，做到公开、公平、公正，杜绝低估贱卖、暗箱操作、自卖自买的现象，充分发挥产权交易机构和国内外中介机构的作用，积极探索市场发现价格、决定价格的机制。发挥好国资委的监督管理作用，充分发挥人大、政协、新闻界等方方面面的作用，形成全社会对省属国有企业改革的有效监督机制。

国有经济结构的优化，为破除民营经济发展壁垒，拓宽其发展空间领域，实实在在地打开了通途。2004 年，习近平对浙江民营经济的发展提出了进一步解放思想、大胆实践，加快推进制度创新、科技创新和管理创新，全面提高民营经济的科技化、规模化、集约化和国际化水平，不断增强民营经济的综合实力和国际竞争力，保持浙江民营经济发展在全国领先地位的要求，同时也指出推动民营经济新飞跃必须要从推进"五个转变"，实现"五个提高"着手。所谓"五个转变"与"五个提高"是指：一是从主要依靠先发性机制优势，向主要依靠制度创新、科技创新和管理创新转变，提高民营经济的综合实力和国际竞争力；二是从主要集中在传统制造业和商贸业，向全面进入高技术高附加值先进制造业、基础产业和新兴服务业转变，提高民营经济的产业层次和发展水平；三是从主要依靠国内资源和国内市场，向充分利用国际国内两种资源、两个市场转变，提高民营经济的外向发展水平；四是从现有的块状经济、小规模经营逐步向更高层次的集群化、规模经营转变，提高民营经济的集约化和规模化水平；五是从比较粗放的经营方式向更加注重信用、质量、生态和遵纪守法的经营方式转变，提高民营经济的整体素质和可持续发展水平。

可以说，习近平同志上述对浙江国有经济改革的"四大理念"与"五个坚持"，以及对民营经济发展"五个转变"与"五个提高"的高屋建瓴的战略思想指导，促进了浙江的所有制结构及其他层面的体制能够稳中有序、坚定不移地持续进行改革，并有效破除了制约民营经济发展的政策性和体制性障碍，使浙江始终保持了其体制机制的优势。而民营经济良好的发展态势，也为全省的经济发展转型升级、提质增效，市场主体保持活力，实现经济"稳中求进、转中求好"提供了强大动力与坚实保障。由此，不断进行体制创新，为民营经济发展保驾护航，维持并扩大民营经济的先发优势，可谓浙江经济发展最重要的基本特征。

二 以园区建设为载体，在"块状经济"基础上，通过"凤凰涅槃"与"腾笼换鸟"，构建现代产业体系，打造现代产业集群

闻名遐迩的"块状经济"，无疑是最具浙江特色的区域经济形态，某种程度上也已成为浙江经济的标志性称谓。的确，正是这种由民间自发形成，自力更生，以市场为导向，不断突破行政壁垒，在市场竞争中发展起来的

"块状经济"，为浙江经济赢得了市场取向体制突破的先发优势，推动了农村家庭工业、农村工业化的大发展，也打开了浙江农村的富裕之门。从1985年起浙江农村居民人均纯收入就始终居全国各省区市首位，"块状经济"功不可没。

但随着时代的前进，这种由"村村点火，家家冒烟"发展起来，曾经以"快、灵、活"为傲的"块状经济"优势，却开始凸显其"低、小、散"的弊端。这些以传统产业为主、总体产品档次较低、技术创新能力不强，高消耗、高污染、低附加值，产业关联度小、辐射带动作用弱的中小企业集聚体，已愈来愈显现出难以持续发展的窘迫。由此，"块状经济"进入了工业园区建设的新模式，意图通过工业园区的组织形式，优化企业发展布局，推动经济转型升级。随着集聚形式的转变，企业和产业发展的内容也相应发生了转化。对此，2004年底，时任浙江省委书记习近平关于"两只鸟"的理念，不失为一个精辟概括——指出浙江要再创辉煌，要破解发展瓶颈，就必须从科学发展观要求出发，切实转变经济发展方式，养好"两只鸟"：一个是"凤凰涅槃"，另一个是"腾笼换鸟"，即所谓"天育物有时，地生财有限，而人之欲无极。浙江只有凤凰涅槃，才能浴火重生"。具体说来，"凤凰涅槃"，就是要拿出壮士断腕的勇气，摆脱对粗放型增长的依赖，大力提高自主创新能力，建设科技强省和品牌大省，以信息化带动工业化，打造先进制造业基地，发展现代服务业，变制造为创造，变贴牌为创牌，实现产业和企业的浴火重生、脱胎换骨。"腾笼换鸟"，就是要主动推进产业结构的优化升级，积极引导发展高效生态农业、先进制造业和现代服务业。同时，要发扬浙江人勇闯天下的精神，跳出浙江发展浙江，按照统筹区域发展的要求，积极参与全国的区域合作和交流，为浙江的产业高度化腾出发展空间；并把"走出去"和"引进来"结合起来，引进优质的外资和内资，促进产业结构的调整，弥补产业链的短项，对接国际市场，培育和引进吃得少、产蛋多、飞得高的"俊鸟"。

依据"凤凰涅槃"与"腾笼换鸟"理念，浙江经济转型发展主要从构建现代产业体系与打造现代产业集群两个方向展开，其支撑力量在于自主创新，而转型发展的重中之重则是工业经济的转型升级。

至于工业经济的转型升级，则突出表现为通过推进大平台、大产业、大项目、大企业建设的"四大建设"来实现。概括而言，即在"两只鸟"理念指导下，浙江经济转型发展应主要体现为这么几个方面的转变：从主要依靠先发机制优势，向主要依靠制度创新、科技创新和管理创新转变，以提高民营经济综合实力和国际竞争力；从主要集中在传统制造业和商贸业，向全面进入高技术高附加值先进制造业、基础产业和新兴服务业转变，以提高民营经济产业层次和发展水平；从现有块状经济、小规模经营，逐步向更高层次的集群化、规模经营转变，以提高民营经济集约化和规模化水平；从比较粗放的经营方式，向更加注重信用、质量、生态和遵纪守法的经营方式转变，以提高民营经济整体素质和可持续发展水平。

由上，以园区建设为载体，在"块状经济"基础上，通过构建现代产业体系，打造现代产业集群，也可谓浙江经济发展转型具有支柱性地位、带有支撑性意味的一个重要特征。

三 以发达的专业市场为基础，通过开放与合作，"走出去"与"引进来"并举，扩大对内对外市场，"跳出浙江发展浙江"

浙江的专业市场与"块状经济"，就好比"车之两轮、鸟之两翼"，同样是浙江特色经济的重要标志。因为正是各类专业市场将块状经济生产的小商品送往省内省外、国内国外的千家万户，才实现了小商品大市场，进而推动了小企业大协作、小资本大集聚；正是率先发展以专业市场为特色的各类商品市场，促进了浙江市场体系的不断完善，推动了块状经济快速发展，赢得了"市场大省"的美誉；也正是以"市场大省"为桥梁，浙江实现了由"资源小省"向"经济大省"的跨越。

然而，能赢得"市场大省"美誉，又不能不归功于"跳出浙江发展浙江"这一极具浙江经济个性的重要特征。"跳出浙江发展浙江"不仅为国家统筹区域发展做出了贡献，而且延伸了浙江的产业链，推动着浙江产业的梯度转移，促进了资源要素的合理流动和优化配置；"跳出浙江发展浙江"不仅是浙江经济社会发展的必然要求，也是一种全局意识和政治责任。

"跳出浙江发展浙江"作为浙江经济发展的一个重要特征，其形成可归结为主客观两方面的因素。主观上，与浙江积淀深厚的"通商惠工""义利并举"等文化传统分不开，表现在浙江人历来有重视经商、开拓市场的传统，具有崇学、敢闯、聪慧、勤奋、互助、务实等优秀素质，这种既灵活又吃苦耐劳且富冒险性的精神特质，使浙江人对现实环境有很强的适应能力并敢于突破、勇于创新。由此，他们在行动上往往先发制人，如早在计划经济还一手遮天的时代，1982年浙江全省的小商品市场就逐步放开，工业品开始进入市场。而市场规模和销售规模的扩大，又促进了行业之间、企业之间专业化程度的提高，企业规模的扩大，获得了递增的规模报酬。如此，块状经济与专业市场不仅逐步成形，还相互促进、相得益彰，二者互动，造就了浙江经济发展的先发优势。客观上，浙江是"资源小省"，尤其是工业化所需资源欠缺，这就决定了商品生产"两头在外"，即资源和市场主要依靠省外的特点。如浙江产品仅30%在省内销售，50%销往省外，20%销往国外的比例，以及2005年，4900万浙江人在浙江以外创造的经济总量，超过了省内10万平方千米范围所创造的经济总量[1]的事实，都证明了"跳出浙江发展浙江"的必然性。也正是商品市场的领先发育，以及继而引发的要素市场的发育，促使浙江走出了一条由"市场大省"通向"经济大省"的独特道路。

显然，对浙江经济发展的这样一个重要特征，时任省委书记习近平不仅有着充分的认识，而且身体力行，着力加以推进。如习近平同志认为改革开放以来，浙江经济的发展动力主要来自本土的民营经济，是一种内源式的发展。但在开放的经济体系下，内源发展不是封闭发展，内源发展要与对外开放、外向拓展相结合。立足浙江并不是自囿于浙江地域，而应该通过主动地融入全国与全球经济体系，更好地利用全球与全国两个市场、省外与海外两种资源，促进资源要素的合理流动和优化配置，这有利于浙江突破资源环境与技术等高等要素供给的瓶颈制约，提升产业竞争力，推进经济转型升级，

---

① 浙江日报编辑部：《跳出浙江发展浙江》，《浙江日报》2005年5月8日。

从而使浙江经济能更好地立足浙江、发展浙江。2002年底，刚到浙江不久，习近平书记就在调研了浙江经济与长三角经济的发展状况后，提出了"北接上海"的策略。2003年初，又做出了"主动接轨上海、积极参与长江三角洲地区的合作与交流"的决定，并将此确定为"八八战略"的决策之一。为此，省委书记习近平、省长吕祖善亲率浙江省党政代表团赴上海、江苏考察，共同探讨长江三角洲地区"政府引导、市场驱动、联动发展"的路子，分别签署了《关于进一步推进沪浙经济合作与发展的协议》和《浙江省和江苏省经济技术合作与交流协议》，发出了《关于主动接轨上海、积极参与长江三角洲地区合作与交流的若干意见》，提出要按照"虚心学习、主动接轨、真诚合作、实现共赢"的总体要求，在交通等基础设施建设、建设先进制造业基地、发展生态和优质高效农业、扩大利用外资、旅游资源开发和市场拓展，以及科技、教育、文化、人才等方面，积极参与长江三角洲地区的合作与交流，推进长江三角洲地区的经济一体化，进一步提高全省对内对外开放水平。

应该说，在时任省委书记习近平对"跳出浙江发展浙江"这一极具浙江经济个性的重要特征的充分肯定以及大力推动下，"跳出浙江发展浙江"不仅愈来愈显发出其耀眼的光彩，并且通过加大开放与合作，"引进来"与"走出去"战略并举，以贸带工、以销促产，"一张蓝图绘到底"，又使浙江在开放经济层面的发展跃上了新的台阶。2011年浙江省第十二次党代会指出："要以'跳出浙江发展浙江'的思路拓展发展空间，努力保持发展的良好势头。"浙江省委十二届二次全会强调："全面推进创业创新，必须充分利用国际国内两个市场、两种资源。"由此，"跳出浙江发展浙江"，又成为当前浙江"创业富民、创新强省"的"两创"总战略的重要内容，也成为拓展浙江省创业创新空间的战略之举。

四 发扬政府尊重市场的传统，以"敢为天下先"的突破性创举，构建高效有能有为的公共服务型政府

在计划经济仍大行其道时，浙江政府有能有为，尊重市场规律，放手发展私营经济，率先突破体制，是浙江经济取得先发优势的关键一环。在经济转型发展期，浙江省委、省政府继续发扬了尊重市场的传统，积极转变职能，以服务主体而非创造财富主体的身份，为各类市场主体提供与保护产权、激励竞争、规范市场秩序、鼓励创业创新等相关的基本公共服务，减少或约束各级政府自身的资源配置权，完善资源要素价格的市场化形成机制，积极推进公用事业的市场化改革，为促进浙江经济转型发展提供体制机制保障，一个高效有能有为的公共服务型政府形象跃然眼前。

实际上，自改革开放以来，浙江发达的民营经济，具有优势的体制机制，一直都傲视群雄的事实，已从侧面证明了浙江政府的有能有为。之所以如此，固然与此地域的文化传统、政府官员的开明及具有敢于突破和勇于创新精神特质的浙江人在底层的推动不无关系，但在某种程度上，也与浙江起初的两个劣势"倒逼"浙江政府在服务型道路上不得不先行一步有关。这两个劣势，一是浙江人多地少，资源匮乏；二是浙江地处海防前线，计划经济时期国家投资较少，如1952～1978年，浙江国有投资人均只有411元，排在全国末位，只相当于全国平均水平的1/2，① 国有企业和工业基础相当薄弱。而正是此二劣势，迫使浙江各地的经济发展，只能扬长避短，从民间小企业、小商品做起，开始艰难创业，通过市场高效率的资源配置，形成以私营经济为主体的"块状经济"、专业市场，产生了一大批经过市场历练的私营企业家，发展出了一个富裕的浙江。显然，资源匮乏的劣势，激发了浙江人开拓创新的壮举；国企少的劣势，1978年后却转化为优势，使浙江政企不分的问题不太严重，反倒给私营经济提供了广大的拓展空间。浙江的政府资金也相应更多地投到了公共产品、公共服务的供给方面。如此，浙江无论是民间行为，还是政府行为，都产生了突破体制性束缚的创举。

既然，历史已给予了浙江政府有能有为的机遇，那么，在经济转型发展期，浙江政府当更要发挥此一优势，依靠突破性创举，继续走在前列，有能

---

① 马力宏：《政府与市场关系的浙江模式——浙江30年变化的一个分析视角》，《中国行政管理》2008年第12期。

有为。因为当前全国体制性落差逐步减少，浙江作为改革先发地区在市场机制方面的优势以及地方政府对当地市场经济发展能够提供的政策优惠空间也越来越小，浙江若要保持自身的经济发展优势，政府行为上有新突破是非常必要的。毕竟，我国经济发展的一个重大障碍来自政府本身。政府若执着于自身利益的追求，就会失去整个社会长远的、广泛的利益；但若政府在思想上、行动上以社会的、民众的利益为重，给民营经济大开方便之门，保证市场经济的畅通运行，则不仅能保证充足的税源，也能促进整个地域的富裕，可谓一举两得。

对此，"十五"期间，时任浙江省委书记习近平同志根据政府与市场"两只手"的关系，针对浙江特点所做出的部署，对使浙江政府职能转变同样走在前列，起到了极大的推动作用。正如习近平同志所言：在计划经济的体制下起作用的只有政府这一只手，所以在改革初期重点是突出市场这只手，发挥市场配置资源的基础性作用。随着改革的不断深入，要切实转换政府这只手的职能，把政府职能切实转换到"经济调节、市场监管、社会管理、公共服务"上来，努力建设服务型政府、法治政府、有限政府，发挥好、规范好、协调好这"两只手"的关系。而到改革逐步推进到一定程度的时候，"两只手"应该是这样的关系：在经济社会协调上，市场这只手更多地调节经济，政府这只手则强化社会管理和公共服务的职能；在经济运行上，市场这只手调节微观领域的经济活动，政府这只手用来制定游戏规则、进行宏观调控；在公平与效率上，市场这只手激活效率，政府这只手则更多地关注公平；在城乡发展上，城市的发展更多地依靠市场这只手的作用，农村的发展则由政府这只手承担更多的职能。这是需要一个过程的，但必须沿着这个方向，不断深化改革。

事实上，中国经济转型能否成功，最终应取决于政府转型的成败。若成，即谁先迈出了实质性的一步，谁就将率先打开一片新天地，当前的落后必将转为先进；反之，固步自封的强政府必会压抑经济的正常运行，当下的前列也很可能转成后列。而习近平同志强调以"两只手"来理顺政府与市场的关系，无疑既保证了浙江政府继续发扬改革开放以来的有所作为与有所不为，放手发展民营经济，尊重市场的传统；又为促进浙江政府从"经济建设型政府"转向"公共服务型政府"，完善政府社会公共管理职能，为市场经济发展清除障碍、保驾护航，铺设了广阔道路；当然也为浙江政府能够走在前列，继续涌现"敢为天下先"的突破性创举，推动政府效能革命，构建一个高效有能有为的公共服务型政府奠定了基础。

由此，一个尊重市场，具有"敢为天下先"品质，以及有能有为、高效的政府，成为浙江经济转型发展的一个基本特征，当是无可争议的。

五　通过城乡统筹，协调区域发展，山海协作，推进城乡一体化与新型城市化，促进社会和谐，实现共同富裕

城乡统筹、城乡一体化与新型城市化的整体推进是个综合性的系统工程，涉及多重关系的协调发展，如城市化与新农村建设、大中小城市与小城镇、城市化与工业化、工业化与农业现代化、沿海发达地区与欠发达地区等关系的协调发展，需要整体布局，全盘规划，旨在推动全省社会和谐发展，促进各地共同繁荣，实现居民共同富裕。这里，浙江又再次走在了全国前列，率先制定与实施了城乡一体化纲要。

城乡一体化纲要的实施，旨在将城乡二者纳入一个有机的统一体内，统筹起来和谐发展，也即一头连接"三农"问题与欠发达地区的跨越式发展，一头连接发达地区的工业化、城市化，促进其好中求快、又快又好地发展，以更好发挥发达地区的带动和引领作用。正如时任省委书记习近平所指出的那样：缩小地区发展差距，实现区域协调发展就必须贯彻落实科学发展观，注重抓"两头"，把促进发达地区加快发展与欠发达地区跨越式发展有机统一起来。"缩小地区发展差距，实现区域协调发展，根本途径还是要促进发达地区加快发展、欠发达地区跨越式发展，这是统筹区域发展的核心。"①

对于"三农"问题，习近平同志认为，"只有跳出'三农'抓'三

---

① 习近平：《干在实处　走在前列——推进浙江新发展的思考与实践》，中共中央党校出版社，2006，第202页。

农'，用统筹城乡发展的思路和理念，才能切实打破农业增效、农民增收、农村发展的体制性制约，从根本上破解'三农'难题，进一步解放和发展农村生产力，加快农业农村现代化建设。也就是说，统筹城乡发展是解决'三农'问题的根本途径"。① 他还把城乡统筹形象地比喻为解决新时期"三农"问题的"金钥匙"。与此同时，习近平同志认为农村自身也要加快新农村建设，并指出：社会主义新农村建设就是要建设体现科学发展观要求、全面小康社会发展水准、城乡一体化发展趋势和社会主义本质特征的繁荣、富裕、民主、文明、和谐的新农村。从浙江来讲，就是要通过推动产业新发展、建设新社区、培育新农民、树立新风尚、构建新体制，全面推进社会主义新农村建设，达到"三改一化"的目标。即把传统农业改造建设成为具有持久市场竞争力和能持续致富农民的高效生态农业；把传统村落改造建设成为让农民也能过上现代文明生活的农村新社区；把传统农民改造培育成为适应分工分业发展要求的有文化、懂技术、会经营、高素质的新型农民，形成城乡互促、共同繁荣的城乡一体化发展新格局。②

而对于发达地区与欠发达地区的发展，时任省委书记习近平认为，浙江欠发达地区必须努力跨越传统工业化过程中的某些阶段，在节约生产、清洁生产、安全生产的高起点寻求新的发展。发达地区经济总量大，占全省经济比重高，是浙江综合实力和区域竞争力的主要体现。同样，发达地区加快发展的目标是好中求快，又快又好。这样既可以更好地发挥带动和引领全省经济发展的重要作用，又可以更好地支持欠发达地区实现跨越式发展，从而推动全省区域协调发展。③ 为此，习近平同志按照统筹区域发展的要求，推动浙江实施了"欠发达乡镇奔小康""山海协作工程""百亿帮扶致富"三大工程，以充分发挥欠发达地区的比较优势，加大对欠发达地区的扶持力度，大力发展符合欠发达地区特点的一二三产业，努力把浙江欠发达地区

---

① 习近平：《之江新语》，浙江人民出版社，2007，第43页。

② 习近平：《干在实处 走在前列——推进浙江新发展的思考与实践》，中共中央党校出版社，2006，第169页。

③ 习近平：《之江新语》，浙江人民出版社，2007，第163页。

建设成为绿色农产品生产基地、旅游观光胜地和绿色生态屏障。

可以说，正是在习近平同志对城乡统筹、城乡一体化进程的大力推动下，以及近十几年来，历届浙江省委、省政府"一张蓝图绘到底"理念的贯彻下，浙江省城乡统筹、全省一盘棋协调发展已日益显现出其熠熠生辉的浙江特色，不仅有效解决了"三农"问题，推动了新农村建设的长足进步，使沿海发达地区与欠发达地区的关系得到了协调发展，而且使大中小城市与小城镇、城市化与工业化、工业化与农业现代化的互动发展也呈现出崭新格局，对促进浙江城乡良性互动，缩小城乡差别、工农差别和地区差别，实现全省协调发展，各阶层共同富裕，起到了巨大的推动作用，在全国迈出了领先的一步。由此，也凸显了浙江经济在转型发展期间，通过城乡统筹、协调区域发展、山海协作、推进城乡一体化与新型城市化，来促进社会和谐，实现共同富裕，这一不可或缺的重要特征。

六　陆海联动，大力发展海洋经济，为经济发展打造新增长点

与众所熟知的块状经济、专业市场等极具浙江特色，鲜明体现"浙江模式"的基本经济特征不同，浙江海洋经济是在进入 21 世纪后，才逐渐崭露头角的。虽然此前它没有成为"浙江模式"的一部分，但今后必将成为浙江经济发展的特色。因为浙江具有得天独厚的海洋资源与区位优势，发挥资源禀赋比较优势，顺理成章，这也是海洋经济成为浙江经济转型发展的一个基本经济特征的缘由所在。

长期以来，浙江被称为"资源小省"，但若加上海洋资源，此一称谓恐将改观。浙江陆域面积仅有 10.18 万平方千米，海域面积则是陆域面积的 2.6 倍，海域、海岛、港口、渔业、旅游、油气等海洋资源极为丰富，得天独厚。其海岸线和海岛岸线达 6696 千米，有面积 500 平方米以上的海岛 2878 个，近海渔场 22.27 万平方千米，均居全国首位。常规条件下适宜开发的岸线资源 761 千米，其中可规划建设万吨级以上泊位的深水岸线 506 千米，占全国的 30.7%，有近 400 万亩滩涂资源，约占全国的 13%，而各海域岛屿还蕴藏着丰富的海洋新能源和海洋旅游资源，可见，陆域资

源贫乏的浙江是名副其实的"海洋大省"。不仅如此，浙江位于我国沿海与长江"T"字形经济带和长江黄金水道入海口，也颇具得天独厚的区位优势。显然，浙江发展海洋经济，陆海联动，不仅能突破陆域资源的瓶颈，还必将使其成为新的经济增长点，为浙江全省经济社会发展拓展出新的空间。为此，习近平同志到浙江后，就经过实地调研和考察，肯定了浙江前几任省委、省政府在发展海洋经济方面的付出与努力，并在多次省委、省政府重大会议中从多方切入，强调浙江要发展海洋经济，建设海洋经济强省。在 2003 年 5 月 16 日加快海洋经济发展座谈会上，习近平同志首次公开提出了他对浙江省发展海洋经济的基本态度、浙江省发展海洋经济的具体规划以及四大指导原则，并指出了未来浙江海洋经济发展的 8 个方面的主要关注点和关键点，由此推动浙江海洋经济发展进入了一个新阶段。所谓四大原则，一是发挥浙江省"渔、港、景、涂、油"等资源比较丰富，相关产业基础比较好，区位条件比较有利的优势，加快调整海洋捕养结构，积极整合港口海运业，大力发展临港工业、新兴海洋工业和海洋旅游业，合理开发滩涂资源，力争在海洋生物资源开发、东海油气开发等方面取得突破，逐步形成一批海洋优势产业，提升海洋经济的整体竞争力。二是按照前瞻性、科学性、操作性相结合起来的原则做好海洋经济发展总体规划，及相应的港口建设、临港工业布局、滩涂开发和沿海土地利用、海洋环境与海洋旅游等专项规划，有序推进海洋资源综合开发，优化海洋经济布局。三是突出创新，强调要加强体制创新和科技创新，为海洋经济注入新的活力和动力。进一步深化改革，扩大开放，加快体制、机制创新，形成科学合理的管理体制和多样化的投入机制与市场运行机制，激发和引导各级政府及各种经济主体投资海洋经济。深入实施"科技兴海"战略，加快人力培养和引进，大力推进海洋科技创新和进步，促进海洋开发由粗放型向集约型转变，不断提高海洋经济发展水平。四是坚持海洋产业发展和海洋环境保护相统一，坚持海洋经济发展和陆域经济发展相协调。加快依法治海，加强对海洋生态环境的保护和建设，加快治理海洋污染，努力实现资源利用集约化、海洋环境生态化、海洋经济可持续发展，正确处理海洋经济与陆域经济的关系，加大海岸地区产业布局的调整力度，广泛推进清洁生产，严格控制污染排放，实现海洋经济与陆域经济一体化发展。海洋渔业结构的调整、港口建设、临港工业的发展、海岛基础设施建设、海洋旅游开发、科技兴海、滩涂围垦及海洋环境保护与治理等8个方面则为未来浙江海洋经济发展的主要关注点和关键点。

在此基础上，2003年8月18日习近平同志于浙江省海洋经济工作第三次会议上，正式提出了"建设海洋经济强省"的战略目标，并将其列为"八八战略"的重要内容。强调浙江海洋经济发展不能就海洋论海洋、就渔业论渔业，要跳出浙江发展浙江，要走海洋经济和陆域经济联动发展的路子，使海洋经济成为浙江经济的新增长点，走出一条有浙江特色的海洋经济和陆域经济联动发展的路子。并身体力行，积极推动"山海协作工程"；支持和扶持舟山发展，积极开发舟山的后发优势；深入实施"以港兴市，以市促港"的发展战略。可以说，习近平同志调任浙江省后，不仅继承和发展了浙江省原本的海洋经济发展战略，而且具体提出与推动实施了"山海联动，建设海洋强省"的发展战略，使浙江海洋经济的发展迈出了坚实的一步。而在"一张蓝图绘到底"的理念下，海洋经济也成为当前浙江"创业富民、创新强省"战略的重要组成部分。2011年，浙江省海洋经济发展战略上升为国家战略以及2013年国务院同意设立浙江舟山群岛新区，就更将浙江海洋经济发展推向了新一轮高潮。

应该说，在习近平同志"八八战略"及当前浙江"创业富民、创新强省"战略部署的大力推动下，浙江海洋经济发展取得了可喜的成效：如浙江海洋经济总产值从2002年的1082.72亿元，一路攀升到2012年的4958亿元，海洋经济占全省地区生产总值的比重也上升到14.3%，年平均增长率达到16.43%，使海洋经济在浙江国民经济中所占比重日益增大，地位也日显重要，对全省经济产生了明显的拉动作用。而当前，伴随着浙江海洋经济国家战略的历史性机遇，沿着浙江海岸线，一大批重大基础设施和产业项目迅速启动并陆续建成，一座座现代化的港口新城和"国际贸易港岛"破壳而出，一条绵延百十千米的临港大工业带快速崛起，新企业群、新产业

群、新产业集聚区加速形成。毋庸置疑，一个新的经济增长点正在浙江大地涌动，也托起了浙江转型发展的新希望。

第二节　浙江经济转型发展的经验总结

如果说，浙江经济转型发展的基本特征是浙江经济之所以"走在前列"的理论指导框架、理论主线，或曰一个理论概括；那么，浙江经济转型发展的经验，则可谓浙江经济在实践中"干在实处"的具体体现，对其进行总结，当然对其他地区有较大的参考价值与借鉴意义。鉴于浙江经济转型发展的实践精彩纷呈，所积累的经验丰富多彩，在此难以尽述，因此，这里主要按照上节框架，从六个大方面，将浙江在经济转型发展中实践经验的创新点、关键点与亮点，予以总结。

一　体制转轨

浙江经济发展在进入转型阶段后，推进体制转轨，更加注重依靠体制创新来巩固并扩大民营经济先发优势，并以此作为经济转型发展的强大动力和坚实保障，可谓浙江实践经验的首要之作。在习近平同志对浙江国有经济改革的"四大理念"与"五个坚持"，以及对民营经济发展的"五个转变"与"五个提高"战略思想指导下，浙江的实践主要表现为三个方面的不遗余力：一是持续地优化国有经济布局结构，推动国有、集体企业的产权多元化，提高国有资本在关键领域、重要行业和优势企业的集中度，充分发挥国有经济的主导作用；二是不间断地破除阻碍民营经济发展的体制障碍，确立民企的市场主体地位，促进民营经济新飞跃；三是大力推动国有、集体和非公有资本相互参股、共同发展的混合所有制经济。浙江非公经济增加值占全省生产总值的比重在2007年就已达71.5%，可以说，浙江较早就形成了具有地方特色的多种所有制经济相互竞争、共同发展的良好局面，率先完善了所有制结构的基本面改革，这对全国经济发展无疑有着重要的示范效应。

具体而言：首先，国有经济层面。主要以建立现代产权制度为目标，以产权主体、投资主体多元化为内容进行国企改革，提高国有资本在关键领域、重要行业和优势企业的集中度，优化国有经济布局。在实践中以"因企制宜，先易后难，一企一策，分类指导"为原则，对经营状况好、核心竞争力强的企业，继续实行国有控股；对行政性单位整体转制为公司保留现有体制的，加大下属子公司改制步伐，培育大企业大集团；对竞争性行业中一些竞争优势不明显和经营困难、风险较大的企业，进行整体改制，大幅降低国有股权比重甚至全部撤出。通过改革，国有经济在国民经济中保持了强劲的控制力，起到了新兴产业的先驱者、尖端技术的创新者、关键领域的护卫者、基础部门的建设者、中小企业发展的支持者的作用。如在水、电、油及铁路、航空、港口、高速公路、邮电通信基础产业和基础设施领域等方面占绝对主导地位；在金融业等重要经济命脉领域，国有经济居绝对支配地位，起主导作用；在电子信息、生物、新材料、新能源、海洋生物技术方面国有经济成为先行者、高新技术产业群体的带头人和骨干力量等。

其次，民营中小企业层面。浙江民企能始终保持全国领先地位的重要原因，就是这些中小企业能在不断的创新中占领技术与市场的制高点。为维持这个传统，浙江特别建立了一批面向中小企业和区域特色产业的技术服务中心，为企业技术创新提供技术与人才支持，其中，由政府买单，为中小企业聘任创业指导师，提供创业辅导，可谓创新之举。与此同时，为实施中小企业成长计划，浙江也着力推进中小企业社会化服务体系建设：如建设小企业孵化园及小企业创业基地，以及成立信用担保、行业协会、技术服务、人才培训等服务机构等。此外，为保证体制转轨的稳定性，还通过实现资本联合，促进民企做大做强：如一些企业以民资引内资外资，通过跨区域跨国界并购和股权转换，走上了合资合作的发展道路；一部分民企与社会资本相互参股，形成多元混合型产权结构；有些以资本、品牌和技术为纽带，与具有核心竞争力的大企业建立战略联盟，走集团经营新路子；有的甚至通过吸收国有资本，投资参股国有企业，来增强企业核心竞争力；此外，一些优质企业之间还通过强强联合，整合优势，增强实力，打造出了如温州强强集团、温州家具集团、中瑞财团、中驰财团等联合体。在这个过程中，民营企业成为浙江企业股份制改造的主体，是一个突出亮点，而在民企股份制改造中引入科研院所、国有战略投资者，甚至民企在境外上市融资，可谓新的突破点。由此，浙江民营企业也逐步从资本市场单纯的逐利者，转为浙江经济的建设者；从体制机制精明的博弈者，转为制度构建的积极参与者；从宏观调控被动的适应者，转为"转轨发展"的能动践行者。

最后，其他层面的体制改革，包括促进民营经济发展的投融资体制、金融体制、财税体制改革等。金融方面，如推动小额贷款公司建设，建立小额贷款公司主发起人招投标制度，组织推动银企对接，实行股权质押贷款，开展小额贷款公司和村镇银行试点，完善中小企业贷款风险补偿机制，落实差异化信贷政策措施等。财税上，落实民企清费减负政策，清理取消涉企行政事业性收费，减免符合转型升级要求的小微困难企业相关税费，实行社会保险"五缓四减三补贴"政策等。投融资上，重点在于破解民间资本投资壁垒，向民间资本推介重大公共资源类项目，开展政府采购支持中小企业信用融资试点，引导中小企业与国内外投资、金融机构进行直接对接，推动浙江中小企业"抱团走出去"，制定促进民间借贷规范化、支持民间资本参与地方金融改革等一系列措施，着力把浙江打造成为"中小企业投融资先行区"和"民间资本投资高地"。而为了优化民营经济发展环境，浙江一方面全面落实国务院的"非公经济36条"，着力构筑市场准入、税收管理、规费标准、金融贷款和部门服务"五个平等"的机制，并相应制定了本省的"非公32条"意见，从放宽市场准入、加大财税金融支持、推进非公经济、加快经济结构调整和增长方式转变等多方面，制定了令民营企业鼓舞的新举措；另一方面也在资本、土地等要素市场化配置机制，资源性产品价格改革，地方金融体制改革等层面的体制创新上积极探索。这些举措使浙江能够长期以来在更高层次上保持体制优势及民营经济在全国的领先地位。

二 自主创新

在"两只鸟"理念指导下，浙江经济的转型发展主要从构建现代产业体系与打造现代产业集群两个方向展开，而转型发展的重中之重则是工业经济的转型升级。具体而言：从三次产业看，构建现代产业体系就是发展高效生态农业、先进制造业和现代服务业，发展循环经济，走新型工业化道路。从工业经济转型看，对传统产业升级，就是用低消耗、低污染、高附加值的产业置换高消耗、高污染、低附加值的部分，此其一；其二是大力发展装备制造业和高新技术产业，利用先进制造技术提升制造业，由"浙江制造"，转向以技术创新为动力的"浙江创造"；其三是大力发展战略性新兴产业，支持各类科技企业孵化器、高新技术产业基地、重大高技术产业化项目、具有核心技术的高新技术企业发展，使之成为推动经济转型升级的一个战略选择。而现代产业体系的构建是以园区建设为载体，以打造现代产业集群的形式来实现的。从产业集群的形成看，浙江除了对传统块状经济进行改造提升，引导中小企业向"专、精、特、新"方向发展，将其升级为产业集群外，还有意识地培育发展出一批主业突出、工艺设备先进、创新能力强、具有国际竞争力及品牌优势的重点骨干企业和一批区域品牌显著的工业园区和开发区，打造出一个个现代产业集群，以形成先进制造业基地。

现代产业体系的构建与现代产业集群的打造，最终要依赖自主创新。自主创新，既可谓浙江"凤凰涅槃"与"腾笼换鸟"理念实现的基础，也是构建现代产业体系与打造现代产业集群最为核心的支撑力量，更是浙江经济转型顺利实现的保障，故浙江在提升自主创新能力方面的实践经验非常值得关注。

从对自主创新的认识看，浙江始终将企业定位为创新驱动的核心主体，通过知识产权战略、标准化战略和品牌战略，使创新成为企业和区域产业竞争力的核心，并以创新为支撑来构建中小企业的核心竞争力，促进以中小企业为主体的传统产业"块状经济"升级，打造现代产业集群。对此，2006年在全省自主创新大会上，时任省委书记习近平就提出，浙江进入了由投资驱动向创新驱动转变的重要时期，面对贯彻落实科学发展观、构建和谐社会的新要求，面对全面建设小康社会、继续走在全国前列的新目标，面对建设资源节约型和环境友好型社会的新任务，加快提高自主创新能力，推进创新型省份和科技强省建设，显得尤为重要。同时，习近平为浙江加快创新型省份建设提出了六点工作指导：一是坚持培育和弘扬与时俱进的浙江精神，进一步激发全社会的创新创造活力，与时俱进地培育和弘扬"求真务实，诚信和谐，开放图强"的精神，发展具有浙江特色的创新文化，为自主创新奠定最广泛、最坚实的社会人文基础。二是坚持有所为有所不为，努力实现重点突破和跨越发展，把发展能源、山海资源开发、水资源节约和环境保护技术放在优先位置；加快电子信息、生物医药、新材料、先进装备制造等高技术产业发展，把获取核心技术的自主知识产权作为提高浙江产业竞争力的突破口；加快信息技术、生物技术、新材料技术等在传统工业与农业中的应用，全面提升传统产业的技术水平，大力发展高效生态农业；组织实施好"八大科技创新"① 工程，筛选出若干个战略产品或关键共性技术作为重大专项，集中力量，重点攻克，努力实现跨越发展。三是坚持以强化企业主体地位为重点，加快推进区域创新体系建设，让企业成为技术创新的决策主体、投入主体、利益主体和风险承担主体，建立以企业为主体、市场为导向、产学研相结合的开放型区域创新体系，依托大企业大集团，鼓励支持企业主动面向科研机构、高等院校寻求智力支撑，开展产学研合作，建立具有较强研究开发能力的企业工程中心和技术中心。扶持中小企业的技术创新活动，重点办好各类企业孵化器，培育一批具有创新能力和成长潜力的高技术中小企业。加快发展为企业服务的各种科技中介服务机构，促进企业之间、企业与高等院校和科研院所之间的知识流动和技术转移。四是坚持把自主创新与品牌战略结合起来，推动品牌大省建设。以品牌战略带动自主创新，以自主创新支撑品牌战略，有重点地发展品牌培育制度，着力提高企业的创牌能力，努力创建若干个拥有自主知识产权、具有国际竞争力的知名品牌。积极实施知识产权和标准化战略，推动技术专利化、专利标准化和标准国际化。五是坚持改革创新、开放集成，以开放的思路、市场的办法集聚和配置创新要素，推动科技进步与创新，建立健全技术创新机制和现代知识产权制度。深化科研体制改革，鼓励发展民营科研机构，做强做大一批重点科研院

---

① 指高新技术产业、传统制造业、装备制造业、现代农业、环境资源、海洋开发、健康与安全、服务业信息化等。

所。充分发挥市场在配置科技资源中的基础性作用，解决好科技与经济"两张皮"的问题。在全国乃至全球范围配置创新资源，为我所用。积极整合现有技术，推进集成创新，鼓励企业在引进国外先进技术的同时，切实抓好消化、吸收和再创新工作。六是坚持以人才为本，建设造就一支结构合理、素质优良、实力强劲的创新人才队伍。全面实施人才强省战略，加快推进"百千万科技创新人才工程"和"创新领军人才计划"，并完善人才激励机制，更好地落实和完善技术要素参与分配的政策，加大科技奖励力度，充分调动创新人才和科技人员的积极性、创造性。

为此，浙江建立了一系列促进自主创新的体制机制来改善科技进步与创新的环境：如深化科技管理体制改革，调整科技计划体系，形成了环境、人才、平台、项目"四位一体"的工作布局；推动品牌战略；建立自主创新政策落实例会制度，加大创新政策的宣传培训力度，营造鼓励自主创新的社会环境，引导各方投身创新实践，引导创新要素向企业集聚；产业融合，推进一批制造业与服务业联动发展；产业延伸，企业由加工制造环节向研发设计、品牌营销两端延伸；信息化，以企业信息化工程为抓手，采用促进信息技术与工业经济融合等方式来提高自主创新能力。可以说，以创新为抓手，当前的浙江已经启动了创业创新一体化的进程：创业富民、创新强省；创业是富民之本、创新是强省之源。

至于提升自主创新能力的战略举措，在实践中则集中体现在作为"八八战略"发展和深化的"四大建设"上，即推进大平台、大产业、大项目、大企业建设。

所谓大平台，就是指工业园区建设，并以此作为经济转型升级的先行区，凸显其资源集聚优势，形成了如杭州大江东新城、临江工业园区、江东工业园区、空港经济区、前进工业园区等，通过推动这一个个经济发展大平台的迅速崛起，为产业转型升级提供"大舞台"。大产业则从三个方面推开：一是改造传统的块状经济，结合国家出台的一系列重点产业振兴和调整规划，制定纺织、轻工、建材、有色金属等11个产业的转型升级规划；二是突出对新技术、新能源、新材料、循环经济、高端制造、商业模式创新等范畴的块状经济的引领和培育，以此带动传统块状经济改造提升；三是培育和发展战略性新兴产业，确立了生物、物联网、新能源、新材料、高端装备、节能环保、海洋新兴、新能源汽车、核电关联等九大战略性新兴产业发展规划，推动建设新型技术创新平台，创建新型产业基地。但无论是大平台，还是大产业，都必须体现在一个个大项目之中，重大项目建设行动计划的实施，是与之配套、不可或缺的一环。为此，浙江积极实施了扎实抓好政府主导性投资项目和产业项目的建设规划，并积极做好大项目的引进工作，按照"招大、引强、选优"的要求，推出了一批重大对外招商项目，充分发挥民间资本充裕和民营经济发达的优势，鼓励民间投资，使民营企业投资基本覆盖到国民经济的各个领域，非国有经济在制造业领域成为投资的主要力量。如此，在一个个大项目带动下，一些块状经济的"领头羊"脱颖而出。最后，浙江重点培育各行业龙头骨干企业，使之成为转型升级的领军企业，实施大企业建设。通过在资金保障、土地供应、技术创新、税收减免、项目申报、人才支持等方面享受优惠政策的引导，一批骨干企业迅速崛起，带动了相应产业的发展，曾经的"草根"成长为促成浙江经济转型升级的"参天大树"，成为增强产业和区域经济竞争力的关键要素。

此外，在浙江经济转型发展中，还有一个值得关注的实践经验是生态环境保护对转变经济发展方式的倒逼作用，在这方面浙江省不失为一个先知先觉者。早在十多年前，时任浙江省委书记习近平同志就提出了"绿水青山就是金山银山"的著名科学论断，认为生态环境是承载经济社会发展的基础，并用"绿水青山"和"金山银山"之间的辩证关系为浙江的生态省建设做了形象概括。他说，浙江在实践中对这两座山之间辩证统一关系的认识经过了三个阶段：第一个阶段是用"绿水青山"去换"金山银山"，不考虑或者很少考虑环境的承载能力，一味索取资源；第二个阶段是既要"金山银山"，但是也要保住"绿水青山"，这时候经济发展和资源匮乏、环境恶化之间的矛盾开始凸显出来，人们意识到环境是人类生存发展的根本，只有留得青山在，才能"不怕没柴烧"；第三个阶段是认识到"绿水青山"可以源源不断地带来"金山银山"，"绿水青山"本身就是"金山银山"，生态优势变成经济优势，形成一种浑然一体、和谐统一的关系。应该说，在生态环境对转变经济发展方式的倒逼效应的"两座山"思想指导下，浙江历届省委一张蓝图绘到底，特别是近年来省委抓的"三改一拆"和"五水共治"，更是把生态建设倒逼转型升级这一创举推向新的高度，这一实践经验，对于当前的中国经济发展，自然也是非常值得借鉴的。

三　跳出浙江发展浙江

"跳出浙江发展浙江"作为浙江经济发展的一个重要特征，对浙江经济发展的贡献不可谓不大，这一特征不仅促成了浙江"市场大省"的形成，而且以"市场大省"为桥梁，又推动浙江由"资源小省"发展成"经济大省"。故民营经济发达的浙江，不遗余力地在全国乃至全球范围内配置资源、开拓市场，拓宽经济发展空间和领域，实现"跳出浙江发展浙江"的实践经验，的确值得全国其他兄弟省区市借鉴。

具体来说，以专业市场为基础，进行开放与合作，"跳出浙江发展浙江"的实践经验，可从四个层面来看：首先，是对传统专业市场自身的调整。1990 年代以来，信息技术的迅猛发展，尤其是融合了信息技术的连锁、仓储和大卖场等新型零售业态和网络交易的出现和普及，大大降低了交易成本，加剧了传统专业市场的发展危机，使之遭遇了新的考验。于是，按照流通现代化的要求，浙江开始推进专业市场交易方式与功能的创新，发展连锁经营、物流配送、电子商务等现代流通业态，拓展市场发展空间，如义乌中国小商品城在新疆、湖北、甘肃等地建立了 40 多个分市场，并通过推行网上交易，大大减少交易成本，使有形市场逐步向无形市场转变。与此同时，也积极推进会展与市场相结合的贸易方式，扩大市场的影响力。

其次，由商品输出延伸到资金、企业的"走出去"。对内融入以上海为龙头的长三角地区一体化发展，推进长三角区域专题合作机制建设；全面接轨和参与海峡西岸经济区建设，参与西部大开发、中部崛起和东北地区等老工业基地振兴，探索建立与中西部省份"投资换资源"和"煤电联合开发"

等战略性省际合作模式。如 2006 年 3 月，时任浙江省委书记习近平就在会见在赣浙籍企业家代表时说，政府对浙商开展对外投资的基本态度就是"因势利导、乐观其成，积极推动、提供服务，制定政策、搭建平台"，开展区域经济交流与合作，不仅是浙江发展的必然要求，是我们应尽的政治责任，也是浙江企业的明智选择。与此同时，浙江还积极拓展与港澳台地区的合作与交流，除了提升出口商品竞争力外，还支持企业设立境外营销网络、拓展境外投资和开展跨国并购，鼓励企业在发达国家和新兴市场建立境外营销总部、专卖店、贸易代表处或建立生产基地、工业园区和经贸合作区，推动全省重点商品市场到境外开设分市场和产品配送中心，建立自主营销网络，使浙江企业逐步实现了从单纯供应商向经销商、品牌所有人的转变。

再次，在引导商品、资金、企业"走出去"的同时，浙江还着手"引进来"工程，不断完善招商引资、省外浙商回归、人才科技引进和要素资源引进"四位一体"的国内引进工作体系。建立"以民引外""以外引外"和"以资引智"等招商引资机制，按照"招大、引强、选优"的要求，坚持"数量"与"质量"并举，"引资"与"引智"并举，引导和鼓励外资投向高端制造业、高新技术产业、现代服务业、新能源和节能环保产业，并严格限制"两高一资"，启动实施"省外浙商回归工程"，举办世界浙商大会，鼓励浙商在更大范围内拓展发展空间、吸纳优质要素、提升竞争能力，掀起浙商回乡创业的热潮。

最后，在加大对内对外开放与合作，"引进来"与"走出去"并举，以贸带工、以销促产，着力扩张"跳出浙江发展浙江"辐射面的同时，浙江还积极实施市场开拓中的品牌战略，并以品牌建设作为浙江提升市场内涵、商品档次和市场竞争力的强动力。因为随着浙江市场主体经营规模的不断扩大，经营主体公司化、商品品牌化成为重要的发展趋势，"品牌立市、品牌兴市"逐步成为浙江经济发展的一个共识。走品牌之路，发展总经销、总代理和专营专卖，品牌化、专卖式市场迅速崛起，大幅提升了浙江的商品市场档次。而在建立健全出口产品品牌培育、发展和保护机制的同时，浙江也着手推进了出口基地品牌建设，使品牌效应从企业品牌向区域品牌延伸，极大提升了浙江块状经济的国际竞争力，增强了浙江商品在国际市场上的议价、定价能力和抗风险能力。

由上可见，以发达的专业市场为基础，通过开放与合作，"引进来"与"走出去"并举，在全国乃至全球范围内开拓市场、配置资源，拓宽经济发展空间和领域，优化开放结构，提高开放质量，构筑全方位、宽领域、多层次的开放新格局，坚持对内对外开放，提高开放经济水平，是浙江能够实现"跳出浙江发展浙江"的根本保证。

四 政府有能有为

自改革开放以来，浙江政府一直都以尊重市场规律、具有"敢为天下先"突破体制性束缚的创举、高效有能有为的形象著称于世。那么在经济转型发展期，浙江省委、省政府又是如何继承发扬这一传统，从"经济建设型政府"转向"公共服务型政府"，完善政府社会公共管理职能，为市场经济发展清除障碍、保驾护航，推动政府效能革命，加快政府职能转变的呢？它走在前列，干在实处的实践经验又何在？这里，主要从六个方面对其加以归纳。

第一，浙江政府率先实施了行政管理体制改革，较早启动了行政审批制度改革，成为全国省级行政审批项目最少的省份之一，并在审批制度和审批方式上力求创新。如投资上试行民间投资项目登记制，以项目登记制取代项目立项审批制；市场准入上，试行企业登记前置审批告知承诺制；审批方式上，推进网上审批系统，建立"一网联通、属地申报、并联办理、实时监督、全公开"的网上审批新体系，推行联合审批运作机制，实现行政审批标准一体化、环节整体化、进度同步化、过程透明化。

第二，改革投资体制和规划体制，推进政府投资项目评估、公示和代建制，实施重大项目跟踪服务责任制度和稽查制度，建立项目与土地、环保等的联动审批机制，以及土地供给率和项目开工率"两率"考核制度。

第三，完善公共财政体制，优化财政支出结构，将财政支出增量2/3以上用于民生。并深化"收支两条线"管理体制改革，建立"三个子"的财政管理模式，全面推行部门预算、国库集中支付、政府采购等制度，建立省市县三级政府比较规范的部门预算制度。并推进公务卡和公务用车制度改革，全面启动村级公益事业一事一议财政奖补试点等。

第四，深化省直管县的管理体制改革，下放管理权限，出台分税制财政体制下"两保两挂""两保一挂"的财政政策，加速县域经济发展，推进强镇扩权改革，赋予小城市培育试点镇与县级基本相同的经济社会管理权限，及其他中心镇相应的经济社会管理权限。

第五，推进开放式决策和权力阳光运行改革。如杭州市就将重大政策、立法、改革等八类关系群众切身利益的事项纳入开放式决策，首创了政府常务会议列席、旁听制度，以及市本级及 13 个区、县（市）政府的"开放式决策"。这一改革举措获得了中国地方政府创新奖。另外，杭州市建立权力阳光运行机制，编制权力运行流程图，清理规范部门权力事项，实现了行政事项的网上受理、网上办理、网上反馈、网上监督，做到了全过程公开。

第六，推进参与式预算改革，推动公共预算透明化和民主化，让群众参与政府预算编制，人民代表大会审查修改预算草案，使预算资金分配更加合理，有效拓宽了公众的参与度，加强了预算执行监督，使政府支出更有效率。同样，这一首创改革也荣获了中国地方政府创新奖。

尽管在中国，长期以来，对政府自身的改革都举步维艰，浙江政府离完善的公共服务型政府还有距离，但在习近平同志强调政府与市场"两只手"协调运作理念的指导下，浙江政府的职能改革始终未偏离这一根本方向。其于艰难中仍不断寻求突破的努力，是可见一斑的，也取得了相当大的成效。当然，行政管理体制改革要取得实质性进展，法治政府、责任政府、公共服务型政府和廉洁政府的建设要有根本性跨越，还需"敢为天下先"的突破性创举，更上一层楼。

五　城乡统筹

作为浙江经济在转型发展期间的一项不可或缺的重要特征，城乡统筹与城乡一体化实在是个涉及多方面的，需要立体联动、整体推进的系统性大工程。浙江在此方面同样走在前列的实践经验，当然值得全国兄弟省区市借鉴。

由于城乡统筹、城乡一体化涉及多重关系的协调发展，如城市化与新农村建设、工业化与农业现代化、城市化与工业化、大中小城市与小城镇、发达地区与欠发达地区等关系的协调发展，具体实践细节在此尽述既无必要，也不可能。这里，仅就其整体布局、全盘规划的框架予以概述，以显发该综合性系统工程的层次性与关键处。

在城乡统筹的多重关系中，应该说，首先需要着力解决的是严重困扰我国经济发展的二元结构问题。因此，逐步打破城乡二元结构，不断提高城乡居民的生活水平和质量，努力实现以城带乡、以工促农的城乡一体化发展是城乡统筹的重中之重。为此，城市发展与新农村建设结合起来，走城乡互促共进的城市化道路为第一要着。这就要求：一是城市化要健康发展，走经济高效型、资源节约型与环境友好型的集约型城市化道路，提升城市带动农村的品质与力度；二是要促进城市基础设施向农村延伸，城市公共服务向农村覆盖，城市文明向农村辐射，建立健全以城带乡、以工促农的长效机制；三是要优化生产力和人口的空间布局，打破城乡二元体制结构，推动城乡资源要素合理流动，形成以城带乡、以乡促城的发展格局；四是农村要加快转移农村劳动力，加快农村新社区建设，建设新农村。概要地说，就是在城乡的基础设施建设、劳动就业和社会保障、生态环境建设、社会事业、产业发展等方面实行一体化统筹，促进城乡良性互动，缩小城乡差别、工农差别和地区差别，实现协调发展、共同富裕。

其次，浙江注重大中小城市和小城镇的协调发展。这包含两个内容：一是大中小城市之间的建设，即构建杭州、宁波、温州都市经济圈和浙中城市群，加强杭州、宁波、温州三大中心城市在省域城镇体系中的龙头地位，使城市自身协调发展；二是培育发展中心镇，使之成为连接城乡的节点和繁荣农村、服务农业、集聚农民的重要载体。这里，中心镇建设的成效如何是决定城乡统筹、城乡一体化能否顺利实现的枢纽，而以中心镇培育为载体，依托经济发展来培育小城镇，也正是浙江省小城镇发展的最大特色。中心镇之所以如此重要，在于其不仅是城市群与农村的过渡地带，也是浙江"块状经济"的聚集地，多数小城镇也已经形成了自己的特色产业，如桐乡羊毛衫产业群、慈溪小家电产业群、诸暨袜业产业群、海宁皮革产业群、嵊州领带产业群、永康五金产业群、乐清低压电器产业群等，都在全国乃至全球市场上占据了一定的优势地位，具备第二、第三产业协同发展，工业强镇、三产兴镇的条件，也是实现农村劳动力流动及城乡资源要素合理流动的重要载体。因此，中心镇建设不仅是带动和促进城乡一体化发展的战略节点，也是协调城市化、工业化与农业现代化三者关系的枢纽。

最后，沿海发达地区与欠发达地区的经济协调发展。通过实施"山海协作"工程、"欠发达乡镇奔小康"工程和"百亿帮扶致富"工程，促进地域共同繁荣，实现居民共同富裕。其中，"欠发达乡镇奔小康"工程旨在推进高山深山农民下山移民，促进农民转产转业，加快下山脱贫的步伐。而"山海协作"工程是以项目合作为中心，以产业梯度转移和要素合理配置为主线，以政府引导、企业为主、市场运作、互利双赢为主要方式，实行多渠道、多形式、多层次、全方位的区域经济合作与交流，着力把发达地区的劳动密集型产业转移到欠发达地区，把欠发达地区的剩余劳动力转移到发达地区，促进沿海发达地区与浙西南山区、海岛等欠发达地区协调发展，共同繁荣。对此，习近平同志在2005年就有针对性地指出，实施"山海协作"工程要把握几个方面：一是站在统筹区域发展高度，解决欠发达地区发展道路的选择问题。不能简单地推动欠发达地区去复制发达地区走过的传统工业化道路，必须按照科学发展观要求，把合作重点放在优化产业结构和促进经济增长方式转变上，放在推动体制创新、技术创新和管理创新上，放在提高劳动力素质上，放在资源集约利用和改善生态环境质量上。欠发达地区发展要综合运用"加减乘除法"。即加快经济发展，扩大经济总量；减少资源消耗、生态破坏和污染排放；推动技术进步和提高劳动力素质；促进人口向城市集聚和对外转移。二是要通过发达地区和欠发达地区全方位的合作，有的放矢地加大工作力度，做长欠发达地区这个"短板"，使全省各个地区的人民共享经济社会发展成果。三是着眼于全省经济布局优化推进"山海协作工程"，必须服从于全省区域发展战略，坚持有所为有所不为。要充分考虑欠发达地区内部区位条件和资源禀赋的差异，因地制宜，分类指导。海岛欠发达地区要依托海洋资源优势，重点在港口开发、临港工业、海洋渔业、滨海旅游业、海洋新兴产业等领域开展经济协作活动，做大做强海洋经济。沿海一些区位条件比较好的欠发达地区要积极创造条件，主动承接发达地区的产业转移，增强自我发展能力。处在生态功能区特别是流域源头的欠发达地区要始终把保护生态环境放在突出位置，在抓好下山脱贫和劳务输出的同时，大力发展生态经济。此外，特别要推动欠发达地区的农村劳动力转移。

而在以上浙江城乡统筹、城乡一体化的系统性大工程中，最值得关注的是浙江中心镇建设的实践经验，因为中心镇建设，乃是其最关键、最重要也最具特色的环节，也可谓决定成败的胜负手。

依据2007年浙江出台的《浙江省中心镇发展规划（2006～2020年）》，那些区位优、经济强、潜力大，既能有效承接大中城市辐射，又能带动周边乡镇发展的200个镇，被规划为省级中心镇，作为人口和产业的集聚区，以及县城、中心镇和中心村互动的枢纽。为了建设好中心镇，浙江调整了中心镇行政区划，扩大了中心镇发展空间，使中心镇平均区域面积明显高出全省建制镇平均面积，以尽量扩大辐射范围，增强带动能力。为做大做强中心镇，浙江制定出台了省、市、县三级扶持政策，为中心镇量身定制了提高规费返还和财政分成比例、扩大管理权限、搭建融资平台、强化产业扶持、加大投入力度等含金量较高的政策，建立了中心镇专项扶持资金，而省、市、县（市、区）三级政府在户籍管理、土地制度、行政管理和执法体制等方面也出台政策措施，为中心镇建设与发展增添改革动力和新鲜活力。同时，相应地提高了中心镇的行政级别与待遇，将其培育成管理水平高、集聚能力强、服务功能全的小城市，并通过科学规划、试点培育、产业集聚、公共投入、体制改革，建立专项资金用于试点镇的基础设施、社会事业、产业功能区、技术创新和人才集聚服务平台、公共服务平台、体制机制创新建设等，使之成为产业特色鲜明、生态环境优良、社会事业进步、功能设施完善的县域中心或副中心，并推进一批特大镇转型升级发展成为小城市，使试点镇实现由"镇"向"城"的跨越。

应该说，几年来浙江中心镇的培育取得了很大成效，通过着力搭建产业发展平台，培育壮大中心镇的优势产业，促进生产要素、优势产业向中心镇集聚，极大地促进了城镇建设与新农村发展的良性互动、互促共进。当前，浙江中心镇建设不断凸显的带动新农村建设的功能，无疑，已经使之成为浙江繁荣农村、服务农业、集聚农民的重要载体，以及各县域经济的重要支撑点和统筹城乡发展、实现城乡一体化的战略节点。

六 海洋经济

作为一个名副其实的"海洋大省"，已经成为我国第一个海洋经济示范区的浙江，面对如此难得的增长空间、发展机遇，自然要全力以赴、积极开拓。在海洋经济相继成为浙江"八八战略"及"创业富民、创新强省"战略的重要组成部分后，为了实施海洋战略，浙江确立了富有自身特色的陆海联动发展道路，即产业联动发展、生产力联动布局、基础设施联动建设与生态环境联动保护治理；并确定了五大优势产业，即重点发展港口运输业、新型临港工业、现代海洋渔业、滨海生态旅游业和海洋新兴产业；发展动力上，确认了"科技兴海"战略，促进海洋开发由粗放型向集约型转变，加大了海洋经济的招商引资力度，加强了政府引导、市场主导的多元化投入机制和市场化运作机制的建设。

2011 年 2 月 25 日，国务院关于《浙江海洋经济发展示范区规划》的正式批复，不仅标志着浙江海洋经济发展正式上升为国家战略，成为我国第一个海洋经济示范区规划以及国家海洋发展战略和区域协调发展战略的重要组成部分，也预示着浙江海洋经济发展从此进入了一个新的里程。根据规划，浙江海洋经济发展示范区建设被战略定位为"一个中心、四个示范区"，其中"一个中心"就是建设我国大宗商品国际物流中心；"四个示范区"，分别是我国海洋海岛开发开放改革示范区、我国现代海洋产业发展示范区、我国海陆协调发展示范区及我国海洋生态文明和清洁能源示范区。显然，作为我国第一个海洋经济示范区，浙江如何推动海洋经济发展，无疑对其他沿海省区市的海洋经济发展有重大的借鉴价值与示范效应。关于浙江在此方面的具体实践，这里主要就其规划布局，予以框架性概述。

一是浙江对海洋经济发展做了一个庞大的发展布局，提出了"一核两翼三圈九区多岛"的海洋经济总体发展格局。其中，"一核"是指宁波—舟山港海域、海岛及其依托城市的核心区。"两翼"则以环杭州湾产业带及其近岸海域为北翼，以温州、台州沿海产业带及其近岸海域为南翼。"三圈"即以杭州、宁波、温州三大沿海都市圈作为海洋经济转型升级的主依托，加强海洋基础研究、科技研发、成果转化和人才培养，使之成为我国沿海地区海洋经济活力较强、产业层次较高的重要区域。"九区"，即重点建设杭州大江东、杭州城西科技创新、宁波杭州湾、宁波梅山物流、舟山海洋、温州瓯江口、台州湾循环经济、嘉兴现代服务业、绍兴滨海等九大产业集聚区。"多岛"，即重点推进舟山本岛、岱山、泗礁、玉环、洞头、梅山等重要海岛的开发利用与保护。由此，该庞大的空间布局，几乎将杭州、宁波、温州、嘉兴、绍兴、舟山、台州等7市47个县（市、区）都纳入了海洋经济发展版图，集中了浙江全省的"优质资源"，可谓实至名归的"陆海联动"。

二是构建"三位一体"港航物流服务体系，推进港航强省。即发展港口服务业、物流业与集疏运体系，拓展浙江省港口经济腹地；推进现有港口资源整合，构建结构合理、功能完善的沿海港口体系；加强海岛、海岸线资源的规划与管理，为未来长远发展留下充足空间。其中，完善以宁波—舟山港为核心的交通运输网络等基础设施建设为首要任务，以改善各港口交通条件，促进集疏运网络完善，使海港获得陆域腹地支撑，进而又可实现陆域腹地与海洋经济的对接。此外，为拓展沿海港口服务功能，延伸产业链及配套的港口集疏运体系、金融服务体系、信息平台等，浙江提出了构筑大宗商品交易平台、海陆联动集疏运网络、金融和信息服务支撑系统的"三位一体"港航物流服务体系的战略构想。

三是打造现代海洋产业体系。以"陆海联动"为主线，发展港口运输、临港工业、海洋渔业、滨海旅游业和海洋新兴产业，使现代海洋产业体系更趋完善，并明确了浙江未来"蓝色经济"重点锁定在海洋先进装备制造、海洋生物医药、海水综合利用、海洋清洁能源、港航物流服务和海洋勘探开发服务等战略性新兴产业领域，努力使之发展成浙江海洋经济的支柱产业。由此，浙江已初步形成了以宁波—舟山港为中心，环杭州湾和温台沿海为两翼的海洋经济发展格局，绵长的海岸带正成为浙江全省生产力布局的主轴线。

四是开发利用重要海岛，建设舟山群岛新区。浙江岛屿多，海岛开发是浙江海洋经济一个得天独厚的优势。舟山是我国首个群岛新区，也是首个以海洋经济为主题的国家战略层面新区，目前已被定位为浙江海洋经济发展的先导区、海洋综合开发试验区和长江三角洲地区经济发展的重要增长极，正在发展成为我国大宗商品储运中转加工交易中心、东部地区重要的海上开放门户及我国重要的现代海洋产业基地。为了开发重要海岛，根据其区位条件、资源禀赋及发展基础，浙江将100个重要海岛分为综合利用岛、港口物流岛、临港工业岛、清洁能源岛、滨海旅游岛、现代渔业岛、海洋科教岛与海洋生态岛等类别，采用分类开发的方式进行有序利用，实现差异化、特色化发展。如金塘岛被定位为现代化港口物流岛和临港工业岛；砚瓦岛被开发成旅游岛，称为"东海巴厘岛"；其他还有"佛岛"普陀山、"泥岛"秀山岛、"侠岛"桃花岛、"钓岛"白沙岛等一批正在崛起的具有海洋文化内涵的主题岛。

第三节　中国梦与浙江经济发展的启示

梦想与现实是对立语，故梦想具有非确定性、展望性的未来时性质，而能够实现的梦想必是合乎理性又具有现实基础的。那什么是中国梦，当前的共识，即是中华民族伟大复兴之梦。一个民族的复兴，必然包含经济、政治、思想、文化、社会、国际关系等诸多领域，其中经济复兴之梦，是梦之基石。因为经济基础决定上层建筑，政治、思想、文化、社会等复兴之梦，最终成就于经济复兴之梦实现的基础上。由此，中国梦，首先是经济之梦。究竟何为经济之梦，似乎还无定论，但一个能实现的梦，必具现实基础，而非空穴来风。这就要求此梦既适应现实经济发展的国情特色，不能好高骛远，又符合客观规律约束下的、理性的经济发展方向，不能意气用事。当前，我国正处于经济转型发展期，各地的转型目标、路径、动力等都很鼓舞人心，颇振士气，但显然只有那些经济发展走在前列，率先跨入转型发展期的省区市离转型目标才更近，其转型之方向才更具代表性，转型之路径才更具现实性。改革开放以来，浙江作为我国经济发展一直走在前列的省份，进入 21 世纪后，又率先进入了经济转型发展阶段，在"八八战略"及其延续深化的"创业富民、创新强省"战略指导下，所积累的转型发展实践经验，对于当前我国的经济转型，实在是一笔不可多得的财富，尤其是自力更生、极具本土色彩的经济发展之路，更增添了其转型路径之魅力。由此，浙江十多年来"一张蓝图绘到底"的转型之路、转型之策的实践经验，对何为经济之梦、中国之梦，无疑有更令人信服的诠释，有更具现实意义的启示。

由上述浙江经济转型发展的基本特征及其所铺陈开的实践经验中的创新点、关键点与亮点的总结，从经济发展层面，对中国梦，至少可归纳出以下四点启示。

启示一：共同富裕与共同繁荣

浙江经济之最大特色是发达的民营经济，中小企业多，老百姓创业多，且率先启动农村工业化，这意味着浙江中等收入人群相对庞大，从农业领域中转移出来的农民多，当然，也表明浙江经济发展的成果主要被民间大众所享用。应该说，在中国大陆内地再也没有比浙江更能体现"藏富于民"的省区市了。不断壮大的民营经济，日趋庞大的中小企业群，富在民间，是奠定共同富裕的扎实基础。

自 1992 年我国社会主义市场经济体制建设启动以来，全国各地的民营经济都有长足进展，但浙江仍能持续扩大其民营经济的先发优势，固然与其热衷创业经商的传统有关，但更与其国有经济发展态势与政府的行为取向密切相关。而浙江国有经济比重不大，一方面政企不分问题不太严重，另一方面又给私营经济提供了广大的拓展空间，减少了市场机制良性运行的障碍，政府的资金及行为取向也更易更多投入到公共产品与公共服务上来。由此，发达的民营经济、有限且合理的国有经济布局及政府公共服务的行为取向，是实现"藏富于民"的前提条件，也是共同富裕的基础。

当然，民营经济发达、体制机制优势并不意味着共同富裕就一定会实现，西方发达国家无不经历了市场经济发达，但贫富差距巨大的历史时期。故政府"看得见的手"必须发挥其调节社会财富分配的功能。显然，浙江政府率先推动的城乡统筹、城乡一体化与新型城市化整体推进的系统性工程，就可谓政府充分发挥"看得见的手"的积极正确功能之体现。这个旨在打破城乡二元结构，不断提高城乡居民的生活水平和质量，以城带乡、以工促农，促进城乡良性互动，缩小城乡差别、工农差别和地区差别的系统性大工程，为"藏富于民"的浙江走向协调发展、共同繁荣、共同富裕开启了康庄大道。与此同时，再配合实施促进沿海发达地区与欠发达地区的经济协调发展的"山海协作""欠发达乡镇奔小康"和"百亿帮扶致富"三大工程，进一步推动发达地区与欠发达地区的多渠道、多形式、多层次经济合作与交流，加大转移支付力度，就更为实现一个共同富裕、共同繁荣的浙江增添了筹码。由此，弥补市场失灵，正确发挥政府"看得见的手"之功能，也是实现共同富裕、共同繁荣不可或缺的要素。

虽然浙江的经济发展仍然"在路上"，但其实现共同富裕、共同繁荣的走向，是确定无疑的。由此，对中国梦可以得出这样一个启示：要实现共同富裕、共同繁荣，就必须坚定不移地发展壮大民营经济，以其作为经济发展的强大动力和坚实保障，并维持有限的合理的国有经济比重。与此同时，应积极发挥政府"看得见的手"之调节经济社会不平衡发展及社会财富再分配的功能，以推动发达地区与欠发达地区的合作与交流，以及社会财富在富裕阶层与贫困阶层之间合理的再流动。

启示二：自主创新与强劲经济竞争力

自主创新是浙江"凤凰涅槃"与"腾笼换鸟"理念实现的基础，也是浙江经济转型升级成功的保障。在转型发展中，浙江意图通过大力发展装备制造业、高新技术产业，自主创新，以先进制造技术提升制造业，由"浙江制造"转向以技术创新为新动力的"浙江创造"。其中创新驱动的核心主体是企业。

无疑，浙江将自主创新主体定位为企业是非常正确的，但必须强调的是，真正的创新主体其实是中小企业。而中小企业之所以是创新的主体，关键就在于其能持续地关注一个专门领域，竞争压力常常迫使其必须创新，才能生存与发展。因为创新都是在一个专门的生产领域点点滴滴积累的结果，突兀出来的重大创新是不存在的，而中小企业往往专注于专门领域的生产。股市设置创业板主要是为中小企业的创新提供融资平台；而世界上诸多知名大企业，无论是科技型还是传统型的，大都是由中小企业在创新中逐步壮大起来的。在全球经济体竞争力排名中，北欧、瑞士等国家和地区长期占据前列，无不主要由其中小企业强大的创新力所致。如曾连续三年稳居全球竞争力排名榜首的芬兰，2008 年国内除了农业领域，共有 26.3 万家公司，其中 99.7% 是雇员人数在250 人以下的中小企业，而 93% 的芬兰企业是雇员人数只有不到 10 人的微型企业。① 千千万万拥有尖端专利技术的中小企业，是芬兰经济的重要组成部分，而即便是诺基亚这样曾经的大企业，也都是由各种拥有全球领先技术的小企业来全方位地为之提供不同的技术和零配件。因此，说中小企业乃自主创新之源、尖端技术开发之源，是毫不为过的。

此外，中小企业能够成为创新主体，离不开产业集群这个经济组织形式。产业集群是迈克尔·波特新竞争经济理论推出的新概念。波特在《集群与新竞争经济学》一文中将其定义为："集群是特定产业中互有联系的公司或机构聚集在特定地理位置的一种现象。集群包括一连串上、中、下游产业以及其他企业或机构，这些产业、企业或是机构对于竞争都很重要，它们包括了零件、设备、服务等特殊原料的供应商以及特殊基础建设的提供者。集群通常会向下延伸到下游的通路和顾客上，也会延伸到互补性产品的制造商以及和本产业有关的技能、科技，或是共同原料等方面的公司上。最后，集群还包括了政府和其他机构——像大学、制定标准的机构、职业训练中心

① 叶慧珏：《芬兰馆背后：创新小企业的集群式崛起》，《21 世纪经济报道》2010 年 8 月 9日。

以及贸易组织等——以提供专业的训练、教育、资讯、研究以及技术支援。"① 由这个冗长的定义可看出，产业集群强调了特定产业具有分工合作关系的众多企业，以及与之相关的各种机构、组织，通过纵横交错的网络关系，在一定区域内的聚集。显然，构成产业集群的主体必是众多的中小企业，它们之间既有激烈的竞争，又有密切的合作，并由此形成了激励创新的运行机制，自然也成就了其强劲的经济竞争力。而迈克尔·波特甚至将产业集群所展现出来的经济竞争力上升到国家竞争优势的层面上，指出国家竞争优势不是体现在比较优势上而是体现在产业集群上，产业集群是国家竞争优势的主要来源。国与国在经济上的竞争主要表现为在产业集群上的竞争，而产业集群的主要特征是企业间长期稳定的竞争合作关系而带来的成本降低和持续创新能力的提高。②

由上可见，自主创新与强劲经济竞争力的载体在于众多的中小企业，而众多具有竞争合作关系的中小企业的载体又在于产业集群，故发展产业集群是实现自主创新与获得强劲经济竞争力的重要举措。虽然，浙江的"块状经济"离这样的产业集群还有较大差距，但其正在进行的建设工业园区，促进"块状经济"升级，以及打造现代产业集群的努力，则昭示了未来实现自主创新与强劲经济竞争力的可能性。由此，对中国梦可以得出这样一个启示：要实现自主创新与获得强劲的经济竞争力，政府必须真诚地、实质性地大力支持中小企业，并合理引导中小企业聚集，提供各种服务，以推动真正意义上的、有竞争力的产业集群形成。

启示三：公共服务型政府与开放型大市场

从前文内容看，政府的作用是全方位的：没有政府的放手与支持，浙江民营经济不可能发达起来；没有政府的推动与扶持，自主创新、由"浙江制造"到"浙江创造"、块状经济转型升级、打造现代产业集群是不可能

① 陈柳钦：《产业发展的集聚趋势——产业集群化》，价值中国网 – 财经 – 产业，http://www.chinavalue.net/Finance/Article/2006 – 1 – 26/19308.html。
② 尤振来、刘应宗：《西方产业集群理论综述》，《西北农林科技大学学报》（社会科学版）2008 年第 3 期。

的；没有政府促进的开放与合作，所谓"引进来"与"走出去"并举，"跳出浙江发展浙江"是难以实现的；至于城乡统筹、协调发展、陆海联动、发展海洋经济就更直接是政府筹划、实施的结果。故在我国，政府不仅是重要的、不可或缺的力量，更是直接决定成败的关键性的、枢纽性的力量。

在我国，要探讨政府，头绪众多，一言难尽。总体而言，当前我国经济的运行模式仍是政府主导型的，行政干预仍无孔不入、大行其道，这是难以否认的事实。政府—国企—国有银行"三位一体"则是政府主导型经济顺利运行的保障。浙江民营经济能逐步发达起来，与在改革开放初期国企少、国有经济比重低、"三位一体"链条这一核心环节被弱化有很大关系，政府行为倾向于民营经济、乐于开放市场就顺理成章。因为国企少、国有经济比重低，就意味着市场垄断比例小、力量弱，各种专业市场脱颖而出的阻力就小。因此，政府的行为取向对其正确发挥功能意义重大。当前，正确的取向无疑是构建公共服务型政府，这就要求政府行为必须进退有据，由经济建设型向市场服务型转变，逐渐缩小直接参与市场运行的程度与范围，消解施予市场运行之上的行政干预，由市场的主宰者变为市场的服务者，由经济运行的主角变为配角，或由前台转到后台。我国政府在经济职能上所谓的"越位、缺位与错位"之"三位"现象，正是政府行为进退失据的集中表现。相对而言，浙江省委、省政府在这一方面应该是走在前列的，能获得"市场大省"的美誉，政府也是劳苦功高。

"市场大省"对浙江经济发展的意义是重大的，其由"资源小省"发展成"经济大省"，正是以此为桥梁。当前，浙江政府正多渠道、多方式地推动对内对外开放与区域合作交流，"引进来"与"走出去"并举，优化开放结构，提高开放质量。构筑全方位、宽领域、多层次、开放型大市场格局的努力，对浙江由"市场大省"发展为"市场强省"，无疑有着极大的正面效应，"市场强省"的形成，也意味着"经济强省"的诞生。北欧、瑞士等国家和地区资源并不丰富，人口也不多，面积也不大，其产品却在全球高端市场举足轻重，可谓"市场强国"，当然也是"经济强国"，其全球经济竞争力长期名列前茅即是证明。由上，对中国梦可以得出这样的启示：当前，我国资源能源紧张，面临匮乏的危机，化解这一危机可从促成开放型大市场入手，加大在全球范围内拓展市场、配置资源、拓宽空间的力度，以技术、资金置换资源能源，由"市场大国"跨入"市场强国"，由"经济大国"迈入"经济强国"。对于构建公共服务型政府，得出的启示是：要尽量缩减国企，缩小国有经济比重，使之维持在一个有限合理的范围内，退出与民营经济竞争的领域，弱化"三位一体"链条的功能，为广大中小企业的成长让出空间；同时政府要积极引导并服务于民营企业之间良性的竞争与合作关系的构建，打造有内生性创新机制的产业集群，为推动企业成为自主创新主体创造条件。

启示四：海洋经济与海洋强国

十八大报告提出："提高海洋资源开发能力，发展海洋经济，保护海洋生态环境，坚决维护国家海洋权益，建设海洋强国。"故发展海洋经济的意义远不只限于经济层面，更在于国家权益，乃至强国层面。

我国拥有960万平方千米陆地领土面积，是陆地大国，却较少有人知道，我国海岸线长度为1.8万千米，居世界第四，大陆架面积位居世界第五，200海里专属经济区面积为世界第十，也是个实实在在的海洋大国。而浙江虽称"资源小省"，却是名副其实的"海洋大省"，其海岸线和海岛岸线，较大的海岛数量与近海渔场的面积，均居全国首位，浙江作为我国第一个海洋经济示范区，可谓顺理成章。浙江发展海洋经济，意义不仅在于自身，更是为全国探索出一条海洋经济的发展之路：海洋经济是浙江经济发展的新增长点，同样也是全国经济发展的新增长点；浙江要利用海洋资源，同样国家也亟待开发海洋资源；浙江海洋经济总体发展格局的规划，同时是其他沿海省区市规划的样板；而浙江陆海联动的海洋战略、现代海洋产业体系与"三位一体"港航物流服务体系的构建，也具有同样的示范效应。故浙江是我国进入海洋世纪的先行者，也是我国建设海洋强国的先驱，其发展海洋经济的实践经验、成败得失，都对我国都有着重要的启示。

历史反复昭示我们，向海而兴，背海而衰；历史也早已证明，没有强大的海洋力量就不能有效抵御来自海上的威胁，就不能保证出海权，就不能利用公海和国际海底属于人类共同继承财产的海洋资源。21世纪是海洋世纪，在此新的历史时期，我国若不能成为海洋强国，就不可能成为世界强国，而"富民强国"是中华儿女孜孜不倦的追求，是炎黄子孙共同的夙愿，故建设海洋强国也必然是中华民族伟大复兴之中国梦的不二选择，也即海洋强国是中国梦的重要组成部分。

那么海洋经济与海洋强国的关系如何呢？依据海洋强国定义，海洋强国是拥有发达的海洋经济、先进的海洋科技、强大的海军实力、科学高效的海洋管理能力、完备的海洋法制、健康的海洋生态系统、可持续发展的海洋资源环境、高度自觉的海洋意识和独具特色的海洋文化软实力的海洋国家。[①]可见，发展海洋经济是海洋强国之路的第一步，也是实现海洋强国的基础，也即海洋强国，首先是海洋经济强国。显然，这一历史性的探索任务首先落在了浙江人身上，担子不轻，使命光荣。其次，海洋强国也应是海洋科技强国，即海洋科技领先于世界，海洋高科技人才大量涌现，海洋科技创新和研发能力居世界领先地位，这是海洋强国的重要标志。因为，只有依靠发达的海洋科技，才能打造强大的海军实力，才能形成以海军为主体的强大的海洋综合力量，才能维护我国海权，构造保障机制健全的海防体系，才能使我国顺利地进入海洋军事强国阶段，最后进入海洋综合力量强国，即完整的、全面的海洋强国阶段。因此，发展海洋经济，并以此为基础，铺陈出的海洋强国之路是我国走向持续发展、成为世界强国的必由之路。

根据海洋经济与海洋强国的关系，浙江既然率先承担起了发展海洋经济的重任，也必将担负起率先进行海洋科技创新和研发，带领中国跨入海洋科技强国的责任与使命。其实，这也昭示着浙江必须，也必然要首先成为推动我国海洋强国梦实现的一支劲旅。由此，浙江在海洋经济发展方面的成败得失，也必将对我国其他沿海省区市的海洋经济带来借鉴与示范效应。对于实现中国梦，21世纪的浙江，可谓任重而道远。

---

① 曹文振：《海洋强国战略与中国梦》，《中国海洋报》2014年7月21日。

参考文献

1. 习近平：《坚持"两个毫不动摇"再创浙江多种所有制经济发展新优势》，《经济时报》2003年3月15日。

2. 习近平：《干在实处　走在前列——推进浙江新发展的思考与实践》，中共中央党校出版社，2006。

3. 习近平：《之江新语》，浙江人民出版社，2007。

4. 浙江日报编辑部：《跳出浙江发展浙江》，《浙江日报》2005年5月8日。

5. 《浙江日报》2006年3月17日。

6. 马力宏：《政府与市场关系的浙江模式——浙江30年变化的一个分析视角》，《中国行政管理》2007年第12期。

8. 陈柳钦：《产业发展的集聚趋势——产业集群化》，价值中国网 - 财经 - 产业，http：//www. chinavalue. net/Finance/Article/2006 - 1 - 26/19308. html。

9. 尤振来、刘应宗：《西方产业集群理论综述》，《西北农林科技大学学报》（社会科学版）2008年第3期。

10. 曹文振：《海洋强国战略与中国梦》，《中国海洋报》2014年7月21日。

后　记

根据中共浙江省委与中国社会科学院联合攻关的"中国梦与浙江实践"重大课题的总体安排和调研工作方案，由中国社会科学院经济研究所和浙江省社会科学院区域经济研究所等相关人员联合组成"中国梦与浙江实践·经济卷"研究课题组，课题组组长由中国社会科学院经济研究所所长裴长洪研究员担任，副组长由浙江省社会科学院区域经济研究所所长徐剑锋研究员担任。课题组首先对书中的纲目进行了设计，通过听取省内外专家学者意见，进行了多次修改论证。其后，课题组成员进行了多次沟通，确定了分工内容。课题组成员通过认真研读习近平同志相关著作，查阅浙江省委、省政府及各部门与地方的大量相关资料，到杭州、温州、宁波等地进行实地调研，听取有关部门介绍，考察企业，了解和掌握了大量第一手材料，为课题研究奠定了良好基础。

《中国梦与浙江实践·经济卷》由省内外 10 余名专家学者积极参与，展开联合攻关，在大家通力协作下，反复修改、数易其稿，使最终成果圆满完成。本卷由裴长洪任主编、徐剑锋任副主编，负责对本书进行了章目设计与统稿，浙江省社会科学院杨坚江同志做了大量调研与会务协调工作。

经济卷各章作者分工如下：

导论，徐剑锋（浙江省社会科学院）；

第一章，项枫（浙江省社会科学院）；

第二章，郭鹰（浙江省社会科学院）；

第三章，郭鹰（浙江省社会科学院）；

第四章，徐剑锋（浙江省社会科学院）；

第五章，吴晓露（浙江省社会科学院）；

第六章，闻海燕（浙江省社会科学院）；

第七章，闻海燕、毛伟（浙江省社会科学院）；

第八章，黄志钢、刘霞辉（中国社会科学院）。

感谢中国社会科学院、浙江省委宣传部的大力指导与支持！感谢浙江省发改委、省经信委、省商务厅、省科技厅、省统计局、省农办、省经济技术协作办、省海洋与渔业局、省工商局、省工商联等各部门，以及杭州、温州、宁波各市市委市政府与有关部门提供的协助！感谢浙江省委党校、省委政研室、省府研究室、省政协研究室、省委党史办、浙江大学、浙江工业大学、浙江工商大学、浙江财经大学等专家学者提出的宝贵意见！由于时间紧、任务重，难免挂一漏万，敬请各位领导、专家学者批评指正！

《中国梦与浙江实践·经济卷》课题组

2014 年 12 月 10 日

图书在版编目（CIP）数据

中国梦与浙江实践. 经济卷/裴长洪主编. —北京：社会科学
文献出版社，2015.8
ISBN 978 - 7 - 5097 - 7657 - 5

Ⅰ.①中…　Ⅱ.①裴…　Ⅲ.①社会主义建设成就 - 浙江省
②区域经济发展 - 研究 - 浙江省　Ⅳ.①D619.55 ②F127.55

中国版本图书馆 CIP 数据核字（2015）第 147305 号

中国梦与浙江实践·经济卷

主　　编 / 裴长洪
副 主 编 / 徐剑锋

出 版 人 / 谢寿光
项目统筹 / 王　绯　曹义恒
责任编辑 / 赵慧英

出　　版 / 社会科学文献出版社·社会政法分社（010）59367156
　　　　　　地址：北京市北三环中路甲 29 号院华龙大厦　邮编：100029
　　　　　　网址：www.ssap.com.cn
发　　行 / 市场营销中心（010）59367081　59367090
　　　　　　读者服务中心（010）59367028
印　　装 / 三河市尚艺印装有限公司

规　　格 / 开　本：787mm × 1092mm　1/16
　　　　　　印　张：22.75　字　数：347 千字
版　　次 / 2015 年 8 月第 1 版　2015 年 8 月第 1 次印刷
书　　号 / ISBN 978 - 7 - 5097 - 7657 - 5
定　　价 / 68.00 元